阿部次郎をめぐる手紙

平塚らいてう／茅野雅子・蕭々／網野菊／田村俊子・鈴木悦／たち

編
青木生子
原田夏子
岩淵宏子

翰林書房

阿部次郎

〈仙台文学館所蔵〉

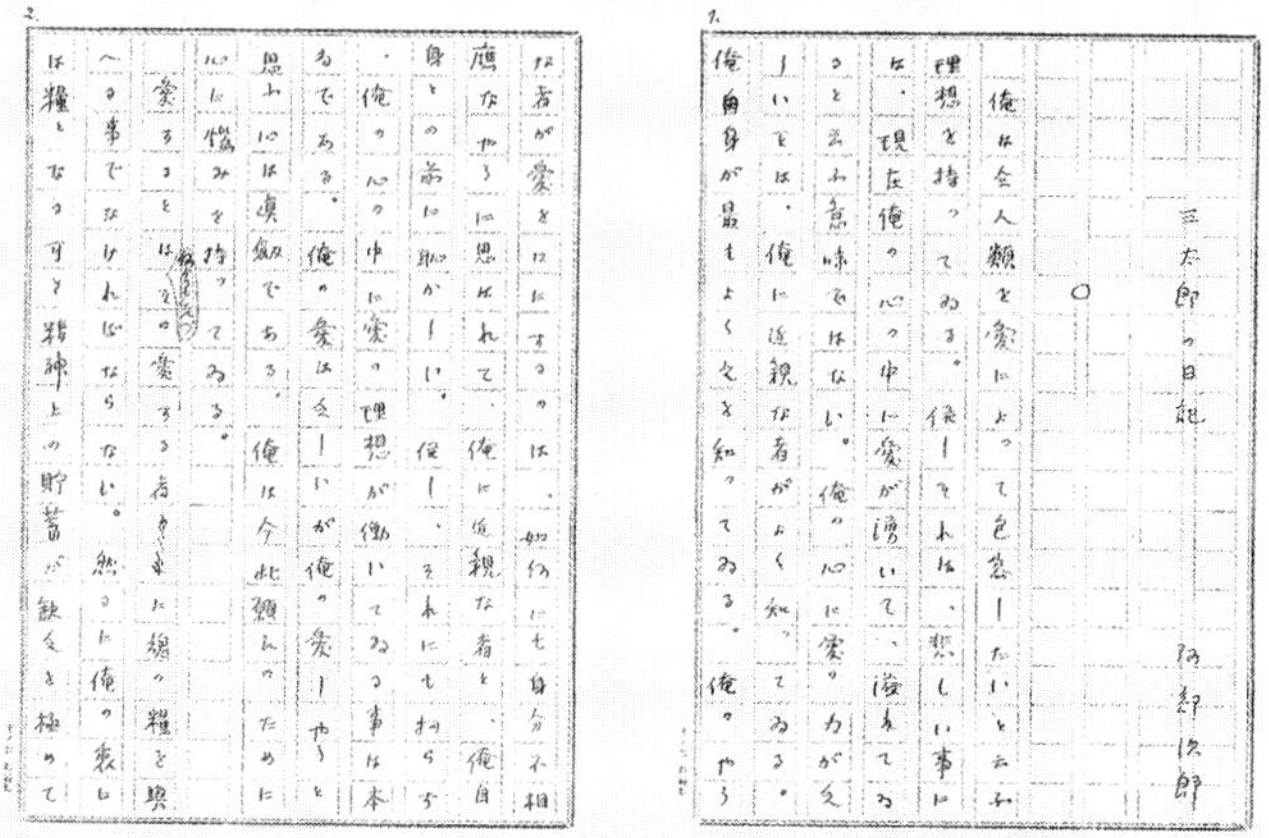

三太郎の日記

阿部次郎

○

俺は全人類を愛によつて包容したいと云ふ理想を持つてゐる。併しそれは、悲しい事には、現在俺の心の中に愛が湧いて、溢れてゐると云ふ意味ではない。俺の心に愛の力が乏しいことは、俺に近親な者がよく知つてゐる。俺自身が最もよく之を知つてゐる。俺のやうな者が愛を口にするのは、如何にも身分不相応なやうに思はれて、俺に近親な者と、俺自身との前に恥かしい。併し、それにも拘らず、俺の心の中に愛の理想が働いてゐる事は本当である。俺の愛は乏しいが俺の愛しやうと思ふ心は真剣である。俺は今此窮乏のために心に悩みを持つてゐる。

愛することはその愛する者に魂の糧を與へる事でなければならない。然るに俺の心には糧となるべき精神上の貯蓄が缺乏を極めて

「三太郎の日記」の自筆原稿〈阿部次郎記念館所蔵〉

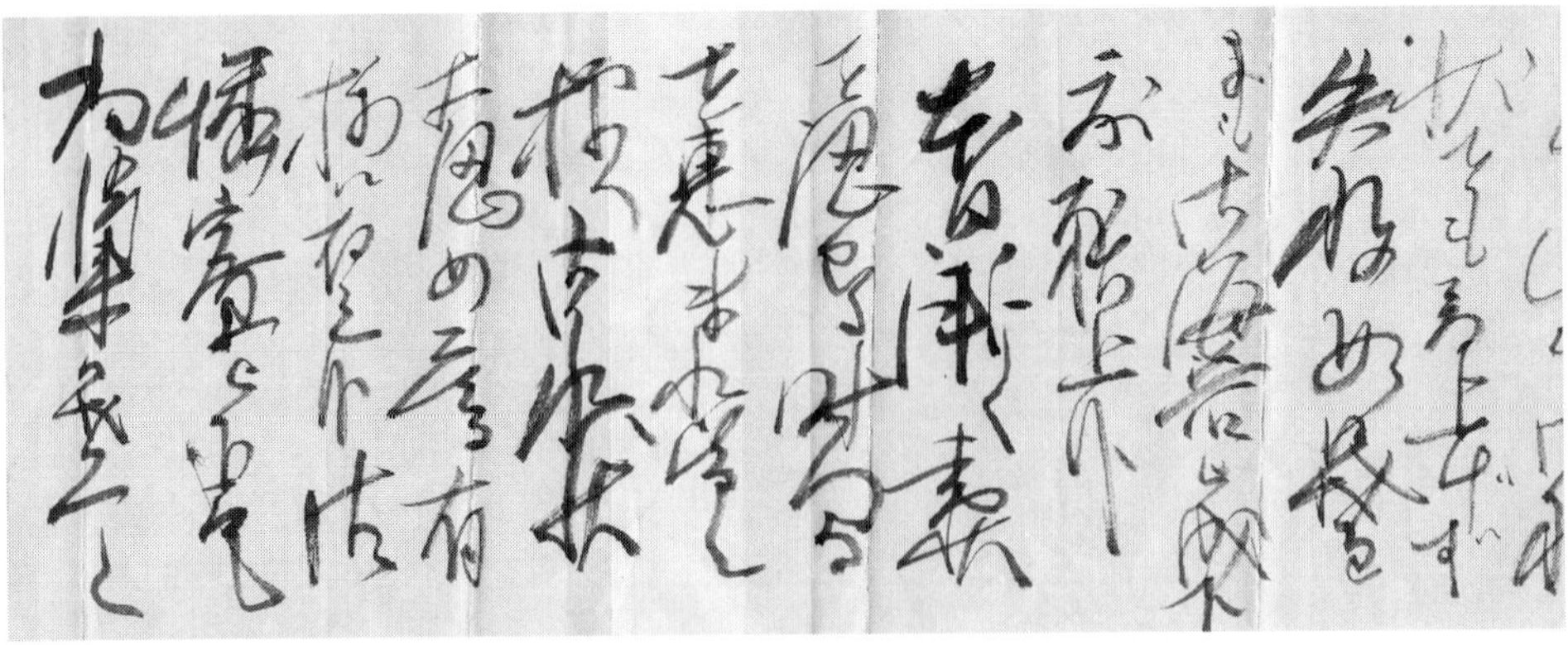

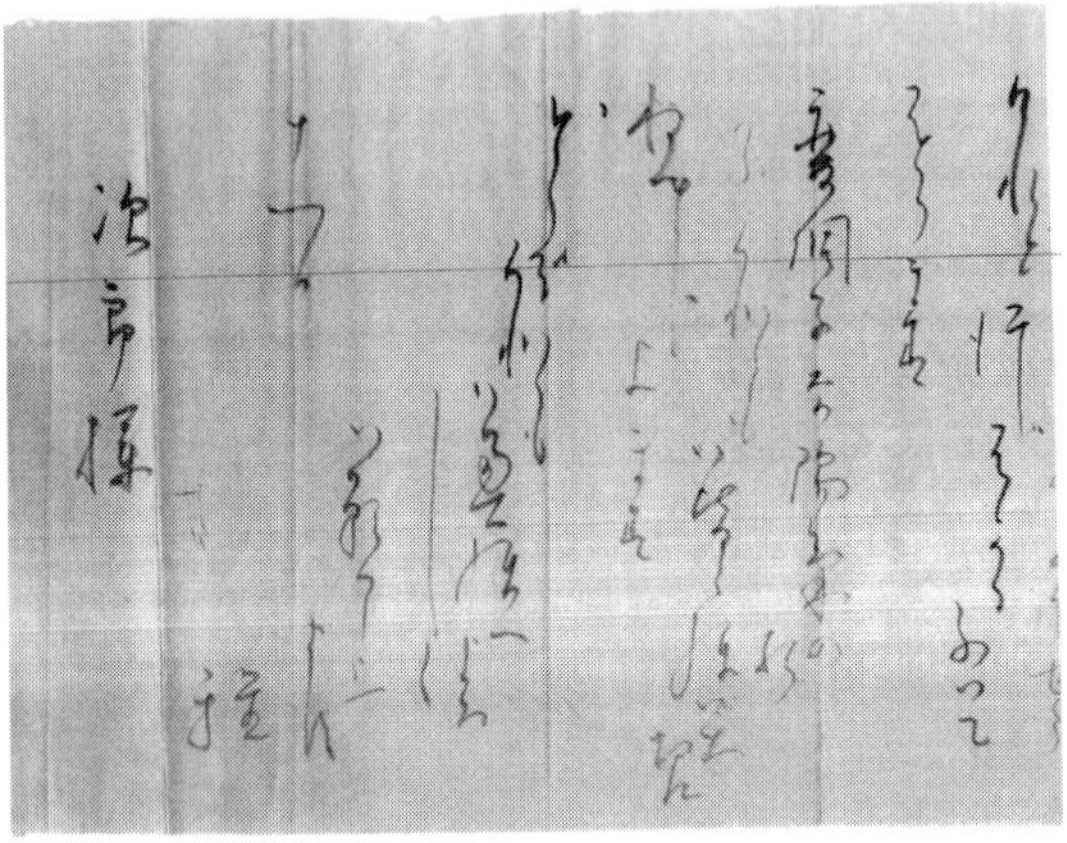

麻生正蔵

学監時代

〈『麻生正蔵著作集』日本女子大学、平成4年3月〉

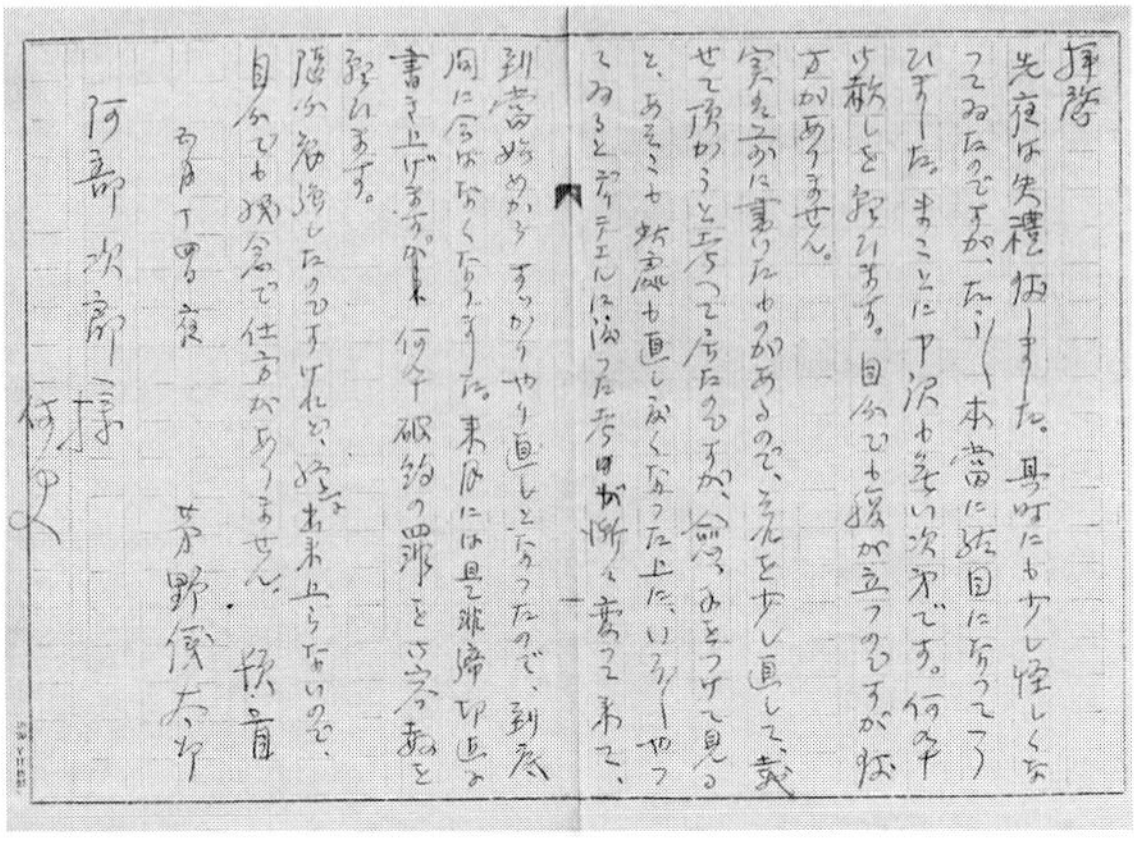

拝啓

先夜は失禮致しました。其の時にも少し怪しくなつてゐたのですが、たうとう本當に駄目になつて了ひました。まことに申訳も無い次第です。何卒御赦しを願ひます。自分でも腹が立つのですが仕方がありません。

実は一所に書いたものがあるので、夫れを少し直して載せて頂かうと思つて居たのですが、念の為見直して見ると、あそこも此所も直し度くなつた上に、いろいろやつてみるとディテエルに沿つた考へが段々変つて来て、到底始めから すつかりやり直しと成つたので、到底間に合はなくなりました。末段には是非締切迄に書き上げます。何卒破約の罪を御寛恕を願ひます。

随分努力したのですけれど、どうしても出来上らないので、自分でも残念で仕方がありません。 拝首

五月十四日夜　茅野儀太郎

阿部次郎様

◀茅野蕭々書簡番号1

（大6年5月14日付）

麻生正蔵書簡番号４▶
（昭３年８月18日付）

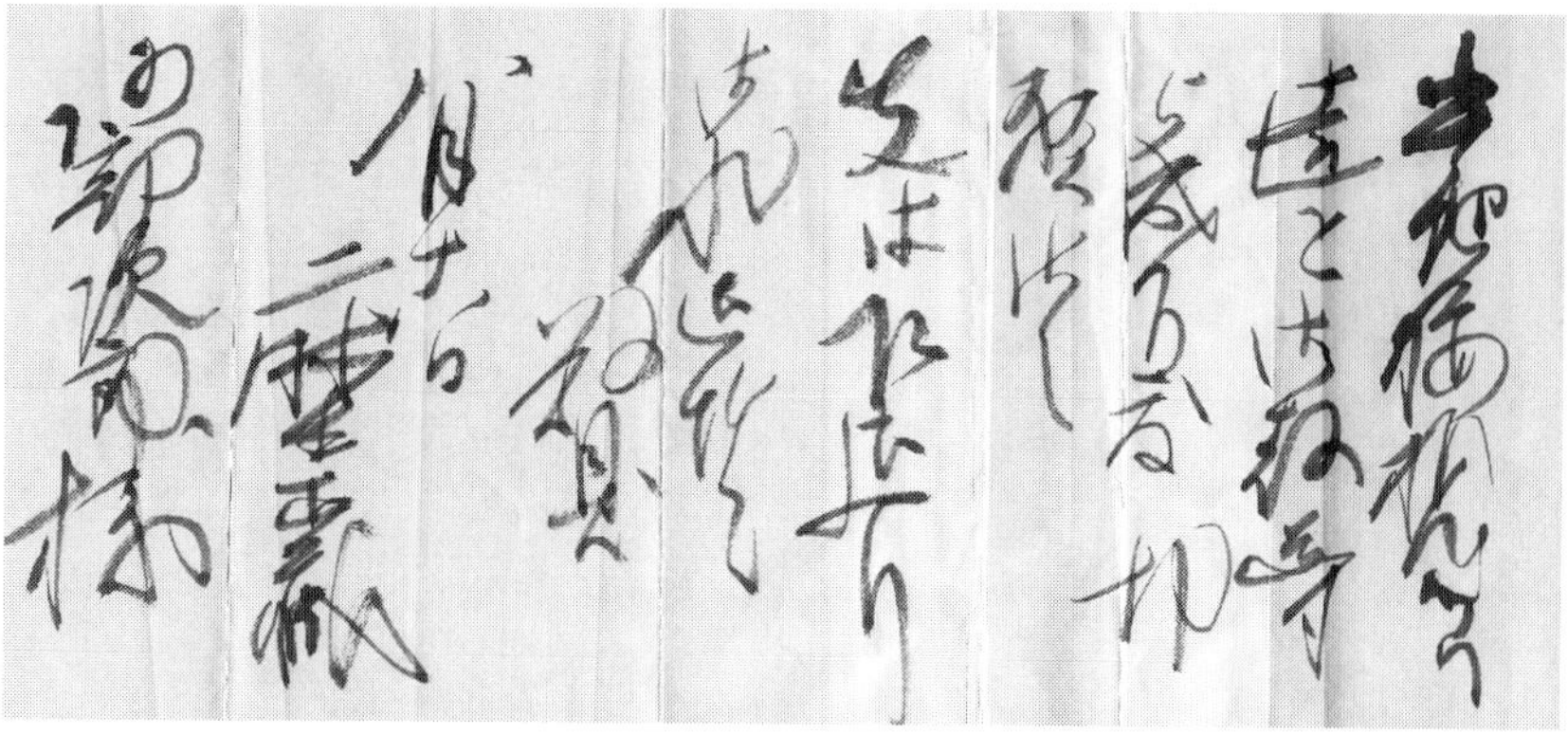

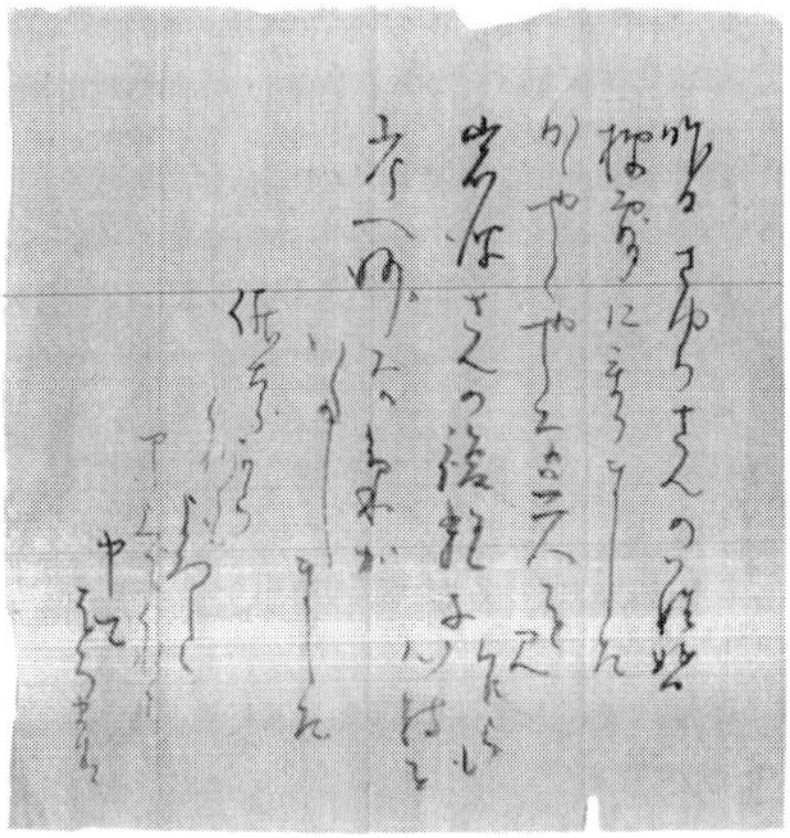

▲茅野雅子書簡番号23（昭７年９月11日付）

茅野雅子
〈日本女子大学 成瀬記念館所蔵〉

茅野蕭々
〈青木生子提供〉

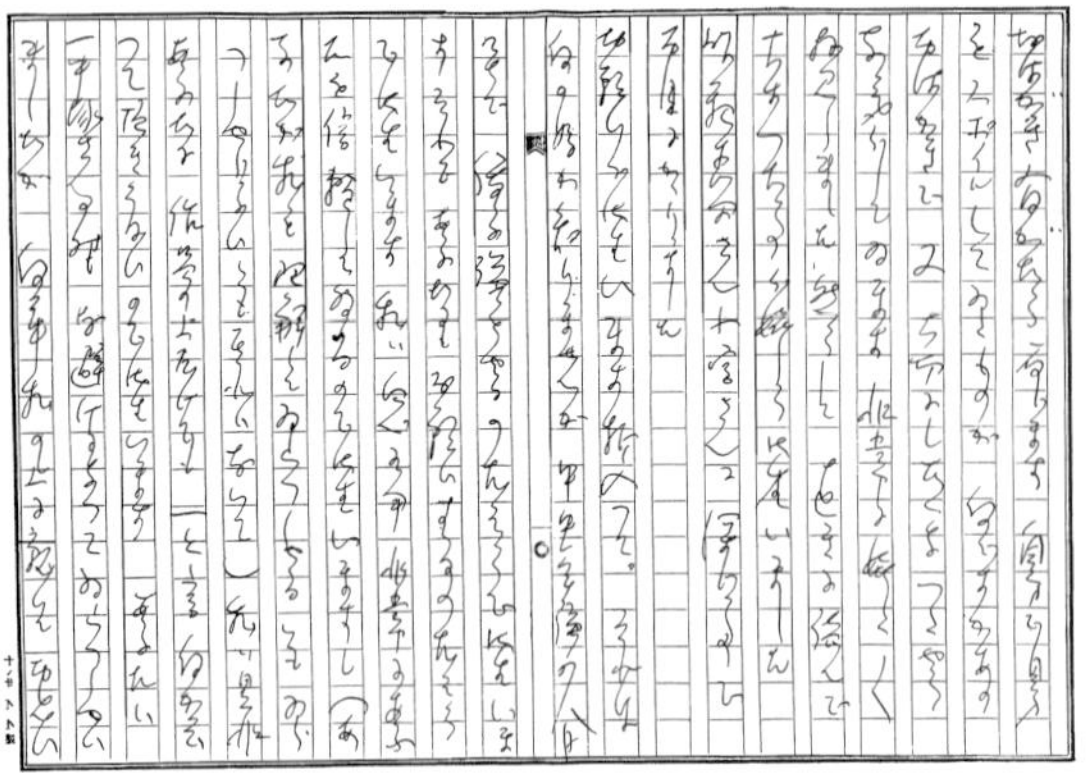

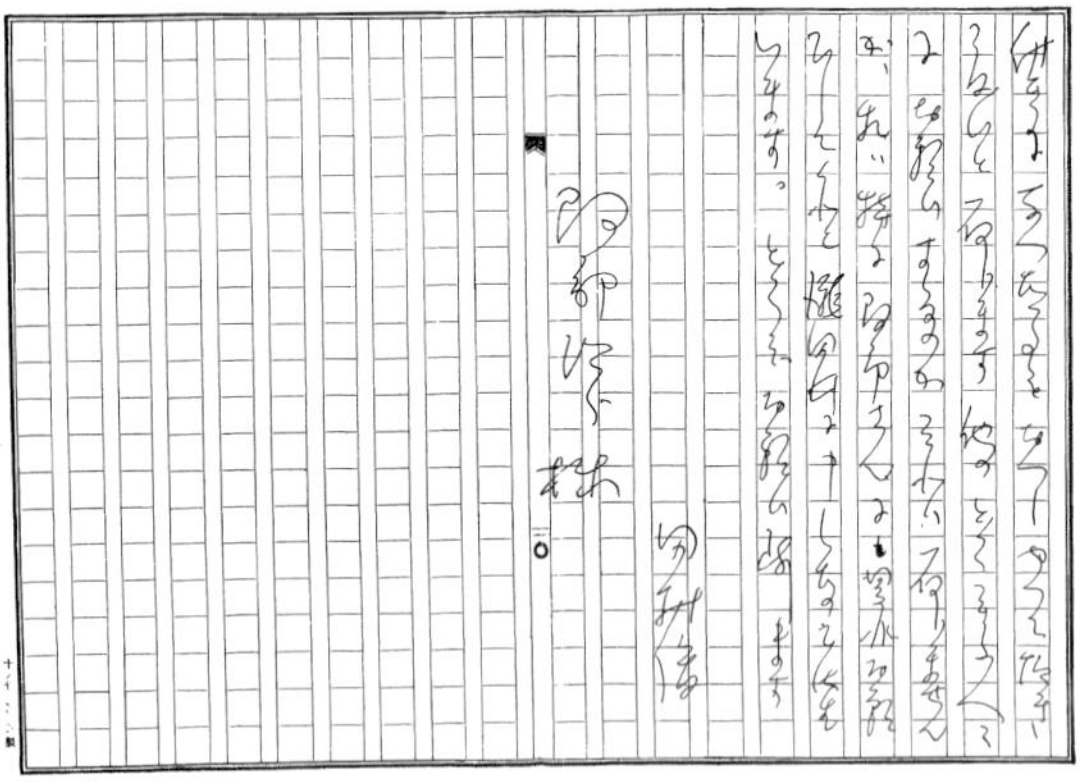

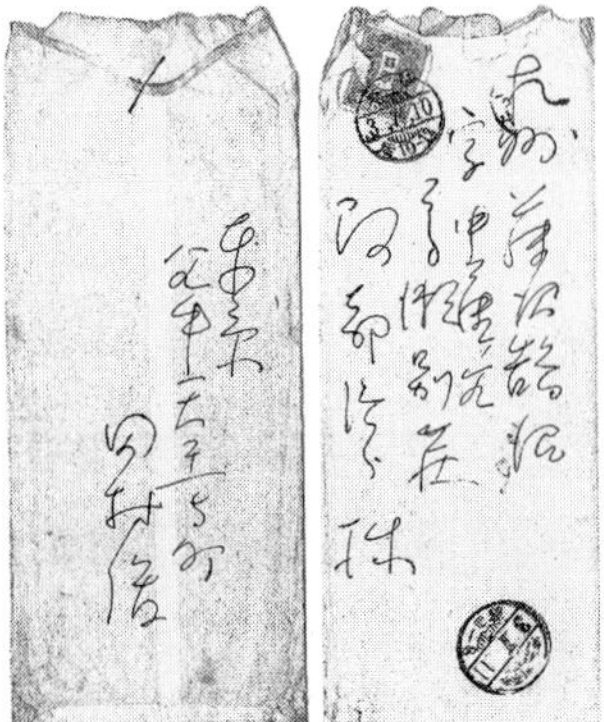

◀田村俊書簡番号5
（大3年7月10日付）

田村俊子

『彼女の生活』（新潮社、大正6年3月）口絵
〈『田村俊子作品集』第2巻、オリジン出版センター、昭和63年9月〉

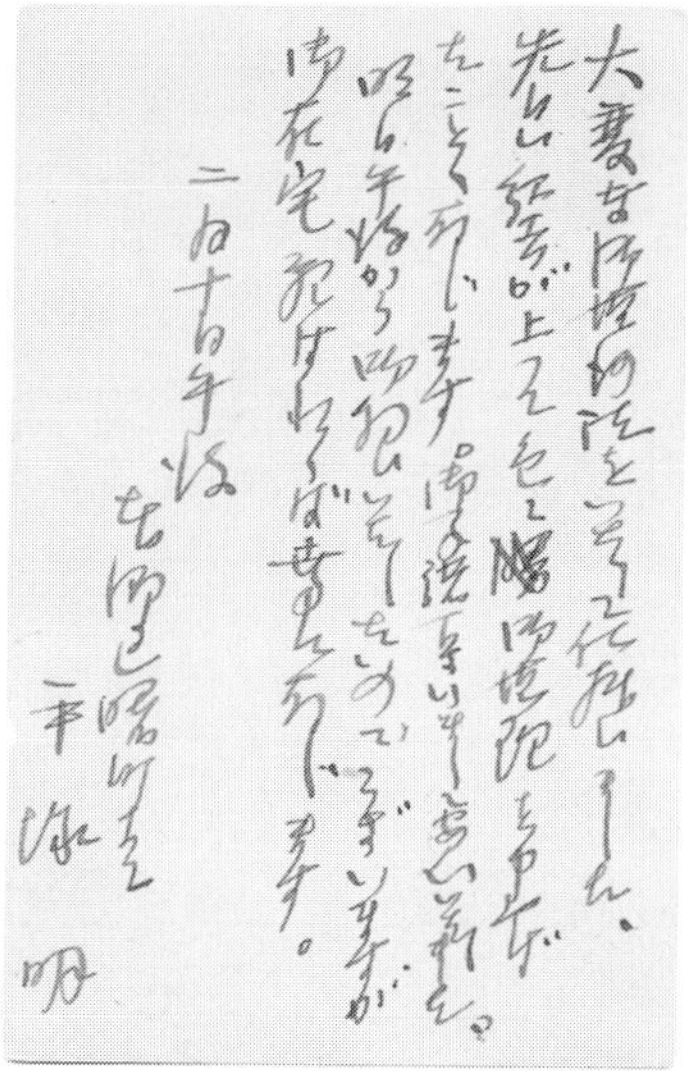

◀平塚らいてう書簡番号１
（大２年２月10日付）

平塚らいてう

万年山の青鞜社にて（大正元年）
〈『元始、女性は太陽であった』上、大月書店、昭和46年８月〉

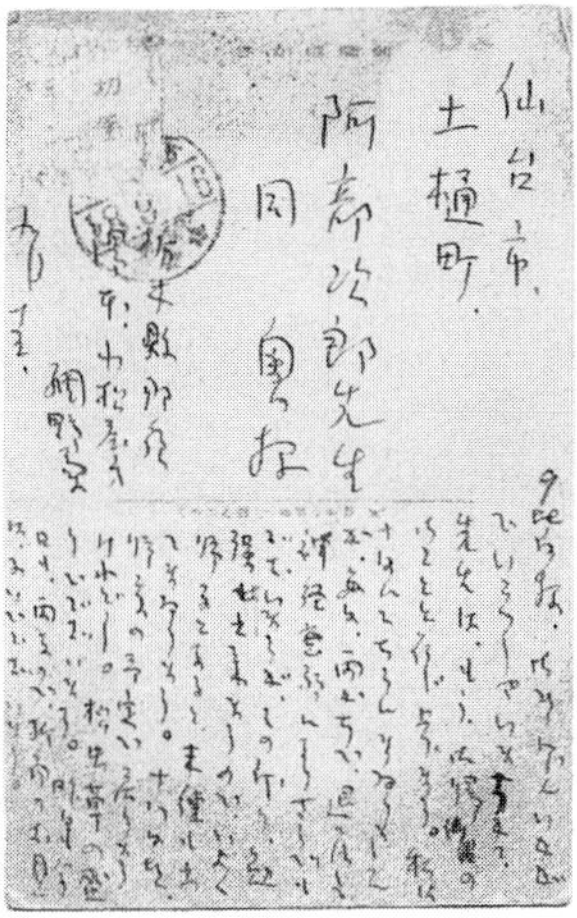

書簡番号８▶
（昭18年９月15日付）

網野菊

軽井沢　千ヶ瀧にて（大正15年８月）
〈『網野菊全集』第３巻、講談社、昭和45年５月〉

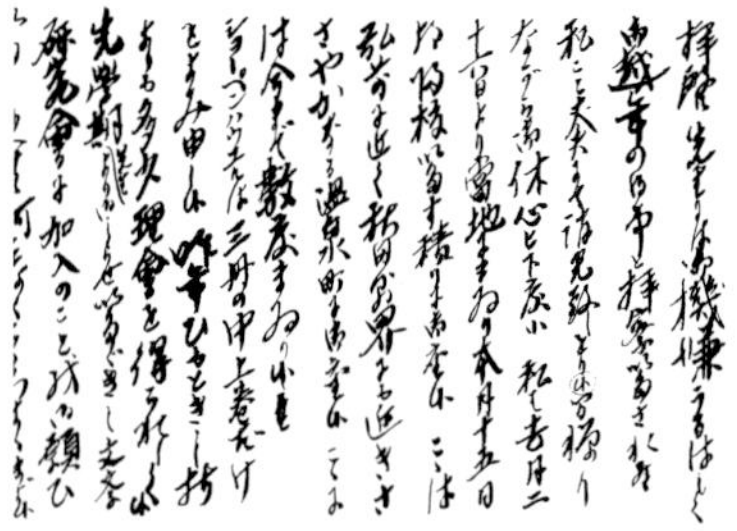

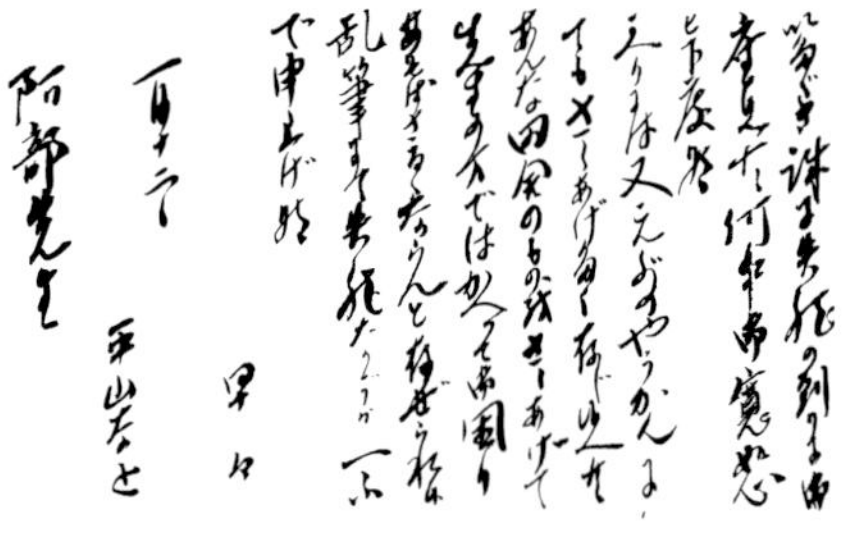

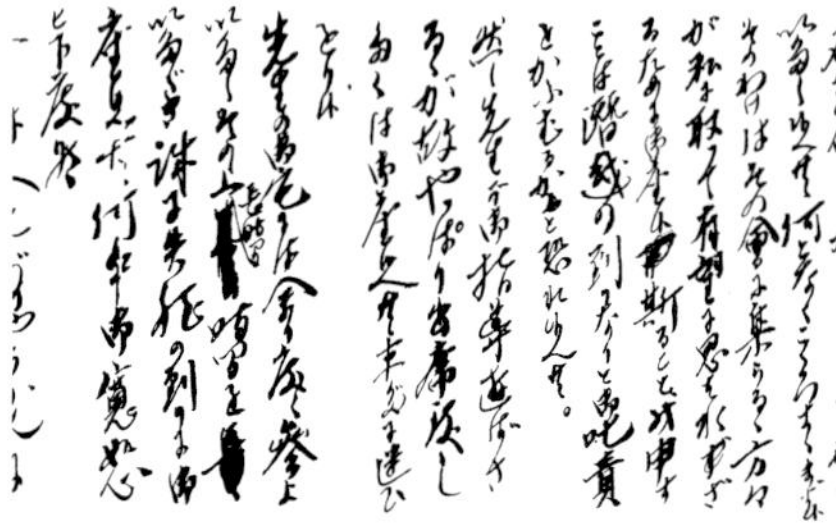

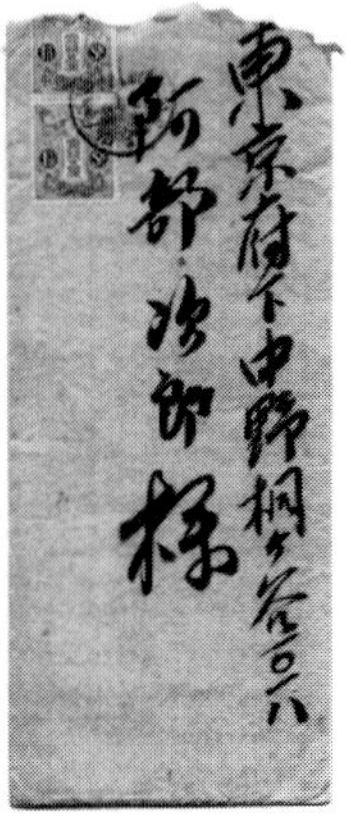

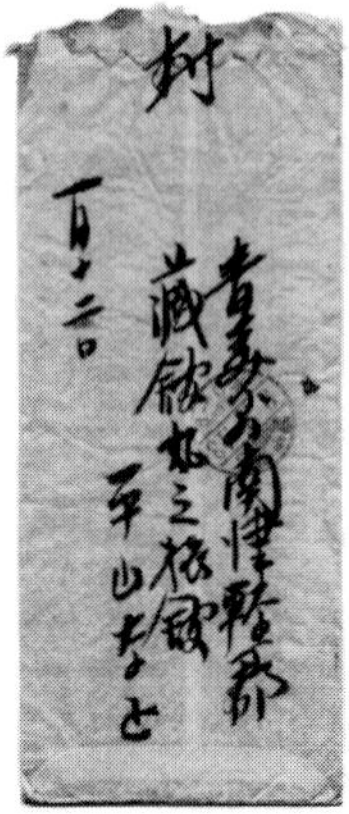

湯浅芳子

麻布のマンションにて（昭47年３月）

〈『狼いまだ老いず』筑摩書房、昭48年２月〉

（撮影　川島徹）

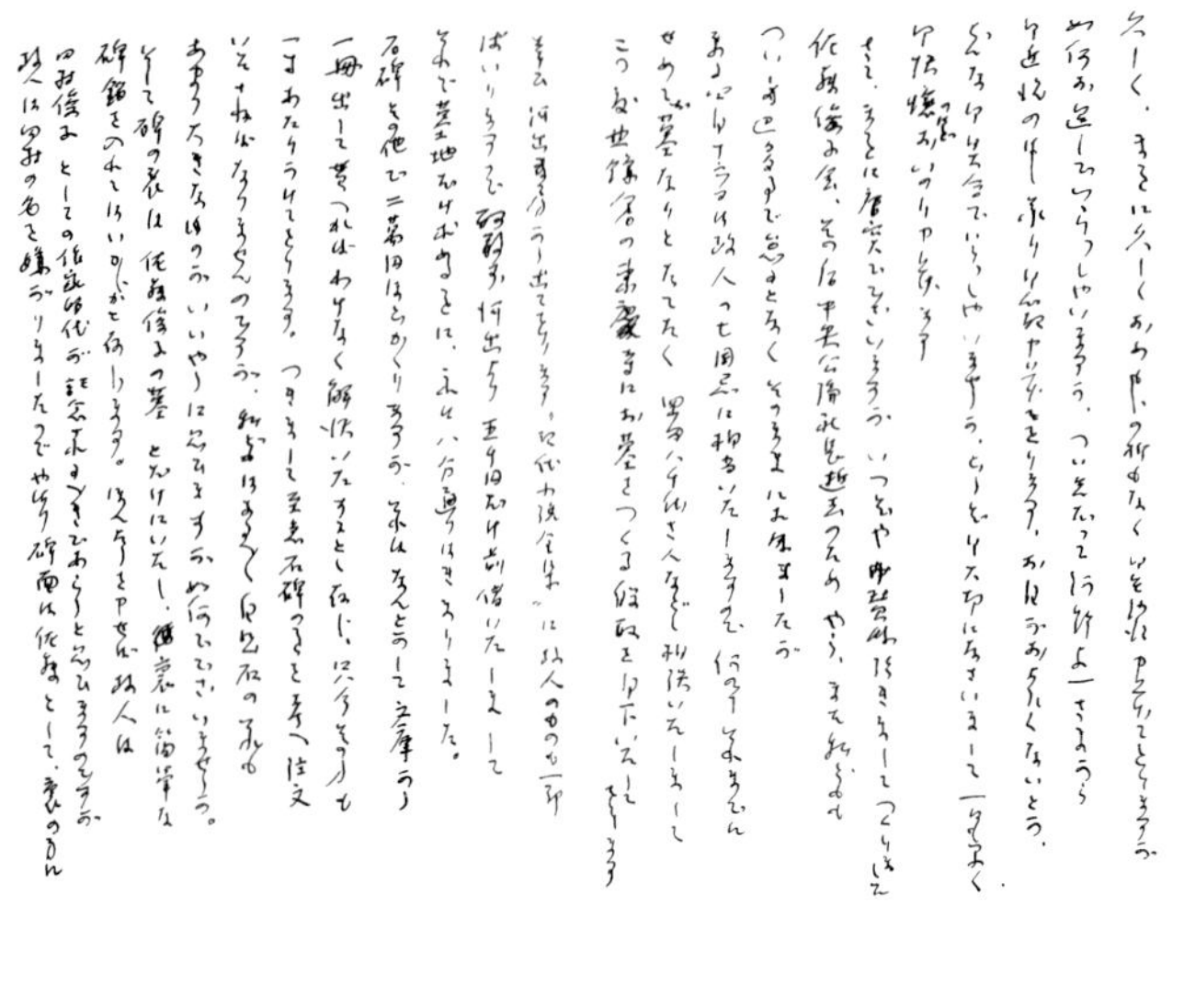

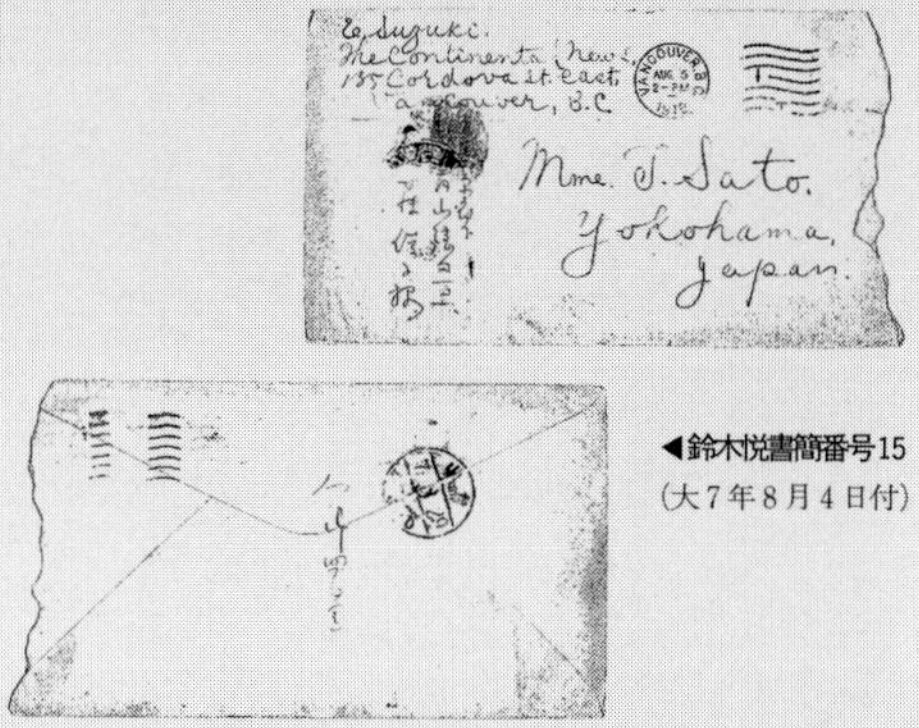

◀鈴木悦書簡番号15
（大7年8月4日付）

板垣直子（平山なを）
〈板垣哲子氏提供〉

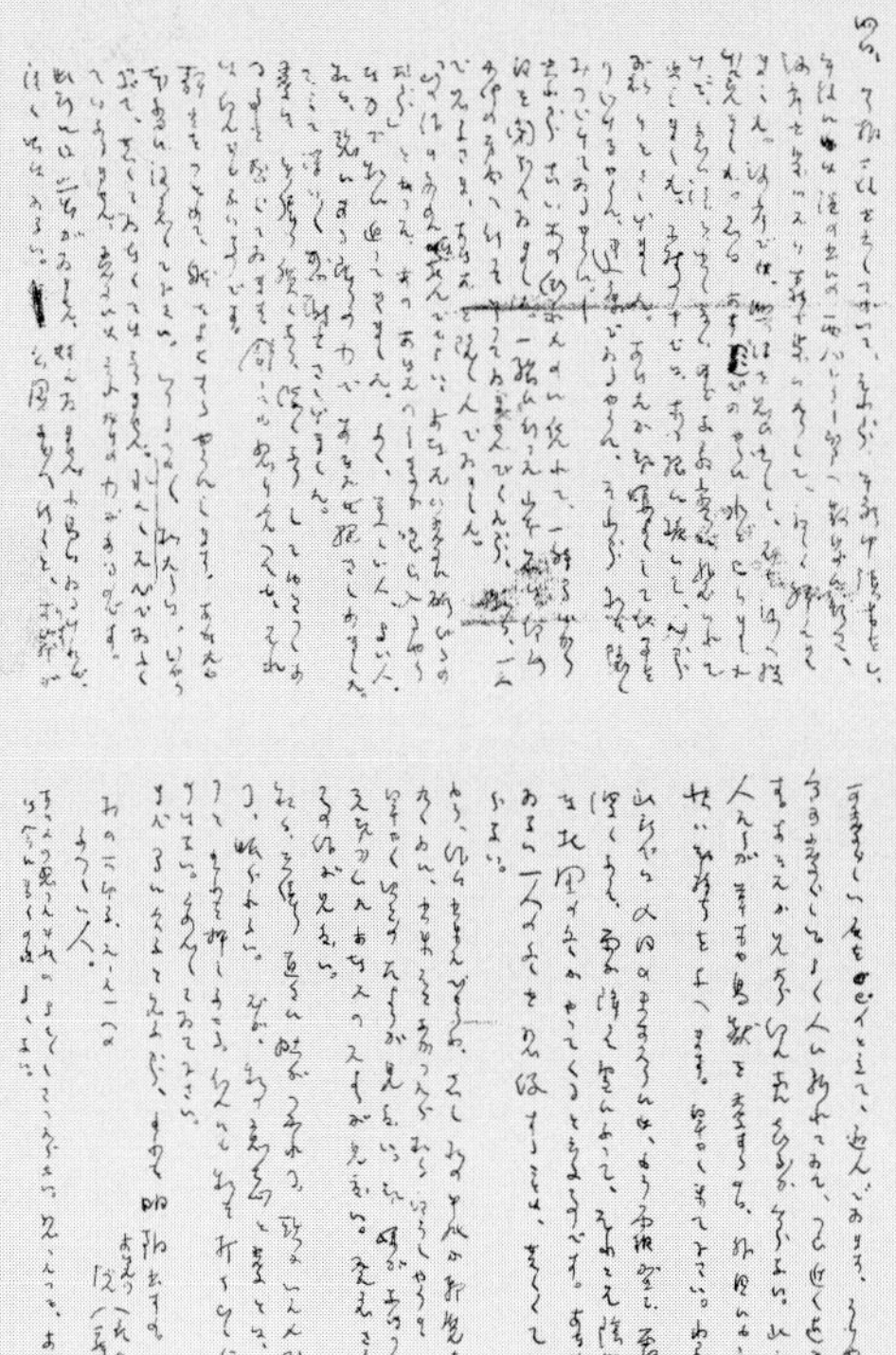

板垣直子書簡番号1▶
（大8年1月12日付）

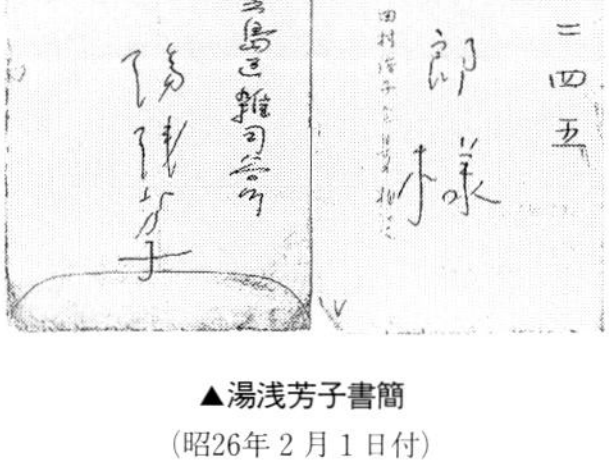

▲湯浅芳子書簡
（昭26年2月1日付）

田村俊子・鈴木悦

民衆社創立当時（大13年）

（『田村俊子作品集』第３巻、オリジン出版センター、昭和63年５月）

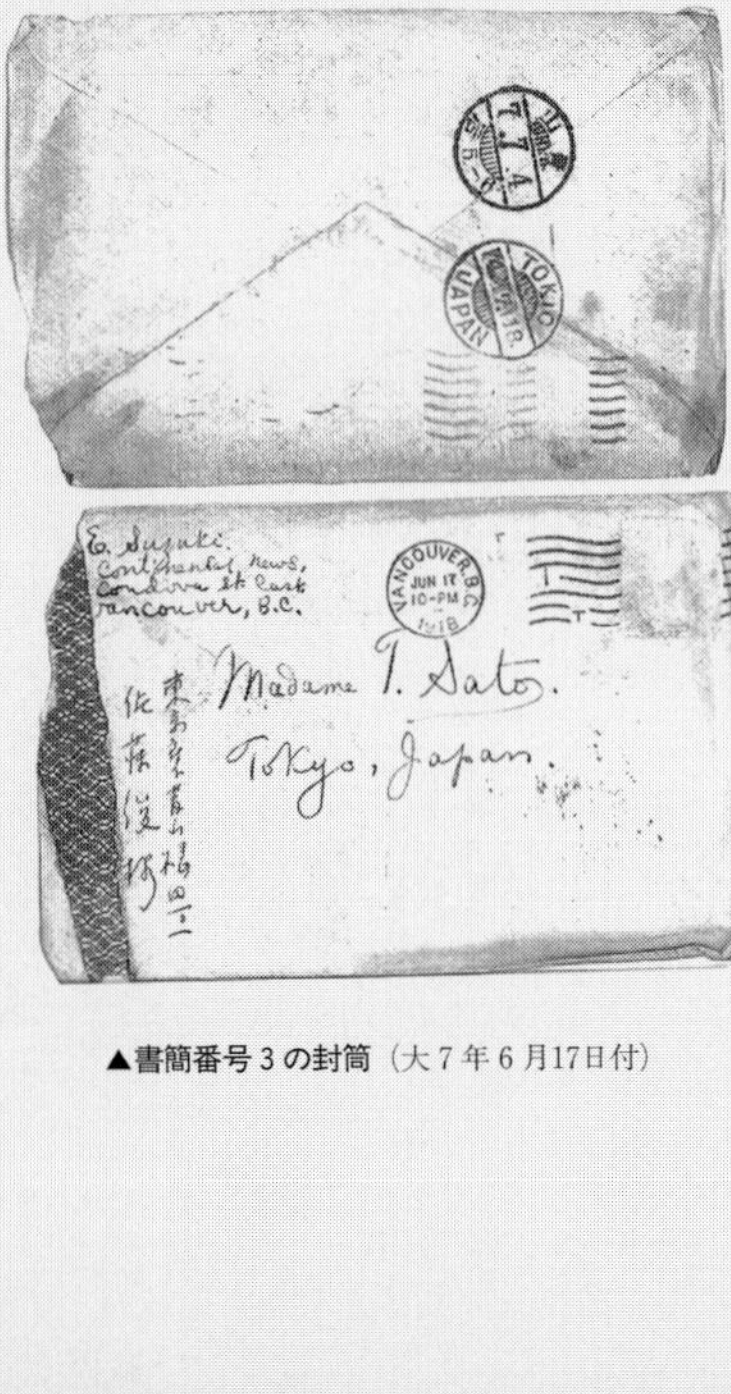

▲書簡番号３の封筒（大７年６月17日付）

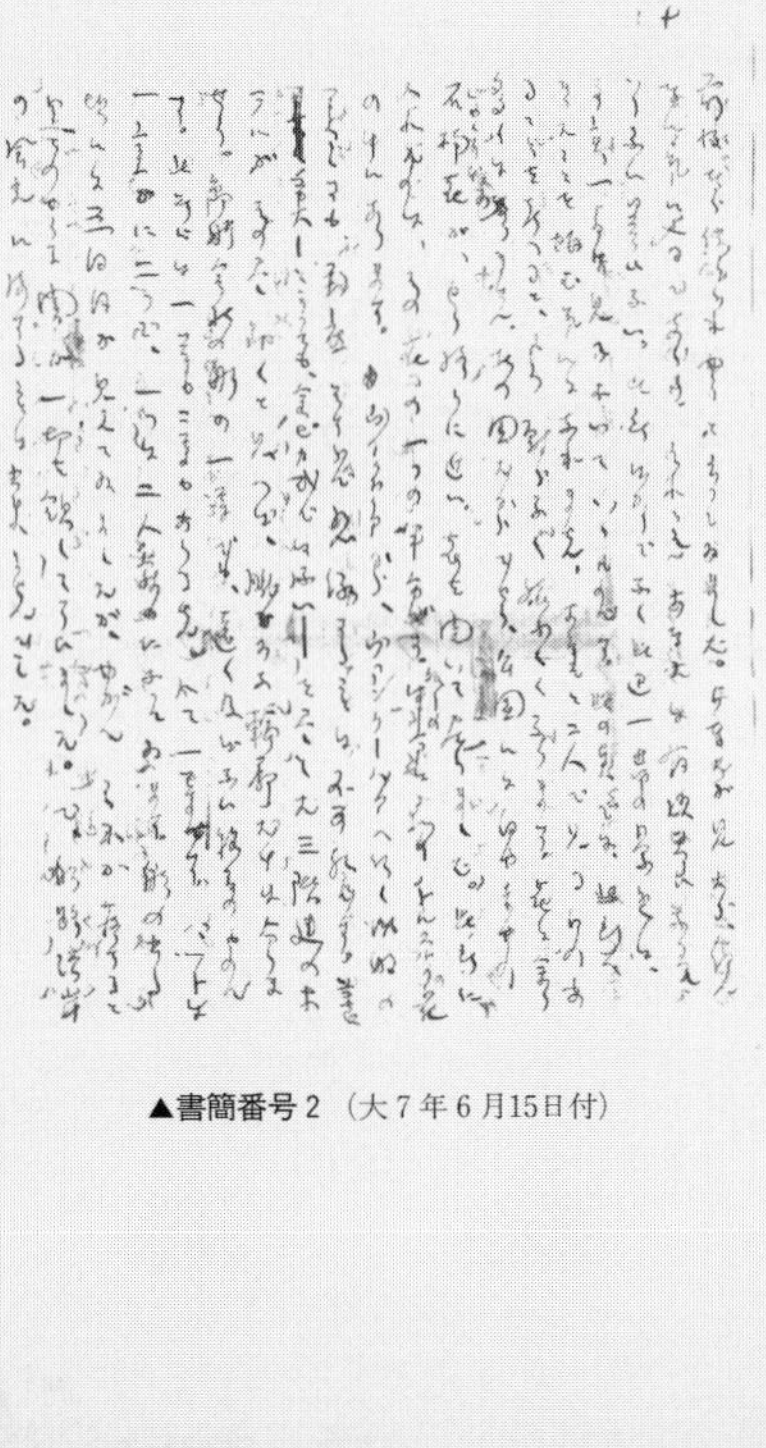

▲書簡番号２（大７年６月15日付）

日本女子大学寄託『阿部次郎をめぐる手紙』の刊行について

前日本女子大学学長　後藤　祥子

私ども昭和前期に生を受けた者たちにとって、『三太郎の日記』の作者阿部次郎の名はあまりにも有名である。『三太郎の日記』は当時、青少年向け良書紹介の筆頭であって、活字に親しむ家なら必ずどこかに一冊や二冊は見かけることができた。しかしそういう神話的な文筆家に、日本女子大の教員時代があったことは、私ども世代から下は、あまり知らないのではあるまいか。かく言う私自身、この度の企画によって初めてこのことを知り、驚きもし、感激もしたのである。それは大正六（一九一七）年五月から一一（一九二二）年二月までの丸五か年のことだという。大正八（一九一九）年三月には創立者成瀬校長逝去のことがあり、従って学園にとっては、草創期の苦節を経て教養教育にも新たな展開を期した時代なのであった。若き阿部先生は当初、東大美学の初代教授大塚保治教授の推薦で就任が決まり、文学部で「文学原理論」を教えることになったという。大正六年五月二十五日の初講義の日は「文学に対する態度とゲーテ前記」といった内容で、受講生に平山なを、網野菊などが居た。このうち平山なをは他ならぬ、私どもが学生時代に「文学概論」を教わった板垣直子女史である。板垣先生は当時かなり年配でいらしたが、受賞したての芥川賞や直木賞をなでに切りにし、生意気な学生たちを震え上がらせたものである。その他、阿部次郎の日記には、平塚明子（らいてう）や茅野雅子、大村かよ子（嘉代子）、上代タノ、をはじめ錚々たる卒業生の名が見える。大正デモクラシーまっただ中の清新な空気の中で、今売り出しの若き文芸評論家がどれほど知性派学生たちの興味を惹きつけたか、想像に余るものがある。

この度、本学に寄託された「書簡」の数々は、二代目校長麻生正蔵、国文学部教授で早くから家族ぐるみの交わりをした茅野雅子・蕭々（儀太郎）夫妻、田村俊子、平塚らいてう、網野菊、板垣直子、湯浅芳子からの来信が並ぶ。異色なのは朝日新聞記者鈴木悦から愛人田村俊子に宛てた来信の大束で、数奇な運命を辿ったこの女性作家の逃避行時代を跡づける大部な新資料が、いかにして阿部次郎の膝下に収まり、そして永く保管されるに至ったか、それを知ることは、わずか五年に満たない阿部の本学教員時代が、その謦咳に触れた卒業生や学生たちにとっていかに濃密な意味を持ったかを自ずから雄弁に物語るであろう。詳しくは本文注および解説に拠られたい。ともあれ、らいてうを筆頭に本学卒業生を主メンバーとする『青鞜』の生々しい活動の軌跡をも伝えるこの書簡集が、『青鞜』や田村俊子などの研究に分厚い蓄積を持つ本学に寄託されたことは、阿部家のご遺族と青木生子元学長や原田夏子氏との並々ならぬご縁の賜物としても、まことに幸いであったと云わねばなるまい。本書簡束の寄託後まもなく、『父　阿部次郎』の著者でいらした大平千枝子氏が本書の完成を待たずに逝去されたことは何とも残念であるが、本学の叢書の一つとして出版に漕ぎ着けたことは何よりのご恩報じではあるまいか。寄託をご決断下さった阿部家への感謝とともに、本書『阿部次郎をめぐる手紙』の完成にご尽力下さった方々にもお礼申し上げたい。

阿部次郎をめぐる手紙——平塚らいてう／茅野雅子・蕭々／網野菊／田村俊子・鈴木悦／たち◎目次

書簡Ⅰ

書簡II

凡例

一　本書は、書簡Ⅰ　阿部次郎宛書簡（麻生正蔵書簡・茅野雅子書簡・茅野儀太郎（蕭々）書簡・田村俊子書簡・平塚らいてう書簡・網野菊書簡・板垣直子書簡・湯浅芳子書簡）、書簡Ⅱ　田村俊子宛書簡（鈴木悦書簡）として翻刻・注と解説を付してまとめた。

二　各書簡内の配列は、発送年代順を原則とし、不明のものは各書簡ごとに最後に置き、通し番号を付した。各書簡ごとに、発送年月日、宛名、差出人、特記事項（封書・はがきの区別、封書やはがきに絵や模様等の特徴がある時はその様子、用紙、筆記用具、その他、持参便、速達便等）を記し、書簡本文（翻刻）、注の順とし、最後に解説を付した。複数の差出人が同一書簡あるいは、同封されている場合は、その旨を※を付して書簡本文の前に注記した。

三　書簡の発送年月日は、書簡中（封筒裏表、はがき裏表等を含む）に記された日付や消印により、日付も消印も不明の場合は、内容や受け取った年月日および『阿部次郎日記』第十五巻・同十六巻（角川書店刊）等から推定した。日付の表記は、次のように区別した。

1、書簡中の記載の日付と消印が同じ場合は、「大正6年6月11日（消印も）」と記す。
2、書簡中に記載の日付がなく消印による場合は、「大正6年6月11日（消印）」と記す。
3、書簡中の記載の日付と消印が違う場合は、違う箇所のみ「大正6年6月11日（12日消印）」と記す。
4、書簡中の記載の日付と違う消印が2つある場合は、両方「大正6年6月11日（12日牛込消印、13日軽井沢消印）」と記す。
5、書簡中の記載の日付のみがあり、消印が見えなかったり、切手ごと剝がれている場合は、「大正6年6月11日」と記す。
6、推定の場合は、推定の所に「大正6年6月11日（推定）」、「大正6年（推定）6月11日」、「大正6年（推定）6月（推定）11日」等のように「（推定）」と記す。

四　宛先の住所氏名は、封筒やはがきに記載されているとおりとし、脇付の「侍史」「親展」「御元へ」等もそのまま記した。

五　差出人の住所氏名は、封筒やはがきに記載されているとおりとし、住所、氏名の右に日付がある場合は、住所の上に、左にある場合は、氏名の下に日付を記す。ただし、封緘の「〆」「緘」等や電話番号、振り込み口座等は省略した。

六　翻刻にあたっては、原文の記載、形式をそのまま再現することに努め、表記について以下のような方針を立てた。

1、漢字は、新字体のあるものは新字体に改める。ただし人名、地名等の固有名詞や筆者ごとに特徴のある表記等はそのままに残した。

2、仮名遣い、送り仮名、拗促音の表記は原文記載のとおりとする。

3、踊字は、原文記載のとおりとする。

4、振り仮名・傍線・圏点等は原文記載のとおりとする。

5、誤字・脱字・衍字・欧文綴りの誤りと思われるものは原文記載のとおりとし、右脇に「松《ママ》」とする。

6、句読点は原則としては原文のままとし、難読の恐れのある時は、適宜付した。原文に句読点がなく字間を空けて文末を表してある場合や、字間を空けないで文末となっている場合は、一字空きとする。

7、傍記、欄外の記載、あるいは抹消部分は、当該箇所に〔欄外「　」〕、〔冒頭欄外「　」〕、〔抹消「二、三字塗りつぶす」〕、〔二重線で以下抹消「から御安心ください」〕等として示す。また、〔編注　以下冒頭に細字で記入「　」〕の形で原文の状態を示すこともある。当該箇所の特定ができない時は、〈　〉で囲み注の前に記す。

8、解読できない文字は□で示す。

10、改行は原文の形に従うが、明らかに文章が続いている場合は、追い込みとした。

11、訂正文字を元の文字の上に重ねて書いてある場合は、修正された文字に改めた。

12、「　」（　）等の受けがない場合は補った。

13、注・解説の中の作品名・単行本名・雑誌名・新聞名等は、『　』を用いた。

付記　本書において、日本女子大学は、戦前、専門学校令により校のつくのが正式名であるが、便宜上日本女子大（学）と呼ぶことが多い。

発刊によせて

小幡　明子

私と祖父阿部次郎との思い出は残念ながらあまりない。幾つくらいからだろうか、母に連れられ、大学病院の長い暗い廊下をとおり、何度となく見舞いに連れて行かれたことくらいしか覚えていない。そこには無心に病気に随順している祖父と彼を看取ることを生涯の全てとしていた慈愛に満ちた祖母がいる、そんな光景しか思い浮かばない。祖父は昭和十六年十二月脳溢血にかかり、翌年法文学部長を辞任、しまいには脳軟化症にかかり、私が小学二年生の秋亡くなった。幼い私には祖父がどのような人であったかわからないまま、公会堂で「仙台市民葬」として盛大に葬儀を行った時は「偉い人」なんだという想いが幼心に伝わった。いつのころからか大正三年に産声をあげた「三太郎の日記」の阿部次郎が祖父であることを知った。高校卒業後東京の大学で学ぼうと思っていた私は迷うことなく祖父が講師として教えていたことがある日本女子大学を選択した。

現在私が住んでいる仙台市土樋の地は祖父が東京から東北大学教授として赴任してきて、留学したドイツのハイデルベルグと同じ香りのするこの地を終の棲家と選択した場所である。当時建てた家は十数年ほど前に取り壊されてしまったが、母屋とは別棟になった二階建ての当時まだ珍しいコンクリートの建物は未だにそのままおいてある。ここを仕事場として本をめくり思索に耽っていた。この書庫の押入れの中に手紙と日記がはいっていた。

祖父が手元に保存した書簡は明治三十年頃から昭和三十四年までのもので、かなりの数にのぼる。それを①家族親戚②青春時代③弟子関係④学者文化人⑤出版教育関係に分け、学者文化人のなかに青鞜関係として平塚らいてう氏、女子大学関係者として板垣直子、網野菊氏等の手紙がある。大正九年「最初の遺言状」を認めた祖父はその後も一年の区切りごとにそれを書き換えることを習慣としていた。死後残された数十通の遺言状には「書簡は焼却すべし」と明記されているが、日記ほどの厳格さはなく「余に当てたる諸先輩諸友および諸後進の書簡中保存して後世に残すに値するものも亦可なり」「家族が記念として保存せんと欲するものはその意に任するも可なり」等のただし書きがあった。昭和十四年のくだりに「書簡集も亦公刊すべからず。書簡の乏しさは余の生涯の孤独と貧寒と懶惰とをしめす物にしてこれを集めて醜を後世に晒すに忍びざればなり。この意思も亦厳守せられんことを要す」とある。しかし、祖父の思惑とは別に誠に豊潤多彩であって、生涯が豊かな交情によって暖められていたことを裏書きしている。遺言の通り、捨ててしまおうとも考えたが、それが日本文化発展のために積極的な意義をもつものなら、その遺言は乗り越えなければならないと考えた。

哲学者の祖父の生活と自分自身の経験から「文学は苦しいので別の道を」と望んだ母の言葉で、私は文学とは全く縁のない生活を送ってきた。こんな私のところにこれらの手紙等がずっとおかれるならば、きっとこのまま押入れの中に眠ったままだろうという思いで、今回青木先生、原田先生始め皆様に書簡等をお見せすることにした。書簡は文体、内容共に紛れもなくその人自身のものであり、人柄が隅々ににじんでいる。その背後には当時の時代精神が息づいている。既に多くのものの失われた今、後代に少しでも伝えることができればと考える。お忙しい中、執筆くださった方そして日本女子大学の皆様に感謝申し上げる。このような形で発刊することができ、少しでも祖父の人間とその時代等の人々の考え方が明らかになれば幸いである。

阿部次郎宛書簡と日本女子大学校――寄託のいきさつ

青木　生子

大平千枝子氏保存の書簡類

阿部次郎の三女大平千枝子さんに久しぶりで会ったのは、たしか平成十一（一九九九）年の秋であった。長い間脊髄カリエスにくるしんでいる千枝子さんを、原田夏子（日本女子大学校・東北帝大卒の私の後輩）と共に仙台米ヶ袋の自宅にお見舞にいった。たまたま十一月二十日に東北大学で催された講演会（東北大学研究教育振興財団主催）で私は「東北大学と女子学生」と題して講演を行った。千枝子さん宅を訪問したのは、この翌日であったので記憶はあざやかである。

千枝子さんは、昔の東北帝大時代の私どもの先輩である。かつて著書『父　阿部次郎　愛と死』（一九六一年）で第十回エッセイストクラブ賞を受賞した彼女は、その後執筆や教育活動を続けてきたが、今、闘病生活の中で、前著の続編として、母や弟たち、家族のことを書き留めておきたいということなど、もろもろの話が繰りひろげられた。それはのちに『阿部次郎とその家族』（二〇〇四年）の刊行として実現された。在仙の原田はこの出版に当り、病床の彼女を励まし骨身惜しまず協力した一人である。私は著者の依頼でこの本の「帯」に推薦文を書いた。

原田と二人で再び千枝子さんを見舞ったのは平成十四（二〇〇二）年十月二十日であった。前日に「平塚らいてうの生涯」のドキュメンタリー映画の上演会が日本女子大同窓会の肝いりで仙台の福祉プラザで催され、その講演に私は行った折であった。夫君大平五郎氏（東北大学名誉教授）を交えたよもやま話の中で、阿部次郎宛の膨大な手つかずの書簡類のことが話題にのぼった。私は以前、拙著『茅野雅子―その生涯と歌』（一九六八年、明治書院）の執筆に当り、雅子の書簡を拝借、引用したことがある。日本女子大関係の茅野雅子をはじめ、平塚らいてう、板垣直子、網野菊らの話のなかから、田村俊子の話にも及び、俊子から贈られたという姉さま人形が応接間に飾られてあったことも記憶に新しい。成瀬仁蔵（日本女子大創立者）の手紙もたしかにあったはずだが、探すのが大変で、と夫君も口添えされた。目的の著書の進行にめどがついてきた千枝子さんは、その後に残された書簡類の整理が脳裏をかすめていたらしい。

千枝子さんの長女の小幡明子さんは本書「発刊によせて」の中で、「祖父が手許に保存した」膨大な書簡類の処置について、「遺言の通り捨ててしまおうとも考えたが」「豊潤多彩」な生涯を「裏書きしている」書簡が日本文化のため積極的な意義をもつなら「遺言は乗り越えなければならないと考えた」という。その考えは千枝子さんも前著『父　阿部次郎　愛と死』（増補復刊、一九九九年）の中で同じく述べていた（「II父をめぐる人々＝書簡整理」）。チャンスを得たというべきか。阿部次郎宛の日本女子大関係者の書簡類がかなりある話をきいて、原田と私は相談の上早速に、慎重に行動を開始した。

日本女子大に寄託のいきさつ

できれば女子大にこの書簡類をいただきたい。切なる願いに二人とも異存のあろうはずはない。

「とにかく拙著が刊行いたしましたら、書簡の方に取りかかりたいと思いますので、しばらくお待ちくださいませ」との千枝子さんからのハガキ（著書の「帯」の拙稿が届いた礼状の中）を平成十六（二〇〇四）年五月にもらう。

間もなく大平千枝子著『阿部次郎とその家族』が六月十六日、東北大学出版会より刊行された。

それから日本女子大寄託の実現に至るまでの経緯を、原田と私の日記や覚え書きを突き合わせながら次に略述しておきたい。そもそもこの件は、前述のように原田と私がきっかけになったわけだが、個人の興味や研究を念頭においたものではなく、広く公に資する意義と価値をいだいたが故の、懇願であることはいうまでもない。幸い日本女子大には、創立者成瀬仁蔵の遺徳を偲び、建学の精神を明日への発展に資する目的で建設された成瀬記念館が構内に存在する。貴重な関係資料を所蔵する一種のアーカイブスの役割を果たしている。阿部宛の書簡類もここに所蔵され、公に多くの人々の目に触れてもらうことが、もっとも望ましいと考えた。そこで正式には、日本女子大すなわち成瀬記念館が大平家資料の交渉に当る道筋をとっていった。

平成十六（二〇〇四）年三月、元成瀬記念館主事の中嶌邦（日本女子大学名誉教授）と相談。成瀬記念館から、書簡類に対する要請状を出すに当って、大平千枝子氏宛に日本女子大現学長、成瀬記念館館長の後藤祥子の名で記すことにした。一方、千枝子さんからは、平塚らいてうの書簡は、らいてう研究家で親交のある米田佐代子氏にすでに渡す約束をしてあるとか、間もなく、氏がそれを辞退して下さったよし、等々、大平家との間に、手紙、電話で諸々の交渉の末、四月一日付で成瀬記念館より学長名で正式な寄贈願を大平家宛に送る。のち、千枝子さんから、長女小幡明子さんの考えもあり、当面寄託の形にするよし、寄託者は小幡明子の名であると聞きおいた。よって、九月十日付で後藤祥子館長名の預り書を寄託者小幡明子氏宛に発送。

原田の日記によると、同年九月一日十時、大平家において千枝子さんより彼女が一包みの書簡類を受け取り、確認して仮預り証を原田の名で渡した。

九月九日、原田が書簡一包みをもって上京、成瀬記念館にて、原田、青木、小橋安紀子（成瀬記念館学芸員）の三人で包みをとき、一束ずつ確認。寄託資料は、阿部次郎宛の日本女子大関係者の書簡一五二通、田村俊子関係の書簡二十六通である。

翌十七（二〇〇五）年四月、また大平家に阿部次郎宛の田村俊子封書が一通残っていたとて、原田が受け取り、記念館に送ったりしている。

十月十八日、成瀬記念館において、寄託資料を原田、青木、岩淵（倉田）宏子（日本女子大日本文学科教授、近代日本文学専攻）、小橋の四人で再点検、種々相談する。①資料のコピーをとる。②資料の選択。③出版を翰林書房。④内容として書簡の翻刻、注、解説などを一部、日本女子大大学院修了者、教育者に依頼。⑤序文、特別論文の執筆者など、大綱を取りきめる。

翌十八（二〇〇六）年八月五日、仙台市内の堀田病院へ入院中の千枝子さんを原田が見舞い、書簡類のコピーを見せ、刊行の方向で仕事を進める旨を伝える。そばにいた夫君大平氏の言によると、これら書簡類は、阿部が一まとめにして書棚に納めておいたものを没後見出したもののことである。

書簡の意義

生前、阿部次郎の手で束ねてあったというこの書簡類に、改めて阿部の日本女子大への思い入れを想像せずにはいられない。書簡は主に、女子大講師就任の大正六年から大正十一年までの、在職期間を経、東北帝大教授として仙台赴任のあとも、女子大との交流が昭和前期の頃まで断続している。

『三太郎の日記』（大正三年）の著者として勇名を馳せた思想家、哲学者の阿部次郎は、その頃、大正文化、教養のリーダーを担うまさに時代の寵児であった。このような活動期に、阿部の日記には、日本女子大勤務や同窓会（桜楓会）とのかかわりの記事が、本書で原田夏子の指摘のとおり頻繁に出てくる。阿部宛書簡は彼の女子大への傾倒ぶりとまさに響き合うかのごとくである。実際には阿部からの書簡や返書も数多くあったかと思われるが、阿部の手許に保存された書簡類からは、日記を裏付け、これと表裏一体をなす、温い交流の雰囲気が、たちのぼってくる。

書簡の筆者は、それぞれの立場でさまざまの機会に書き、依頼ごとや実用的な用件や交際上の挨拶もあれば、思索の披瀝もあるが、阿部個人に向かっての私的な内容が、それぞれの文体で綴られている。しかも肉筆の文字は、時に判読に悩むことがあっても、パソコンの文字があふれる現代だからこそ、じっくり読む者に、すこぶる個性的、人間的な温さが伝わってくるのである。そうした親愛感が底流として、阿部個人に注がれている当書簡類は、阿部次郎という人間を他面、物語る貴重な資料であるかもしれない。いわば阿部の広い人間愛の世界のなかに、日本女子大関係の田村俊子もまた大きく受け入れられた。阿部宛書簡の以外に、俊子宛の膨大な鈴木悦書簡類が、阿部のもとに保存されていたのである。そのいきさつについては、本書の岩淵宏子の解説を参照していただきたい。未公開の鈴木悦書簡を「阿部次郎と日本女子大学校」関係の世界の中に、書簡IIとして収めた次第である。

思いの外、本書の共同作業は、翻刻、注その他の内容の正確を期するため手間取り、遅れがちになっている間も、大平千枝子さんの病状が気がかりであった。平成十九（二〇〇七）年の夏、この年は東北大学創立百周年に当り、大々的な行事、式典が繰りひろげられた。私事にわたるが、この記念式典で、思いもかけず、文化貢献者（教育部門）として表彰されることになった。その前日の八月二十六日、私は、本書内容の完成のめどがほぼついたことを報告すべく、千枝子さんを病院へ見舞った。隣りのベッドにこれも病臥中の夫君が、私の来訪を告げても彼女はわかったか否か、静かに眠り続けていた。

秋、十月七日には、同じく東北大百周年の催しで「女性百年」と題する国際シンポジウムの基調講演を引き受けた私は、その前日に再び、堀田病院入院中の千枝子さんのもとへ原田夏子と一緒に急いだ。「今朝なくなりました」と、長女小幡明子さんの言葉。ただ呆然自失するばかりであった。その約一ヶ月後に夫君大平五郎氏の悲報をも受けたのだった。心から哀悼と感謝の意をこめて、本書を捧げたいと思う。

最後に、本書の意義を評価し、刊行に当り日本女子大学総合研究所から助成金が付与されたことを報告させていただく。

阿部次郎と日本女子大学校——在職五年間の日記を通して見えてくるもの

原田　夏子

はじめに

昭和五十七年、東北大学国文学科の岡崎義恵名誉教授が亡くなり、門下生たちで追悼記念文集を編むことになった。その時私は年譜作成の係となって、そのための資料をあれこれ読んでいた。その資料の一つとして、同大学の名誉教授であり、芭蕉俳諧の研究会や書画会で親交のあった阿部次郎の日記に目を通していた。この日記は、かなり几帳面に毎日書かれており、交友関係や身辺の事柄にも及び大いに参考になり、役に立つ資料であった。そうして読んでゆくうちに、母校日本女子大学校勤務の記録が頻繁に出てくることを知った。その時からいつか阿部次郎と日本女子大学校との関わりを、この日記の中に求めてみたいと思っていた。

日本女子大学校には創立当初から、学識の秀れた先生方が沢山教えにきておられたので、講義のことや生徒のことについて、先生方が日記に書かれたり、生徒からの手紙などを受けとっておられたことも想像される。しかしそれらは表に出ることはなかったのだろうか。あるいは阿部講師ほど丹念に、事実に感想を加えつつ日記をつけつづけた先生はほかにおられなかったのだろうか。

この阿部次郎の日記は、当時の日本女子大学校の雰囲気や生徒たちの動静も知られる、貴重な資料のひとつと思われる。日記は角川書店より『阿部次郎全集』第十四巻、十五巻に収められて出版されている。その第十四巻に日本女子大学校講師時代の日記がある。以下主としてこの日記を通して、日本女子大との関わりを見てゆきたい。なお敬称を略させて頂く。日記は原文の漢字の旧字体を新字体とし、仮名遣いは旧のままとする。

阿部次郎の日本女子大学校講師就任

阿部次郎が日本女子大学校で講義を行ったのは、大正六年五月から、十一年二月末までである。日記の六年五月三日（木）の条に、

大塚先生から葉書ありたるにより（中略）先生を訪ふ。女子大学の文学科で文学原論を講ずる相談あり。承知の旨を答ふ。一週二時間、月給二十円。（後略）

とある。この時が阿部次郎と日本女子大とのかかわりの最初となった。日本女子大の側から交渉依頼をしたのは誰であったかは、日記にないのでこれまではっきりしなかった。しかし幸いなことに、今回日本女子大に寄託された阿部次郎宛書簡類の中に、当時の学監麻生正蔵の巻紙に筆で書いた書状が残っていた。日付は五月九日で、内容は阿部が承諾の返事を出したことに対する礼と開講の日と具体的な講義日の調整等である。注目すべきは冒頭に「今回は突然大塚博士を通じて貴下の御来講を御依頼申上候処云々」とあり、東大の美学講座初代教授の大塚保治博士が、創立の三年目より大正の初めまで日本女子大学校に在職していた縁で、阿部への口添えを頼んだことがわかる。尊敬する大塚博士の口添えゆえ、即座に承諾したようである。この時代の初任給の月額二十円とは、小学校職員初任給月額十二円—二十円、巡査初任給同じく十八円—二十円と比べて、週二時間の講師としては、そう悪い方ではないであろう。

この大正六年という年は、学内の学科編成が大幅に変更され、桜楓家政研究館が落成し、校旗が制定された年である。新しい学制によって、五年間募集停止になっていた国文学部が復活し、また師範家政学部が生まれている。そして科目選択制をも大幅に取り入れた年でもある。さらに同年八月の軽井沢（三井三郎助より提供された夏季の学寮、三泉寮）の山上では、成瀬校長が十回にわたって精神生活・精神教育の真髄についての講義を行った。本校の歴史にとっては画期的な年といえよう。そのような時期に当って、新しい講義も計画され、阿部講師も実現したように思われる。

阿部次郎の略歴と東京での活動

阿部次郎は明治十六（一八八三）年八月二十七日、山形県飽海《あくみ》郡上郷村大字山寺（旧松山町現酒田市）に小学校教員富太郎・雪の次男として生まれ、山寺尋常小学校（補習科二年了）から松嶺《まつみね》町尋常高等小学校高等科三年に転じ、中学は鶴岡の荘内中学から山形中学（今の山形東高校）に転校する。これは父が小学校校長から、山形県の視学として転任になったのに伴ったもの。ただこの山形中学では、校長排斥に動いたとして退学処分になり、上京する。この事件は、明治二十七・八年の日清戦争後、武道奨励の考えから、柔剣道をする生徒には操行点五点を特別に加えるという校長の発表に反対して、ストへと生徒が動いたもので、決行となる寸前に校長が態度を変えた。そして生徒の言い分を聞く代りに、全生徒を五日間の停学処分に、また二人の先鋭教師は休職とするとした。このことが生徒側をさらに激昂させた。結果は校長排斥に動いた生徒の常務委員五名を放校、その他多くの生徒が停学処分を受け、校長も転任したという。阿部次郎は特待生で級長を勤めていてこの五名の常務委員のひとりだった。

その後、東京の中学に転校するに当って、在学証明書をもらいに事務室へ行ったところ、放校処分を受けたものには出せないとしながらも、しかし成績証明書は出してくれ、成績の良いものはどんな学校にも入れると元気づけてくれた。

明治三十四年は日本女子大学校の創立の年に当るが、阿部はこの年一月東京の京北中学に編入学。同六月十九歳で卒業。ついで第一高等学校を経て、東京帝国大学哲学科を卒業する。卒業論文には「スピノーザの本体論」を書いた。明治四十年二十五歳であった。

卒業後はすぐに定職に就かず、旅行をしたり、小山内薫のはじめた第一次『新思潮』や、与謝野鉄幹の『明星』、また友人斎藤茂吉のよる『アララギ』、北原白秋の『朱欒《ザンボア》』や『スバル』等の雑誌に原稿を書いたりしながら、次第に文筆家として名を知られて行く。

また波多野精一を中心に、田辺元、石原謙、小山鞆絵、安倍能成といった友人たちと、ヘーゲルの現象学を勉強したり、当時朝日新聞の文芸欄が設置されて招聘されていた夏目漱石の門に出入して、その縁で朝日に文芸評論を寄稿したり、森田草平、小宮豊隆らと文筆の交わりを結んだり、青鞜社の研究会の講師を頼まれて、平塚らいてう、伊藤野枝たちと知り合ったりした。それは明治末年のころのことである。

このような活動をしていた阿部次郎の名をなかでも高からしめた『三太郎の日記』は、三十二歳の大正三年四月に東雲堂から出版されたものを最初とする。その誠実な自己追求の日記は、少なくとも戦前まで三十年余りの間、高等学校の生徒を中心に、日本の教養ある青年たちを共感させ、励まし、多くの人々に愛読されつづけた第一の書となったのは周知の通りである。後に東北大学の総長となった哲学の高橋里美も「阿部次郎君の思い出」（『阿部次郎全集』月報第2号）の中に「やがて阿部君は早稲田派の自然主義文学に対して、理想主義人格主義の旗印の下に華々しい筆陣を張る。阿部次郎の名は俄然として一世に高く、高山樗牛の再来を思わせた。殊に若い学生に及ぼした阿部君の影響は絶大なものがあった」とし、高橋自身、阿部ファンの一人で同県のこの先輩に深い尊敬と憧れをもっていたと記している。

なお仙台での話であるが、第二高等学校の生徒が町の中で、中年の縁無し眼鏡の男性がうつむき勝ちにゆっくりと坂を上ってくるのに遇う。連れの大学生に、「あれが阿部先生だよ」と囁かれ、ジーンと耳底にショックを受けて、反射的に帽子をとって最敬礼をしてしまった。先生は黙って――併し豊かな笑顔で帽子をとって礼をかえされた。下宿に帰ってから、妙に興奮して落着けず、夜の一番町に出掛けた。（『阿部先生の横顔』「断片」高久田脩司）

という二高生の話も、阿部次郎への青年たちの傾倒振りの一例といえよう。また東京での話であるが、中野の住居のまわりの土を持ち去るものが絶えなかったとは、実弟で後の東北大学日本思想史学の竹岡勝也教授の話として伝わっている。

この時期阿部は、トルストイの『光あるうち光の中に歩め』や『泥濘　結婚の幸福』、他『倫理学の根本問題』などを出版、大正六年四月には『美学』を出版し、ほかにも雑誌『思潮』を創刊してその主幹の任にも当っていた。

学内の評判とその魅力

阿部の学校勤務は、大正二年四月に慶應義塾大学文科美学の講師となったのが最初で、日本女子大学校の勤務はそれに続くものであった。その初登校のことは次のように日記に見える。

大正六年五月二十五日（金）

晴天、女子大学第一回、洋服を着て戸山原をぬけて高田馬場まで歩く。成瀬麻生に初対面、十時より十二時まで講義、生徒五十余名（？）帰途早稲田を通りすつかり歩く。今日の話は文学に対する態度とゲーテ前記、

（後略）

とある。阿部のこの時の自宅は、東京府下中野（今の東京都中野区）にあった。いつもより長いこの日記には、阿

部次郎の少し緊張気味な様子が窺えるようである。一方迎える生徒の方はどうであったろうか。

前述したように、大正六年は学内編制が大幅に変ったときであるだけに、生徒たちの方も勉強への意欲を燃やしていたことであろうが、そこへ現代の思想壇、評論壇に活躍中の著名な新進気鋭の阿部講師が着任したのだから、生徒たちの大騒ぎするところとなり、その講義に感激したものが多かった。それらについては、当時の生徒であった平山なを（のちの板垣直子）、網野菊が思い出を綴っている。この二人の詳しい回想も、『阿部先生の横顔』に収載されている。それは昭和二十六年十二月に、阿部次郎の古希を祝って仙台で刊行された記念文集である。

板垣直子の回想によると、英文科四年に在学中、ケンブリッジ出身の英文学史の外人女教師が、宗教的な作家ばかりを推賞して、バイロン等を否定するような講義であったり、また文学を理論づける講義のないことに不満を抱いていた時だけに、阿部講師のゲーテの講義が、はじめからゲーテを語るのでなく、ゲーテ出現までのドイツ啓蒙家の話やゲーテの指導者ヘルデルの話等、ゲーテについてのいろいろの問題に、奥深い解釈を聴く、こうした講義に十分満足がいったと記している。直子は心から阿部次郎に傾倒し、かつその住居をしばしば訪れては、読む書物を選ぶ指導を受け、卒業後もそれが続いたという。実際、阿部の講師時代の日記には平山なをの名が頻繁に出てくる。たとえば大正七年六月十七日（月）の条には、

梅雨天気。三太郎の日記や思潮など弄んでゐるところへ平山なを来訪、倫理学の根本問題の質問をする。「善とは何ぞや」といふ課題を出してやる。

また二十日ほど後の七月八日（月）の条には、

午前平山なほ《ママ》、論文二つを持つてくる。

等々と出ている。もっとも阿部は、公私の相談や質問を受けたり来訪した、生徒・卒業生の名を一々記す方なので、平山なをに限らず、多くの名が日記に見えるのである。試みに女子大関係者の名（姓名の記してあるもの）を、日記の順にみるとおおよそ次の通り。

平山なを　茅野雅子　池田よし　大井紅子　仁科節　野村雪　佐藤俊子　武長千代子　土屋しげ子　和田うめお　高村マチコ　今城璞子　加藤貞子　大村かよ子　弘津千代　村上郁　朝重貞　橋本花　丹野貞　網野菊　上代たの　小口美津恵　篠崎貞子　松田かめ子　出町柳子　平塚明子　目章子　岩岡園子　等々

直子は女子大卒業後引きつづき研究科に残り、さらに東京帝国大学文学部第一回の女子聴講生として、哲学・美学・文芸思潮等を学び、翻訳や評論に精力的な活動をすることになるが、自分を強く指導し支えてくれたのは「芸術の価値の中に倫理性の入つてゐなければならぬ」という阿部の教えであったという。

一方、網野菊の場合は、英文科二年の時には時間の都合で阿部の講義に出席できず、同期の国文科の生徒たちの感激振りを見聞して残念がっていた。そしてみんなの騒ぐ阿部先生とはどんな方なのか、知りたいと、正門寄りの所に立って先生の来られるのを待っていた。やがて和服の羽織袴の、三十いくつ位の男の人が現れたとき、国文科の友人に「あれが阿部先生よ」と教えられた。それからはどうにかして先生のお講義を聞きたいという同志が相寄ってぬすみ聞きに出かけ、文学原理論二時間のうちの一時間をやっと聞くことが出来た。「英文科とはいへ、文学的といふよりも語学的な時間の方が多かつた。阿部先生のお講義はどんなにさういふ我々の心のかわきをうるほして下さつた事か！　先生のお講義は新鮮で実に興味深く思はれた。」（『阿部先生の横顔』「目白時代の思ひ出」）と記す。

この網野菊も大正七年からは盗聴しなくても出席できるようになり、この年の「文学原理論」と次の年の「美学」を受講し、卒業後も母校に残るを幸い、さらに一年ゲーテの話を聞く。「実に面白く、各科からの出席者が大勢で、広い教室が、いつも満員だつた。」とこれも同じ「思ひ出」の中に記され、のちに書いた小説を贈っていることが、阿部の日記に見える。

阿部次郎の日記によると、大正六年着任の初年度は、金曜日の十時から十二時まで文学科に「文学原理論」を、七年度以降は「美学」も担当した。七年度の開講に当って、前年度の生徒の再聴講するものが多いので、科外に一時間ぐらいずつ何かしようと思い、ファウストを読みはじめたところ、学校から差止められたという。直接に学校からの阿部講師への差止めの話は日記に見えていないが、五月十日（金）の条には、

午後学校、ファウストの科外講義学校からとめられた由にて生徒も不平らしく、僕も不快を感ず、そんなコセ〳〵した考にて若い芽を育てられるか。

また同月十七日（金）にも、

雨、午後学校、フアウスト愈々学校から差とめられたる由、馬鹿な話だと思ふ。

と見えるし、翌年の八年四月二十九日（火）の日記にも、

晴天、午前午後目白行、（中略）国文四年の為の美学の科外講義又差止められたる由、夜疲れて早くねる。

とある。ただこうした科外講義差止めについて阿部講師に直接来た話ではないようで、阿部も学校側に理由を聞きただした様子がないのが、不思議に思われる。講師自身が科外講義の必要を学校側の教務あたりに説いて申入れをしておけば問題はなかったのではないだろうか。当時、英文学史を受持っていたミス・P先生が「淑女はバイロン

などは手にしません」といわれた（『阿部先生の横顔』「阿部先生」板垣直子）という類ではないであろう。今となってはわからないが、推測すれば、講義の内容というよりは、講師の好意的な一存で生徒に伝え、生徒はその気になってよろこんでも、年間計画にない特別講義をされることへの、教務側の困惑があったのではないか、講師料のこととか、生徒の帰りの遅くなる心配等々。それはともかく、生徒の懇望と先生の熱意とが、時間を超越して科外講義の話になったと思われる。

九年五月十一日（火）の条に、

　女子大学行、美学も文学原理論も共同教室に一坏（原）なり、美学では満韓旅行の話を一寸する、文原では少し注意をせるのみにて帰宅

と見え、その人気の程は年度の代るほどに高まったようである。十年にはさらに「近代文芸思潮」の講義が増えている。

こうして年々増えてゆく熱心な受講生について阿部講師はどう見ていたか。

大正六年十月十二日（金）

　午前学校、生徒がわからないやうな顔をしてゐるのを見る。

大正七年六月二十一日（金）

雨頻りに降りて寒し。午後目白。生徒がわからないやうな顔をしてゐるので少し悲観す。

とあるが、一方相談者や質問者が多く、帰宅の遅くなることも再々記す。

大正九年六月十五日（火）

稍晴れたれど雲騒ぎ風吹く、午前午後目白、色々の質問を受けて昼休と放課後半時間余をつぶす。伊藤文枝に田口和子の身許調をたのむ、五時帰宅。

とあったりする。講義だけ済ませてさっさと帰る講師ではなかったようだ。また待ち受けていて、相談や質問をしたい生徒たちがかなりいたらしいことも想像できる。

再び網野菊の思い出によると、卒業生有志や在学生を加えての読書会である「文芸研究会」が結成され、「アンナカレーニナ」「ワルシュタイン」ほかゲーテのものや夏目漱石の作品など読むのにも、阿部講師に指導をお願いしたとのことである。

そのほかにも阿部次郎は依頼されるままに桜楓会（日本女子大学同窓会）主催の講演会の講師、桜楓会の機関誌『家庭週報』への寄稿、また女子大学通信教育会編集の『女子大学講義』への執筆など数え上げると、かなりの時間を日本女子大のために割いていたことが知られる。この『女子大学講義』の文芸の一科の担当執筆への依頼も、校長麻生正蔵の筆による丁重な書状が残っていることがわかった。大正十年（推定）三月四日付になっている。

また日記の大正九年六月一日（火）に、

女子大学の月給五十円になつてゐる。

とあり、初任給二十円が二、五倍に上っているものの、阿部の感想日記の同時期のところには、

職業は教師と述作との二つである。教師では割増がついて女子大学から五十円、慶應から平均約二十円が来るのみである。一月平均百五十円の支出を見込むとすると、残りの八十円は著述で補はねばならぬ。(後略)

として、楽でない生活と、内面的必要とを一致させる勉強の計画をたてる心積りを述べている。

このように生徒たちの絶大の人気のあった阿部次郎について、かつて夏目漱石が「油壺から出たような男だ」と評したという。この言葉は近松門左衛門の浄瑠璃作品「鑓の権三重帷子」の中に、

鑓の権三は伊達者でござる。油壺から出たような男、しんとんとろりと見惚れる男、花の枝からこぼれる男、しんとんとろりと見惚れた男

と、その主人公の美男振りを絶賛しているところがある。それを知っている阿部は漱石からいい男と賞められたものと、いい気になったがそれも束の間、漱石は「何となくさつぱりしない」と続けたとは有名な話である。日本女子大講師時代の写真では、頭が割合大きく、顔色はつやつやとして、横長の目に細ぶちの眼鏡を掛け、いかにも知性あふれる印象。後年もこの印象は余り変らなかった。背は大きい方ではないが、存在自体が阿部を大きく見せていた。漱石のいうような、「何となくさつぱりしない」印象は私などにはない。日本女子大生の人気はその容貌、容姿にあったのではなく、講義の内容の奥深さ、新鮮さの方に魅力を覚えての人気であったことは、前記板垣直子、

網野菊の回想にもある通りであろう。生徒たちも、世間に高名な人への一時的な浮ついたファンではなかったようだ。

しかし一方、大正九年一月二十七日（火）の日記に、

午前午後目白、（中略）平山なを僕の袴のはき様が短いといふ評判ぢやと態々知らせをよこす。

とあるのを見ると教師の身辺に生徒たちが年頃の娘らしい観察をしていたこともわかって面白い。

成瀬校長と阿部講師

阿部講師が勤めた時代は初代校長成瀬仁蔵の晩年から二代麻生正蔵にかけてであった。そういう点でも、阿部の日記は日本女子大学校にとって貴重ではないかと思える。

大正六年五月二十五日（金）の条に、「女子大学第一回」と記され、この日が日本女子大学校勤務の初日だったことは、前述したが、その時、成瀬校長と麻生学監に初めて会って挨拶をしたようである。ただ二人に初めて対面したと記しているだけで、受けた印象や感想の記述はない。

その後、七年二月十日（日）の条には

明け方成瀬仁蔵と喧嘩をした夢をみる。

とあって、興味をそそられるが、その前後に関連するような事柄は何も書かれていず、ただそれだけである。フロ

イト風の夢判断ではどういうことになるのか、例の科外授業差止めの時期ともずれているので、これが直接の夢の原因にはなりそうにない。
それよりは阿部に、成瀬校長死去前後の日記があることは注目されるので、次に引用する。大正八年のことである。

一月三十日（木）成瀬校長退職の報
雪降りなり、（中略）新聞にて成瀬氏退職の報を見て驚く、
一月三十一日（金）
午前午後目白、美学序論了、昼休の時間に家庭週報に寄りて研究会の打合をなし、成瀬校長及松浦遺族を見舞ふ、（後略）
三月四日（火）成瀬氏訃
天気よく又暖かになる、午前雑誌を方々に送る包装をしてゐるところに成瀬校長死去の電報来る、午後のどかな空の下に人の死ぬのが嘘のやうな気がしながら往弔、苦のなささうな少し滑稽めいたミイラのやうな顔をしてゐたり、（後略）
三月九日（日）成瀬葬式
曇、ジンメルのニイチエ、永劫回帰の章を読みかへして昼となる、午後成瀬校長告別式に目白行、柩を送りて雑司ヶ谷墓地へ行く、女達の慟哭耳にあり、暗くなりて少し晴れたる空の星を仰ぎつゝ早稲田夏目の九日会出席下らぬ話をして十一時になる／今日雛を仕まふ
三月十四日（金）
午前午後目白、今日でおしまひの筈なりしが校長葬式の休ありし為もう一週間（二回）のびたる由にて予定少

し狂ふ、師範科の試験問題を学校に出す、（後略）

以上が成瀬校長の死の前後に関する記述でこれらの記述は日本女子大学校としても重要な内容ではないだろうか。日本女子大は校長の病と死と葬儀（告別式）のことを外部の多くの講師にも伝えていたと推測されるが、阿部講師のように見舞い、遺体に別れを告げ、葬儀に出、墓地まで見送った講師たちは何人いたのだろうか。またその日々の天気のことまで含めてこうした日記を書き残している講師は他にいるのだろうか。不明であるだけに、簡潔ながら臨場感にみちた阿部講師の日記は、他に見ることのない記述として注目される。この時、成瀬仁蔵数え六十二歳、阿部講師三十七歳であった。

阿部講師のこうした記述は、極めて客観的な冷静な観察に基づくもので、第三者としての立場を出ていない。それは校長と生徒、敬愛する偉大な創立者とその教えを全霊で受けとめていた卒業生という関係とは、異なる成瀬観である。

ただ成瀬校長といえば忘れることができないが、退職前々日の一月二十九日午後に行われた告別講演の深い嘆きと感動に包まれた会場には、阿部講師の姿はない。日記にもその記事はなく、翌日の新聞で退職を知ったとあるのみ。もしこの告別講演を聴いていたら、あるいはまた違った観方になったかも知れないと思う。実はもう一カ所、大正七年三月三十日（土）の条も、成瀬校長に触れ、次のように記す。

終日雨降る。（中略）午後女子大学卒業式へ行く、校長の出鱈目に一種の間抜けさを感じ、渋沢大隈の不得要領な演説に一種の可愛らしさを感ず、（後略）

と。この卒業式は成瀬校長の亡くなるほぼ一年ほど前のことである。

明治の末から大正初年の頃は、思想、文芸の上では疾風怒濤（シュトルム・ウント・ドラング）の時代で、西洋思想を本格的に理解し、血肉化した若い人々の激情的な、精神の起伏の著しい活動が目立つ時期、阿部次郎もそのひとりと言えよう。対するに開明的ながら、穏健な態度をもって、反って教育的実効を挙げようとした成瀬校長らとは、多少の思想的阻隔があったこと、特に若い阿部講師の側にそれがあったと思われるが、二人の話合う機会は殆どなかったようである。非常勤講師ゆえ、会う機会もなかったであろうが、それぞれに教育への熱い思いの共通する二人に、親交のなかったことが、惜しまれてならない。

大体日記は全く個人的なもので、人に見せること、見られることを意識して書かないのが、一般である。それだけに、嘘いつわりのない正直な本音が出る。人の感じ方は様々、これも一つの観方として理解することも大切ではないだろうか。日記は死後は火中にすべしという遺言だったとのことだがその精神と生活のありのままを綴った日記として、阿部次郎の思想と生涯を究明する歴史資料として、三女大平千枝子氏の編纂したもの、あえて引用した所以である。

阿部講師の退任と離京

阿部の日本女子大学校講師の五年間は、三十代後半の、なお若く気力充実の時代であるが、家庭的には長男晃を五歳で亡くし、長女和子も幼い上に、二女美知子、三女千枝子とあいついで生まれた。その上、妻と幼児たちの病気などが重なって人手が足りず、困り果てていた。そういう時、女子大生たちが手伝いに来てくれたと日記に見える。

こうした時期でも、仕事の面では『三太郎の日記』の合本、ニイチェの『ツァラツストラ』の解釈並びに批判が刊行され、婦人公論、中央公論、新小説等の雑誌社が競って原稿を乞い、一高、東京女子大学、目白学園などからの講義講演の依頼あいつぎ、また満鉄読書会の招きで満州朝鮮の処々に「人格主義の思潮」を講じ、あるいは全国女教員講習会「芸術と道徳との関係」の講演二回で一七〇〇名ほども聴衆を集めるというふうに、この時期の阿部はまことに時代の寵児の感があった。

このような時に、東北帝国大学法文学部の開設に当って、美学担当教授の話が起こり、阿部は東京に心を残しながらも、新しい学部創設に参画することに意義を感じて仙台へ行く決心をする。日記では、大正十年六月十四日（火）のところに、目白へ行って麻生校長に東北行きのことを話したとあり、翌年二月二十八日（火）には、校長室で後任の相談をしている。「茅野と斎藤（勇）に当つて見ることに」したようである。茅野とは独文学の茅野蕭々のこと、斎藤勇は英文学者である。

今でこそ東京仙台間は二時間を切る新幹線が走る時代であるが、昭和十年代終りごろは、急行が最も早く、それが九時間はかかったから、それから二十年も前の時代となると、もっと時間がかかったのではないだろうか。東京と仙台の距離は今日想像する以上に遠く、情報の伝播も遅かったと思われる。東京での華々しい活動を一切打ち切っての仙台行きには、余程の固い決意があったと思われる。もっとも「大正八年八月六日（水）常盤〔磐〕線、仙台、初めて」として、

> 朝急に思ひ立ちて帰省の途につく、八時常盤〔磐〕線にて仙台行、午後七時仙台着、余四男（注　弟）をたづね、折しも七夕の仙台の市中を散歩し瑞宝殿、広瀬川、大学、二高の辺をも見る、月夜時々雲あり、十一時過帰宅、仙台は思つたよりい丶ところ也、

とあり、その時の好印象が仙台行になにほどか心の動くところにもなったのではないだろうか。

東北帝大への赴任が決まると、文部省在外研究員としてヨーロッパ留学の旅に立つこととなった。その送別会と、

帰朝時の歓迎会が、いずれも『家庭週報』に大々的に載っている。
阿部講師の離京を惜しむ人々の中で、板垣直子は次のように記している。

女性を相手の講義には先生のやうなしつかりした（失礼であるが）態度が教育上大切であるのに、先生が数年ならずして東北大学の教授になられ、外遊されたことは目白の女子大学で学ぶ者のために、といふよりも日本の女性のために、残念なことであった。（『阿部先生の横顔』）

と。こうした直子の心は、親しく教えを受けた生徒たちの等しく思うところであったろう。

おわりに

創立者成瀬校長最晩年のこの時期の日本女子大学校の生徒たちが、どんなに学ぶことへの、そして向上への意欲に燃えていたか、またそういう生徒たちに誠実に応え、講師として依嘱された時間を超えても、いかに熱心な指導に当ったかは、阿部の日々の記録や、生徒、卒業生たちの阿部に寄せた多くの書簡、あるいは回想録が十分に語っているようである。

以上、主として阿部次郎の日記や卒業生の回想録を通してそこから立上り、見えてくるものについて述べた。阿部講師の在職中の五年間は短いけれど、本人にとって思い出深い時期であったばかりでなく、日本女子大学百年の歴史の中に、忘れられない充実の時間を凝縮して刻んだものと言えるのではないだろうか。

なお日本女子大学校との関係はこれで終らず、その後も長く続いたことは特筆すべきで書簡類や日記に見える通りである。

【参考】

『阿部先生の横顔』阿部次郎先生還暦祝賀記念刊行会　昭和二十六年十二月
『若き日の阿部次郎』文・新関岳雄　阿部次郎顕彰会　昭和五十八年四月一日
「阿部次郎」遠藤好英　『山形の人1』新アルカディア叢書第8集―「人国記」シリーズ所収　平成六年十二月
『父　阿部次郎』大平千枝子著　東北大学出版会　平成十一年一月
『阿部次郎全集第十四巻』角川書店　昭和三十七年十一月
『阿部次郎全集第十七巻　巻末年譜』角川書店　昭和四十一年二月
『日本女子大学学園事典　創立一〇〇年の軌跡』平成十三年十二月一日
『家庭週報』六五七号　大正十一年三月三十一日
『家庭週報』七三一号―七三七号　大正十三年一月十八日、二十五日、二月一日、八日、十五日、二十二日、三月七日

書簡Ⅰ

麻生正蔵書簡

1　大正6年5月9日（消印も）
市外、東中野一〇一八　阿部次郎様
東京市小石川区目白台　日本女子大学校　麻生正蔵(1)
封書　巻紙　毛筆

拝啓御書面難有拝誦仕候
今回は突然大塚博士(2)を通じて貴下の御来講を御依頼申上候処早速御快諾(3)被成下難有御礼申上候　就ては二十日以後御開講被成下候由承知仕候　御教授時間割の儀は仰に従候　可成丈月火両日の内に割当て度工面致し候も色々の故障有之都合よく出来兼候間　御迷惑とは存じ候も木曜日午前十時より二時間宛御教授有之候様御繰合せ願上度候　又来る二十四日木曜日には御来講御待ち上げ候　就れその内御訪問申上度存じ居候も不敢取書中をもつ《ママ》(4)貴意を得候
草々敬具

五月九日
麻生正蔵
阿部次郎様

（1）日本女子大学校設立当初から成瀬仁蔵を助け、開校時（明治三十四年）には学監となり運営に携わった。大正八年四月、成瀬の推挙によって第二代校長に就任し、昭和六年三月（退任）まで女子総合大学の開始に向け尽力した。（2）大塚保治　美学者。当時東京帝国大学教授であったが、日本女子大学校創立期には「西洋美術史」を担当。阿部次郎は門下生である。（3）阿部次郎「日記」（『阿部次郎全集』第十四巻　角川書店、昭和三十七年）の大正六年五月三日の項には、大塚から直接「女子大学の文学科で文学原論を講ずる相談」があり、それに対し「承知の旨と答ふ。」と記されている。大正六年四月、日本女子大学校では学科編成上の変革を行い、科目選択制度を採用した。当時学監であった麻生が阿部に依頼した科目は、文学部所属の科目「文学原理論」である。（4）「もつて」と記すところ、「て」が脱字したと考えられる。

2　大正6年（推定）5月9日
封筒(1)欠　巻紙　毛筆

拝啓本日愚書差上候節御教授時間を木曜日午前十時よりと申上げ置き候も止むなき支障有之候間毎週金曜日午前十時より二時間宛御教授被下事に御改め被下度願上候

就ては二十五日御来校[2]被下様御願申上候

草々敬具

麻生正蔵

五月九日

阿部次郎様

(1) 内容と執筆日から、書簡1投函後、同日中に出されたものであることがわかる。(2) 阿部の「日記」には、大正六年五月二十五日に日本女子大学校で十時から十二時まで「文学原理論」第一回の講義を行った記述がある。それによると、生徒数は五十余名ほどで、内容は「文学に対する態度とゲーテ前記」だったという。なお、同じ箇所に「成瀬麻生に初対面」とあることから、この日まで両者とも面識がなかったことがわかる。これより大正十一年二月まで、女子大学で継続して講義を行った。

3　大正10年（推定）3月4日

府下中野町桐ヶ谷一〇一六《ママ》　阿部次郎様

日本女子大学校　麻生正蔵　三月四日

封書　巻紙　毛筆

拝啓今回文華株式会社[1]より本校学科に準じ且つ本校教授各位を中心とする「女子大学講義[2]」を発行し度由申出で有之種々協議之上右申出に応じ発行せしむることに決定致候　高等女学校最上級以上位の程度にて〔斜線で以下抹消「本邦」〕現代生活を理解し之に順応し得る知識を与ふるを主とし家政的諸学科に文科諸学科を配したるものにて既に各教授の御承諾を得候が貴下に於ても文藝之一科[3]を御担任下され御執筆願上度候が如何に候や　年限は一ヶ年半毎月畧十頁（四十字十六行）にて内容は文学鑑賞力を養ふを主とし現代文学の特質を理解せしむる目的にて材料形式等御随意に願度従て題目も適当に命名下され〔傍記「候て」〕差支無之候[4]　猶稿料は発行所より一頁三円の割に差出候様申し出候　頁数は通じて百八十頁之予定に御坐候へども毎号も全体も必ずしも一定を要すまじくと所存候　御多用中かゝる通俗講義に御執筆相成候事は多大の御迷惑とは所存候へどもまげて御承諾[5]願度又参上之上御願可申筈なれども多忙不得其機且つ非常に取急ぎ候ため乍失礼書中にて御依頼申上候

匆々頓首

三月四日　麻生正蔵

阿部次郎様

御承諾被下候上は編輯員参上更に□□御願可申上又配布規則書添付の為二頁分位の見本用講義御認め至急御送附願上度候

非常に取急候為乍失礼こゝに同時御依頼申上

候段不悪御承引願上候

（1）不明。奥付が確認できる「女子大学講義」（昭和四年十一月二十日発行）では、印刷所は宗文社、発行所は女子大学講義発行所となっている。（2）日本女子大学校通信教育の講義録の名称。初代校長成瀬仁蔵はその教育理念の下、女子高等教育の伸張をはかって通信教育会を設立し、明治四十二年四月には第一回講義録が発行された。二期継続の後しばらく休止していたが、大正十年四月、麻生正蔵により再開された。学科は日本女子大学校の科目に準じ、一学期は六ケ月で、修業年限を一年半としていた。講義録は、毎月二回配布され、全講義終了後に科目別に綴じあわせるようにできていた。（3）阿部の「日記」には、三月八日に「女子大学講義『文学』担当。」の記述がある。（4）阿部は女子大学講義正科課程の第一学期「文学論講話」を担当し、大正十年四月の第一号から大正十一年八月の第九号までを執筆している。（5）「日記」によると、三月五日に麻生宛に手紙をかいたことが記されており、この件につき了承の旨即答したと推測される。さらに、三月二十八日には「文学論講話第一節」（上）を書き上げた記述がある。

4

昭和3年8月18日（18日消印）

仙台市、土樋[1]　阿部次郎様

信州、軽井沢三泉寮[2]　麻生正蔵

封書　巻紙　毛筆

拝啓先般貴地へ参上の折[3]は一方ならぬ御芳情に浴し感謝の至りに奉存候

炎熱の候にも拘らず二度迄も御都合被成下御礼の言葉〔傍記「も」〕無之次第に候　帰京後日夜痩馬に鞭の生活を致し居り多忙を極め候為今日に至る迄も御礼状をも差上げず失礼の段幾重にも御海容被成下度願上候

本日漸く書状を認むる時間を恵まれ皆々様へ御礼状相認め居る有様に有之候　御憐察被下度候　尚将来幾久しく当地桜楓会[4]員達を御教導被成下度切願仕候

先は乍延引御礼迄　草々

敬具

八月十八日

麻生正蔵

阿部次郎様

（1）阿部は大正十三年三月末、東北帝国大学教授に就任するにともない仙台へ移住した。翌年三月二十三日には仙台市土樋二四五へ転居している。（2）明治三十九年、長野県軽井沢に設置された日本女子大学校の夏季の学寮。ここで二、三週間にわたる長期修養会が行われた。（3）阿部の「日記」には、七月十二日に「麻生氏来仙のことにつき佐藤夫人、小塚氏、小野氏来訪。」とあるものの、具体的な来訪の記述はない。（4）桜楓会は、明治三十六年四月二十日に発会した日本女子大学校の同窓会である。

【解説】

日本女子大学校学監・校長として

阿部次郎が慶應義塾大学の講師に引き続いて、日本女子大学校の講師を勤めていたのは、大正六（一九一七）年五月から十一年二月末まで（東北帝大教授として仙台に赴任するに先立って文部省からの辞令によって外遊する時まで）の五年間であった。創立者の初代校長成瀬仁蔵《じんぞう》・第二代校長麻生正蔵《しょうぞう》の時代に当る。

書簡1は、麻生正蔵が成瀬校長時代の学監の立場で発信した、阿部の講師就任に関する公式の書状である。続く校長時代の書簡も、すべて巻紙、毛筆の漢文崩しの候文でしたためた、学校名入りの封筒による公的なものばかりである。それだけに、日本本女子大学校の教育行政上重要な内容を背景にもった阿部との接触がうかがわれるというものである。

麻生は成瀬亡きあとを、ただ引き継いだ二代目校長ではなかった。彼は日本女子大学校の創立者成瀬仁蔵を助け二人三脚で歩んだ同志ともいえる人物である。明治二十九（一八九六）年に公刊された成瀬の『女子教育』は日本に女子高等教育の必要性を世に問う堂々たる教育書として、日本女子大学校設置運動にもっとも有効な手段となった。同書は、麻生の執筆協力によって完成された。成瀬は共著とすることを懇望したが、麻生はこれを固辞し、成瀬個人の著とすべきであると主張した。麻生の誠実高潔な人柄と思慮深い見識がうかがえ、二人のよきパートナーシップをしのばせるものである。といって二人の性格は互いに異なっていた。情熱的でロマンティストの成瀬に対して、麻生は理性的でリアリストで、交互に長短相補う形で、一心同体となり、日本女子大学校の創設、発展に寄与した。

麻生は、元治元（一八六四）年正月九日、山深き豊後国（大分県）の代々庄屋の家に十人兄弟の末子として生まれた。幼少の時から漢学、史学を学び、十八歳で京都の同志社英学校普通科に入学、新島襄に師事し、強い感化を受けた。卒業後間もなく新潟の北越学館に教師となって赴任、そこで伝道教師（牧師）に招かれていた成瀬と相知る。二人の交友・信頼関係がこの時から深まっていくのである。

その後、大阪の梅花女学校の教頭となるが、米国から帰国した成瀬の『女子教育』に協力執筆し、彼の希望に添い、文字通り「車の両輪」となって日本女子大学校設立に尽力し、明治三十四（一九〇一）年、開校と共に学監となった。大正八（一九一九）年、成瀬は死を前にした告別講演で麻生を推挙し、麻生は第二代の校長となった。成瀬の教育方針をもっともよく理解し尊敬していた麻生は、これの実現化に引き続いて邁進した。

阿部次郎の日本女子大学校とのかかわり

大学創立に当ってはまず一流の教授陣、講師が用意されなければならない。東京帝大関係者らの他には、麻生の知己の間柄にある同志社関係者から選ばれているのが顕著である。そして多くの教授たちが、講義だけでなく、成瀬・麻生の教育方針に賛同して、学生の学習・生活の全般にわたって情熱をこめて指導したのである。この教育精神は一貫して変らないが、時代に応じて教育制度の変革、改良が常になされていった。その折、教員採用人事はもっとも重要な教育行政の実務であることはいうまでもない。

阿部に宛てた最初の書簡1は、学監麻生のそうした重要な教育実務の一つであり、阿部次郎と日本女子大学校との最初の正式なかかわりを示すものである。

もっとも阿部の場合は、麻生が直接交渉した人事ではなかった。本書の「阿部次郎と日本女子大学校」のなかで原田夏子がすでに指摘しているとおり、書簡冒頭に「突然大塚博士を通じて貴下の御来講を御依頼申上候　云々」とあり、大塚博士に阿部への口添えを依頼したのである。東大の美学の初代教授として高名な大塚保治が、日本女子大学校創立時より大正二年まで講師をしていた縁による依頼であったろう。阿部は自分が名前ぬきで「先生」と呼ぶのは大塚保治先生と夏目先生（漱石）の二人だけというほど私淑していた（『阿部先生の横顔』阿部次郎先生還暦祝賀記念刊行会編、昭和二十六年）。またそういう呼称で通用するのは夏目先生、もう一人はケーベル先生とも阿部は書いている（大平千枝子『父　阿部次郎　愛と死』）。ラファエル・フォン・ケーベルは東大で哲学・美学を講じ、音楽学校でピアノ・音楽史を教え・高潔の士として漱石や学生に慕われていた外国人教師である。大塚はその後を継いだ教授である。敬愛する大塚の口添えに阿部が即座に喜んで承諾したゆえんである。ちなみに東北帝大就任の折も、大正十年の五月二十二日の阿部の日記に、「大塚先生を訪ひ仙台行の相談をする。先生もよかろうといふ」と記されている。

またケーベルを序でに取り上げたのは、彼が日本女子大学校の創立開校式に祝歌を作曲し、自ら指揮したことにより、阿部をめぐって、ここにも日本女子大との何か目に見えぬ縁の糸がひかれているかのごとく思えるからである。

このように思い廻らされるとともに、実は阿部と日本女子大との関係は、この時以前からも実際に生まれていた。ヒューマニズムとフェミニズムを合せもった阿部の精神は、明治末年の平塚らいてう主宰の『青鞜』発刊や「新しい女」の出現を歓迎し心から励ました。『青鞜』仲間の多くの日本女子大関係者を知り、青鞜研究会にもしばしば招かれている（本書所収の平塚らいてう書簡および解説参照）。日本女子大学校から依頼を受けた時、阿部にとり、当校は馴染みのない存在ではなかったはずである。

日本女子大学校での講義が始まるや、学生や卒業生たちと阿部との好ましい師弟の交流関係が育まれていった。教え子の板垣直子や網野菊の書簡はその一端を物語っている。正式な阿部の日本女子大講師就任に関した麻生の書簡1は、まさにこの序幕を告げるものである。本書巻頭にかかげるにふさわしい意義を帯びた。

そして阿部講師就任の大正六年という年は、学内に新しく学制の改良が行なわれ、一時募集停止となっていた文学部が国文学部として復活し、選択科目制度を大幅に取り入れた、本校にとって画期的な年であった。阿部の採用の計画、実現は、背景に本校の歴史を充分に帯びていたといえよう。

すでに若き日の真摯な思索の書『三太郎の日記』（大正三年刊、著者三十二歳）などで、著名な新進気鋭の哲学者・評論家の阿部次郎こそ、最高の適正人事だった。麻生の書簡はこの人事の実務を正確着実に履行している。書簡1は快諾のお礼に加え早速に出講日の打合せ、書簡2はその変更を主とする教務事項にすぎないが、ともに簡潔、達意の文章といえよう。

麻生の校長時代

あとの書簡3・4の二通は、それぞれ時を距てているが、麻生の校長としての書状である。いずれも日本女子大学校の教育上重要な事柄に関する内容である。書簡3は、日本女子大学校通信教育の講義録の執筆依頼。初代成瀬校長は、本校の教育理念をさらに広げて、生涯教育を大きな柱にすえた「大学拡張」の提唱のもと、本校及び卒業生団体の桜楓会を根拠に、明治四十二（一九〇九）年四月に『女子大学講義』を発刊した。はじめ六七六二名という多くの入会者をえたが、当時の経済不況などのあおりを受けて明治四十五年に中断せざるをえなかった。成瀬の偉業は第二代麻生校長によって大正十（一九二一）年四月に復活された。それは昭和七（一九三二）年まで継続され、この実績が戦後いち早く本格的な通信教育学部を設置する母胎となったのである。今日盛んに唱えられている生涯教育（学習）の先がけに尽力した功績も見逃せない。

この『女子大学講義』の執筆依頼について、書簡の用意周到、かつ具体的詳細な説明の記述は、学監時代の実務と少しも変らず、しかも情理を尽くしている。この件につき、阿部が承諾、「文学論講話」を多忙の中、執筆している（書簡3の注5参照）のも嬉しい。

麻生校長は、創立者の当初よりの理想であった大学昇格への最大の念願を受けて、長い努力奮闘の結果、ようやく昭和二（一九二七）年五月に総合大学予科高等学部を開始し、第一歩を印した。次にある書簡4は、この翌年に当る。発信が軽井沢三泉寮、宛先は仙台の住所に変っている。阿部はすでに東北帝大の教授になっていた。東京を去るに当って、彼は「麻生校長に東北行のことを話」し（阿部次郎日記、大正十年六月十四日）、また「校長室で後任の相談」（同、大正十一年二月二十八日）をしている。親友の茅野儀太郎（蕭々）が後任者となり、日本女子大との関係は疎遠になるどころか、いっそう密になってゆく。

ところで、書簡4は、麻生が日本女子大学校の精神教育の根幹とする実践倫理の講義のため、恒例の軽井沢三泉寮の夏期修養会に臨んでいる折に、寸暇をえてしたためたものである。仙台訪問の折の礼状である。懇切丁重な書状からして、阿部のほうも二度までつき合うという篤い応対ぶりが想像される。たまたまその実際を知る記事が本校同窓会誌『家庭週報』（昭和三年八月三日、第九四七号）に掲載されている。「麻生校長を御迎えして　桜楓会宮城支部にて」と題された某幹事のかなり長い報告記事である。要約すると次の通り。麻生は七月二十一日早朝、仙台駅に桜楓会員の出迎えを受け、小塚姉の案内で知事その他大学方面へ挨拶に廻り、午前十時より待ちかね集った宮城支部会員二十三名と会い、記念撮影（紙面に掲載）を終るや直ちに午後一時からの「母の会」講演会の会場へ向う。会衆三百余、講演に感動した一同は、同日午後四時半より麻生を囲んで茶話会、さらに夕刻より知事、市長、東北帝大法文学部長その他諸有志の歓迎会に出席、それが、終って十時近くに松島に赴く。翌七月二十二日は松島からの帰りを待ち受けて、在仙の阿部次郎、出村東北学院専門部長らが昼、向山にて小会を催した。美しい杜の都、広瀬川を一望のもとに、心おきない一時を過ごし、夜、北海道へと出立した。

麻生の仙台行きの、主な目的は、「母の会」における講演にあった。「母の会」とは大正十四年、地久節（皇后誕生日の旧称）の式辞で母に対する感謝の日として、麻生によって提唱された「母の日」が始まりである。その後桜楓会の協力のもと、支部が各地で講演会などを開いて全国的に広がっていった。母性愛、家族愛を通して、道徳生活の改善に貢献しようとする一種の精神運動である。仙台での「母の会講演会」のあとの茶話会で麻生が「母の会をこの様に会員組織にしたのは仙台をもって嚆矢とします。益々自重して御進みなさい」と奨励しているのは以上のような意義をもつ。

一方阿部の日記の七月十二日に「麻生氏来仙のことにつき佐藤夫人、小塚氏、小野氏来訪」とあり、麻生来仙のため、前もって、宮城県の桜楓会員が、母の会講演会のことで阿部に協力を願い、彼もまた快く応じ、その後も連絡をとっているのである。麻生の仙台行きは、在仙の阿部と日本女子大学校との変らざる縁を背景に実行されているといっても過言ではなかろう。そうであればこそ、礼状の末尾で幾久しく当地桜楓会員への教導を願っているのだ。これは一通りのきまり文句ではなく、真実をこめた挨拶の意が汲み取れるのである。

残された麻生の書簡は、わずかながら、阿部の女子大講師就任をはじめとして、通信教育の『大学講義』執筆依頼といい、離京後の阿部との交流といい、日本女子大学校の重要な教学に絡む点で、看過出来ない。これらをつなぎながら、麻生の公的人生を見てきたことになるが、彼の仕事はもちろんこれに止まらない。

序でながらその一つに、大正十年に我が国のみでなくアジアで初めての学部として創設された社会事業学部がある。女性が社会改良のために働くことを期待した創立者の遺志を受けて麻生の時代に実現した。現在は人間社会学部社会福祉学科に発展している。何といっても最大の懸案の女子総合大学については、既述のごとく開設の序につき実績を見せたが、時を得ず認可が得られなかった。かの書簡4のあと間もなく昭和六年、麻生は責任をとる形で校長を辞任した。昭和二十四（一九四九）年に死去（八十五歳）。

麻生は多くの著述を残し、教育学者として高く評価されているが、日本女子大創立者成瀬仁蔵の陰に存在がとかく埋れがちできた。没後四十余年を経て平成四年に、教え子たちが発起人となり膨大な『麻生正蔵著作集』（A5判、九一六頁発行　日本女子大学）が編まれた。

茅野雅子書簡

1　大正7年5月22日夜（23日消印）
府下東中野桐ヶ谷一〇一八　阿部次郎様
五月廿二日夜　麻布区本村町百十八　茅野雅
封書（封筒は、青楓図案社特製　表面は線画菊花模様、裏面無地）巻紙　筆

けふは大変むだ足をおふませ申まして御赦し下さいましその折は恰度ふたりとも家にをりませんで残念に存じてをります
実は昨日　皆の者とおまち申上てをりましたけれど　多分雑誌の方が　御忙しいためかも知れないなどあきらめを申乍ら　とう〱仕方なしに有合せの儀太郎ひとりでお茶をにごしてをりましたが　大変淋しい集り(1)になつて了つたことを限りなく残念に思つてをります　さうしたうめ合せをしてやるとおぼしめし下さいまして　御迷わくではございませうが御都合のお宜しい時に　今一度御こし頂き度く一同より御ねがひ申上ます
そして　凡そ何日と何日と位は御宜しうございますか恐入りますが御聞かせ下さいますやうに御ねがひ申上ます
当学校の人達は夕方からの方が却って出よいやうにも申てをりましたから　その辺御斟酌なく御撰び下さいますやう重ねて御ねがひ申上ます
返す〱も私の念の足らなかつた事を申わけなく思ってをります
どうぞ御赦し下さいまし

廿二日夜　雅

阿部次郎様

御前に

〔編注　以下細字で追記「これは之として　もし御都合が宜しうございましたら学校の御帰りにでも一度御遊びに御こし下さいますやうに御待ち申上ます」〕

（1）この「集まり」の参加者が「当学校の人達」とあることから、日本女子大学校関係者の出席があったことを示す。阿部次郎の「日記」大正七年三月六日（水）には「茅野から雅子さんの友達両三人の会へ出てくれといふ話をきく。」、同

年五月二十二日（水）には「昨日茅野宅にて女子大学卒業有志の会ありしを失念しゐたるに気付き午後わびに行く」とあり、この書簡の内容と一致する。同年十一月十二日（火）には「茅野夫婦来訪、有志研究会のことにて依頼あり、祇園の香煎を土産に貰ふ」とある。この「集まり」は、「女子大学卒業有志の会」「有志研究会」のことであろう（『阿部次郎全集』第十四巻、角川書店、昭和三十七年）。

2　大正7年6月3日（消印も）

市外中野町千〇《ママ》十八番地　阿部次郎様

6月3日夕　麻布区本村町百十八　茅野雅

封書（封筒は、青楓図案社特製）　巻紙　一枚　筆

此間は御丁寧なおはがきをいたゞきましてありがたく御礼申上ます

さて誠に急な御ねがひで申上かねますが　先達て(1)の会を此木曜（六日）午後六時から私宅でして頂きたいと存じます　どうぞ御くり合せの上御こし頂きますやう一同からくれ〲も御ねがひ申上ます　もつと早くから申上るつもりでをりましたが　やつとたゞいままいりましたやうな訳で何とも申わけがございません

尚御手数恐入りますが御都合御聞かせ頂き度く御ねがひ申上ます

六月三日夕　　雅

阿部次郎様

ほんの御口よごしまでにおすしをさし上げ度いと存じてをります　そんな事を申上るのも何だか御恥かしいのですけれど

（1）書簡1の注（1）「女子大学卒業有志の会」「有志研究会」のことであろう。

3　大正8年6月20日（消印も）

市外中野字桐ヶ谷一〇一八　阿部次郎様

麻布区本村町百十八番地　茅野雅

はがき（裏は竹久夢二筆紅薔薇のはがき　東京九段つるや画房製）　ペン

昨日はありがたうございました

あつく御礼申上ます　もう一度赤ん坊に立ち帰へつて何もかもやりなほさうかと思ひます　出来るならば今迄に見た書物なども読み直し度いと思ふ心で一杯になつてをります　ほんたうにありがたうございます　一度其うち御邪魔させて頂きます

奥様へくれ〲もよろしく

4　大正8年9月9日（消印も）
市外中野字桐ヶ谷一一〇《ママ》八　阿部次郎様
麻布区本村町百十八　茅野雅　9日
官製はがき　ペン

おはがき只今拝見いたしました　儀太郎は昨朝大阪へ立ちました
まあそれでも追々お宜しい御様子何より何より嬉しく何やら感謝するやうな気がいたします　ほんたうに嬉しくおもひます　でもお子供[1]の御病気はいかにもおかあいさうでございます　奥様も大変でゐらしやいますでせうおつかれの出ないやうにねんじてをります　病児の側の母親ほどあはれな者はないと存じます　それはどの親でも一しよでせうけれど
〔編注　以下冒頭の余白に記入「御不自由な御生活とて一層御自愛いのり上ます」〕

（1）阿部次郎の長男晃（大正四年九月十一日生～大正八年十一月十五日死亡）の発病。阿部次郎の「日記」大正八年七月十九日（土）「晃元気にて遊び居れどもまだ熱去らず」と晃の病が記され、八月八日、同二十日、二十三日、二十五日、二十七日、二十八日、二十九日、三十日、三十一日、九月一日の「日記」には、一向に良くならない晃の病状が記され、同月二日には、木沢医院に入院を決め、翌三日入院とある（書簡1注（1）の文献参照）。

5　大正8年9月14日（年月日推定[1]）
市外中野字桐ヶ谷一一〇《ママ》八　阿部次郎様　御奥様[2]
麻布区本村町百十八　茅野雅
官製はがき　ペン

お坊ちやま御入院[3]の由　ほんとうにどうなさいましたのですか　どんな御容子なのでございますか　気候のわるい時とて一層御案じ申ます　何だか[4]去年自分が通つて来た路を思ひうかべられて涙くましい気になります
一寸御伺ひしたいと云ふ気も頻りに起りますが　却つてどうかと思つてもみたりしてゐます　くれ〴〵も御大事にはるかに祈つてをります　きつとよくなつて下さるやうに祈つてゐます　病院はどちらですか　昨日やつと儀太郎は大阪から帰つて参りました
〔編注　以下冒頭の余白に記入「会の事は早速皆へ申て置きました」〕

（1）書簡の発信時は、以下①・②より推定した。①雅子の大正八年九月九日付書簡では蕭々が、八日朝、大阪に出かけたとある。②阿部次郎宛蕭々の九月十一日付大阪道修町一増田方からの発信書簡（蕭々書簡6）は、病児見舞いが記され「明後日に帰る」とあることから、蕭々の帰宅は十三日であり、当雅子の手紙では「昨日やっと儀太郎は大阪から帰って来ました」とある。（2）つね（恒子）。明治十四年十一月～昭和四十一年七月。（3）晃は、阿部次郎の「日記」大正八年九月三日（水）「晃入院」同月十四日（日）「晃退院」とある。木沢病院に入院し結核性慢性腹膜炎と診断されるが病状はよくならないままでの退院であった。その後『思想』の仲間達が自宅のかかりつけ医を伴っての見舞いや、蕭々の紹介で順天堂小児科長藤井秋旭の往診を受けたが悪くなるばかりであった。八方手をつくしたが、十一月十五日未明に死亡した。（『阿部次郎全集』第十四巻参照、大平千枝子著『阿部次郎とその家族』〈東北大学出版会、平成十六年六月〉）参照。（4）雅子の大正七年の病児（長女晴子）への詠「熱すこしさめし眼をあげ一夜眠ぬ母をいたはるわが子かなしも」（安倍能成編『蕭々雅子遺稿抄』所収）や同年八月「病児のかたはらにて」《短歌三首》『婦人の友』十二巻八号・「病児のかたはらにて」《短歌七首》『中外』（「著作年表」『茅野雅子研究』青木生子著作集第九巻所収）に見られる辛い体験に基づく雅子の実感が語られている。

6

大正9年6月24日

市外中野町字桐ヶ谷一〇一八　阿部次郎様　恒子様

官製はがき　印刷

※蕭々書簡9　蕭々、雅連名

長い間御無沙汰を致して居りまして申訳がございませぬ。梅雨の折柄御変りもございませぬか御伺ひ申上げます。さて一月以来長女晴子の病気[1]につき、一方ならぬ御心配を蒙りました上、種々御助力を得ましたことは深く心に銘じて幾時迄も忘れることの出来ない処でございます御蔭で九死に一生を得まして、昨今では漸く戸外の散歩をすることが出来る様になりました。これも全く御厚情の賜と謹んで御礼を申上げます。

六月二十四日

東京市麻布区本村町百十八番地

茅野儀太郎

雅　子

（1）晴子（明治四十一年五月六日生。大正十二年八月一日死去）。大正9年の詠歌とする雅子の病の娘を気遣う歌がある。

「子の病ひ重りゆくに」

涙さへ今は流れず苦しめる病む子の手とりこの身世になし

（『婦人之友』第十四巻第三号大正九年三月刊）

7

大正9年8月25日（消印）

東京府下中野町字桐ヶ谷一〇一八　阿部次郎様　つ

ね子様　御前に

廿五日朝　相州鎌倉駅前小町　茅野雅　「寿」と封字

封書　便箋二枚　ペン

まことに申わけない程御沙汰をいたしてをります
皆々様にはます〳〵御元気でゐらしやいますことと存じ乍ら不順な気候を御案じ申上ます
赤ちゃん(1)も御丈夫でございますか　御出産のあつた事も暫らく存じませんで何だか御よろこびを申そそくれ御赦し下さいまし
扨て東京へは帰るのでございますが　いつも心忙しくいたしてゆるりと御伺ひに出られず残念に存じます　ほんの心ばかりの品でございますが　先程鉄道便で御送りいたしましたからどうぞ御嬢様の御用に御使ひ下さいましがらもじみになつて了ひ御笑ひ下さいまし　秋にもなりましたらばぜひ御よせ下さいまし
今年は残暑が厳しさうでございますからその点にも御大切に

雅

阿部　次郎様
つね子様
御前に

一週間程前から又晴子が熱を出してゐますので〔抹消「一字分塗りつぶす」〕自分で自分をあはれな者に思つてゐます

(1) 大正九年七月十七日に生まれた阿部次郎・恒子の三女千枝子（大平千枝子）。

8　大正9年10月17日（消印）　市外中野字桐ヶ谷一〇十八　阿部次郎様
雅他四人連名
はがき（歌舞伎の絵はがき）ペン

※高桑、佐藤、仁科、雅連名

幸四郎の大森彦七と宗之助の千早姫の意気寸隙もなくこちらの息もとまりさうです
（高桑）(1)

お芝居に心が一っぱいになっておしるこがのどへ入りません。失礼申上げて居ります
（佐藤）(2)

こんどの火曜日(3)に御目にかゝつて先生に是非お願ひしたいことがございます　豫めお世辞を使っておきます
（仁）(4)

昨夜は失礼いたしました　まだ御咄が出来ると思つてをりましたのに　あのまゝで残念でした

雅

（1）高桑（永井）菊　明治四十一年日本女子大学校国文学部卒五回生。春草会、茅花会のメンバー。在学中から卒業後の大正、昭和十年代の『家庭週報』に多くの和歌、随想等がある。創刊時の『家庭週報』編輯人である「小橋三四子姉への追悼歌」を雅子と共に詠歌した（『家庭週報』六六四号大正十一年五月十九日刊）。（2）佐藤吉野か。明治四十年日本女子大学校国文学部卒四回生。（3）阿部次郎の「日記」大正九年十月十九日（火）に「午前午後目白、帰りに仁科節子研究会の話を持って来る」とあり、この葉書の内容と一致する。阿部次郎の「日記」には、大正十年一月二十二日（日）、同年十二月十九日（金）、同十三年十二月八日（月）等と仁科への発信記載がある（書簡1注（1）の文献参照）。（4）仁科節　明治四十一年日本女子大学校国文学部卒五回生。昭和四十五年没、八十四歳。卒業後桜楓会出版部で『家庭週報』の編輯人を勤めた。成瀬仁蔵の身近で『成瀬先生講演集』『成瀬先生伝』等の作成に携わり、戦後は、大学の校史編集室で記録をとった。

9　大正10年9月17日（消印）

東京市外中野字桐ヶ谷千十八　阿部次郎様

相州鵠沼字藤ヶ谷　茅野雅

はがき（七里ヶ浜ヨリ江ノ島及富士を望む絵はがき）ペン

※雅、多緒子連名（雅の手13行の後に多緒子の手で4行）

廿一日を待ちとほしくしてをります　どうぞその前後御都合の御よろしい日を御逗留してゐて頂き度く御ねがひ致します

停車の時間がわかりましたら御迎に上ります　ここに蚊がゐなかつたらとつく〳〵思ひます

ヲジチヤンハヤクキテクダサイ　カヅ子[1]サマニヨロシク

多緒子[2]

（1）阿部和子　阿部次郎・恒子の長女。大正二年十二月生。東京女高師入学。当時の思想取締りにより検挙、退学。平成元年十月死去。（2）茅野蕭々・雅子の二女。大正二年四月十四日生。昭和四十五年九月十一日死去。昭和十年日本女子大学校国文学部卒三十二回生。昭和十二年十月、哲学者鬼頭英一と結婚。出隆・関泰祐を仲人に東京會舘で盛大な披露宴が催された（『茅野雅子研究』青木生子著作集第九巻）。

10　大正11年秋（推定）

Herrn Prof. Dr. Ziro Abe bei Herrn Schwartz

Worfsbrunnenweg 12, Heidelberg Deutschland
Via Amerika
G. Chino 1, Mita Tsuna Machi Tokyo, Japan
阿部次郎様
綱町三田一　G・Chino
封書　便箋三枚　ペン
※蕭々書簡10同封（二枚と三分の一枚は蕭々の手紙、三枚目の三分の二は雅の手紙）

お見送り[1]してからもう長い日がたちます　それなのに今でもふつとけふは木曜[2]日だと云つて気がつき急に淋しくなります　その上に小宮[3]さんがゐられなくなり　こつちはいよ〱さびしくなつて了ひます　そんな事を考へると主人のゆく事も此頃ではどうでもいいと思ふほど意気地なくなります　それに余り話しが長いのですから
けふは時雨めいた雨が降つてゐます
此手紙の御手許につく頃は御住居[4]の辺は　いよ〱静ないい眺めでせうと御なつかしく思ひます　御宅からは皆々様御元気だと云ふ御消息を頂きました（三日許前に）
時々便をさし上げてもまだ一度も御訪ねする時がなくて居ります　子供も全快しましたら此次の日曜にても御たづねしたいと思つてをります
東京は例年よりも非常に気候が悪いので私の方ではいつも病人があつて此廿日許り困つてをりましたが　やつと今日から子供も学校へ上りました
くれ〱も御大切に
〔編注　以下は文末に記載できず余白のある冒頭に書かれたものと推察する。〕
「阿部様　　雅
御はがき度々ありがとうぞんじます　帖にはつてたのしんでをります」

（1）阿部次郎は、「美学研究ノタメ満一年二ヶ月間英国独逸伊太利国在留ヲ命ズ」との文部省からの辞令で大正十一年五月に出発し翌十二年十月に帰国した（大平千枝子著『阿部次郎とその家族』参照）。（2）阿部次郎の「日記」大正十年七月二十一日（木）「茅野宅にて例の会あり」とあり、阿部次郎の指導の下大村嘉代子、茅野雅子などが主唱者となり日本女子大学校出身者の増山多鶴子、細川俊子、網野菊子ら各方面の婦人連を結集して「劇研究会」を設立して月一度、茅野宅で研究会を開いた（『読売新聞』大正十年四月十四日朝刊）とあるこの会のことか。（3）小宮豊隆が東北帝国大学へ赴任することを示す。ドイツ文学者、評論家。夏目漱石門下。明治十七年福岡県に生まれ昭和四十一年没。一高・東大を卒業。阿部次郎、安倍能成、茅野蕭々とは一高の同期。主として評論壇で活躍した。大正十二年ドイツに留学後、東北帝国大学教授、戦後は、東京音楽学校校長。『漱石全集』の編集に尽力した。著書『夏目漱石』『漱石の芸術』『芭蕉の研究』『能と歌舞伎』等。（4）ドイツのハイデルベルグ。

11　大正12年9月27日（消印）
市外中野字桐ヶ谷千十八　阿部恒子様
芝区三田綱町一　茅野雅子
官製はがき　筆

御無沙汰をいたしました
その後皆々様は御変りもなくゐらせられますか　一度御伺ひ申上度いとぞんじ乍らつい〱かれこれいたし御赦し下さいまし　先達てはあの恐ろ[1]しい間をわざ〱御便を頂きほんたうに御心のほどありがたく存じ上げます
幸ひ私共は塩原にをりましたが　若い者ばかり留守させましたものですから　三日に主人も帰京いたし　淋しい山の中に十六日までをりましたが　やつと十七日帰京
不順の折から皆々様御大切に□□　ほどなく御帰朝[2]の御事と存じ上げます

（1）大正十二年九月一日の関東大震災。（2）阿部次郎の海外からの帰国。

12　大正13年6月4日（消印も）
仙台市良覚院町四四　阿部次郎様　恒子様　和子[1]様
芝区三田綱町一　茅野雅
封書　便箋一枚　ペン
※雅、多緒子連名

ほんたうに久しく御無沙汰を重ねました
もう御めにかゝりましてから一月にもなりますのにこんなくらしいたしてをりましてどうぞ御赦し下さいまし
さてその節は多緒[2]までも思ひもかけぬ御馳走様になりましてあつく〱御礼申上ます　久しぶりにほんたうにありがたうございました
さてもう近いうちに御出京[3]遊ばす事とぞんじます　幾日頃ゐらして頂けるのでせうか
指をりかぞへて二人で御待ち申上てをります
〔編注　以下多緒子の手紙
「をぢ様此の間は〔抹消「一字塗りつぶす」〕ごちさうさまになりまして有が難う存じます。此の次にいらつしやる時はお家で宿つてちやうだいね。そしたらどんなににぎやかでうれしいでせうか。きつとね　きてちやうだい

多緒子

六月四日」〕

たゞいま御手紙を頂きましてありがたう存じます
そしてこれは少し身勝手な事でございますが　もし御逗留のうちの少しの時間でも頂けるやうでしたら亡児（4）のための一週年をつとめたいと存じますのでございますが　八月にはとうてい出来ませんし　またそのうちに皆さんも別れ〳〵になつてもうよつて頂く期もないやうに存じますので　少し早過ぎますが御上京の折に致し度いと思ますからどうぞ御考置きねがひ上ます（万々御めにかゝつて御伺ひいたします）
〔編注　以下冒頭に細字で記入
「この手紙は一日に書いたのでございますが　タオ子のおかげでとう〳〵遅れて　御免遊ばせ　　雅
次郎様
御奥様」〕

（1）書簡9注（1）参照。（2）書簡9注（2）参照。（3）阿部次郎の毎月上京目的の一つに、晩餐会出席がある。阿部次郎の「日記」昭和二十一年九月四日（木）に「茅野達が東京に来てからの毎月晩餐会、僕が仙台に来てからの上京定宿の一つ――こんなにしてお互いの交際が深まって行った」（『阿部次郎全集』第十五巻、角川書店）とある。（4）茅野夫妻の長女晴子の一周忌法要。大正十二年八月一日、腸管狭窄又は癒着で死亡、享年十六歳。（茅野蕭々「亡き子に与ふ」茅野蕭々雅子『朝の果実』〈岩波書店昭和十三年〉所収）。

13

大正13年9月16日（消印も）
仙台市良覚院町四四　阿部次郎様
芝区三田綱町一　茅野雅　十六日
封書　便箋　三枚　ペン

この間は突然あのやうなはがきをさし上げまして御赦し下さいまし
いろ〳〵考へると涙の出るばかり一向にとりとめもない有様で暮してをります
外国へ行つたからと申てこの（1）悲しみがどうなると云ふ事もないのですが　何かしらじつとしてゐられないやうな心持ちでをります　まるで赤ん坊のやうだと思って情けなくなります
さて此度はいつ御上京ですか御都合で私の方から上つてもと存じますが
「とう〳〵此間校長（2）先生の御宅へ行つてこの（3）事を相談いたしました　「主人がお前の力でこられるのならそして来たいと思ふのなら来てもよい」と云つて来たと申まし処　校長はお金の心配は出来ないが行けるならいい機会だから行つてみるといいが、さてお金はどうするかと

〔抹消「一字分塗りつぶす」〕きかれましたので　私ははつきりと計画は立て丶いませんが、新聞社か雑誌社から少しつ丶出し貰ひ、又私の歌を集めて本を作つたり不足の分は、一時家のお金を借りると申　また文部省の嘱託の事も咄しましたら　今の岡田さんは余り我々に好意をもたないから内部から　即ち局長とか課長とかそう云ふ人に個人的な関係でたのんでみたらばどうであらうか
その上、又学校からも咄しをしてもいいとの事でした
まあ大体としてこんな意見でしたがえらさうに新聞社とか雑誌社とか云つてみても実際は雲をつかむやうな事で今更ら恥かしくて仕方がございません
又文部省の嘱託と云ふ事もどんなものでせうか　主人[4]があちらへ参ります時もお友達からとにかく文部省の届書を持つた方がいいから何かの嘱託になつてゆけとす丶められた方もあつたのを思ひ出したまでの事ですが　実際行けるとしてもそんな必要はないでせうか　もしありとすればどなたか御知合いの方はないでせうか　どうぞ御考へ置き下さいますやうに
行くとしても来年の二月か三月になるでせうと思ひます
ぜひ御めにか丶つていろ〳〵考へて頂き度うぞんじますが幾日頃御上京遊ばしますか
ほんたうに溝にお金を捨てるに均しい事なのです

雅

次郎様

この手紙と一所に主人の方へも申てやるつもりです
この間大阪へ参りましたが少しもこの話しはしないで帰りました。
くれ〳〵も御奥様へよろしく御ねがひいたします
文藝会[5]の人達から大変少々ですがたばこをさし上げたいと申ことですからどうぞ御笑納下さいますやうおねがひいたします一昨松坂屋からお送りいたさせました

(1) 愛娘を失った雅子の嘆きは深く、新しい転機を願い外遊したらしい（『青木生子著作集』第九巻『茅野雅子研究』参照）。(2) 日本女子大学校第二代校長麻生正蔵。(3) ドイツ留学の蕭々の後を追い、大正十四年二月、渡欧した。蕭々とドイツ、イタリア、フランス、スイス、ベルギー、オランダを旅行し、同年十一月帰国。この書簡が示すように渡欧に際しての相談を阿部次郎にし、その費用は結婚の折の持参金を用いたという（『茅野雅子研究』青木生子著作集第九巻参照）。(4) 茅野蕭々は、大正十三年二月、ドイツへ留学。(5) 大正十年六月二十五日に桜楓会に「文芸研究会」が誕生して以後阿部次郎、茅野蕭々らが講師となり研究発表が行なわれた（『家庭週報』第六二〇号）。

14　大正14年2月25日（年推定香港消印月日）[1]
Sendai Japan MR. G. Abe　日本仙台良覚院町四十四　阿部次郎様　御奥様
雅
はがき（香港・ケーブルカーの絵はがき）ペン
くりすとも釈迦も悲しき己が命すくはずなりて遠き旅ゆく[2]
とう〳〵御本が頂けないで日本を出ました　船の中は思つたより呑気です　御安心下さいまし　昨日香港へ上つて終日嶌めぐりとケーブルカアにのりました　だん〳〵西洋人がふえて来て少し心細くなります　皆様の御健康を祈ます
〈編注　以下葉書の左上余白に記入「暇だらうと思つてゐた船の生活は非常に忙しく落ついてゐられないので困ります」〉

（1）雅子の渡欧・帰国は、『読売新聞』大正十四年に「歌人として知られる女子大学教授茅野雅子氏は、今度目白女子大学から文学方面研究の為に欧州へ留学する事になって出発する……」（二月九日朝刊）、「夫君茅野蕭々氏とごいっしょに欧州から過日帰朝された雅子夫人を同人とする春草会では、二十五日夜日本橋のカフェ興楽で帰朝歓迎歌会を開きました」（十一月二十六日朝刊）とある。（2）「クリストと釈迦との御名によみがへる命ならねば遠き旅ゆく」（「茅野雅子集」『現代短歌全集第十七巻』改造社、昭和四年）の歌の元であると思われる。

15　大正14年4月10日（11日消印）
Signore Jiro, Abe Yokohama Japon　仙台市良覚院町四四　阿部次郎様
差出人の住所記載無。消印ミラノ　茅野儀太郎　雅
はがき（「Milano—Duomo—La Madonnina」[1] 裏はミラノ大聖堂の聖母像絵はがき）ペン
※蕭々書簡15　蕭々、雅連名（蕭々の手で四行、雅の手で七行）
御無沙汰をして御赦し下さいまし
無事廿六日マルセーユ着　一日早くついたため　いろ〳〵手ちがひが出来ましたがそれでも無事巴里に落つきました　ところが着物の仕度などで十四日になり　一昨日やう〳〵こちらへ参りました　雅

（1）ミラノの大聖堂（ドゥオーモ）の頂に立つ黄金の聖母像。

16 大正14年6月16日（27日消印）
Yokohama Japan Herr, Z, Abe 仙台市土樋二四五 阿部次郎様 Via Siberi Verwendet Dinformate
〔編注 差出名はないが雅の手〕
はがき（ベルリンの絵葉書） ペン
マルセーユには六月六日の朝につきましたが パリを見物してやつと昨日ベルリンにつきました。今日 下宿に入りました。
Frau Dr. Dubbers Neue Kantstraße 17 Berlin といふ宿です。体は丈夫です。どうぞ皆様御大切に
　六月十六日

17 昭和2年6月18日（消印も）
仙台市土樋二四五 阿部次郎様
六月十八日 芝区三田綱町一 茅野雅
封書 巻紙 一枚 筆
すつかり御無沙汰をいたしました
其後はいかゞでゐらしやいますか 日の重なるにつれ御思めし重くお過しの事御察し申し上ます 昨年(1)といひわけてこの度の御不幸(2)についてはどのやうにか御愁傷ふかくゐらしやることかと一方ならず御推察申上ます 妙な事を申上るやうですが
御兄弟様御皆々様の御嘆きは もとよりでせうがその中にも一層あなた様の御思ひふかくゐらしやるやにおもへて何と云ふ言葉もなく重い心で一杯でございます
どうぞ御健康に御障りのないやうにとひたすらいのり上ます
ちかいうちに御めにかゝれるの《ママ》あるかとぞんじますが
くれ〲も御大切に
　十八日　　雅
次郎様
　御前に
別封 御仏前へ
御たき頂けたらあり難くぞんじます

（1） 阿部次郎の祖父七郎右衛門 昭和元年九月病死を指す（「年譜」『阿部次郎全集』第十七巻、角川書店）。（2）阿部次郎の母お雪、昭和二年五月病死を指すか（注（1）の「年譜」参照）。

18
昭和3年12月11日（12日封書12日消印）
〔編注　手紙の日付は蕭々は「12日朝」、雅は「11日」〕
仙台市土樋二四五　阿部次郎様　御奥様
十二月十二日　芝区三田綱町一　茅野儀太郎　雅
封書　便箋四枚　ペン
※蕭々書簡17同封（蕭々は二枚、その奥付けは「十二日朝」とある、雅も二枚）

さきほどは〔一字分塗りつぶし〕電話で失礼いたしました　おめにかゝれなかつた事を重々残念にぞんじますがそれでも御話しが（少しでも）出来てありがたうぞんじます
しかし実は上野まで出ようとも考へたのですが　また外に御見送りの方があるやうな予感がしてとう〳〵やめてこの手紙をさし上げる事にいたしました
おさびしいでせうね(1)　どうにもならないことであつてどうにもならない御心持色々と悲しくおもつてをりますお仕ごとの上にも御からだの上にも御障りのないやうにとひたすらに祈ってをります
私はね（何だか云ひわけのやうに聞えましたら御赦し下さいまし）ほんたうを申せば　子供(2)を亡くしてからお悔みを申すことが出来なくなったやうな気がしますの、ことに手紙などかけなくなりましたの、自分の気持に合ふやうな言葉が貧弱な私にはないのでせうと悲しみながらどうすることも出来ずにをります　さう申てだまってゐる事はよくないことだと思ってをりますが　これは私の比較的〔編注　以下傍線で抹消「悪く」〕ない方のこの気もちです　けれど大部分は身勝手なづぼらな私であることは勿論です　恥かしく悲しく身をせめてをります
御休みには御上京がないさうですつてね、四月頃には御めにかゝれるでせうか　随分遠いことです。
逗子(3)の家は近々出来上るはづですから　主人も一週のうち三四日は向ふで落ついて仕事が出来るでせうと思ってをります
春御上京の節は逗子へも入《マヽ》らして下さいまし　くれ〳〵も御大事にねんじ上ます
十一日　雅
次郎様
御前に

（1）阿部次郎の父富太郎　昭和三年十一月病死（『阿部次郎全集』第十七巻所収の「年譜」参照）。（2）書簡12注（3）参照。（3）逗子の別荘。逗子町桜山二〇七七。

19　昭和4年8月5日（消印）

仙台市土樋二四五　阿部次郎様

芝区三田綱町一　茅野雅

官製はがき　筆

一日[1]にはみごとなお花を御そなへ下さいましてありがたうぞんじます　それでもその日は皆様のおかげで涙をこぼすやうなこともなく過させていたゞきましたの　ありがたう御礼申上ます　秋になつたら　もしかすると平泉までゆけるかしらともたのしんでをりますけれどたゞむつかしいのでせう

〔編注　以下冒頭の余白に記入「皆様の御健康いのり上げます」〕

（1）八月一日は、茅野夫妻の長女晴子の命日、七周忌。書簡12注（3）参照。

20　昭和4・5年1月29日（年推定[1]　月日消印）

仙台市土樋二四二《ママ》　阿部次郎様

芝区三田つな町一　茅野雅

封書　巻紙　筆

その後は大変御ぶさたをいたしてをります

御皆々様御変もなく御元気の御事とおもひながら　かう御寒むくてはと御案じもいたします

暫らく御めにかゝらすいろ〳〵きいて頂き度い事がたまつてをりますやうでご座います

大阪[2]の家もたん〳〵没落してゆきますしわびしいことばかりきいてをります

さてけふはそんなぐちを申上るのではなく　御願ひがあつたのでございます

それは　めじろの女子大学の高等学部二年（英文志望）のものでございますが　三年修了の後は御校英文学部へ入学させて頂き度きよしですが　受験の資格はあるのでございませうか

本人は帝大事務官　竹田と申人の娘さんで　大変よく出来た人だそうでございます（成蹊の女学校出身）　たゞいまの高等学部は学課は　男子の高等学校程度ださうでございますが　そして此間　専門[3]学校と認めるよし　文部省が許したさうでございます　御多用中　誠におそれいりますが　御返事頂き度く御ねがひいたします

当高等学部を出た丈けで受験の資格なきときは　今から専門部の英文科へ転科いたしてはいかゞなものでございませうか　何分ともよろしく考へてやつて頂き度く御ねがひ申上ます

寒さの折から　くれ〳〵も御大事に
御奥様へ幾重にもよろしく御願申上ます

雅

次郎様

（1）この書簡の年代は　以下の①～③までの条件から書簡にある人物が③の高等部設置の年に入学すると昭和四年が受験該当年になり、翌年も受験該当年と考えられる。昭和六年には、新学制が設置され、専門部は、統合されて存在しない。よって該当年は、昭和四年、五年のどちらかと推定する。①雅子の芝区三田綱町在住は、大正九年六月より昭和六年四月の荏原町転居までの間である。②阿部次郎は大正十四年三月二十二日仙台市土樋へ移住する（書簡5注（2）の大平千枝子著書参照）。③昭和二年五月十三日大学令による設立許可を得られず、専門学校令のもとで、大学に匹敵する高等教育を行うべく高等学部（三年）を設置した。昭和六年四月本年度より高等学部の募集を停止し、新学制により従来の専門学部と高等学部・大学本科とを統合して本科四年・研究科二年となる（中村政雄編『日本女子大学四拾年史』）。（2）雅子は、大阪市東区道修町の薬種問屋、増田宇兵衛の二女である。増田家は、祖先が漢方医、順血湯本舗の薬問屋で雅子が結婚する頃（明治四十年）も、商工人名録にその名が入っており、相当の財産家である。大正二年父の死亡により雅子の実弟清太郎が家督相続したが、清太郎の代に父祖父伝来の老舗である生家は人手に渡った。（『茅野雅子研究』青木生子著作集第九巻参照）。（3）注（1）③を参照。

21

昭和6年9月25日（年月日消印）
栃木県[1]那須郡那須温泉東近光荘五　阿部次郎様
軽井沢町三六〇五　蕭々　雅　はつ[2]
はがき（文楽の写真絵はがき　松竹園芸写真部調製）ペン
※蕭々書簡20　蕭々、雅、はつ連名（蕭々の手で3行　雅の手で4行　はつの手で4行）

あなたの御うわさを申上ながらいま初菊をみてゐましたの　雅
おかげさまでつれて来て頂きました　はつ

（1）阿部次郎の「年譜」昭和五年九月には「栃木県那須に土地を求めた」、同「日記」昭和六年八月三日（月）には、「晴ノ朝七時二十五分三児とともに那須行」とあり、この日初めて新築した別荘を訪れた（『阿部次郎全集』第十四巻・同十七巻参照）。（2）遠藤（旧姓中野）はつ（『青鞜』編集発行人、雅子と同期生）のことか。

22

昭和7年8月13日（年月日消印）
栃木県那須第二近光荘五　阿部次郎様
仙台市土樋二四五〔編注　以下付箋「仙台市土樋二四五　御転送願上候」〕

逗子町桜山二〇七七　茅野儀太郎
はがき（「逗子名所　逗子海岸海ノ家　横須賀鎮守府検閲済」とある絵はがき））ペン
※蕭々書簡22　蕭々、雅連名（蕭々の手の後に四行程　雅の手の文）

とうとうゆかれませんでした
九月になつたらとおもつてゐますが　色々の事が中々難かしくて　はつきりしませんの

雅

23　昭和7年9月11日（12日消印）
仙台市土樋二四五　阿部次郎様　御前に
荘原[1]《ママ》町中のぶ一一二五　茅野雅　十一日
封書　巻紙　一枚　筆

御手紙拝見いたしました
御仰せの件たしかにうけたまはりました　御言葉の通り折がございましたらよく申上ておきます
学校も近い将来に郊外[2]へ移転いたすことにきまり、その機会に文科[3]の方もよくしたいといふ（当局の）御希望のやうですから、この後とも何かとご配慮いたゞき度く御願申上ます
尚、御当人さま御上京の節はどうぞ御遊びに御たちより下さいましと御序に御伝へ下さいまし
主人もよろこぶことでせうから
紅葉のころにはぜひ御うかゞひ申し上度くたのしんでをります　那須は秋が早いのでせうか　いつ頃がよろしいのかなど云ひ合つてをります
東京はまるで梅雨のようなむし暑さで雨が晴れません
尤も昨日軽井沢から帰つて参つた故もあるのでせうけれど汗ばかりふいてをります　変調子な陽気の折からくれ〲も御皆々様御大切にねんじ上ます
どうぞくれ〲も御奥様へよろしく御願申上ます

雅

十一日

次郎様

昨日さゆり[4]さんの御結婚披露に参りました
かゞやくような御二人を見乍らも岩波[5]さんの複雑な心持を考へ妙な気がいたしました
儀太郎からくれ〲もよろしく申上てくれと申てをります

（1）昭和六年四月借家から家を購入して移る（『茅野雅子研究』青木生子著作集第九巻参照）。（2）昭和六年五月ころ、

本校移転の儀起こり、昭和九年九月二十一日　本校移転地、西生田（神奈川県橘樹群稲田町字菅、一〇七、四六〇坪）に決定した（『年表日本女子大学の百年』日本女子大学発行二〇〇一年十二月一日）。（3）この結果昭和十一年四月より、将来の総合大学研究科・本科設立に備え、家政・国文・英文の各学部に研究科を設置した（前掲注（2）文献参照）。（4）岩波書店創立者岩波茂雄の次女。昭和七年九月十一日、野上豊一郎・弥生子夫婦の媒酌で小林勇と結婚。（5）この結婚に至るまでに以下の安倍能成と村上一郎が指摘するようないきさつがあり、そのことを鑑みての雅子の感想が述べられている。「小林勇は、昭和三年の岩波書店のストライキで社員に排斥され、八月に退社、昭和九年岩波書店にかえり、幹部として経営に当たった。当人同士相愛の結果であったが、小林が争議のあった昭和三年末に退店したこと、又小林の才気煥発機略に富み、往々にして岩波と気の合わぬ所もあり、又岩波は相手の家の社会的地位を欲するという気持もないといへず、一時この結婚に不服と不安を感じて居り、岩波の友人にも不賛成があったけれども、当の娘の決意も固く、夫人も賛成、幸田露伴、小泉信三、野上夫妻などの後援もあってこの縁談は竟に成立した」（『岩波茂雄伝』安倍能成著、岩波書店、昭和三十三）・「小林は、岩波とあまりに共通の性格が多く、岩波は小林に若い自分の姿を映し見た」（『岩波茂雄』村上一郎著、砂子屋書房、昭和五十七年二月）。

24

昭和8年4月8日（年推定[1]　月日消印）

仙台市土樋二四五　阿部次郎様
荏原区中のぶ□町一一二五　茅野雅　四月
封書　巻紙　一枚　筆

御手紙拝見いたしました　橘さん[2]に一昨夜御めにかゝつ
て色々うかゞひました
この御幸福さうな御二方様[3]のためにとゞきませんがお役[4]
をうけさせていたゞきます
ほんたうに私どももうれしうございます
日取は十日午後三時新宿の白十字[5]で御茶をいたゞくこと
になりました　万事は御当人より直接御話のある事と存
じますが御安心頂きたくぞんじます

雅

四日

次郎様
御前に

皆々様くれ〴〵も御大切に
奥様へよろしく御願申上げます

（1）茅野蕭々の昭和八年四月十五日付蕭々書簡25による。
（2）橘忠衛。英文学者。明治四十二年高知県に生まれ昭和五十年没。東北帝国大学卒業。主著訳書に『シェクスピアの研究―ロマオ史劇』ブラッドリ著、『詩のための詩』グンドルフ著等がある。（3）橘忠衛と酒本武子の結婚式。（4）茅野夫妻が結婚式の立合をする役目を引き受けたようで、この関連の昭和八年三月三十日付阿部次郎の橘忠衛宛はがきには、「御手紙拝見。愈々実行の御運びに出来上がったようで御芽出たう、雅子さんにはすぐに手紙を出します。萬事上代さんに相談して手落のないようにしておきたまへ」とある（『阿部次郎全集』第十六巻、角川書店）。（5）昭和十二年の地図（『新宿区の民俗〈3〉新宿編』所収　新宿民俗調査会調査、新宿区立新宿歴史博物館編集発行、平成五年三月刊）にある「喫茶店白十字堂」であろう。地図では、四谷区東海横町にあり南側は新宿三丁目通りに面し、両側は安田銀行と洋食器店がある。店の敷地は、安田銀行の二倍あり大きな店と推測する。また、昭和十年に発行された（『大東京うまいもの食べ歩き』丸の内出版社）の当時新宿の飲食店・喫茶店記事には「洋食にはモナミ、白十字があり、喫茶の明治製菓、不二家があり」（前掲の『新宿区の民俗〈3〉新宿編』所収）とある。地図での「白十字堂」店の規模から喫茶店といっても、食事（洋食）を提供していたと考えられる。

25

昭和9年5月20日
阿部次郎様　つね子様　御前に　小糸美子さん　持参
〔編注　封筒の表右下に記名「雅」〕
封書　巻紙　一枚　筆　持参

啓上
大変に御ふさたをいたしてをります
皆々様御元気の御様子何よりと御よろこび申上ます
さていつも勝手なときばかり御たより申上てお恥かしく
存じますが　この度小糸[1]さん
東北大学志願てつゞきいたゞき御世話さまになりまして
あつく〳〵御礼申します
御かげで都合よく入学ができ　当人は勿論のこと　私ども心からよろこんでをります
つきましてはこの後も何かと御世話さまに相なる事を幾重にも御願申し上ます
かねて御話し申し上てをりますやうに小糸さんとたを子とは　ふしぎに中よく四年をくらしました事とて私には普通の学生といふよりはもつとふかい心のつながりがあるやうでよきにつけあしきにつけ心をひかれてをります
（こんなこころは教師としてあつてはならないのかもしれませんが）
若い人であり　一人娘ではあり　わがまゝなところも十分あり　まだ〳〵心のすえ処もきまつてゐないやうでもあり　かた〳〵今後とも何分よろしく御みちびきのほど幾重にも御願申上ます　学科のことにつきましても同様
何分ともよろしく御願申上ます

宿のことも大変心配してをりましたが御知り合ひがおありともき丶ましたので安心いたしましたが　桜楓会の矢野[2]きよせ氏を少し知つてをりましたのでその方へも話しておいた様なわけでございます〔編注以下二重傍線で抹消「から御安心下さいます」〕

先は右御願申し上ます

かしこ

雅

阿部次郎様

つね子様

いそぎ乱筆のま丶です　御はんじ下さいまし

（1）森岡（小糸）美子　昭和十年日本女子大学校国文学部卒三十二回生。茅野多緒子と同級生。昭和十三年三月、東北帝大国史学科卒。東北帝大の古田良一教授のもと、日本貿易史を研究。著書に『世界史の中の出島』（長崎文献社）。戦前の若い時の著書に『萬葉集物語』がある。（2）矢野（水沢）きよせ　明治四十二年日本女子大学校英文学部卒六回生と推測する。

26　昭和10年7月12日（13日消印）

仙台市土樋二四五　阿部次郎様　御前に

荏原区中延町一〇七一　茅野雅　三越の印

封書　巻紙　一枚　筆

啓上

御無事御帰宅の御事と存じあげます

このたびは久しぶりでよい御ともをさせて頂きましてあつく御礼申上ます

どうぞ御迷わくでないかぎりこのつぎもおともさせて頂き度く御ねがひ申上ます　実際いきたい観ておきたいと思ひながら中々出にく丶　学校から帰ればおつくうになつてしまひいつもあとから後悔をしてをります　本当にありがたく

さてまたその節は　まことに失礼ばかりいたし　考へれば考へるほど恥かしくもあり　おわびの申上もないほどすまない心でをります

かしこ

十二日

雅

阿部次郎様

御前に

いよいよ明朝軽井沢[1]へ参ります

（1）軽井沢町三六〇五にある茅野家の別荘。

27　昭和10年9月26日（消印も）
仙台市土樋二四五　阿部次郎様　御まえに
荏原区中延町一〇七一　茅野雅　二十五日
封書　巻紙　一枚　筆

啓上
その後の御容子いかゞですか　御病人さまはいかゞかとひと重に御案じ申上てをります
ひきつゞいての御旅なり　また御気つかひとて御つかれのほど御案じ申上てをります
さてまた過日御来校(1)いたゞきました節は　大変ふゆきとゞきにて御ゆるし下さいまし
あれだけ時間があれば何か御一緒にいたゞけたのにと存じますのに
校長(2)その他一同皆非常に御よろこびにて私までなんだか妙にとびあがつた気もちになつてしまひました
あつく〳〵御礼申上ます
尚今後ともよろしく〳〵御ねがひいたします
手紙をかきたい〳〵と思ひながら何やらこの四五日はおいたてられるやうなくらし方をいたししたためこんなに御無沙汰をしておゆるしくださいまし
くれ〳〵も御大切に

かしこ

次郎様
御前に

雅

御奥様へくれ〳〵もよろしく　いつも御親切な御手紙をいたゞきながら　つひ〳〵御ふさたをいたし幾重にも御わび申上ます
〔編注　以下冒頭の余白に細字で記す「□度のかいたものを一緒に御めにかけたいと思ひましたが間にあいませんので　またあとからにいたします」〕

（1）阿部次郎は、九月十九日（木）午後三時から、日本女子大学校で「日本の研究に就て」と題する講演を行なった（『家庭週報』一二八一号・同一二八二号）。（2）井上秀　日本女子大学校第四代校長、家政学者。明治八年兵庫県に生まれ昭和三十八年没。日本女子大学校家政学部一回生。明治四十一年、米国コロンビア師範大学で家政学を専攻、シカゴ大学で社会学、経済学から家庭および婦人に関する諸問題を研究した。英、仏、独を遊歴し、明治四十三年に帰国し、日本女子大学校教授に就任した。成瀬仁蔵の構想のもとに家政学の確立・発展に貢献した。著書『家庭管理法』『家庭経済提要』『家庭教育育児提要』等。

28　昭和11年2月26日（消印）

仙台市土樋二四五　阿部次郎様
荏原区中延町一〇九《ママ》一　茅野雅
私製はがき（第一回春季二科美術展覧会出品「房州太海」と題する藤田嗣治の絵葉書）筆
※雅、多緒子連名（雅の手9行の後に多緒子の手で4行）

東京はまた大雪で中々消えさうもありません
こんどは少し暖かく出来さうですし　ぜひいらして下さいまし
御待ちして居ります　先達てはごた〳〵してゐまして御ゆるし下さいまし
それでも逢つて頂いて大変によかつたとおもつてゐます
（編注　以下多緒子の文
「お待ち致してをります　をば様皆様によろしく
多緒子」）

29

昭和11年4月24日朝（消印も）
仙台市土樋二四五　阿部次郎様　御前に
荏原区中延町一〇七一　茅野雅　廿四日朝
封書　巻紙　筆　他に原稿用紙（世界文芸大辞典用中央公論社原稿用紙25字×8字）一枚　ペン

（編注　以下冒頭に記入「この間は失礼いたしました
つぎはいつ頃ご上京ですか
たを子も御待ちしてゐます」）
啓上
いつもいつも勝手な御ねがひばかりいたして恐縮です
それは　小糸さんがいろ〳〵考へ迷つてゐるらしく　どうも自分は学問にむかないらしい（勉強するのはちつともいやではなく面白いが）　入学当時から（まぎれて試験が通つたのでちつとも実力があるわけではないといふやうこともいつてゐましたのですが）
そんなで事務所へたのんで成績を（一部はまだわからなかつたのですが）しらせて貰つたところ余りお点もよくないからいよ〳〵不適当だといつて　此間やめようと申て来ましたが　いろ〳〵咄し御点も見ましたところ（主人も）東洋史が少しわるく六十七点かたであとはそんなに悪いとは思へず　むしろよいのではないかと申したのですが　中々自信が出ず　御迷惑ですがどの位の程度にゐるか　ぜひしり度いとの事です
大学であるから卒業の時でなければ一寸わからないでせうとも申たのですが　もし少しでも　たとへば　全体の下位とか中位とかがわかつたら結構だと頻りに申ますので本当に御迷わく千万と存じますが　古田[1]さんにても御

序に一寸御き丶ねがひたいと存じます　しかし　余り御無理でしたら又当人にもよく申きかせます　本当小供らしいとは思ひますが〔編注以下傍線で抹消「一寸」〕非常に正直な点もありますし　何分ともよろしく御ねがひ致します

乱筆で御判じ下さいまし

雅

次郎様

何かの御参考にもと別紙受験科目を封入致しました

〔編注　以下別紙

「東洋史　曽我部助教授　日本教育史　春山講師

東洋史　岡崎（文）教授　東洋史講読　曽我部助教授

西洋史　大類教授　国史概論　古田教授

西洋史　原教授　国史（海運史）〃

国史（古代）喜田講師

考古学」〕

（1）古田良一東北大学教授。明治二十六年生―昭和四十二年没。第二高等学校、京都大学史学科を卒業し、東北大学教授。近世の海運史を専門とした歴史学者。『東廻海運及び西廻海運の研究』『日本海運史』『河村瑞賢』等がある。

30

昭和11年9月3日（消印）

栃木県那須温泉近光荘　阿部次郎様

軽井沢町三六〇五　茅野儀太郎　雅子

はがき（「軽井沢高原／山荘を今日限りにて立つ人の／出でて歩める白樺のもと／晶子」の歌入り白樺の絵はがき）筆

※蕭々書簡27　蕭々、雅連名（蕭々の手7行の後雅の手8行）

十五日にはぜひいらして下さいまし　御待ちしてをります　那須をあきらめたのでもないんですけれど結果はそうなりさうですの　たを子もすこし不平らしい顔をしてゐます

軽井沢にて　雅

31

昭和11年11月9日（推定）

仙台市土樋二四六《ママ》　阿部次郎様　御前に

東京市小石川区目白台　日本女子大学校（印刷済学校の公用封筒）国文学部　茅野雅

封書　巻紙　一枚　筆

啓上

御寒くなりました　御元気ですか

さてまた御願ひがございます

それは外でもなく山田孝雄先生(1)に日本精神の御講話を御願ひ申上度く国文学部の一同が申でてをりますし　私どももぜひ聞かせ度く存じますが　こちらから御願ひしてもしお断をうけてはと心配でございますので　まことに恐縮ですが　どうぞあなた様より御話頂きたく偏に御願ひ申上ます

御忙しいところを御手かず御かけ申て幾重にもゆるし下さいまし

かしこ

雅

御講演(2)御願ひができますようでしたら本月中の木土曜の午後しかし日ところハまた改めて当方より御願ひ申上ます

次郎様

御前に

此つぎ御出京のをりハ　ぜひ御都合御つけ頂き私の方へ御とまり頂き度くみなのものより御頼み申上げます

〔編注　以下冒頭の右下余白に記入「只今　校長(3)仙台より帰校され御見送りを頂いたと大変に恐縮してをられました　ありがたうぞんじます」〕

（1）国語学者、国文学者、国史学者。明治十六年富山県に生まれ昭和三十三年没。昭和二年東北大学教授、同四年文学博士、同八年退官、同十五年神宮皇學館大学学長、国史編集委員長を歴任し、昭和三十二年文化勲章受賞した。国語学（『日本文法論』『敬語の研究』『仮名遣の歴史』）、国文学（『平家物語考』『連歌概説』）、国史学（『年号読方考証考』）等広汎な分野で顕著な業績がある。また『大日本国体概論』『平田篤胤』等の国粋主義的立場からの著作もあることより「日本精神」の講演を依頼したのだろう。（2）講演は、昭和十二年一月十三日（水）午後二時から講堂で「国体について」の演題で開催された（『家庭週報』一三三五号昭和十二年一月十五日刊・一三三六号昭和十二年一月二十二日刊）。（3）井上秀校長は、全国女子専門学校校長会議出席のため昭和十一年十一月六日から仙台に行き八日に桜楓会仙台支部を訪問後九日に帰校した（『家庭週報』一三二八号昭和十一年十一月十三日刊・一三三〇号、昭和十一年十一月二十七日刊）。

32

昭和11年12月14日（消印）

仙台市土樋二四五　阿部次郎様　御奥様

荏原区中のぶ　雅

はがき（歌舞伎役者の絵葉書）　ペン

御元気ですか
久しぶりできのふかぶきへ信夫さん夫婦をつれて行ましたが　中々おもしく《ママ》て感心してかへつてきました
奥様へも御無沙汰をして御ゆるし下さいまし
何だか大分くたびれてきたやうなきもちです

かしこ

33　昭和12年5月□日（20日消印）
仙台市土樋二四五　阿部次郎様　御前に　いそぎ
東京市小石川区高田豊川町十八番地　日本女子大学校（印刷済学校の公用封筒）　茅野雅
封書　巻紙　一枚　筆

啓上
先日は失礼いたしました
そのせつ御ねがひ申上ました御講義(1)のこと相談いたしましたところ（時間は午後一時か或は三時より未定）十一日金曜ですと大変好都合でございますがいかがでご坐いませうか　その前後は一杯つまつてをりますのでご坐います
右御都合御伺がひ申し上ます

かしこ
茅野雅

阿部次郎様
御前に

（1）昭和十二年中の五月以降の日本女子大学校で開催された阿部次郎の文科課外講義（四年の国文学部、英文学部（有志）、研究科生への課外講義）は、六月十二日（土）午後四時から行われた「啓発される万葉集の研究」と、十一月十三日午前十時から行われた「万葉集巻十一巻十二に現れた自然の研究」の二回である（『家庭週報』一三五五号・一三七一号）。この書簡の講義は、最初の六月の講義と推察する。

34　昭和12年10月27日（□原□消印27日、仙台消印28日）
仙台市土樋二四五　阿部次郎様　至急
小石川区女子大学校　茅野雅
封書　巻紙　一枚　筆　速達

おはがきかたじけなく存じます
学年末の御忙しい中を御くり合せ頂き御講義、うかがはれるさうで校長(1)はじめ学生よりもあつく御礼申し上ます
ついては日のことですが三月の十四日午後（月曜）最も

都合がよいそうですが　御都合で十四日（ママ）の月曜でも結構
だとのことでご坐います
いろ〳〵御予定のおありになりますのにこんなに御返じ
がおくれ御許し下さいまし　学年末の日程がぐら〳〵し
たためつゐおくれまことに申しわけなく存じます
今日はとうとう御めにかゝれませんでしたのね　御寒さ
のをりからくれ〳〵も御大事に

かしこ

雅

阿部次郎様

御前に

（1）書簡27注（2）参照。

35　昭和13年1月8日（消印）
仙台市土樋二四五　阿部次郎様　御奥様　御前に
荏原区中延町一〇七一　茅野雅
封書　巻紙　一枚　筆

新年の御賀状かたじけなく拝見いたしました　御ことば
の通りことしは　よの中でも私の家でもさびしい御正月
でした
秋窓記（1）おちかくにむきあつてをりますやう気がして拝見
させて頂きました
ありがたくありがたく　申こともあとさきになりました
が　くれには大好物の御品沢山御送り下さいまして本当
にありがたう存じます　早速たを子方へ別にわけさせて
頂きました
あんなにおいしいのはちかごろ頂いた事がご坐いません
あんなにおいしいのがとれるのでしたら仙台へ住みたい
住んでもよいとおもひます
奥様の御心いれとあつく御礼申し上ます
また家の中の片つきもすまないのにあすから学校がはじ
まります　先生はがらでもなしつく〳〵やめにしたいと
思つてゐます
御寒さの折りから御大事にねんじ上ます
家の庭は霜はしらが一日中消えない寒さです
くれ〳〵も御大切に

かしこ

雅

阿部次郎様

恒子様

〔編注　以下細字で末尾の下余白に記す「こん度の御出
京は廿日頃でしたかしら　ぜひ御立よりお待ちしてをり

ます　御不便な処ですが幾晩でも御とまり[2]下さいましまさ」〕

〔編注　以下細字で末尾の上余白に記す「御出京御決定になりましたら一寸御しらせ願ます　学校へも申ておきます」〕

（1）マルクス主義と右翼国粋主義を排し中道歩む苦悩を示した阿部次郎の著書、昭和十二年十月岩波書店刊。（2）阿部次郎は、茅野家を上京の折の定宿の一つにしていた。書簡12注（3）参照。

36　昭和13年2月26日（26日□□消印27日仙台消印）

仙台市土樋二四五　阿部次郎様　御前に

廿六日東京市小石川区高田豊川町十八番地　日本女子大学校（印刷済学校の公用封筒）　茅野雅

封書　便箋　二枚　筆　速達

色々いたゞきものかたじけなくありかたくあつく御礼申し上ます

さて学校の御講義のことまことにかつてがましいのですがこの外に土曜か来月十一日廿四日水曜の両日中だと大変ありがたいと存じますが御都合いかゞでせうか

恐入りますがでん報にて御返事ねがひ度う存じます

とりいそぎ　かしこ

廿七日　国文科

雅

阿部次郎様

〔編注　以下余白に追記「廿三日と伺つたやうな気が致します（御休みですから）少しぼや〱してゐて御ゆるし下さいまし」〕

37　昭和13年4月19日（消印も）

仙台市土樋二四五　阿部次郎様

荏原区中延町一〇七一　茅野雅

はがき（文政二年四月三日、頼山陽、芳山客中の作の水墨画の絵はがき）　筆

不揃ひな陽気です

皆様御きげんよく御過しの事と御察し申し上ながら御案じ申てをります

今月の御上京は幾日ごろでせうか　学校へ御立より頂けるでせうか　御待ち申してゐます

主人もさびしさうです　美智子(1)さん　いかゞ御元気ですか
奥様くれ〴〵もよろしく
御坊ちゃまくれ〴〵も御大事に
御よろこび申上ます

（1）阿部次郎・恒子の二女美知子。大正六年九月生。平成十七年八月死去。実践女子専門学校国文科卒。東北帝大法文学部国文学科を昭和十五年三月に卒。昭和十六年三月に東北大学教授の数学者　佐々木重夫と結婚。

38　昭和13年6月12日（消印も）
仙台市土樋二四五　阿部次郎様
荏原区中延町一〇七一　茅野雅
官製はがき　ペン

御無沙汰を致しました
さていつ頃御上京の御予定でせうか　実は六郎(1)様のおるすの人のお話しも申上度く（あまり適当な人もないのですけれど）存じますので　御出京がおきまりになりましたら一寸御しらせ頂き度う御待ち申上ます　当学校の事も御伺ひ申上度う存じてをります　鬱陶しい折からくれ〴〵も御大切にねんじ上ます　奥様へくれ〴〵もよろしく

（1）阿部六郎のことか。書簡40注（1）を参照。

39　昭和13年10月6日（消印も）
仙台市土樋二四五　阿部次郎様　御前に
荏原区中延町一〇七一　茅野雅
官製はがき　筆

啓上
皆々様御元気ですか不揃ひな陽気とて御案じ申上てをります
色々御忙しいのでせうと存じてゐながらこんなに御無沙汰をいたしてすまなくおもつてゐます　いきぬきに御出京になりませんか御待ちいたしてゐます
くれ〴〵も御だいじに
かしこ
〔編注　以下余白に記入「あるじも一寸医者からおびやかされましたが別に変りなく働いてをります」〕
〔編注　以下冒頭の余白に記入「奥様みち子(1)様みな様へくれ〴〵もよろしく御願申ます」〕

（1）書簡37注（1）参照。

40

昭和15年6月13日（消印）
渋谷区代々木上原町一二八七　阿部六郎[1]様御内　阿部次郎様　速達　時間外配達
荏原区中延町一〇七一　茅野儀太郎　雅
はがき（国宝鳳凰堂内菩薩　定朝作とある絵はがき）　筆
※蕭々書簡29、蕭々、雅連名（絵の部分に蕭々の手で3行）

昨日は御でんわをいたゞきましたのにをりませんで失礼よりも残念でした　今日如水会へき、ましたがすべてだめでした
明朝御帰り[2]のよし　（もし御序がありましたらお時間をおきかせ頂き度く存じます　十時ころでしたら参れさうですけれど　御大じに　よろしく）　かしこ
儀太郎　雅

〔編注　以下冒頭の余白に記入「六郎様へくれ〳〵もよろしく願ます」〕

（1）阿部六郎　ドイツ文学者、文芸評論家、成城高等学校（旧制）教授、東京芸術大学教授。明治三十七年山形県に生まれ、昭和三十二年没、阿部次郎の実弟。成城高等学校関係者と『白痴群』を創刊、シェストフの『悲劇の哲学』を河上徹太郎と共訳した。著書『深淵の諸相』『わがドフトエフスキー』等。（2）阿部次郎の「日記」に、「昭和十五年六月十一日（火）午後一時の特急にて上京。六郎、長沢出迎・・六月十四日（金）朝急行にて帰仙。」とある（『阿部次郎全集』第十五巻参照）。

41

昭和17年5月10日（消印）
仙台市土樋二四六《ママ》　阿部次郎様
東京市荏原区〔編注「傍線で中延町[1]を抹消し平塚七丁目と記入」〕一〇七一ノ一（東洗足駅付近）茅野儀太郎　電話荏原三五八一番
はがき　ペン
※蕭々書簡32、蕭々、雅連名（蕭々の手の各行間に雅の手の文が細字で記載）

お案じ申上ながら御たづねも致さず御ゆるし下さいまし
御よろしいのにつけてもどうぞ御大事に念じ上げます
また過日は突然学生入学の事について御面倒おかけ致し
幸ひ入学がかないまして　あつく御礼申上ます
能成[2]さん御夫妻と御地へ参る約束をいたしてをりました

がとう〳〵だめになりましたが　それでも行き度いと心にきめてをります　奥様へもくれ〴〵もよろしく
これからはまたイヤな気候になりますし　返す〴〵御大事にいのり上ます
実は儀太郎のが二百二十[3]もありますの
雅

（1）荏原町一〇二五番地は、当時、荏原区平塚七丁目一〇七一番地ノ一と住所表記が変わったために（「略年譜」『茅野雅子研究』青木生子著作集第九巻所収）、印刷の旧表記を訂正したと推測する。（2）安倍能成。哲学者、教育者。夏目漱石門下。明治十六年に愛媛県に生まれ昭和四十一年没。一高・東大を卒業。ヨーロッパへ留学後、京城大学教授、戦時下の一高校長、戦後は幣原内閣の文部大臣、学習院院長を歴任した。青年のころ夏目漱石の影響で文芸評論をし、蕭々とは、第一高等学校文芸部以来の親友で蕭々への慶應義塾大学教員への斡旋をはじめ茅野夫婦とは生涯にわたり親交があった。蕭々夫婦死後に『蕭々雅子遺稿集』を中心となり編集刊行した。著書は『西洋古代中世哲学史』や『カントの実践哲学』『時代と文化』『岩波茂雄伝』等。（3）血圧の高いことをいうか。書簡39（余白の記入）参照。

42

昭和17年8月10日（消印も）
栃木県那須温泉近光荘　阿部次郎様
長野県北佐久郡軽井沢町南原三六〇五　茅野儀太郎
官製はがき　ペン
※蕭々書簡33　蕭々、雅連名（蕭々の手の後に二行程　雅の手の文）

秋になつたらば　ぜひ御待ち申上ます　御ゆだんなく御養生のほどいのりいのり上ます　私はこのごろ咳が多くなつて少し〔編注　以下　下部の余白に記入「困ってゐます　雅」〕

43

昭和18年3月15日（消印も）
仙台市土橋二四五　阿部次郎様　御前に　速達
東京市小石川区高田豊川町十八番地　日本女子大学校（印刷済学校の公用封筒）　茅野雅　十五日
封書　便箋（日本女子大学校校章・校名印刷済学校の公用便箋　罫線入り）二枚　筆　速達

啓上
すつかり御無沙汰をして何とも申しわけのないことですさきころ人づてに伺へば　少し御かげんがおよろしくないとかきいて心配してゐます。この休みには（三日しかないのですけれど）御うかゞひしたいなどゝも考へましたがどうなる事でせうか。一月に御めにかゝれるとたの

しんだことも駄めになつたのから考へて非常に御案じし
てゐます
さてその中に誠に御面倒なことをおうかがひ申てすみま
せんが東北哲学科の宗教学鈴木宗忠？(1)（名ははつきり
しませんが）の方について御伺ひ申上たいと存じます
実は当校の文学部の部長の候補者として推薦する人があ
りますので　御意見を御承りたいと校長(2)からおたのまれ
したわけでご坐います
お気もちのお勝れにならない上斯うした面倒なことをお
伺ひして恐縮ですが何分ともよろしく御願ひ申し上ます
くれ〲も御大切にとりいそぎ要事はかり申上てゆるし
下さいまし

かしこ

雅

次郎様

御前に

御奥様へくれ〲もよろしく御ねがひいたします

（1）鈴木宗忠　大正・昭和時代の宗教哲学者、仏教学者。臨済宗妙心寺派に属したがのちに離籍。明治十四年愛知県に生まれ、昭和三十八年没。東京帝国大学文科宗教学科を卒業、文学博士。東北帝国大学法文学部に「宗教学宗教史」が大正七年に開設され、初代教授に就任。後に立正大学教授、駒沢大学教授、日本大学教授を歴任した。仏教の華厳経と唯識を重視して宗教哲学と社会哲学の両面から研究した。著書は『原始華厳経哲学の研究』『唯識哲学概説』『基本大乗法華仏教』『鈴木宗忠著作集』等。（2）日本女子大学校第四代校長井上秀。書簡27注（2）参照。

【解説】

一　歌人茅野雅子

茅野（旧姓増田）雅子は、明治十三（一八八〇）年五月、大阪道修《どしょう》町に、薬種問屋を営む増田宇兵衛、さとの間の二女として生まれた。増田家は婦人良薬を製造する「順血湯本舗」としてよく繁昌し、当時相当の資産家であった。五歳のとき母を失い、継母を迎え、船場の「いとはん」には、花嫁修行こそ大事と、女学校を中退させられるが、ひそかに好きな国文学の勉強や短歌の創作を試みはじめ、与謝野鉄幹主宰の新詩社が創設されるや入社。『明星』第八号（明治三十三、十一）から短歌を載せ始め、たちまち頭角をあらわし、「しら梅」の雅号を与えられる。

明治三十七（一九〇四）年四月、意を決して上京、創立間もない日本女子大学校国文学部に入学、同校英文学部予備科に入学した歌友山川登美子と連れ立って新詩社を訪れ、男性歌友との会合にも出席し、自由に歌の学びに精進してゆく喜びを得てゆく。翌年一月に、与謝野晶子、山川登美子と共に合著歌集『恋衣』を出版。『恋衣』「みをつくし」（一一四首）の冒頭歌「しら梅の衣《きぬ》にかをると見しまでよ君とは云はじ春の夜の夢」は登美子や晶子に比べ、「やさしい、女らしさ」があり、「清怨」「優婉」な雅子の代表作となる。『明星』の三才媛の一人として高く評価された。四十年、日本女子大学校を卒業（第四回生）。同年七月、『明星』の同人茅野蕭々（儀太郎、二十五歳）の熱烈な求婚を受け、馬場孤蝶の媒酌により結婚（雅子二十八歳）。

翌四十一年五月、長女晴子生まれる。七月、儀太郎、東京帝国大学独逸文学科卒業。間もなく一家は東京を引きあげ、第三高等学校独語科講師となった儀太郎（蕭々）の任地、京都へ移り住むことになる。この秋に『明星』は百号を記念として廃刊になる。思えば、増田雅子は『明星』で育まれ閨秀歌人として世に出、茅野雅子は『明星』なくしておよそありえない結婚に至ったのである。

雅子の京都生活はその後、上京するまで八年余り続き、その間、『スバル』や『青鞜』などに、短歌や詩、小説などを発表し、新たな世界を地味ながら開拓していく。それは大正六年一月に歌集『金沙集』（岩波書店）として刊行される。『金沙集』は同時に雅子の結婚後の京都時代を記念する、しかも唯一の単独歌集となる。この時代、歌友山川登美子が死去し、雅子は父を見送り、まもなく次女多緒子を生んだ。『金沙集』の特色は、明星風の夢みる女が、結婚し妻となり、子の母となり、現実のなかで味わう悩み、喜び、あきらめを吐露した、いわば生活心情がトーンとなって、さまざまな変奏曲を奏でている作にある。それは、やや甘い女の感傷とも評されようが、明治大正期のやはり新しい目覚めた女の苦悩として、雅子のすがたを認めるにやぶさかではない。

京都時代の総決算ともいうべき『金沙集』を出版した、その年（大正六年）の三月、夫蕭々が慶應義塾大学の教員となり、転勤のため、一家はかねて望んでいた東京生活へ復帰した。京都生活で、蕭々は文士、芸術家たちとの交わりで祇園の夜を楽しむことを知り、雅子は夫と共通な友だちとの交際を喜び、趣味や教養を育ててゆくこともできた。しかし雅子は夫の将来のためにこれではいけないと思い、単身上京して、蕭々の一高の同期生安倍能成を訪れ、慶應義塾の教師の口を頼んだのであった。二人にとって新しい転機が望まれる東京時代がここに始まるのである。

二　雅子の書簡

上京後の雅子は、歌人の仕事のかたわらに、やがて母校日本女子大学校とかかわり、女子教育に主力を注ぐようになって、晩年に及ぶのである。阿部次郎宛の書簡は、雅子のこの後半生を背景としたなかから発信された生《なま》のすがたの一断片である。

茅野一家は麻布本村町に小さな借家を探して住んだ。雅子の書簡は、この麻布の地を始め（大正七年より）として、芝区三田綱町（大正九年より）、荏原区中延町・平塚（昭和六年より）の転居地のほか、長野県軽井沢、湘南鎌倉、鵠沼、逗子、さらには外国の地、また東京小石川区日本女子大学校からなどの発信地名をもつ、昭和十八年までの約四十三通が、阿部次郎宛のものとして残されている。

本書に収める他の阿部次郎宛書簡類の中では、かなり多い数量である。ただしこの中には、巻紙封書の他に、ハガキによる短文の類も少くない上に、夫蕭々や娘たちとの連名や添え書きや交ぜ書きのあるのが特色といえよう。また、文末に記載できず、冒頭その他の余白のあるところに書き添えるやり方も雅子の場合には多い。さらに雅子の毛筆やペン書きによる草書文字の書体の美しさをあげたい。ごく親しい内輪の者に向けた気取らない文体で走り書きした筆跡が、あたかも古典籍の散らし書きの趣きを呈しているとさえいってよいほどである。こうした雅子書簡全体の雰囲気から、活字化した文章に翻刻するのは少々味気ない。

雅子の筆跡にふれて、正富汪洋が「雅子という人は図々しくなく親しみ易く容貌よく、筆跡うるわしく、随って、そのうたも肉感的でなく、にくまれない人がらである」（『明治の青春』）と、人柄のものとして言及しているのは、けだし当っていよう。

雅子は子をもつ三十歳になっても、いよいよ美しさを増し、憧れをいだいてこの人を見ることを楽しみにする夫の男友だちも多かったという。雅子は夫と共通の友としての親交が篤く、彼女は自分からそれを好んだ。慶應義塾に勤めていた安倍能成に夫の就職口を頼むことができたのも、こうした背景があってのことであろう。その頃、阿部次郎も慶應の講師をしており（大正二年より）、阿部の場合は、一方で日本女子大学校の講師も兼ねていた（大正六年より）ことが、のち雅子をしていっそう親交を密にしてゆくゆえんとなったと思われる。

三　自宅での「集り」

さて、雅子の阿部次郎宛書簡1として最初にみえる大正七年五月の内容には、注目される事柄がある。雅子主宰の自宅での「集り」というと、まず、「春草会」がおのずと頭に浮ぶのである。東京に落着いて一年の後、大正七年三月に、雅子は自宅で女性の短歌会を結成、与謝野晶子が「春草会」と名づけた。この会には次回から男性も加わり、京都時代の歌友、竹久夢二、岡田道一の他、河井酔茗、窪田空穂、岡本かの子、吉井勇、生田花世、秀しげ、茅野蕭々などの多彩な顔ぶれがみえ、あたかも京都短歌会の再生の観を帯びたのだった。その作歌は「淑女画報」「東京日日新聞」などにその都度掲載されていった。（雅子を生みの親とする「春草会」は茅野夫妻亡きあと、現在までも続いている。このことについては拙著『茅野雅子研究』〈『青木生子著作集』第九巻、おうふう〉に詳しい）。東京生活は徐々に軌道にのって充実され、歌人としても脂が乗っていた時代である。

心にも花さくごとしはるばると来し東京のかぜにふるれば

（『婦人之友』第十一巻五号、大正六年五月）

ところが、書簡1の「集り」は「春草会」をさすのではないらしい。参加者が「当学校の人達」とあることから日本女子大学校関係者の出席であることがうかがえる。「春草会」には日本女子大関係者（神尾みつ子、沢井せつ子、高桑菊子〈女子大五回生国文学部卒〉他）も入っていたが、阿部の代講を蕭々がしたという文脈などから、「春草会」とは別個な、雅子と同級またそれに近い女子大卒業生を中心としたかなり私的な勉強会のように想像される。それに阿部次郎は「春草会」とは深い関わりをもっていなかった。それよりこの場合、阿部が、大正六年五月から日本女子大学校で、講義（「文学原理論」）を担当し始めていたことこそが重視されるべきであろう。

阿部次郎の日記によると、大正六年女子大着任の初年度に当る九月二十一日に「午前目白の学校。……午後五時頃より家を出て茅野のうちにて例の會に出る」とある「例の会」とはこの「集り」をさしていよう（書簡1の注（1）参照）。阿部が女子大の教壇に立つや、仲間の卒業生たちの要望により、阿部を中心とする勉強会のために、雅子は自宅を提供し、世話役を買って出たというのが、書簡1及び2といえないだろうか。もちろんこの催しは雅子の向学心によるもので、そうした悩みもうち明けているのが、続く3の書簡と思われる。

それはまた、著名な、しかも自分と親しい阿部を介して、卒業生すなわち女子大との関係を密にしてゆく機縁ともなろうものだ。いつもながら夫蕭々は、雅子の手助けをしていることが、書簡からもうかがえる。

また書簡2に呼応する大正七年六月六日（木）の阿部日記には、「夜麻布の茅野宅にて女子大卒業生有志会。仁科節、山本欽、野村雪等にあふ」とあり、この「集り」は「女子大学卒業生有志会」、「有志研究会」ともいわれたものであろう。ちなみに蕭々の阿部宛書簡（大正八年五月十二日）4には「此の木曜日には女子大学の方の会で僕のところへ来て下さる由、御待ちしています。雅からくれ〲も宜敷く」ともある。

雅子を中心としたこの「集り」の会は、以後も続いて、大正十年に桜楓会（日本女子大の卒業生団体）に、「文芸研究会」が誕生し（『家庭週報』第六二〇号）、阿部や蕭々らの指導のもと、研究発表が行われ、また阿部を囲み、国文学部出身の大村嘉代子、茅野雅子、弘津千代などの主導する劇研究会や文芸活動へと発展してゆく。こうした研究活動の発端をたまま書簡1その他は意味している。序でに、阿部は東北帝大教授として仙台に赴任したあとも、日記によれば、上京の折、しばしば女子大関係者の相談にのったり、会合に出席して、日本女子大学校と親交を続けていることを付言しておく。

雅子は新しい希望をめざして入った東京生活で、作歌をたゆまず続け、また『婦人之友』をはじめ『少女倶楽部』『蠟人形』『婦人倶楽部』などの和歌選者を勤め、「春草会」も盛況となり、歌壇的にたしかな地歩を占めていった。さらに機をえて、同窓生とのこのような新しい勉強にも心を弾ませていった。

四　愛児の発病と死

蕭々が慶應義塾大学の文学部教授となった大正九年の六月、一家は三年住み馴れた麻布から芝区三田綱町に転居した。隣家を和辻哲郎が借りていた。このころから雅子は、童謡、童話に手を染め、単行本として出版もした。大正十年十月から雅子は日本女子大学校国文学部で国語を週三時間教えることになった。それは彼女の望むところであったに違いない。翌十一年四月から蕭々も女子大の教授を兼ね（慶應義塾大学と兼務）、「文芸思潮」を担当することになった。茅野夫妻の日本女子大学校との関係は、以降没年まで緊密度を増してゆくことになる。平穏で充実した教授夫妻の生活には、しかしその頃思いもよらぬ受難の嵐に見舞われていた。長女晴子が上京以来、毎年のように重患に襲われ、夫妻のあらゆる手を尽くした効もなく、大正十二年八月、ついに十六歳で逝った。書簡には、このことに触れた記事が随所に散見される。

同じ頃、たまたま阿部の長男晃も病をくり返し、大正八年十一月に五歳に満たずして死亡した。書簡4（大正八年九月九日）は、他人事ではない阿部の子供の病気を案じ「病児の側の母親ほどあはれな者はないと存じます」それはどの親も同じ切実な思いであろうという。次いで阿部夫妻宛の書簡5には、「お坊ちゃま」の病状を知り難く、もどかしい気持のなかで「何だか去年自分が通って来た路を思ひうかべ」涙ぐまれると、わが身に重ねての辛い体験を吐露している。

一方、大正九年六月、晴子の病気について「一方ならぬ御心配」と「御助力」をえて「九死に一生を得た」感謝の礼状（書簡6印刷物）を夫妻連名で送ったのも束の間、同年八月の、阿部の三女千枝子の誕生祝いの書簡7、の末尾にも、晴子の病気になおも一喜一憂している自分を「自分で自分をあはれな者に思つてゐます」と心情を添え書きせずにはいられなかった。ちなみにこの書簡および9の発信地が相州の鎌倉や鵠沼になっているのは、晴子の病気療養のための転地先と思われる（雅子随筆「鵠沼の家」『蕭々雅子遺稿抄』、『晴子の書き残したものの中から』）。

晴子の死を見送った茅野夫妻は「晝夜の区別もなく嘆き悲しんだほか殆んど何もしなかった」（「亡き子に与ふ」）。それからちょうど一か月後、関東の大震災が起きた。ようやく百日近い日が経て、蕭々は「亡き子に与ふ」という追悼の長文を綴った。雅子は晴子の名を書くだけにも涙が留めどなく流れ、筆を執ることができなかった。彼はこの一文を雅子の名と並べて『婦人之友』（大正十二年十一月、第十七巻十一号、『朝の果実』所収）に載せ、さらに翌十三年の一月号の『思想』（第二十七号）に、夫妻連名で「慟哭」と題する詩歌を発表した。雅子は歌った。

汝がてとり汝をみつめつつなほ汝を死にゆかしめぬ生き

て甲斐なし

五　外遊

雅子はこの悲しみを胸に秘めて大正十四年二月、先にドイツに留学中の蕭々のあとを追って渡欧した。二人に先立って、阿部次郎は東北帝国大学教授の職がきまり、ヨーロッパ留学へ、大正十一年五月に旅立った。書簡10は、渡欧中の阿部に宛てた蕭々の外国便に同封されたものである。蕭々書簡10の長文の内容に比して、雅子のは、阿部たちが日本にいない淋しさにつけても、「主人」儀太郎の外遊（予定）によせる思いや、子供の病気など身辺の家庭事情が断片的に少々書き綴られている。

先き立って留学した阿部は、大正十二年十月に帰朝（関東大震災直後、書簡11参照）、東北帝大の教授となって、やがて仙台へ赴いた。入れ代るように蕭々は大正十三年二月、欧州へ旅立った。同年六月四日の書簡12の宛先住所は仙台市良覚院町となっているのに注目される。亡児晴子の一周忌を営むに当り、上京の都合をうかがい、出席を願う文面である。わずか十六歳で逝った（大正十二年八月）少女『晴子の書き残したものの中から』という赤い表紙の小冊子（小型版四十二頁）を父と母は記念に作り、親しい人に贈っていた。ここでは、留守中、外遊の蕭々に代り、二女多緒子の手紙が同封され、また宛名には、阿部夫妻の他に長女和子の名が珍しく付されているのも、家族ぐるみの親近さをしのばせる。多緒子から、「をぢ様……この次にいらっしゃる時はお家で宿ってちょうだいね。……きっとね　きてちゃうだい」と慕われている阿部は、「僕が仙台に来て以来は、上京する毎に必ず一晩は茅野のうちにとまるほどの親交を続けて来たのである」と、日記（昭和二十一年八月三十一日）にも回想している（『阿部次郎全集』第十五巻）。

このような親密なつながりをもっていた雅子が、書簡13のしめすように、蕭々のあとを追っての渡欧の相談を、まず阿部に持ちかけたのはきわめて自然といえる。「外国へ行ったからと申てこの悲しみがどうなると云ふ事もないのですが」といいつつも、「このうれひ忘れむすべもありやとて海を渡りて遠き旅ゆく」（神尾光子「両先生のお歌について」『日本女子大学校国文学部時報　茅野先生追悼号』所収、昭和二十一年十月十五日）と歌うように、晴子を失ったぬぐいがたい傷心からの新しい転機を願う旅だった。渡欧に際してまず勤務校の日本女子大校長麻生正蔵に相談、快諾をえたものの、他にいろいろのつてや旅費の工面を種々思いめぐらしたようで、そのわけいった相談を、仙台の阿部にしている当該書簡を、以前私は阿部の三女大平千枝子から見せてもらい、拙著『茅野雅子研究』（『青木生子著作集』第九巻、一一七頁）の中で参考に供したことがある。

蕭々より一年おくれて、大正十四年二月、雅子（四十六歳）は、十三歳になる一人娘多緒子を和辻哲郎、平野万里の家や大阪の実家に託して旅立った。十二年前に、与謝野鉄幹を追って渡欧した晶子の例に習ったもののごとくである。出発当初、一人の船旅で雅子は香港からの絵葉書（書簡14）を、ヨーロッパに着いた消息を儀太郎と連名（蕭々書簡15）のミラノの絵葉書（書簡15）で、そしてベルリンの下宿に落着いたむねの絵葉書（書簡16）をそれぞれ短いながら送っている。雅子は夫と共にドイツからイタリア、フランス、オランダ、イギリス、スイスなどの各地を廻り、十一月十日に帰国した。雅子にとって、十か月足らずの外遊は、しかし実り豊かな新しい体験であった。

六　日本女子大学校教授生活

帰国後の雅子は、積極的意欲的に活動し、仕事面でも改造社の『現代日本文学全集』の『現代短歌全集第十七巻』（昭和四年）の中に、山川登美子・九条武子・岡本かの子・杉浦翠子とともに「茅野雅子集」として短歌三〇八首が編まれたことなどが記念される。蕭々も同様にいっそうに顕著な仕事ぶりを示してゆく。

しかし雅子の心中には、一方で愛児晴子を失った悲しみがいつまでもぬぐいきれず、余韻を引いているのであった。年号が昭和に改まってから、二年六月の書簡17には、阿部の祖父、母の病死、三年十二月の書簡18には、引き続く阿部の父の死去に対する悔み状の中に、わが身の悲しみを重ねて、縷々思いやる他ないのであった。相手が阿部であればこそ、お互いに肉親の不幸を慰め合うといった、とりつくろわぬ雰囲気が漂っているのであった。翌四年八月の書簡19には、晴子の命日（八月一日、七周忌）に「みごとなお花」を供えてもらったお礼がしたためられている。

これまで日本女子大学校で兼任として「和歌」を教えていた雅子は、その頃から次第に学校とのかかわりを深くしてゆき、阿部宛の書簡内容も、阿部の那須の別荘宛の、短文の絵はがき（書簡21・22）のほかは、この面が多くなってゆく。書簡20は、大阪の実家の没落の「わびし」さを「ぐち」るのではなく、日本女子大在校生の東北帝大進学の相談を阿部にもちこんでいる。専門学校令による日本女子大学校が大学令による大学設置許可がえられず、当時学部編成が行われている事情にふれた込みいった相談事である。頼まれたことであろうが、母校の学生、卒業生と東北帝大とを結ぶ斡旋役を雅子は時に積極的に行ってゆくのである。

そして昭和七年九月の書簡23には「学校も近い将来に郊外へ移転いたすことにきまり、その機会に文科の方もよくしたいといふ（当局）の御希望のやうですから、この後とも何かとご配慮いたゞき度く御願申上ます」と率直に願い出ている（当書簡をかって私は阿部次郎三女千枝子から見せてもらい拙著『茅野雅子研究』『青木生子著者集』第九巻、一四二頁に引用した）。阿部とのこれまでのつき合いからしても、きわめて本心で自然な申し出であろう。このあたりの事情を阿部は後年次のように述べている。「上京する毎に我々の話題はこの問題に落ちて行った。当時問題となってゐた新綜合大学の組織、具体的な教師の人選、学生の指導―あらゆる点について彼女（青木注、雅子）は僕の意見を求めた。そうして自ら動くことが不精で相談に乗ることの好きな僕は、面倒臭がらずにこの相談に応じた。これが茅野夫妻との私交に一種の重要性を附加してゐたのである」（昭和二十二年九月四日の「日記」『阿部次郎全集』第十五巻）。茅野夫妻との交わりに「一種の重要性を附加してゐた」とは、まさにいいえていることであろう。

もとより思索的な学究肌の阿部は、しかし東北帝大就任後、学部の人事や大学行政にもかなり積極的に力を注いだ経験者でもある（大平千枝子「父阿部次郎と東北帝国大学」『宙』三号一九九八年、『父　阿部次郎　愛と死』一九九九年、以上東北大学出版会）。阿部は、雅子にとって夫と共にまきこんだ、もっともよき相談相手であり、話題に花を咲かせる結果にもなったことであろう。そこでは、おそらく周辺の岩波関係の文化人たちの共通な話題にも事欠かなく、当書簡23には、岩波茂雄の娘の噂の高かった結婚問題にふれての寸感も書き添えられている（注5を参照）。

＊

雅子は日本女子大学校で、昭和八年以降、「国文学」「作歌」をうけ持ち、兼任から専任となり、国文学部の内部の仕事にも次第にたずさわるようになった。また荏原の新居（昭和六年より移居）で、女子大関係の門下生を集めて短歌会「茅花会」を主宰しはじめ（昭和十二年）、田吹繁子（のち短歌雑誌『八雲』を主宰）、熊谷とき、福田文枝などの有力メンバーも生まれ、蕭々も時折顔を出し、多緒子の手料理も出るといった家庭的ななごやかな会合がもたれた。そして、日本女子大学校の国文学部を卒業した多緒子（昭和十年）は、まもなく新進の哲学者鬼頭英一と結婚した（昭和十二年十月）。嗣子の多緒子を他家に嫁がせた夫妻は、これまで雑誌、新聞に載せた文章を集めて共著『朝の果実』を岩波書店から出版した（昭和十三年十一月）。夫はひたすらドイツ文学の研究に、妻は作歌と日本古典文学にいそしむ二人の静かな生活が営まれていくかにみえた。

しかし実際の雅子は、その頃日本女子大にかかわる仕事にあけくれることが多くなっていた。阿部との親交は、雅子にとり女子大関係者の世話にも何かと一役買うこととなり、その労力をおしまなかったようである。先の書簡20をはじめ、書簡24の「橘さん」の結婚の立ち会い、書簡25の「小糸美子さん」の東北帝大入学志願の世話、および書簡29の「小糸さん」の学業問合せなどにうかがえる。書簡24の橘忠衛は同郷高知の土居光知教授を慕って東北帝大で英文学を学んでいたが、阿部次郎にも大変私淑し、彼の信用をえていた卒業生（昭和六年卒）であった。同じ英文学科で一級下の酒本武子（昭和七年卒）との結婚について、阿部は深くかかわり相談を受けていたのか、二人の結婚式の立ち会いを茅野夫妻に頼んだのである。酒本は日本女子大学校（英文学部）を卒業（大正十四年）した雅子の後輩でもあるから責任を帯びたものであった。雅子の書簡は結婚式の予定などを簡単に記すにすぎないが、蕭々は二人の結婚式を無事にすませた報告を詳細に綴っている（蕭々書簡25参照）。内容はそれにゆずりたいが、ただこの中で次のような添え書きをしているのはいささか見逃せない。「雅子からも宜敷く　学期始めで毎日朝から夜おそくまで出てゐるので別に手紙をかゝないから御詫を言って置いてとの伝言だ」。雅子は現に学校のため多忙を極めている事実を受けとめておきたい。ちなみに、多緒子の結婚、阿部の二女美知子の結婚に関しては、蕭々の書簡28・30のほうに見え、蕭々が多忙な雅子の代筆をかねているかに思われる。

雅子の書簡25における、「小糸美子さん」については、東北帝大に入学できた喜びとお礼をいい、多緒子と女子大の同級生でとくに親友であるゆえ、「わがままなところも十分」あるが、格別な指導を懇願している。この封書を阿部夫妻のもとへ、小糸に持参させている。また書簡29では彼女の学問への迷いや成績のことなどにつき、「小供らしいとは思」うが「非常に正直な点もある」彼女の言い分を事細かに述べて、「何分ともよろしく御ねがひ」をしている。「いつもいつも勝手な御ねがひばかりいたして恐縮です」とは雅子の偽らざる気持であろう。

といいながら、雅子と日本女子大のの結びつきに阿部は欠くべからざる存在をなし、彼の厚意に甘えるすべを雅子は知らないわけではなかった。

＊

既述のごとく阿部は東北帝大教授になってからも日本女子大学校との縁は続き、学校側の要請により出張講義をすることもあった。そんな折、雅子は喜んで仲介の労をとっている様子は書簡にしばしばうかがえる。書簡27（昭和十年九月）では、阿部の来校を「校長その他一同」が大よろこび、自分まで「とびあがった気もち」になったと私的な率直なものいいをしている。母校出身（日本女子大第一回卒業）のはじめての第四代校長井上秀（昭和六年に校長となる）とは、同郷のよしみもあって、雅子は井上の後ろ楯をえて、学校内部の行政にも次第に深入りするようになる。書簡31（昭和十一年十一月）、書簡33（昭和十二年五月）、書簡34（昭和十二年十月）、書簡36（昭和十三年二月）にみるように、日本女子大における阿部の講義の日程打合せ、および書簡31（昭和十一年十一月）では、阿部に東北帝大の山田孝雄教授の日本精神の講演を女子大国文学部の希望により依頼するなど、まさに井上校長と親しい雅子の大学行政にかかわり始めた時期がうかがえる。そしてこれら学校側を代行する公的内容の書簡に符合して「小石川区目白台」地名の「日本女子大学校」と印刷した公用封筒で発信されるようになってきた。

またさらには、書簡43（昭和十八年三月）は、日本女子大学校の文学部長候補者として、東北帝大の宗教学者鈴木宗忠教授を推薦する者がいるので、阿部に意見を問うという重要な人事で、校長から頼まれたという。女子大の公用便箋で、学校住所、本人名による速達便封書となっている。ところで当書簡は冒頭、阿部の「少し御かげんがおよろしくない」様子を案じている。前年昭和十七年の書簡41・42にも同様な見舞の言葉が記されている。それは、阿部が昭和十六年十二月に上京、岩波書店で軽度の脳溢血を発病し療養中の事実を指す（翌年新学期より教壇に復帰）。そうしたなかで、雅子は「誠に御面倒なことをおうかがひ」しているのである。また書簡41でも、日本女子大の学生の入学の件のお礼も書きそえている。私事にわたるが、これは、私が昭和十七年三月、東北帝大の難関な入試を突破して四月入学したことを指すかと思われる。先の小糸美子と違い、大学入試につき茅野夫妻に相談や依頼をした覚えがないが、雅子の配慮で当時（発病まで）法文学部長であった阿部に連絡していたものと推測する。

相手の病状を気遣いながら、このように女子大の相談事をもちかけているが、時には、「家の中の片つきもすまないのにあすから学校がはじまります　先生はがらでもなくつくづくやめにしたいと思ってゐます」と「先生」に、とくに圏点をつけ、弱音を吐き（書簡35）、また「私はこのごろ咳が多くなって」「困ってゐます」とも打ちあけている（書簡42）。後年喘息に悩みながら、雅子はいよいよ学校行政に傾倒してゆく足どりが、以上の書簡からうかがい知れよう。

＊

すでに昭和七年の書簡23で早くもふれているように、日本女子大学校は総合大学実現を期して、神奈川県の西生田に移転の計画を着々と進めており、雅子はその先頭に立つ井上秀校長のお先棒をかついだ一人である。そのころ雅子は日本女子大の出身者として、母校を、国文学部をあるかぎりよくしてゆかねばという信念に燃えていたようだ。信頼する卒業生の一人に「学校は維新です」「この時にたつ事ができなかったら恥ぢて死ぬべきだとおもひます」（「書簡」昭和八年、『蕭々雅子遺稿抄』所収）と書き送っている。歌人与謝野晶子が文化学院の教育行政にたずさわったすがたと似て非なる、雅子の母校愛、使命感といえようか。

雅子が次第に大学の仕事に深入りすることに、夫と娘は極力反対した。もっと歌一筋に生きてほしいと願った。とくに蕭々は、雅子の性格や才能からも学校行政に不向きなことを懸念し、夫として家庭の妻に望むところが多かったに違いない。しかし夫蕭々はよく妻をいたわり、穏やかな助言を与え続けた。昭和十年代の半ばごろ、国文学部に在学していた私の目に映るこの二人の教授は、まことに仲のよいおしどり夫妻であった。

この二人の晩年の生活を完全に打破ったのは、昭和十六年十二月の太平洋戦争の勃発、その後の日本の敗戦であった。「シンガポール陥つ」を歌い、母校四十周年の「祝歌」を歌うのも束の間、日本が悪戦苦闘の道に突き込んでは、「かちぬかずして生くるかひありや」と戦闘心をふるいおこし、「前線の勇士に捧ぐ」「勤労奉仕にゆく」といった雅子の歌（以上昭和十八年まで、『家庭週報』掲載）の足どりを、井上校長の戦時態勢の協力ぶりと共に残念ながら辿らざるをえない。雅子の阿部次郎宛書簡は、昭和十八年のかの日本女子大学校の人事に関する公的な文書を最後としている。

書簡全体にわたって、そこには著名な女流歌人、いわゆる名流婦人、茅野雅子の後半生における知られざる、ときに血の通った素顔が、よくも悪くも散見することができよう。

＊

その後の雅子は晩年まで日本女子大学校の教授としてまた管理職も兼ねたが、戦争も末期の昭和二十年の五月の東京大空襲で、荏原の自宅が灰に帰した。一時軽井沢の別荘から困難をおかして上京していたが、日本女子大構内の寄宿舎紫峯寮に落ち着くことを得た。しかし夫蕭々は病に倒れ、雅子も老衰をとみに加え、終戦の翌年の昭和二十一年九月二日、雅子は六十七歳の生涯を閉じた。それは夫の死後五日目の夕方の同時刻であった。その間、述べるべき事柄が多々あるが、省略に従う（拙著『茅野雅子研究』『青木生子著作集』第九巻、拙稿「日本女子大学校における茅野蕭々・茅野雅子の文学と教育」『国文目白』第四十一号など参照）。

最後に阿部次郎が、遺された茅野夫妻の一人娘鬼頭多緒子宛に九月七日、仙台自宅から送った温情あふれるお悔みの長文の一端を紹介しておきたい。

多緒子ちゃん　一時に御父さんと御母さんとを失つて貴女はどんなにか寂しいでせう。思ひやるだに痛々しさに堪へません（中略）。自分の今の体では葬儀に出るため上京するわけにも行かず、手紙を書くにも力が抜けて二三日茫然としてゐるところに、今度は雅子さんの訃電で、何とも云ひやうのない果敢ない気持に摑まれました（中略）。荏原のうちが焼かれたことは人伝にきいてゐました。貴女方の御宅はどうでしたか、御無事であってくれと祈ってゐますが孰れにしても色々損傷を受けられたことと御察しします（中略）。最後にこんな大打撃を受けてどんな気持で朝夕を送ってゐられるだらうかと遠くから心配に堪へません。どうぞ鬼頭君を便《ママ》りにして沈む心を励まして勇敢に生きて行つて下さい。お父さんも御母さんも屹度その祈と祝福とを貴女方の上に残して逝かれたに違ひありません。その遺志に答へるためにも元気にしなければいけませんよ。

能成や小宮があとのことは何かと御世話してあげてゐることと信じますが、仙台にゐる僕にも出来ることがあったら何卒遠慮なしに役目をわりあてて下さい。頭は一通り働きますから頭で出来ることなら何でも喜んでします。末筆ながら鬼頭君にも僕の弔意を宜敷御伝へ下さい。「小父ちゃん」として僕からも貴女のことを呉々も同君に御願ひしたく思ひます」（『阿部次郎全集（書簡）』第十六巻）。

多緒子は、この「御親切なお心のこもったおたより」をありがたく、「繰り返し繰り返し拝見致し涙でお手紙をぬらしてしまいました」と「阿部小父上様小母上様」宛に、葬儀の模様の記事などもそえて十月三十日、長文の礼状をしたためている。その後も、鬼頭多緒子・英一の阿部宛の書簡が多く残されている（これらの書簡は、日本女子大にこのたび寄託されたが、本書には省いた）。

阿部と茅野夫妻との家族ぐるみのつき合いの真情は、夫妻亡きあとも変わりなかった。

茅野儀太郎（蕭々）書簡

1　大正6年5月14日（15日消印）

府下豊多摩郡中野町桐ヶ谷千十八　阿部次郎様　侍史

五月十四日夜　麻布区本村町百十八　茅野儀太郎

封書（模様入）　原稿用紙（四百字詰、ＹＨ特製）一枚　ペン

拝啓

先夜は失礼致しました。其時にも少し怪しくなつてゐたのですが、たう〳〵本当に駄目になつて了ひました。まことに申訳も無い次第です。何卒御赦しを願ひます。自分でも腹が立つのですが致方がありません。

実は前に書いたものがあるので、それを少し直して、載せて頂かうと考へて居たのですが、愈々手をつけて見ると、あそこも此処も直し度くなつた上に、いろ〳〵やつてゐるとディテエルに渡つた考が漸々変つて来て、到当《ママ》始めからすツかりやり直しとなつたので、到底間に合はなくなりました。来月には是非締切迄に書き上げます。〔二重線で以下抹消「から」〕何卒破約の罪を御容赦を願ひます。

随分勉強したのですけれど、終に出来上がらないので、自分でも残念で仕方がありません。

頓首

五月十四日夜　茅野儀太郎

阿部次郎様　侍史

2　大正6年6月16日（消印も）

府下中野町一〇一八　阿部次郎様

六月十六日　麻布区本村町百十八　茅野儀太郎

官製はがき　ペン

原稿を今朝出して置きました。〆切間際になつてからあはてて書いたので妙なものになつて御気の毒です　実は「リルケ、自然、神」[1]といふのを先きにかくつもりだつたのを、思はしくない所が多いし、未だ読み〔二重線で以下抹消「足りない」[2]〕たい本等も出て来たので、急にあんなものをかいて了ひました。何だか済まないやうな気がしてゐます

矢張り書き馴れないものですから表現の言葉が出ないんで困りました。字等も随分違つてゐハせぬかと心配してゐます。御気づきの所がありましたら乍御手数御訂正を願ひます

艸々頓首

（1）茅野蕭々「リルケの見たる自然、神及び其他」（『思潮』大正六年十月）。（2）茅野蕭々「ライネル・マリア・リルケの芸術」（『思潮』大正六年七月）のことか。

3　大正6年8月13日（14日消印）

府下中野町一〇一八　阿部次郎様

八月十三日　麻布区本村町百十八　茅野儀太郎

官製はがき　ペン

〔冒頭欄外「雅ハ明日国へ帰ります」〕

拝啓　それでも幾らか秋らしく思ふ時があります。さすが立秋の期節《ママ》ハ争へないと思ふ朝があるでハありませんか。夏休みになつてからいろ〳〵の俗用に追はれたのと怠惰との為めに何もしません。新らしい心持にならうといふことを唯一の願にして来た東京も、何だか未だ一向有難味が染み込んで来ません。御病人がおありの様にきいてゐましたが如何ですか御たづねします。扨て私のリルケの続稿ハ右のやうの始末で今日も少しも書きませんでした。万一あてにでもして頂いて居たなら誠に済みません。今も未だ山形の方にお在でかとおもひ乍ら御所を知りませんから。

頓首

4　大正8年5月12日（消印も）

府下中野町一〇一八　阿部次郎様

五月十二日　麻布区本村町百十八　茅野儀太郎

官製はがき　ペン

「ツァラツストラ」[1]を有り難う。能成[2]の手から受取つてから最う一週間になるのに　御礼が遅くなつて済まない。実は春の休暇に鵠沼で、思潮[3]にのつてるのを更に通読して、色々教をうける所が多かつた上に、多少疑をも生じて来た所があつたので、最う一度原文を読むで、其上でいろ〳〵聞かせて貰はうと思つてゐたところだつた。併し読み始めた原文の方は未だ半分にも至らないで其侭机の上にある始末、それを気にしながら、つい御礼が遅くなつて了つた。

此の木曜には女子大学の方の会[4]で僕のところへ来て下さ

る由、御待ちしてゐます。雅からくれ〴〵も宜敷く

（1）阿部次郎『ニイチエのツアラツストラ　解釈並びに批評』（新潮社、大正八年四月）。大正七年一月より大正八年一月まで、『思潮』に連載していた「ニイチエのツアラツストラ、解釈並びに批評一〜七」を単行本化したのが本書である。（2）書簡8の注（11）参照。（3）岩波書店発行の雑誌『思潮』（大正六年五月〜八年一月）。阿部次郎が編集主幹を務め、同人に和辻哲郎、石原謙、小宮豊隆、安倍能成、茅野蕭々らがいた。（4）日本女子大学卒業有志の会。雅子書簡1・2の注、および解説参照。

5　大正8年6月26日（消印）

市外中野町字桐ヶ谷一一〇《ママ》八　阿部次郎様
麻布区本村町百十八　茅野儀太郎
はがき（「羽前南村山群高湯温泉場（前景並ニ龍山ノ初雪）（よね屋雑貨店発行）」）　ペン

拝啓
過日は失礼。田村君からは未だ返事が来ないが、軍人はイヤだと云つてゐたといふ話を聞きました。併し軍人にもよること故全く問題にならぬこともあるまいと思つてゐますが、兎に角それ丈け御含み置きを〔編注　以下、裏面、絵の余白に記載〕願ひます。最う返事が来なくてはならぬと思つてゐるのですが。

6　大正8年9月11日（消印）

東京府下中野町字桐ヶ谷一一〇《ママ》八　阿部次郎様
十一日　大阪道修町一　増田方[1]　茅野儀太郎
官製はがき　毛筆

御子様[2]の御病気其後は如何
雅が御たづねしたいと云つてる中に僕が急にこつちへ来たので　それも未だ果さないこと、思ふ　其後の御容体のよいことを祈つて居る　帰つたら御訪ねしたいと思つてゐるが御見舞を申上げる　林にも逢つた。明後日頃帰る
頓首

（1）蕭々の妻雅子の実家。（2）阿部次郎の長男晃（大正四年〜大正八年）。

7　大正8年10月10日（消印）

市外中野町字桐ヶ谷一〇一八　阿部次郎様

麻布区本村町一一八　茅野儀太郎　十日
官製はがき　ペン

今朝電報で御知らせしたやうに、今日の夕ぐれの六時頃に藤井秀旭[1]氏がゆくかも知れ無い。僕が一所にゆければよいが或は行けないかも知れぬ故　念の為め電報をうつて置きました　併し病院の都合でのびるかも知れぬとのことです
快く承諾してくれたさうです。君の名もよく知つてゐたとのことです　　頓首

（1）明治十二年生。大阪府出身。医師。十月九日、阿部は、長男晃（書簡6の注（2）参照）のため、蕭々に、順天堂病院小児科長の診察の斡旋を依頼。十一日、藤井は阿部家に赴き、晃を診察している。晃は、この年の十一月十五日、結核性の病で夭逝。

8

大正9年4月23日
支那大連　満鐵本社　大塚素氏気ヅケ　阿部次郎様
四月廿四日　東京市麻布区本村町百十八　茅野儀太郎

封書（模様入）便箋（三越製）四枚　ペン
阿部次郎様　四月廿三日
茅野儀太郎

御出発[1]の前には御忙がしいのに態々御手紙を下さつて有り難う　御心配下さつた晴子[2]も御蔭で昨今は座倚子《ママ》によつて御飯を食べることが出来るやうになりました　もう生命の危険については差当り心配がいらない程度になつたのを喜んで居ます　死と面接してゐる子供を六十日余も見つめてゐながら私はよく君のことを思出しました　それが今斯うして回復してゆく姿を見ると又新に君のことを思つて　心の偶《ママ》に何となく済まないやうな気さへします　もう食事等ハ殆ど平常の通りですが、未だ衰弱が強いので転地出来る程度までゆきません。今日はやつと看護婦につかまつて立上つて見やうかと云つてゐる処です
自分のことばかり云つて赦して下さい
久しい計画だつた旅行を丁度気候もよいし定めし面白いことと御察し致します　君がたたれてから此処では随分雨が続いてゐたのでしたが、そちらは何うでしたかしら、花頃からすつかり天気が回復して此頃は実によい気候です　青い空を眺めてゐるとあゝ旅行がしたいなあと思はずにハゐられません　御帰りになつたら御土産話がう

かゞへること、楽しむでゐます。それから御留守宅の奥さんから　子供に結構なものを送つて頂いて有り難う御礼を申し上げます

これは御帰りになつてから御話してもよい事ですが序に御願をして置きます。それは御承知か何うかしりませんが神田に白水社といふ書肆があります。そこの主人は仏文科を出た福岡易之助といふ人ですが　その人が今度ストリンドベルク全集[3]を計画したいといふので　私の処へ話に来ました故　私は早速　小宮[4]と君とを福岡君に紹介しましたが　惜しい事に　福岡君が風邪か何かで直ぐ君の家をお訪ねすることが出来なかつた為めに、御訪ねしたのハもう君が出発された後だつたさうです　そこで小宮の処を訪ねた処　小宮は非常に乗気になつて、和辻[5]君を紹介し、そこで此間話が進行して、兎に角翻訳上の一切のこと（尤も独乙のシェリングの訳に従ふ）及び人選等凡て僕等に任せやうといふ話になりました。それで小宮は成る可く此仕事をば僕等の間丈けでやり度い、それで君は不在であるけれども居れば勿論賛成してくれるに違ひないから、是非賛成して一所にやつて貰うことにし度いといふし、和辻君も僕もすつかり賛成してその積りにしてゐますから　何うか少しハ無理をしてもやつて下さい。十月頃から毎月一冊づゝ出すこと、本はシェリングの一冊分を一冊とすること、最初第一期として十二冊丈け出すこと、其撰《ママ》択ハ前に云つた通り全く僕等に一任すること、森、藤代両氏監修の名義（又は実際）を貰ふかもしれぬこと、原稿はこちらの都合で出来た丈け金に代へること、原稿紙一枚一円とすること、二千部以上出る分は印税一割五分を支払ふこと、大凡そんな話で早速仕事にかゝることにして、小宮はDer Sohn der Magd[6]を和辻君はHistorische Miniaturen[7]を僕はnach Damaskus[8]を始めることにしました　君には「赤い部屋」[9]をやり代へるといふお考もあるさうだし、兎に角少くとも九月中位に一冊やつて頂くことにし、小宮と和辻君とハそれまでに二冊宛位やらうとのこと故僕が一冊やるとして　六冊ハ確かな訳になります　すると　あと校正をしながらでも十二冊丈けは僕等の手だけで出来るといふ考です　是非御承知を願ひます　Blaubuch[10]のやうなものは能成[11]にも頼まうかと云つてゐるのですが　未だ僕からは話しません　いづれ話して見る積りです　いづれ委細は御面会の上で申上げませう

御旅行中御身体を随分御大切に　無事御帰京の日を待つてゐます。手紙をあげ度いと長く思つてゐてやつと今日かけたのが嬉しいと同時に　余り自分の疎懶《ママ》なのを恥かしく思ひながら

雅子からもくれぐも宜敷く

艸々頓首

（1）阿部は三月二十六日、満洲講演旅行のため、東京を出発。下関から京城に渡り、平壌、旅順、大連、奉天、撫順、長春等を巡り、五月十日帰京。（2）蕭々、雅子の長女。明治四十一年生。大正十二年、十六歳で夭逝。蕭々に、随筆「亡き子に与ふ」（『婦人の友』大正十二年十一月）がある。（3）白水社の出版計画は頓挫したらしく、これに代わるものとして、岩波書店から蕭々が関わった『ストリンドベルク全集一～八巻』（大正十三年～昭和二年）が出されている。同全集の訳者には、和辻哲郎、小宮豊隆、茅野蕭々、大庭米治郎、草間平作、林達夫、斎藤晌がいた。その他、阿部次郎、安倍能成も訳に加わる予定であったが、刊行が途中で中止されたため実現はしていない。（4）小宮豊隆（明治十七年～昭和四十一年）、福岡県生。独文学者、評論家。漱石門下。茅野蕭々、阿部次郎、安倍能成とは一高の同期。（5）和辻哲郎（明治二十二年～昭和三十五年）、哲学者、評論家。兵庫県生。漱石門下。代表作に、評論『古寺巡礼』（岩波書店、大正八年五月）、研究書『鎖国』（筑摩書房、昭和二十五年四月）など。（6）ストリンドベリの自伝的小説。原題「Tjänstekvinnans son」、邦題『女中の子』。（7）ストリンドベリの小説、『歴史の縮図』。（8）ストリンドベリの戯曲。邦題『ダマスクスへ』。（9）ストリンドベリの風刺小説。原題「Röda rummet」。大正五年一月、阿部次郎、江馬修共訳『赤い部屋』（新潮社）刊。（10）ストリンドベリの随筆集。原題「En blå bok」、邦題『青書』。（11）安倍能成（明治十六年～昭和四十一年）愛媛県生。哲学者、評論家。漱石門下。茅野蕭々、阿部次郎、小宮豊隆らとは一高の同窓生。

9

大正9年6月24日

市外中野町字桐ヶ谷一〇一八　阿部次郎様　恒子様

官製はがき　印刷　※雅子書簡6参照

長い間御無沙汰を致して居りまして申訳がございませぬ。梅雨の折柄御変りもございませぬか御伺ひ申し上げます。さて一月以来長女晴子の病気につき、一方ならぬ御心配を蒙りました上、種々御助力を得ましたことは深く心に銘じて幾時迄も忘れることの出来ない処でございます。御蔭で九死に一生を得まして、昨今では漸く戸外の散歩をすることが出来る様になりました。これも全く御厚情の賜と謹んで御礼を申上げます。

六月二十四日　東京市麻布区本村町百十八番地

茅野儀太郎

雅子

10

大正11年秋（推定）

Herrn Prof. Dr. Ziro Abe bei Herrn Schwartz

Wolfsbrunnenweg 12, Heidelberg[1] Deutschland
Via Amerika
G. Chino 1, Mita Tsuna Machi Tokyo, Japan

封書　便箋三枚　ペン　※雅子書簡10同封

拝復　度々の御葉書の上に今日ハまた長い御手紙をあり難う。僕も君の忠告に従つて、行く前に少し本を読んで置き度いと思つてゐる。併し思ふこと許り多くて時間と精力とが続かないので困つてしまふ。其上慶応の方へハ未だ正式に話を進めてハ居ない。それハ夏の休み後沢木[2]君にも未だ一度も逢はないし——これハ沢木君が病気だつた為めと、最近僕が一週間程寝てゐた為め等もあつてであるが、僕自身の性情が人に物を頼みまわることに適しないことも大きな原因だと考へて居る——旁々、この八日頃にハ伊藤[3]が帰朝するとのこと故、さうしたら伊藤からも口添をして貰ひ度いと思つてゐる。恐らくここ一二ヶ月中には確定的に何とかし度いと思つてゐる。その上尚ほ細々しい御忠告や御注意を聞かせて貰はうと思つてゐる。

小宮[4]はとう〳〵東北へゆくことに定つた。これハもう君の知つてることだらう。東京がいよ〳〵寂しくなつて来るのを感ずる。東京に居るくせに、却て取残されると云ふ気がする。それハ主として其日に逐はれてゐるといふことである。その日に逐はれないで、もう少し自分の仕事に力を傾注し〔以下抹消「居」〕得る環境に居たいと云ふ譯である。おや、これハ一万哩も遠い所に居る君にとんだ愚痴を零してしまつた。それにしても君が当分の間ゲョエテとカントに親しむといふたよりハ随分羨しいと思つて読んだ。周囲もいいだらう。時間も自由だらう。僕ハさう思つて、箱根でもいゝが、矢張り君の居る辺の方が一層よからうと思はざるを得なかった。

君の境遇には随分変化があるのに、僕には少しもない、それで却つて月日が夢のやうに過ぎてしまふので、手紙をかくことも自然に間遠になつて済まない。実際遠く居ると母国の通信は定めし聞き度いだらう。さう思ひながら済まない御無沙汰をしてしまつてゐる。これからは少し勉強して書かう。君が瑞西に夏を過すと思つてあつちへ出した端書等も恐らく君は見てハゐないだらう。マルセイユで見るやうな手紙をかかうと思つたのは、ほんたうであつたが、思つてるうちに幾時か日が過ぎて、考へてみると間もなく君が其港へつくことになつてゐたといふやうな始末だ。

東京へパヴロヴ夫人[5]が来た。雑誌や新聞で露西亜舞踏のことが随分かかれた。「秋の木の葉」といふのなぞハ僕にハ可なり面白かつた。二科ハ見たが、院展をバ見落した。病気の為めに其暇が無くなつてしまつた訳だ。小宮が読売へ批評をかいたので、それを君に送らうと思つてゐたが、失くしてしまつて残念だ。小宮の批評だとあつけないといふことだ。二科でもさう力強い印象ハうけなかつた。水準ハ上つたやうだが、幹部連ハ不相変だ。津田(6)が可なり出してゐた。津田のは去年のよりよいかと思つた。最近の消息をと思つて「読売」を送る。「朝日」ハ或ハ君の所にハ行つてるかと思つたから読売にした。二重になるなら止めやう。

能成(7)の発起でこの月末頃に天流河(ママ)(8)の紅葉見に行かうといふ議がある。和辻(9)、小宮(10)、岩波、上野(11)、僕等が賛成者になつてる。僕ハ国でも未だ飯田(12)を知らないのだから今から楽しむでゐる。君のゐる辺もカスタニエン(13)の紅葉がよいのでハないかしら。誰からかネッカア(14)の河畔の紅葉のハガキを貰つたことがあるやうに思ふ。ハイデルベルヒと云へば浪漫的には可なり縁があるやうに思ふ。さういふ古跡を暇があつたらたづねて絵はがきでもくれ給へ。東京は目下コレラで大騒ぎだが、新聞で騒ぐ程でハないかと思ふ。しかし魚類ハ殆ど食べられない。仕方なしに缶詰等をあさつてゐる。二三日前に君の家からお使があつて皆無事とのこと、其時書生さんが君の家の庭の花を折つて来てくれた。僕は臥てゐたので、枕頭に俄に秋が来たやうで嬉しかつた。朝顔の蔓も、栗の実も、野菊も其他雑然としてゐるのがいかにも好ましかつた。朝顔が水瓶にさされ乍ら翌朝咲いた。栗のイガからは美しい実が出された。

幾時か小宮と逢つた時も君が日本ずきになつた？　ことを話合つた。日本が恋しくなるやうなハガキでもどしどし出さうか等とも考へる。兎に角これからハ少し御無沙汰をしないやうに心掛けやう。くれぐも御健勝を祈る。

頓首

儀太郎

（1）ハイデルベルク。ドイツ南西部の都市。阿部次郎は、文部省在外研究員として大正十一年五月に渡欧し、翌十二年十月に帰国した。ベルリンに一ヶ月滞在したのち、ハイデルベルクには、八月八日より居住。（2）沢木四方吉（明治十九年～昭和五年）のことか。美術史家。秋田県生。慶應大学文学部卒。同大学教授。（3）伊藤吉之助（明治十八年～昭和三十六年）のことか。哲学者。山形県生。阿部次郎、茅野蕭々とは一高、東京帝大の同窓でもあり、両者との深い親交を有した。大正九年より慶應大学派遣留学生としてドイツに学び、十一年に帰国。（4）書簡8の注（4）参照。（5）アンナ・パヴロワ（一八八一年～一九三一年）ロシア生。舞踊家。大正十一年九月、パヴロワ夫人露国舞踊劇一座が来日。帝国劇場ほか、各地で公演。（6）津田青楓（明治十三年

〜昭和五十三年）。京都市生。画家、随筆家。本名亀次郎。三高教授として京都に赴任していた蕭々とは、早くから親交があった。そののち小宮豊隆の紹介で漱石山房に出入りするようになり、漱石に絵の指導をしたほか、作品の装丁も手がけた。（7）書簡8の注（11）参照。（8）天竜川。本州中部を流れる川。長さ二一三キロメートル。（9）書簡8の注（5）参照。（10）岩波茂雄（明治十四〜昭和二十一年）長野県生。岩波書店創立者。東京帝国大学哲学科卒。明治三四年一高入学、のちに除名処分となるが、阿部次郎、安倍能成らの知己を得た。（11）上野直昭（明治十五〜昭和四十八年）阿部次郎、茅野蕭々とは一高の同窓生。兵庫県生。美学者。美術史学者。（12）長野県の最南端伊那谷の中央にある市。（13）Kastanie（独）栃の木。栗の木。（14）ドイツ南西部の川。ライン川の支流。下流でハイデルベルクに至る。

11　大正13年2月6日（消印も）

東京市外中野町字桐ヶ谷一一〇《ママ》八　阿部次郎様　親展

封書　便箋一枚　ペン

拝啓

出発（1）の前に御願して置いたことにつきての覚書を別封の通り御届けして置きます。これを開く必要の来ないやうに祈つて下さい。

それでハ御機嫌よく

下の関ニテ　二月六日　茅野儀太郎

阿部次郎様

皆様へよろしく

（1）大正六年より、慶應義塾大学で教鞭を取っていた蕭々は、大正十三年二月、同大学留学生として、ドイツ文学及びドイツ語研究の目的で渡欧。翌十四年十一月、遅れて渡欧した雅子と共に帰国。

12　大正13年3月17日（18日消印）

Monsieur J. Abe Tokyo Japon 東京市外中野町字桐ヶ谷一〇一八、阿部次郎様　※郵便局付箋「此郵便物は左の事由に依り持戻候也　中野郵便局集配人　仙台市仙台市良覚院町四四へ」と付箋有り

茅野儀太郎

はがき（「15. NIMES—La Maison Carrée（1） A. R.」）

ペン

ニーム（2）へ来て羅巴人の遺物を見る　静かなよい町で気に入つた。仏蘭西人の軟かい気持を味ふ

三月十七日　茅野生

（1）ニームにある古代ローマ時代の神殿。メゾン・カレ。
（2）南フランス、ガール県の県庁所在地。

13

大正13年8月23日（消印も）
Herrn Prof. Dr. Jiro, Abe Yokohama Japan Via Amerika　仙台市東北大学法文科教授　阿部次郎様
茅野生
はがき（「JENA Die Rathausgasse」）ペン

ワイマア(1)からここへ来た。ワイマアではニィチェアルヒーフ(2)を訪ねて、君から手紙が来たことを聞いたり、オェエラア(3)氏の論文？の思想にあるのを説明してやつたりした。フォルステル夫人(4)にもあつた。君のことを話してゐた。実に感じのよい夫人だつた。これからニュルンベルグを経てミュンヒェンを訪ひ、ローテンブルグを見、ことによつたらフランクフルトの方へもゆくつもり。御健康を祈る。

八月廿三日　エエナ(5)

茅野生

（1）ドイツ中部、チューリンゲン地方の都市ヴァイマル。ゲーテら、多くの文化人が集まりドイツの精神文化の中心を成した。（2）ドイツ、ヴァイマルにあるニーチェ文書館（Nietzsche-Archiv）。（3）『ニーチェ全集』などの編者、リヒャルト・エーラー（Richard Oehler、一八七八～一九四八年）のことか。（4）ニーチェの妹、エリザベート・フェルスター＝ニーチェ（Elisabeth Förster-Nietzsche、一八四六年～一九三五年）。（5）ドイツ中部の大学都市イェーナ。

14

大正13年11月30日（消印も）
Herrn Prof. J. Abe. Yokohama Japan Via Amerika　仙台市東北帝国大学　法文学部教授　阿部次郎様
Abs. G. Tchino b/Döbel Berlin-Friedenan Mainauerstr. 2.
封書　便箋二枚　ペン

拝啓
其後は随分御無沙汰をしてゐて申訳がない。時々の御葉書をうれしく受取るが、愈々筆不精になつて失礼してゐた。田舎へ引込むで本を読まうかと思つてゐた考を変へて、とうとう伯林で長く腰を据えてしまつた。特に牽引力がある訳ではないが、芝居とか音楽とかに心をひかれ

てゐる。最もこれにもそろ〳〵飽きて来はじめたので、どうしやうかと迷つてゐる。物臭さの為めに計画通りには物が運ばない。安倍[1]は巴里から伊太利へ行つたらしい。未だ逢はない。

夏には妻と子供とが御世話になつたさうであり難う。寂しい彼等が定めし大に慰められたことゝ思ふ。今はまた雅子が渡欧の志願[2]の為めに種々御世話になってゐる由で感謝する。出来るなら、官辺の嘱託といふ名義のある方が旅行の時にも大さう便利だらうと思ふ。何分よろしくお願ひする。独逸の物価は随分高くなつてゐるので、必要な金の工面が出来るかしらと遠くから心配してゐる。それに子供を一人残して置くといふことも僕にとつては――恐く雅子にも――可なり心配の種だ。さうなつたら万事宜敷く御願したい。一体が少し無理な計画だと思ふけれども……出来るなら、妻の望をかなへてやつてもとも思ふ。ただ子供の為めに成り丈け短い期間にしてやりたいと考へる。そのことは僕から雅へハ云つてやつてある

小宮[3]とは時々あふ機会があるだらうから、こつちの様子の随分変つたことは君ももう知つてゐるだらう。レンテンマルク[4]が最近からまたライヒスマルク[5]になつたが、もうインフラチオンの再来ハなささうに見える。皆な金にハ困つてゐるらしいが、それでも全体としての回復は著しく眼につく。街も奇麗に明るくなり、家も新築が出来るし、また塗りかへが方々に見られる。一般の物情は落ついてゐて、撰挙《ママ》前でも割合に静かだ。戦前と同じやうな朗読会や、音楽会や、平和な催しが今冬には久し振りに多いと土地の人は云つてゐる。しかし芝居を見てゐると、セイゾン[6]になつても、夏の続きの喜劇やオペレッテや、シュヴンク[7]に占領されて、真面目のものをやつてゐるのは国立劇場の外は二三しかない。特に最近はレギウと称するものが大流行の有様だ。オペラは国立以外のものは経営困難で、もう二三週間の中に二つは閉場の余儀なき状態だと伝へられてゐる。戦前に教育を受けたやうな人間と、戦争によつて昔の教育を受けることが出来ず、さうして其後の新風潮に動かされてゐる人だちとの間の暗闘がよく解るやうに思ふ。さうして兎に角――頭が古いのか――戦争を呪ひ度くなる。此頃はちよい〳〵仏蘭西の物が舞台にのるが、どうも長続きのするものが少ない。これはよい物を出さない故もあるが、独逸人の仏人に対する敵慊《（ママ）》心が未だ容易にさめない故もあるやうだ。ゲョエテ・ビュウネ[8]といふものが出来て、僕も会員になつたが、二月程でつぶれてしまつた。先づこんな様子だ。

東京がざわざわしてゐる丈けに仙台が落ちついてよいことだらう。書物が高くて欲しい本が買へないが、僕も国へ帰つて思ふままに読書したいやうな気もする。さうかと思ふともつと種々の物や場所を見たいとも考へる。こつちではどうも書物を読むだり、しみじみと物を感じたり考へたりすることが出来ない。これが旅心か、それを思ふと寂しくなる。

遥に御健康を祈る。

草々頓首

十一月三十日　茅野儀太郎

阿部次郎様

奥さんにもよろしく御伝へ下さい。

（1）書簡8の注（11）参照。（2）雅子は、大正十四年二月に渡欧し、蕭々と共にイタリア、フランス、スイス、オーストリア、イギリス、ベルギー、オランダを巡り、十一月、蕭々と共に帰国。（3）書簡8の注（4）参照。（4）第一次大戦後の超インフレを受け、一九二三年に発行された緊急安定通貨。（5）一九二四年～一九四八年にかけて使用されたドイツの公式通貨。（6）Saison（独）（演劇などの）シーズン、時季。（7）Schwank（独）コント、笑劇。（8）Bühne（独）劇場。

15

大正14年4月10日（11日消印）

Signore Jiro, Abe Yokohama Japon　仙台市良覚院町四四　阿部次郎様

差出人の住所記載無。消印ミラノ　茅野儀太郎

はがき（「Milano—Duomo—La Madonnina」[1]）ペン　※雅子書簡15を含む

いろ〳〵雅子が御厄介になつたが、兎に角無事着。巴里まで出迎へ、Genève[2]を経て昨日ここへつき、今塔の上に上つてゐる。

四月十日　茅野儀太郎

（1）ミラノの大聖堂（ドゥオーモ）の頂に立つ黄金の聖母像。（2）ジュネーブ。スイス南西部の都市。

16

昭和3年（推定）11月28日

仙台市土樋　阿部次郎様　親展

東京市芝区三田綱町一　茅野儀太郎

封書　便箋二枚　ペン

拝啓　いよ〳〵決定した返事を書かうと思ひながらつい[1]決断が鈍つて非常に遅延して申訳がない。兎に角あの話はやめにしてくれ給へ。仙台へ移転することハなか〳〵

六か敷いやうだし、それを押切つて見たところで経済の方の基礎には可なり大きな不安がある。それに昨今のやうに物に手数がかゝるやうでハ文筆で其補充をつけることも困難でハないかと思ふ。時間の少くなることと、友人諸君の雰囲気の中に浸ることとは可なり大きいアットラッション[2]で、その為に此機会を失ひ度くないやうにも思つたので、大体に於て否定に傾いてゐながら　今日まで決断が出来ないでゐた。また他に思はしい人が無いといふ点で非常に気の毒？　にも思つたのだが　それもどうも仕方がない。

君にもいろ〳〵考へて貰つた結果が斯うい ふことになつて済まない気もするが、事情は君も熟知されてゐること故悪くは取つてハくれないだらう。せめてそれを心やりにする。要は勇気の不足にあるらしい。それを思ふ時寂しくなる。

此手紙を書くことが　自分の小さい生涯の中でハ可なりベドイテンド[3]な一事であることを思つて、凡そ約束してゐた時機を二週間も遅延したことを重ねて御詫びをするその為めに学校の方に大した不都合がなければよいがと祈つてゐる。

向寒の折皆様に御変りハないか。こちらハ皆無事だ。何だか書き度いことが　胸の中に一ぱいあるのだが今度は用事丈けにする。小宮[4]には別に手紙は出すが君からも宜敷く伝言を御願ひする

頓首

十一月二十八日　茅野儀太郎

阿部次郎様

雅子からもよろしく

（1）本書簡の末部に「小宮には別に手紙を出す」とあるが、当時、阿部次郎及び小宮豊隆は、東北帝国大学で教鞭を取っていた。蕭々は、阿部に就職の斡旋を依頼し、求めに応じた阿部が、彼に東北帝大のポストを紹介したものと推察できる。（2）Attraktion（独）魅力。（3）bedeutend（独）重要な、重大な。（4）書簡8の注（4）参照。

17　昭和3年12月12日（消印も）

仙台市土樋二四五　阿部次郎様　御奥様

十二月十二日　芝区三田綱町一　茅野儀太郎　雅

封書　便箋二枚　ペン　※雅子の書簡18同封

拝啓

過日は御父上が御長逝[1]の由定めし御愁傷のことと御察しする　昨年来引続いて親しい方々を順次に失はれる君の心持を深く御察しする　未だ大して御老年といふ程でも

なかつた由なのに　随分残り惜しく思はれることだらうしかし人間の命数といふものは殆ど定まつてゐるもののやうにも考へられるから　さうでも思つてあきらめられるより仕方があるまい。長いこと病気でもされてゐてのことだつたか、それとも急に悪くなられたのか
実は御通知をいただく前日　岩波の社員から一寸其事を聞かされて驚きもし直ぐ御悔みの手紙を出し、一抹の粗香でも手向け度いと思つたのが変な工合になつて　今日まで延びてしまつて何とも申訳がない　どうか赦してくれ給へ　毎日毎日そのことを気にしながら延びてしまつたのだから　ゆつくりした心持で御悔みをいひ度いと思つてゐるうちに、追はれてゐるやうな日が続いたので非常に済まないことをしてしまつた　君が夏目先生の法事(2)で上京されたことを昨日の夕方学校から帰ると　雅に聞かされて　地にでも入りたい気がした　それからやつと今朝此手紙をかくやうな次第だ　自分のことにかまけてゐる醜さをまざ〳〵と見て自分でも非常に気持が悪い他意があつた訳でハない故赦してくれ給へ
ゆつくり未だ書き度いこともあるのだが　もう学校へゆく時間だからこれで筆を置く　寒くなる折柄折角御自愛を乞ふ　此次ぎは幾時上京されるかしら　其時は是非逢ひ度い

頓首

十二月十二日　朝　　　茅野儀太郎

阿部次郎様

奥さんにもよろしく　先日送つて下さつた乾物を毎日おいしくいたゞいてゐる　あり難う

（1）昭和三年十一月病死。（2）夏目漱石（慶応三年〜大正五年）。昭和三年は、漱石の十三回忌にあたる。なお、本書簡の日付、十二月十二日は、大正五年、青山斎場で漱石の葬儀が行われた日付に合致。

18

昭和4年5月31日（消印も）
仙台市土樋二四五　阿部次郎様
五月三十一日　芝、三田綱町一　茅野儀太郎
封書　便箋二枚　ペン

拝啓
其後ハ御無沙汰してゐる　御変りも無いことゝ思ふ　さて突然一昨日登張さん(1)から手紙を貰つて其上いつかワイマアへ物を贈つた分け前だと云つて十五円送つて来たがあれハ一体どうなつてゐたのかしら。多分君と僕とでハ勘定を済まして登張さんから君が貰へばよいことになつ

てゐるのでハないかといふ気がするが、全く記憶が蒙朧としてしまつてゐる　覚えてゐたら云つてくれ給へ　登張さんへハ兎に角御預りして置くが　いたゞいてよいのか　いたゞくにしてもい〔一字抹消〕くらいたゞくのか不明だから君に相談してみて　もう一度確答をすると返事をしておいた。全体でいくらかゝつたのかも忘れてゐるし、高嶋屋で買つたのがいくらだつたかさへ判明しない　其上に君の方で電報料を払つてくれた訳だ　思ひ出してくれ給へ

夏休みになつたら出て来ないか　今度は逗子(2)の方へも来て見てくれるとよいと思つてゐる　奥さんにもよろしく先達て小宮(3)が来たさうだつたか　僕の方も急がしくて逢へなかつた。御逢ひの節は宜敷しく。

頓首

五月三十一日　茅野儀太郎

阿部次郎様

雅も時々君の噂をしてゐる

(1) 登張竹風（明治六年～昭和三十年）独文学者、評論家。広島県生。代表作に評論、翻訳集『文藝叢書　気焔録』（金港堂、明治三十五年七月）など。(2) 茅野の別荘。神奈川県逗子町櫻山二〇七七。(3) 書簡8の注（4）参照。

19　昭和4年8月5日

仙台市土樋　阿部次郎様　必親展

八月五日　東京市芝区三田綱町一　茅野儀太郎

封書　原稿用紙（四百字詰、日本児童文庫原稿用紙）四枚、ペン

紙が手許にない故こんなものに書くのを許してくれ給へ昨日電話で話したことの補遺と其後の経過とを報告する。君からの電話をきいて岩波(1)は直ぐ小宮(2)の出先きの「錦水(3)」へ電話で君からの電話の内容を話したところ小宮は「若し新聞記者が訪ねて来たらもう木曽へ行つたと云つて置いてくれ」との返事だつたそうだ。それから岩波は、後をいかにすべきかの相談のために逗子の僕の家へ夜の十時半頃にやつて来た。丁度今年の夏は能成(4)の家族も逗子へ来て僕の近くに居るので、直ぐ能成にも来て貰つて、いろ〳〵話をして見た結果、寺田さん(5)にも相談して見ようとのことに決つて、翌日一番の汽車で上京、直ぐ寺田さんを訪ねて種々の意見を交換して見たが、何にしても、仙台の方か或いはNの方に何か事件でも起つてゐるのか否か、君が又は小宮の奥さんがどんな話をしてゐるか不明なので君に電話をかけて見ようと云ふことになり、三人で岩波の小石川の家へ行つて電話をかけた訳だつた。それから一方では報知新聞で知人があるかど

うかを調べて見た結果高田知一郎氏(6)〔昔　梨雨と云つて新体詩なんか作つた人で、夏目漱石全集にも手紙がのつてゐる人〕が重役の一人であることを知つて、兎に角其人から話をして貰はうといふことに略々一定したが、さういふ上の方からの話が有効であるか如何との説も出、〔一字抹消〕新聞社の事情を知る参考として、事件の内容を既に知つてゐることが確実である「朝日」の坂崎君に相談したところ同君も幸に来てくれて、報知の社会部長が山崎といふ人であることも知れ、高田氏から話して貰ふとして、其際の注意事項等をも聞いたのであった。それから高田氏を訪問したところ、同氏は昨年から報知をやめてゐて、書肆を〔一字抹消〕始めてゐるにも係らず、兎に角新聞社へ電話をかけて話してくれた結果、昨日の電話のやうに大概は掲載せずに済むらしい話であった。尚ほ高田氏の注意で、日々にも当りをつけて置けと云はれた上、高田氏が進んで同社の編輯部長を紹介して、其上手紙をかいてくれることになつた。「日々」のことは後にして、今日は東京の「報知」朝刊には何にもないので一安心すると共に、安倍(7)の注意もあって、兎に角〔以下抹消「編」〕社会部長の山崎といふ人に逢つて置くのがよからうとの考から、――それは君の意見でもあつたが、昨日ハ日曜である上に山崎氏ハ旅行して不在〔二重線で以下抹消「だつた」〕で、今日は帰つて出社することが明なので――今朝十一時に同氏を社へ訪問した。其結果先づ東京版には出ないらしい。同氏の話では石原(8)氏の場合等とも非常に相違して居り、前途のある方の一生に〔二字抹消〕重大な影響を及ぼすこともお気の毒でもあり、自分としてハ大してその掲載に乗り気になつてゐる訳でもなく、旅行から返つて未だ事件の調査が何処まで進んでゐるかも十分知らないが、甚だしい不徳の行為の発見されない限り折角の御来訪の主旨に多分添ひ得るものと思つてゐるとのことだつた。其態度も至極真面目であり多分東京版にはのらずに済むと思ふ。万一のるにしても十分調査もし、同情も持つて貰へさうに皆な思つて、尚ほ懇々頼んで引きとつた。しかし其際山崎氏の口裏では仙台版に〔以下抹消「は」〕載るのらぬは自分の権限以外だから何とも知れないと云ふやうな意味が察しられる。若しそんなことがあつたら此方の皆も心配してゐる〔二重線で以下抹消「らしい」〕のだから知らせてくれ給へ。

「日々」の方は兎に角もつと後にしてもよからうからとの考からとの意見もあつて、訪問を見合せようと思つて、大森の高田氏と電話で話したところ昨日既に手紙を出してある故、誰か一寸逢つてくれとのこと故明日頃誰か行

くことにならう

こつちの社で云つてるところでは仙台の記者が熱心にやつてるので本社ではさして乗気でハ無いやうな口振りである。今度の機会で案外に種々の噂が思つたより広い範囲に知られてゐるのに驚いた。さうして僕等が知らないやうな事が――事実かどうかは知らないが、――真実らしく話されてゐることを知つた。さうして其の出所を考へつめて見ると、矢張り浮き世だなと思はせられる。兎に角君が逸早く知らせてくれたので、若し当地の者たちが心配したことが多少有効だつたとすれば、一つに其功は君に帰する。こんなに大勢で心配してやる小宮は兎に角果報者だと思つた。いづれ小宮が帰りに東京へ寄つたら其時本人にも其の事は云ふつもりだが、今度ハ岩波も随分よくしてくれた。これハ君からも機会を得て云つてくれ給へ。先は右のみ

匆々頓首

八月五日　　茅野儀太郎

阿部次郎様

東京は実にあつい。

（1）書簡10の注（11）参照。（2）書簡8の注（4）参照。本書簡は、小宮豊隆をめぐる事件の処理に奔走する友人たちの様子を伝えるものである。小宮事件の概要については、彼と、彼が教鞭を取る東北帝大の女子学生との恋愛問題であったと推測できる。なお、この事件をモデルとしたと思われるエピソードが、宮本百合子『二つの庭』（『中央公論』昭和二十二年一、三～九月号初出）「二十一」章に見出せる。（3）築地にあった高級料亭「錦水」のことか。（4）書簡8の注（11）参照。（5）寺田寅彦（明治十一年～昭和十年）物理学者、随筆家。東京生れの高知県人。『ホトトギス』同人。随筆集『冬彦集』（岩波書店、大正十二年一月）、『藪柑子集』（岩波書店、大正十二年二月）など。漱石は五高時代の恩師。理学博士。（6）（明治十三年生）翻訳家、編集者。（7）書簡8の注（11）参照。（8）石原純（明治十三年～昭和二十二年）、理論物理学者、歌人。東京都出身。ヨーロッパ留学中、アインシュタインに師事。相対性理論を日本に紹介した。大正十年、アララギ派の歌人、原阿佐緒との恋愛が各紙でスキャンダラスに報じられ、東北帝国大学を辞職。

20

昭和（推定）6年9月25日（消印）

栃木県那須郡那須温泉東近光荘五　阿部次郎様

軽井沢町三六〇五

はがき（文楽の写真「松竹演藝写真部調整」）ペン

※雅（雅子書簡21）、はつ連名

約束を守つて三人で来た

蕭々

21

昭和7年7月20日（消印）

仙台市土樋二四六《ママ》　阿部次郎様

東京市外荏原町中延一一二五（東洗足駅付近）　茅野儀太郎

官製はがき　ペン

御葉書をあり難う　いろ〱御注意をあり難う。逢つてからゆつくり話したい。
本[1]は割合に立派に大きくなつたけれども自分の心は快々として楽しまない。自分の性格の弱さを——それは前から知つてはゐたが——随分明白に感じた。それが心の楽しまない真の原因だが、それこそ新しい獲得にしたいと思つてゐる。君にあつたら言ひ度いことが沢山あるが、さてあつたら言へないかもしれない。

（1）『ゲョエテ研究』（第一書房、昭和七年七月刊）。書簡23の注（2）参照。

22

昭和7年8月13日（消印）

栃木県那須第二近光荘五（郵便局付箋「仙台市土樋二四五ニ御回送願上候）　阿部次郎様

逗子町櫻山二〇七七　茅野儀太郎

はがき（「逗子海岸　海ノ家（横須賀鎮守府検閲済）」）　ペン　※雅子書簡22も含む

先日御上京のときは失礼した。未だい、度くて言へないことが沢山あつたが、君が来て泊つてくれたりしたので非常に嬉しかつた。那須へも是非一度御訪ねしたいが、丁度親戚の子が来たりしてゐるので今度はゆかれない。九月にでもなつたら皆で一度ゆきたいと思つてゐる。

23

昭和8年3月2日（消印も）

仙台市土樋二四五　阿部次郎様

三月二日　東京市荏原区中延町一、一一二五　茅野儀太郎

封書　便箋二枚　ペン

拝啓
先日は遊欧《ママ》雑記[1]を送つて下さつてあり難う　直ぐにも御礼をかかうと思ひながら、日限のある論文の審査や試験の答案しらべに寸暇もないやうな訳で失敬してゐた　書くならゆつくりした心持でと思つたりしたので。しかし其ゆつくりした心持になれないうちにまた必要に迫られて御願ひの手紙をかく
それは僕の「ゲョエテ研究」の学生版[2]の売れゆきが案外

よいさうで未だと思つてゐるうちにもう再版が出来てしまつたので、三版には少し訂正したいからと断つて置いたところ再版も直ぐに売り切れたとかで訂正の催促がしきりに本屋から来る。それについて、忙しいところを誠にすまないが、若し気づいたところがあるなら至急に指摘してくれないか。そのお願の手紙を先日御送りした学生版につけて出すつもりでゐたところ　つい今日まで延引してしまつた。学生版は象眼で訂正し得る程度の訂正をしたが、全部書きかへたいやうに思ふ章もなくはないので困つてゐるが出来るだけ欠点を少くしたいと思つてゐる。根本的に書きかへたいとさへ思ふこともあるがそれは到底急に出来ることではないから、差当り可能な程度に止めたいと思つてゐる。君が「思想」(3)や講座(4)に書かれた論文は勿論十分参考にするつもりだが、なほその他の点で言つて貰へることがあるなら喜んで言つて貰ひたい。それも成るべく早く聞きたいといふのだから余り虫がよすぎる御願だと恐縮してゐる。しかし何分御願ひする。雅も手紙を書き度がつてゐるが学期末でごた〴〵してゐるので宜敷くとのことだ　先は右御願ひのみ取急ぎ

匆々頓首

三月二日

茅野儀太郎

阿部次郎様

（1）阿部次郎『游欧雑記　独逸の巻』（改造社、昭和八年一月）。（2）『ゲョエテ研究　学生版』（第一書房、昭和七年十二月）。なお、蕭々は学生版に先立ち『ゲョエテ研究』（昭和七年七月）を出版しており、これにより昭和十一年に博士号を授与された。また、蕭々の『ゲョエテ研究』には他に、『ゲョエテ研究　略装廉価版』（昭和十年八月）、『ゲョエテ研究　上・下』（昭和十八年六、七月）がある。（3）大正十年十月～。岩波書店発行の学術雑誌。（4）『岩波講座』。『岩波講座　世界思潮』（昭和三年）に始まり、『岩波講座　日本文学』（昭和六年）、『岩波講座　世界文学』（昭和七年）など、岩波から刊行されたシリーズ。『世界文学』は、野上豊一郎、豊島与志雄らと共に茅野蕭々も編集にあたった。

24

昭和8年3月8日（消印）

仙台市土樋二四六　阿部次郎様

茅野儀太郎

はがき（「熱海ホテル全景」）　ペン

御葉書をあり難う。本屋が非常にせいてゐるので此処へ来て仕事をしてゐる。君に忙しい思をさせるのは、そしてそれが間に合はないと心苦しいから、読み返さない程度で気づいてゐることを言つてくれないか。仕事をやり出して見ると、不満の処だらけで困つてゐるから、こんな度ハ極めて小部分にして、次ぎの機会に徹底的に直さう

かと思つてゐる。何分の助力を御頼みする。間に合せの仕事をしてハいけないとつく〴〵思つてゐる。
読売に君の滞欧《ママ》雑記[1]の読後寸感を書く。ハガキでの返事だから尽せない。　茅野儀太郎
まだ四五日ここにゐるつもりだ〔編注　葉書裏面、絵の余白に記載〕

（1）阿部次郎『游欧雑記』。書簡23の注（1）参照。

25

昭和8年4月15日（16日消印）
仙台市土樋二四六　阿部次郎様
四月十五日　東京市荏原区中延町一、一二五　茅野儀太郎
封書　便箋二枚　ペン

拝啓　御変りもないことゝ思ふ　先達て御頼まれの橘君[1]と酒本さん[2]との結婚式は去る十日に無事済ませた　本人たちの希望で成るべく簡単にしたいとのことであつたし、上代さん[3]の指図もあつて　新宿の白十字[4]で　簡単に指輪の交換でハない、指輪の相互の贈与をすませ、それから僕がゲョエテの西東詩篇中からエス・イスト・グウト[5]といふ詩を読み一言それにつけ加へて式を終つた。その直ぐあと其場所で知人等十数名に御茶を差上げて披露した。親類の者は一切来て貰はないことにするとの話であつたが　実際一人も見えなかつた。其後直ぐその報告を　君にも差出すべきのが遅くなつて済まない　しかし本人たちからは直ぐ其報告をする筈になつてゐたから　承知はしてゐてくれるだらう。二人の結婚につき　たゞどちらの両親からも一言も頼まれず、礼の言葉も聞かないのが一寸気にかゝるが　これは別に大したことではなからうと思つてゐる。まさか二人の結婚に反対といふ訳ではないだらうね。本人たちにも一寸念を押してハ置いたが。

先日は一寸東京へ立寄られたさうだね　逢ひたかつたのに残念だつた。仙台は未だ可なり寒いだらうね　東京もやつと今日あたりが桜の花盛りだがあひにくに雨で、花の色もあせるだらう。雅子からも宜敷く　学期始めで毎日朝から夜おそくまで出てゐるので別に手紙をかゝないから御詫を言つて置いてとの伝言だ。

ゲョエテ研究も少し直した。君の高説によつたところもあること勿論であるが、全部従へなかつたところもある　近日三版が出るから御覧を願ふ。なほ訂正したいことは随分あるが、それには書きかへるより仕方がないので断念した。別に薄い本を一つ書きたいと思つてゐる。先ハ右のみ

四月十五日
阿部次郎様

匆々頓首
茅野儀太郎

（1）橘忠衛（明治四十二年～昭和五十年）。東北帝大英文学科卒（昭和六年）。英文学者。（2）酒本武子　日本女子大学校卒。東北帝大英文学科卒（昭和七年）。橘・酒本の結婚については雅子書簡24、および注も参照。（3）上代タノ（明治二十九年～昭和五十七年）島根県生。日本女子大学第六代学長。英文学者。（4）新宿区新宿三丁目に、かつて存在した純喫茶「白十字」のことか。（5）ゲーテ『西東詩集』所収の詩「Es ist gut」。

26　昭和（推定）8年8月17日

栃木県那須第二近光荘五　阿部次郎様
逗子町櫻山二〇七七　茅野儀太郎
はがき（「逗子名所　六代御前ノ墓」）　ペン

御葉書をあり難う
こちらからも随分御無沙汰をして申訳がない。折角の御招待だが　雅ハ目下大阪下りだし、廿三日からハ軽井沢の学校の寮へゆくのなさ《ママ》うだからゆけさうもない。
御厚意を深く感謝する

逗子町櫻山二〇七七

茅野儀太郎

27　昭和11年9月（推定）3日（消印）

栃木県那須温泉近光荘　阿部次郎様
軽井沢町三六〇五　茅野儀太郎
はがき（「軽井沢高原／山荘を今日限りにて立つ人の／出でて歩める白樺のもと／晶子」の歌入り）ペン　※雅子書簡30も含む

御葉書をあり難う　九州の旅ハ嘸暑かつたらうね　僕ハ折角だが一寸ゆけさうもない　十三四日頃にハ帰京するから其時ハ都合で泊つてくれ給へ
軽井沢町三六〇五、蕭々

儀太郎

28　昭和12年10月24日（消印も）

仙台市土樋二四五　阿部次郎様
十月二十四日　東京市荏原区中延町一〇七一　茅野
封書　巻紙　毛筆

拝啓

過般御上京の折は失礼した　また多緒子(1)の為に結構な御祝の品を御送り下さつてあり難う　誰も思ひつかないものでうちでも全くうつかりしてゐたやうな品だつたので　新家庭の道具として長く記念になると　多緒子も大変喜んでゐる　厚く御礼を申あげる　尚ほ遠路を態々来て下さる御芳情を家内一同大変に喜んでゐる　不取敢右御礼のみ　いづれ御目にかゝつて万々　本来多緒子から御礼の手紙を差上げる筈だが代つて申上げる

頓首

十月廿四日　茅野儀太郎

阿部次郎殿　侍史

（1）蕭々、雅子の次女。大正二年生。昭和四十五年没。昭和十二年十月、関泰祐の媒酌により哲学者の鬼頭英一（明治四十年〜昭和四十四年）と結婚。

29

昭和15年6月13日（消印も）

渋谷区代々木上原町一二八七　阿部六郎(1)様御内　阿部次郎様

荏原区中延町一〇七一　儀太郎　雅

はがき（「鳳凰堂内菩薩（定朝作）国宝」）ペン

速達　※雅子書簡40の裏面、絵の余白に記載。

一寸話したいこともあつたが残念だつた　また今度にしよう

儀太郎

（1）阿部次郎の末弟。明治三十七〜昭和三十二年。山形県生。評論家。河上徹太郎、中原中也らと共に『白痴群』に参加し、小説を寄稿。シェストフ『悲劇の哲学』を河上と共同邦訳したことでも知られる。

30

昭和16年10月17日（消印も）

仙台市土樋二四五　阿部次郎様

十月十七日　東京市荏原区平塚七丁目一〇七一ノ一（東洗足駅付近）　茅野儀太郎

封書　便箋二枚　ペン

拝啓

先日はみち子さん(1)の御結婚を挙げられた由御めでたうそのことは橘君の奥さん(2)から雅子が聞いて来て知つてゐたが　日取りをうろ覚えであつた為め　御祝辞を言ひそそくれてゐるうちに、御披露の宴から帰つて来た同じ人から　其事を話されるといふことになつて済まなく思つ

てゐる　安心もされたらうが同時に一種の寂しさをも味つてゐられること、御察しする　何か御祝ひの品をと心がけてはゐたが　適当な品が見つからないでゐる〔以下抹消「が」〕　二三日うちに御送り出来やうと思ふ
ほんの心ばかりの品だが　御笑納を願ふ
今度上京の折は立寄つてくれ給へ。僕は夏休みの静養にも拘らず　捗々しくない容体でゐるが
先づは御祝ひの言葉のみ　みち子さんにも僕等の心からの祝意を伝へてくれ給へ。
新家庭の多幸を祈ると

十月十七日　　匆々頓首

茅野儀太郎

阿部次郎様

（1）阿部次郎、恒子の次女美知子。大正六年九月生。昭和十五年三月、東北帝大法文学部国文学科を卒。十六年三月、のちに東北大学名誉教授となる数学者佐々木重夫と結婚。平成十七年八月死去。（2）橘忠衛の妻、武子。（書簡25の注（1）注（2）参照）

31　昭和17年（推定）1月6日（消印）

仙台市土樋二四五　阿部次郎様
東京市荏原区平塚七丁目一〇七一ノ一〔東洗足駅付近〕　茅野儀太郎
官製はがき　ペン
〔冒頭に「賀正　元旦」の朱印〕
無事着仙の報を布川[1]君から電話できいて安心したものだからつひ御無沙汰をして了つた　其後順調に御回復[2]のこと、思ふが　寒いのハよくない由　十分の御静養を祈る

（1）布川角左衛門（明治三十四年～平成八年）、新潟県生。編集者、出版文化研究家、元日本出版学会会長。（2）昭和十六年十二月、阿部次郎は上京中に軽い脳溢血発作に見舞われている。

32　昭和17年5月10日（消印）

仙台市土樋二四六《ママ》　阿部次郎様
東京市荏原区〔以下抹消「中延町」〕平塚七丁目一〇七一ノ一〔東洗足駅付近〕　茅野儀太郎
官製はがき　ペン　※儀太郎書簡の行間に、雅子書簡41が挿入
拝復　講義が始められる程に快癒[1]せられた由御報に接し

大に安心しました　しかしよいにつけても十分御用心を
願ふ
第一書房[2]は僕に対ては何の不信のこともない。信用してもよいと思つてゐる。ファウストが豪華版になるのは結構だと思ふ。去年から僕ハ学校で〔一字抹消〕テキストを講読してゐる。若しさうなるやうなら参考迄に気がついたところを申上げる。十月迄に第一部を終る筈だ。御祝ながら御返事まで

頓首

（1）書簡31の注（2）参照。阿部次郎は、脳溢血の発作により法文学部長を辞任したものの、快復し、この年の四月より講義を再開。（2）長谷川巳之吉が大正十二年、東京に創設した出版社。ヨーロッパ文学を精力的に紹介し、当時の文化を牽引する役割を担った。また、装丁の美しさには定評があり、堀口大学『月下の一群』の出版社としても知られている。蕭々は第一書房から、『ゲョエテ研究』（書簡23の注（2）参照）のほか、『リルケ詩抄』（昭和二年三月）、『ゲョエテと哲学』（昭和十一年十月）などを上梓している。

33

昭和17年8月10日（消印も）
栃木県那須温泉近光荘　阿部次郎様
長野県北佐久郡軽井沢町南原三六〇五　茅野儀太郎
官製はがき　ペン　※雅子書簡42も含む

御葉書あり難う　先月末からこつちへ来てゐるので御返事が遅くなつた。全く御回復[1]のことハ人づてに聞いて喜んでゐたが　御たよりを得て更に安心した。
ファウストの豪華版が出る由確定とのこと嬉しく拝誦。僕の注意をひいた処ハ本に書き入れてあるが、一々出典や理由ハ書いてゐないが、もう一度見直す参考にして貰ふにハ足りよう。今日一寸帰京するから、東京から送るつもりだ。僕の使つてゐる註釈ハWitk.[2] Trendelenb.[3] Düntzer[4]が主で、Reclam[5]の註も覗いてゐる　Schr.[6]ハ持合せない。先は右のみ

頓首

八月十日

（1）書簡31の注（2）、書簡32の注（1）参照。（2）Georg Witkowski のことか。著書に Der Faust Goethes, Dürr & Weber, 1922などがある。（3）Adolf Trendelenburg のことか。著書に、Zu Goethes Faust, Vereinigung wissenschaftlicher Verleger, 1919や、Goethes Faust, 2 Bde. Vereinigung wissenschaftlicher Verleger 1921-22がある。（4）Heinrich Düntzer のことか。著書に、Goethes Faust, 2 Bde. Wartigs Verlag, 1850-51などがある。（5）ドイツ、シュトゥットガルトにある出版社。（6）"Faust" Schriften der Goethe-Gesellschaft; Bd.42, 1929 のことか。

【解説】

一　『明星』の歌人　茅野蕭々

茅野儀太郎（蕭々）が茅野（旧姓増田）雅子と相まみえたのは、彼の日記（『蕭々雅子遺稿抄』所収）によると明治三十七（一九〇四）年二月十七日、一高二年生の時、下校の帰途、級友の平野万里と連れ立って訪ねた渋谷の与謝野鉄幹、晶子夫妻の家においてであった。その日、雅子は日本女子大学校に入るため、弟の水窓（清太郎）と生まれてはじめて上京、その足で新詩社の与謝野宅を訪れたのであった。運命の出会いとでもいうべきか。

茅野儀太郎は明治十六（一八八三）年三月、長野県上諏訪町の地に、小間物商を手広く営んでいた父猶太郎、母はまの長男として生まれた。姉二人、妹一人、弟一人の五人きょうだいで、長男の彼は親の期待にそむかず、小、中学校をほとんど首席で通し、すでに筆名で詩文を雑誌に投稿したりする寡黙で内向的な秀才であった。県立諏訪中学校を優等で卒業し、明治三十五年九月、東京の第一高等学校の第一部に入学、同期に安倍能成、小宮豊隆、斉藤茂吉、中勘助、野上豊一郎、平野万里らがいた。一級上には阿部次郎、岩波茂雄、上野直昭、二級上には小山内薫、森田草平らがいた。

暮雨の筆名で『明星』に短歌三首が載ったのは、明治三十六年の三月号。翌三十七年、雅子に出会った年の八月の『明星』誌上には彼の歌が「蕭々」という雅号（与謝野鉄幹の命名）で飾られた。以後晩年に至るまでこの号を用いた。（ただし、本書所収の書簡では、「儀太郎」の署名であるが、ほかは、いわゆる「蕭々」の表記にすべて統一した。）

『明星』にその後ほぼ毎月作品を発表していくが、歌人としての出発は雅子のほうが早く、出生も早かった（三歳上）。男性歌友たちを交えた新詩社の会合で二人は顔馴染みになり、短歌の勉強仲間の意識が、次第に真摯な愛情へと移行していったのは、蕭々のほうが先であった。彼は内に秘めた激情をストイックに抑制しているような人柄であった。

彼の愛の告白に、雅子ははじめのうち容易に靡こうとしなかった。ようやく結婚の承諾をえて、彼は父を説得する長い手紙を書いた（明治三十九年五月十六日。安倍能成編『蕭々雅子遺稿抄』、拙著『茅野雅子研究』『青木生子著作集』第九巻、七四頁の注20参照）。父は息子の懇願を受け入れることにしたが、雅子の父は蕭々に対する抑えがたい憤りをこめた書面を彼の父親に送っている。が、雅子の父もようやく許さざるをえなく、遂に恋愛が正式に結婚として成就をみた。雅子が明治四十年、日本女子大学校を卒業した年の夏のことであった（蕭々二十五歳、雅子二十八歳）。彼が結婚に関して、事を進めるにあたっての、用意周到な手順、意を尽くしたその言辞など、この結婚に関する多くの書簡類（拙著『茅野雅子研究』参照）は、事は違うが、後にみる阿部次郎宛の書簡文に通う彼の人柄を彷彿とさせるのである。

結婚の翌四十一年五月、長女晴子が生まれた。彼の「吾が児よ」と題する美文（『明星』七月号、明治四十一年七月）は、わが子への責任と「不用意に人の親となれる」苦渋の表現に満ちている。七月、東京帝国大学独文学科を卒業。文学士茅野儀太郎は九月、第三高等学校独語科講師として赴任するため、一家をあげて京都に移住した。学生間で「詩人先生」と名の通った彼はきわめて真面目な教師であった。猛烈な勉強をしていたが、また文士、学者、芸術家の会合にもよく出席し、いろいろな文芸活動に、寝食を忘れて働いた。彼にとっての一種の疾風怒濤期を体験したことも事実であった。この間、『明星』の後身ともいうべき『スバル』その他に、彼は短歌、小説、翻訳、評論などを発表し、創作活動は旺盛に続けられた。しかし京都生活もまる八年になろうとすれば、新しい転機が望まれてよい頃である。このまま三高教授で一生をすごすつもりはなく、何といっても中央に出たい意志は強かった。

二　書簡に見る蕭々

安倍能成の斡旋で慶應義塾大学の職を得、大正六年（一九一七）三月、上京した茅野一家は、ひとまず居を麻生本村町の小さな借家に落ちつけた。蕭々三十五歳（雅子三十八歳）。

東京時代の後半生がここに始まる。といってそれは雅子も同じだが、晩年を意味するのではなく、とくに蕭々にとっては、詩人としての文学的出発から、ライフワークとして専攻のドイツ文学研究に旺盛な活躍を展開してゆく。阿部次郎の手許に残された書簡は、こうした活躍期における蕭々の仕事に絡む内容が多くみられるのが特色である。時に原稿用紙で、筆跡も几帳面な楷書に近い長文の書簡もあり、しつっこくねばっこく言葉を重ねてゆく（『三太郎の日記』に一脈通ずる）文体を通して、彼の内面の心情が吐露されている場合も少くない。雅子の書簡におけるさらさらと流れるように走り書きをした筆跡と文章とは、対照的な妙をなしている。

蕭々の、阿部次郎との交流は、もちろん雅子より早かった。彼は第一高等学校において安倍能成や岩波茂雄らと校友会文芸部委員となり、『校友会雑誌』の編集を通して阿部次郎との親交を深めたはずだし、東京帝国大学文科大学独逸文学科に入学した蕭々にとって、同大学哲学科に入学していた阿部は、同年齢ながら同道の一年上の先輩格であった。そして慶應義塾大学には阿部も講師の嘱託をしていた。これらの人々との交わりは、雅子にとってはもちろん茅野夫人になってからのことである。

大正六年四月から慶應義塾大学医学部予科でドイツ語を、大学部文学部ではドイツ文学を講ずることになった蕭々は、ここでもきわめて真面目な教師で、朝早い時間にも遅れず、休講もなく、ずっと以後までそうであった。阿部への書簡は、この東京生活に入って間もなくの大正六年五月から始まる。

書簡1は、約束の原稿が締切に間に合わない言訳と許しを乞うた内容が、原稿用紙にペンで書かれている。翌六月の書簡2は、1の続きで、締切間際にようやく出した原稿の内容に関する打ち明け話と弁解が記され、表現その他の訂正を願った文面である。先輩阿部次郎を編集主幹とする岩波書店発行の月刊雑誌『思潮』（大正六年五月～八年一月）に寄せる原稿のことであろう（注1・2参照）。和辻哲郎、石原謙、小宮豊隆、安倍能成らとともに『思潮』の同人を務める蕭々は、原稿に特別な慎重さを要したかと思われるが、学問、研究といわず、それは彼の人柄の一端を示すものといえる。

同年八月の書簡3も、ひき続き、リルケの続稿の実現しがたいこと（茅野蕭々「リルケのアウギユスト・ロダン論」〈『思潮』大正七年一月〉のことか）にこだわる詫び状で、その中で「新らしい心持にならうといふことを唯一の願にして来た東京も、何だか未だ一向有難味が染み込んで来ません」と心境を漏らしている。内向的な彼は、雅子が「心にも花さくごとしはるばると来し東京のかぜにふるれば」（大正六・五『婦人之友』第十一巻第五号）と歌った心境とは対照的である。雅子の阿部宛書簡は蕭々よりやや時期がおくれ、日本女子大関係の会にふれた事柄が最初に出てくるのに対し、蕭々の場合は、上京後いち早くに、研究、学問上の仕事に専ら関わる内容であることとも対比的といえる。とはいえ蕭々は雅子への協力を惜しまず、支え合っているすがたとして、両人の連名、寄せ書き、時に蕭々の方が雅子の代筆の役割を果している文面すら少くないのである。それは他ならぬ阿部夫妻との格別な交流の場合なればこそともいえる一面かもしれないが。

著書出版に関する事柄は相互にもっとも主要な内容のはずながら、書簡4には、阿部の著書『ツァラツストラ』（『ニイチエのツァラツストラ解釈並びに批評』新潮社、大正八年四月）に対する懇篤な礼状の末尾に、妻の雅子が自宅で催す日本女子大関係者の会への出席をともどもに依頼し「雅からくれぐも宜敷く」と付している蕭々である。雅子の書簡1からもうかがえるように阿部を中心とするこの会に、すでに蕭々も大いに参画している次第である。

三　愛児の死

阿部との家族ぐるみのつきあいであれば、お互いの家族、わけても子供たちの死へと導く病気の安否が重大事に語られていることはいうまでもない。共通の悲しみをもつ者同士として、蕭々のそれは雅子以上に深く突きこんだ思いと行為を阿部に示している。すなわち書簡6（大正八年）の旅先から冒頭「御子様の御病気其後は如何」という阿部の長男晃の入院病状を気遣うハガキに引き続き、書簡7では、順天堂病院小児科長藤井秀旭を紹介する簡にして要を得たハガキを送っている。そして翌大正九年四月の、支那大連満鉄本社気付けの阿部宛の長い書簡8の冒頭に、自分の娘晴子の病状回復を報告するにつけても、阿部の長男晃の先の病死を思っては「済まないやうな気さへ」すると率直に心中を吐露する。「自分のことばかり云つて赦して下さい」と述べたあと、やがて、出版企画に関する本題に入ってゆくのである。

一時小康をえた晴子の病気見舞に対する礼状を同年の六月

に雅子と連名で印刷物の書簡9（雅子書簡6）として配布する以前に、蕭々は何よりも親身な阿部に伝えることを忘れなかった。

愛児の病気、死をめぐってのこのような様子は、阿部の三女大平千枝子の著書『阿部次郎とその家族』（二〇〇四年六月、東北大学出版会）に、「『思潮』を中心に集まった若い哲学者たちは、お互いに切磋琢磨、励まし合い影響し合って豊潤高邁な魂を育てていった。殊に幼い子供をもつ和辻哲郎・照夫妻、茅野儀太郎・雅子夫妻とは子に寄せる親の切実な思いを共通して、いっそう親密に結ばれていた」とある。阿部を主幹とした『思潮』のこの仲間は、皆三十代の若さで、当時の思想界新進の逸材で、執筆や講演に繁忙を極めているさ中にあって、愛児の看病に全力を尽し助け合ったのであった。

大正十二年八月、長女晴子が重病の末、十六歳の若さで世を去った。お父さん子だった晴子に対する蕭々の嘆きは深くむすぼれて、雅子にまた劣らぬものがあった。彼は「亡き子に与ふ」（『婦人之友』、大12・11）という夫妻連名の追悼文で、晴子の生前のこと、死の前後の模様、遺された父母のやるかたない嘆きを、切々と克明に綴った。「はらからの総てを死なせその果ての寂しきにまた我が子を失ふ」（「慟哭」『思想』、大正13・1）とも歌った。蕭々はすでに両親と姉二人妹一人弟一人のすべてを失うという悲運に出会っていた。肉親との死別に辛くも馴染んできた彼ではあっても、そのあげくに最愛の娘までここに失った嘆きは「慟哭」という以外に言い表わしようのないものであったろう。この思いを癒し、立ち直るためもあり、かねて計画のあった慶應義塾大学留学生として外遊の途についたのが翌十三年二月である。

四　渡欧

蕭々に先立って阿部は、東北帝国大学教授の職がきまり、文部省の辞令を受けてヨーロッパ留学のため、大正十一年五月に旅立った。一高の同期生小宮豊隆も、翌十二年にドイツ留学、のち東北帝大へ赴任した。将来を期待される若い学者仲間が次々と活気ある動きをみせている頃であった。

しばらく「ご無沙汰」をした阿部への書簡10は、渡欧中（ドイツ、ハイデルベルク）の彼に宛てた外国便で、雅子の手紙（10）を同封したものである。

年譜（『阿部次郎全集』第十七巻）によると、ヨーロッパへ渡航した阿部は、大正十一年、「六月以降フランスのリヨン・パリを経てドイツに入り、ベルリンに滞在し、ハイデルベルクに移ってシュワルツ一家と深く交わる」。大正十二年一月、ハイデルベルクを立ち、「スイス・イタリー・エジプト・オーストリー・ドイツ・オランダ・ベルギー・フランス・イギリスなどを周遊する」。再びドイツに入ってハイデルベルクに立ち寄ったのは半年ぶりである（『游欧雑記　独逸の巻』『阿部次郎全集』第七巻）。当書簡は、同封の雅子書簡10では、帰国前に再び五日間立ち寄ったハイデルベルクのシュワルツ家気付けの阿部への手紙ともとれるが、しかし書簡全体の内容からは、阿部が前年のハイデルベルクで五か月ほどすごしていた頃に当る、蕭々の日本での思いや出来事が、記されているとみてとれるのである。たまたま網野菊が、ドイツのハイデルベルクに滞在中の阿部次郎に宛てた大正十一年九月十九日（消印）の書簡3がある（本書所収）。そこにはパブロア、二科展など蕭々のそれと符号する記事がみえるので、当書簡も同じ時期と推定されてよい。

阿部のあとを追って、蕭々もまた外遊の企てがあるので、書簡は冒頭から自分のこの件にふれている。「当分の間ゲョエテとカントに親む」という阿部の便りを「羨しい」と思うにつけ、「その日に追はれないで」自分の仕事に傾注し得る環境を、と願うことも切である。阿部のいるハイデルベルクは、蕭々にとりさまざまな想像のよせられる浪漫的なあこがれの古跡に他ならない。高鳴る思いを禁じられないでいるのかもしれない。一方異国にいる阿部の思いを察して、日本の芸術界の模様を詳しく伝えたり、また身辺の出来事も書き添えることにも心を配っている。

さて、大正十二年十二月十日に帰朝した阿部と入れ代るように、翌年二月に渡欧した蕭々自身の外遊に関する書簡は、次の11から15まで続く。今と違い遠国に旅立つにあたって、大事な件をもっとも信頼する阿部に下関から託する「親展」封書（11）を皮切りに、フランス（12）、ドイツ（13）と行く先々から便りをしている。とくに13ではドイツのヴァイマルやニーチェ文書館、ニーチェの妹（フォルステル夫人）のことなど、阿部と共通な関心事として、ふれておかねばならぬものであった。ちなみに阿部は、欧州旅行の途次、ニーチェが最晩年をすごしたヴァイマルの地に立ち寄り、かねてからの宿願であるニーチェの妹――兄ニーチェの遺稿の収集、保存につとめた――に会ったことなどを詳しく綴っている（『游欧雑記 独逸の巻』、『阿部次郎全集』第七巻、改造社 昭和八年）。

蕭々がついに伯林（ベルリン）で長く腰を据えてしまった、そこでの第一次世界大戦後における芸術や社会状勢のさまざまな見聞や感想が、書簡14では詳しく綴られる。実はベルリン報告のみならず、ここではまずもって初めに阿部に言い伝えるべき大事な事柄がある。それは、留守中に妻子がお世話になっているお礼に加えるに、雅子の渡欧希望についてのさまざまな問題や心配を彼らしく縷々述べ、「万事宜敷御願したい」という。そして、少々無理な計画だと思うが、出来るなら妻の望みをかなえてやっても、と真情を披瀝するのだった（一方で雅子が外遊の相談を阿部にしている書簡は13を参照）。

いよいよ大正十四年二月に一人で旅立った雅子を、無事パリで出迎えて、蕭々は二人連名（雅子書簡15）で、ミラノから四月十日付の絵ハガキ15を送った。夫妻は揃って欧州各国を遊行し、先々で故国に残した娘に共同で細やかな数多くの手紙を送った（『茅野雅子研究』『青木生子著作集』第九巻）。そして同年十一月、榛名丸にて一緒に帰朝した。

五　帰国後の研究活動

帰国後の蕭々は、『ファウスト物語』（岩波書店、大正十五年）や『リルケ詩抄』（第一書房、昭和二年）、『令嬢ユリエ』（岩波文庫、昭和二年）『若きヱェルテルの悩み』（岩波文庫、昭和三年）などの訳書を次々刊行。また岩波講座『世界思潮』に論考「現代文芸思潮（一）—（五）」（昭和三年—四年）の執筆など、脂ののりきった仕事ぶりを示していく。すでに大正十一年以降「文学の他、日本女子大学校の方も、慶應義塾大学の他、日本女子大学校の方も、慶應義塾大芸思潮」「文学演習」「大陸文学」と担当しつづけていった。

ところで帰国後の昭和に入ったその頃の書簡16によると、仙台移転という自分の「生涯の中で」「ベドイテンド」な事が話題の中心になっている。東北帝大の教授となって法文学部創設の任務を同時に負っていた阿部は、蕭々を東北帝大のポストに推薦したものと思われる。以前（大正十一年）、日本女子大学校で「美学」を担当していた阿部は、東北帝大に赴任していくその後任として蕭々を推薦し、彼はこれを引き受けたのであった（大正十一年三月付の阿部次郎宛の蕭々書簡〈鬼頭多緒子所蔵〉『茅野雅子研究』『青木生子著作集』第九巻、一一三頁）。阿部や小宮の友人仲間の雰囲気に浸れる強い魅力を前に、経済的その他の大きな不安をあれこれ考え、離京の決断が鈍ったため返事の遅延を詫びている。ともかく阿部の厚意をことわる結果となったことに対し、「要は勇気の不足にあるらしい。それを思ふ時寂しくなる」とは、いかにも彼らしい偽らざる内向的心情の表白である。

日本のハイデルベルクといわれた東北帝大、「ハイデルベルヒの面影を宿す」（『阿部次郎とその家族』）土樋の阿部の住まいなどを思い浮かべて、未練断ちがたいものがあったにせよ、仙台行きを否定して、彼は東京に踏みとどまって、着々と学問業績をあげていった。経済的余裕も出てきてか、市外の荏原町に家を買って転居し（昭和六年）、湘南の逗子に別荘も持ち（昭和七年）、まもなくライフワーク『ゲョエテ研究』を出版し（昭和七年七月、第一書房）、これによって文学博士号を得（昭和十一年）、この年『ゲョエテ　ファウスト』（岩波書店、昭和十一年一月）を、また『独逸浪漫主義』を出版した（三省堂、昭和十一年八月）。五十歳台に入った彼の研究の熟成を思わせるものである。

こうした研究に専念する生活のかたわらにも、必要な雑事は避けがたく、蕭々は、これらを誠実にこなしているすがたが、以下の書簡に随所に散見できるのである。

*

書簡17は、阿部の父の死去に対するお悔みを学校へ行く前に執筆し、雅子のそれと同封したもの。「追はれてゐるやうな日が続い」てお悔みが遅れ、漱石の法事にも行かなかったことに触れ、彼は例のごとく内省する。「自分のことにかまけてゐる醜さをまざ〳〵と見て自分でも非常に気持が悪い。…赦してくれ給へ」。書簡18は、お金の勘定を疎かにできない一面をうかがわせ、金銭に限らず、蕭々は何事も几帳面であった。雅子が書簡でも、自分のずぼらを折々詫びているのと、対照的である。長文の書簡19は、小宮豊隆の不祥事の噂を揉み消すため奔走し、仲間と遺漏なく手を打つ誠実さを彷彿とさせる。当書簡はいかなる内容のことか不明であるが、「石原氏」（原阿佐緒との恋愛事件で名を馳せた東北帝大教授石原純のことか）が引き合いに出される点、やはり女性問題にかかわる件であろう。ちなみに、宮本百合子の小説『二つの庭』には、小宮と彼が教鞭を取る東北帝大の女子学生との恋愛事件をモデルにしたと思われる個所がある。注（2）、（8）を参照。

こうした学問、研究以外の事柄をもつ書簡として、さらに25および28・30などがあげられる。25は、雅子の書簡24にみえた橘忠衛と酒本武子の結婚式について、阿部に頼まれただけに、無事にすませた報告を詳細に綴っている。28は、巻紙、毛筆で、次女多緒子の結婚祝いをもらったお礼、30は、阿部の次女美知子の結婚へのお祝いで、いずれも短文の中にも心のこもった一行を添えている。彼自身多忙な身ながら、雅子の代筆を帯びているものといえる。

さて、蕭々の本業である学問や出版に関して、同業者阿部になお盛んに送られた書簡に立ち戻って取りあげてゆこう。

まず昭和七年七月、荏原町の新居から発信したハガキ21にある「本」とは、同年同月に第一書房から出版された、彼のライフワーク『ゲョエテ研究』の千七頁に及ぶ大著をさすと思われる。しかし「自分の心は快々として楽しまない」。その「自分の性格の弱さ」を「新しい獲得にしたいと思っている」という、謙虚というか、真摯な彼の言葉を重く受けとめたい。間もない次の書簡23では『ゲョエテ研究　学生版』の重版に際して気付いた訂正を至急願い、矢継早に出した書簡24は、その催促であろう。「不満の処だらけで困つてゐ」、「次の機会に徹底的に直さうかと思つてゐる」。「間に合せの仕事をしてはいけないとつくづく思つてゐる」と、学者の本領として本音を吐くのである。そうしたなかで阿部の近刊の『游欧雑記　独逸の巻』のお礼と、読売（新聞）にその「読後寸感」を書いた知らせもきちんとしている。

学問、研究のとくに親しい仲間として、「言ひ度いことが沢山ある」（書簡21）のを手紙では尽くせないのは当然として、しばしば上京する阿部とは学問の深奥に突きこんだ話も出来たであろうが、「未だいい度くて言へないことが」（書簡22）もちろん沢山あったはずである。まして、研究に「日々追はれてゐる」なかで書かれた書簡の中の、これまでみてきたような寸言はやはり貴重としなければならないだろう。

真珠湾攻撃の年が明けた昭和十七年の正月早々、年賀状（書簡31）に、阿部の病気見舞を記そうとは、思ってもみなかったであろう。回復に向っている由ときくが、少なからぬショックであった。以下に続く書簡32、33には、雅子（41・42・43）と共に病状にふれて、いっそうの養生を願っている。阿部の病気については雅子の書簡解説のところで少々ふれておいた。雅子の書簡は、こうしたなかで、自分のかかわる日本女子大の要件を主としている（43参照）のに対し、蕭々の場合は、阿部の『ファウスト』の豪華版出版の予定を祝い、それへの協力態勢を示している。よきにつけ、あしきにつけ、二人の間には研究や出版の事柄が、例のごとく重大であった。まだ、このあとにも何くれと書簡を送っていようと、阿部のもとに保存された蕭々の書簡が33の以上をもって終っているのは、意味深く感じられる。

そして、序でながら、書簡の終りの頃には、阿部の病状を気遣う一方で、蕭々・雅子自身も身体不調に触れている記事のあることに注目される。蕭々書簡30に「僕は……捗々しくない容体」、及び雅子書簡39「あるじも一寸医者からおびやかされましたが」、雅子書簡41「儀太郎のが二百二十もありますの」、雅子書簡42「私はこのごろ咳が多くなって」など。のち蕭々は脳溢血、雅子は肺結核（喘息）により死去。

＊

慶應義塾大学のかたわら、蕭々の日本女子大学校における講義は、大正十一年以来ずっと行われていた。彼の「文芸思潮」と「文学演習」は、じっくりと低音でかみしめるように西欧の名作のダイジェストを適当に交えながらの講義で、学生たちを十分に魅了した。他学部の学生の聴講・盗講もあとを絶たなかった。あたかも、阿部次郎を引きつぐ魅力を備えた。「発達」を「はつだつ」、「人達」を「ひとだち」と濁る発音が、学生だった私の耳の底に今だに残っている。このたび彼の書簡をみたら、発音どおりの右の表記であることを発見した。

ひきかえ同じ頃、雅子から「作歌」と「古典文学」（枕草子）を学んだが、私には明星派歌人の才媛としてあこがれた期待にはずれ、無味乾燥な授業であった。その声は鼻がつまったようで、よく咳きこんで聞きとりにくかった。しかし、ありあまる豊かな髪を束ね、紋付羽織を肩からすべり落ちそうにかけている雅子の立ち姿は、六十歳とは見えない、たおやかな美しさであった。二人は講義の終るのを教員室で待ち合わせて帰る姿を、私たちは幾度か見かけたものである。

この二人の晩年の生活をうち破ったのは、昭和十六年末の太平洋戦争の勃発であった。戦争も末期の二十年五月の東京大空襲は、茅野の荏原の自宅を灰に化した。蕭々は顔面に火傷を受け、書庫も全焼した。老夫妻は軽井沢南原の別荘に一時移り住んだ。終戦を迎え、秋頃から学校も復活しはじめ、日本女子大学校の国文学部は、橋本進吉（二十年一月没）亡きあと、蕭々を正式な部長として、雅子がこれを助け新たな発足をすることになる。学問と見識に秀でた誠実な蕭々は、国文学部長として適任であった。蕭々は前年慶應義塾大学をやめ、同大学名誉教授となり、日本ゲーテ賞を受けていた。住むに家なき教授夫妻は、その年の暮れ、日本女子大構内の寮舎紫峰寮に仮寓した。

終戦の翌年の昭和二十一年三月、日本女子大で会議中、突然蕭々は脳溢血のために倒れ、そのまま再起不能の身となった。彼の死期の迫ったある日、一人の女性が現われ、蕭々との間に二人の子までなしていた秘事を告げた。雅子が学校業務に専念し出した頃、家事を託した蕭々の地元の信州の女性であった。蕭々が書簡のなかでしばしば阿部に雅子の多忙さを洩らしている言葉（たとえば書簡23・25）と思い合わせざるをえない。老衰していた雅子は急に病状が悪化して、夫と同じ病室に枕を並べた。

蕭々は五か月の闘病生活の末、八月二十九日、夕七時十二分に死去した。享年六十四歳。雅子はそれから五日目の九月二日の同時刻に、あとを追うように死去した。

かえりみれば、夫妻の生涯は、安倍能成がいみじくもいったように、「その人間らしい過失と欠陥とにも拘はらず、珍しいすぐれた合作であった」のである（「茅野君夫妻を弔ふ」『日本女子大学校国文学部時報　茅野先生追悼号』所収、昭和二十一年十月十五日）。合作といえば、たまたま二人の連名その他で阿部に宛てた書簡の数々も、それぞれの素顔を見せた合作の趣きさえ、呈していたといえないだろうか。さらに、雅子・蕭々の二人の書簡には全体として、相手の阿部との家族ぐるみの愛情が、醸し出されている合作とすらいえないだろうか。

田村俊子書簡

大正3年7月10日（消印）
相州藤沢鵠沼字中藤ヶ谷高瀬別荘[1]　阿部次郎様
東京谷中天王寺町[2]　田村俊
封書　N・N製四百字詰原稿用紙二枚　ペン

おはがき有がたう存じます　自分で自分をスポイルしてゐたものが何ですかあのおはがきで又大切にしたくなつたやうな気がしてゐます　非常に嬉しく〳〵拝見しました　然うして直きに読んで下すつた事が嬉しう御坐いました
昨夜森田さん[3]小宮さん[4]に深川亭でお目にかゝりました御願ひで御坐います折入つて。それは何の為か知りませんが中央公論の八月号で俊子論[5]をやるのだそうで御坐います　それであなたにもお願ひするのだそうで御坐います私ハ兎に角非常にあなたを信頼してゐるので御坐いますし（あなたが私を理解してゐらつしやるともゐらつしやらないともそれはおいて）私ハ是非あなたに作品の上だけでも一と言何か云つて頂き度いので御坐います　あなたハ平塚さん[6]の時もお避けになつてゐらつしやいましたが何卒私の上に就いてお思ひ付きになつた事をおつしやつて頂き度いと存じます　他のどう云ふ人々にお願ひするのかそれハ存じませんが、私ハ特に阿部さんに是非お願ひしてくれと瀧田氏[7]に申したので御坐います。どうぞお願ひ致します

田村俊

阿部次郎様

（1）藤沢市の名士・高瀬弥一の別荘。彼の別荘には和辻哲郎や阿部次郎らがたびたび訪れ、逗留した。（2）俊子は、明治四十二年に田村松魚と結婚して下谷区谷中天王寺町十七番地に新居を構え、大正二年六月ころから、同町三十四番地に転居した。同時期、阿部も同町に住んでいる。（3）森田草平のことか。文学者。漱石門下。（4）小宮豊隆のこと。ドイツ文学者、評論家。漱石門下であり、大正期教養派の中心的人物の一人。彼と阿部とは、のち東北帝国大学で同僚となる。（5）大正三年八月の『中央公論』では、「田村俊子論」が組まれているが、執筆者は田村松魚、岩野泡鳴、岩野清子、正宗白鳥、上司小剣、徳田秋声、野上弥生子、平塚らいてうの八名であり、阿部は書いていない。（6）平塚らい

てう。(7) 瀧田樗陰のこと。『中央公論』の名編集者。『中央公論』が瀧田による編集のもと、一大文芸雑誌として急成長していたこの時期に、俊子は「嘲弄」(大正元年十一月号)や「憂鬱な匂ひ」(大正二年十二月号)をはじめ、多くの作品を同誌に掲載している。

【解説】
田村俊子(明治十七年四月二十五日~昭和二十年四月十六日。東京出身。本名佐藤とし)は今日、日本近代文学におけるフェミニズム文学の先駆者と位置づけられる作家である。

東京府立第一高等女学校を卒業後、明治三十四(一九〇一)年、創立されたばかりの日本女子大学校国文学部へ入学したが、同三十五年五月二十九日に除名となっている。除名の理由はさまざまに推測されているが、父が亡くなり学費が続かなかったからではないかという説が有力である。女子大学校を辞める頃から幸田露伴門下となり文学修業をする一方、自己実現の道を女優にも求めるが、明治四十三(一九一〇)年、『大阪朝日新聞』の懸賞小説に「あきらめ」が当選したことによって文壇に進出する糸口をつかみ、職業作家として自立できた最初の女性作家といわれている。以降、「生血」(明治四十四)、「魔」(明治四十五)、「離魂」(同)、「誓言」(同)、「女作者」(大正二)、「木乃伊の口紅」(同)、「炮烙の刑」(大正三)などの代表作を次々と発表し、この書簡にもあるように、大正三(一九一四)年八月号の『中央公論』では俊子特集が組まれるほどの大正初期文壇の寵児となる。この書簡は、阿部次郎に同誌への執筆を依頼しているものである。

俊子と阿部次郎の関わりが、いつ、どのように生じたのかは定かではない。阿部が日本女子大学校の講師を始めたのは大正六(一九一七)年五月からなので、師弟関係でないことは確かである。書簡中で俊子は、阿部次郎のことを「あなた」と呼んでいることから、きわめて対等な関係を思わせる。また、「非常にあなたを信頼してゐるので御座います」と記していることから、信頼関係も築かれていたことを窺わせる。

こうした関係性が、後年、阿部が大金二百円を俊子に用立てる事態に繋がった(結局返却はしていない)と思われる。田村松魚との事実婚を解消した俊子は、大正七(一九一八)年、カナダのバンクーバーに渡った元朝日新聞記者の鈴木悦の跡を追うための渡航費を阿部に出してもらうというなみなみならぬ恩恵を施してもらうのである。阿部の日本女子大学校での月給が当初二十円、大正九年には五十円に上がってはいるものの、月給の五倍から十倍の金額を貸し与えたことになる。大正七年九月二十二日の阿部次郎日記(『阿部次郎全集』第十四巻、角川書店、昭和三十七・十一)によると、「俊子に岩波から受取る印税中二百円を貸してやること、す」とある。大正七年六月に岩波書店から『合本三太郎の日記』が刊行(大平千枝子『阿部次郎とその家族』東北大学出版会、平成十六・六)されているので、おそらくこの印税であろう。

俊子は大正七年十月十一日、メキシコ丸で横浜を出航し、十月二十六日にビィクトリアに着く。悦と正式に結婚し、ともに日本人労働者の待遇改善運動に邁進することになる。一方、同年十月十一日の阿部次郎日記（前掲）によると、「薄井のお玉さんが某といふ女と一緒に来て俊子の住所をきかしてくれといふ借金をそのまゝにして行けりとて怒って色々の話をして行く」とあり、俊子が不義理を重ねて日本を後にしたことが窺われる。

このようないきさつがあったために、第二次世界大戦後の昭和二十六（一九五一）年、俊子の墓碑建立の世話を一手に引き受けたロシア文学者湯浅芳子は、バンクーバーでの二人の生活を実現させた阿部次郎こそ、俊子宛の鈴木悦書簡の所有者にふさわしいとして贈呈したものと思われる。本書の書簡IIは、こうした由来を持っている。ちなみに湯浅は他にも、同じく借金を踏み倒された吉屋信子には、夏目漱石の俊子宛書簡を贈呈するなど、俊子の生前の後始末に努めた。

平塚らいてう書簡

1　大正2年2月10日（消印も）
府下大井町字森　酒井別宅内　阿部次郎様
本郷区曙町十三　平塚明
はがき　ペン

大変な御無沙汰をいたして仕舞ひました。
先日は紅吉[1]が上つて色々〔抹消「一字斜線でつぶす」〕
御無理を申上げたこと[2]ゝ存じます。御承諾下さいまして
安心いたしました。
　明日午後から御伺ひいたしたいのでございますが御在
宅願はれゝば幸に存じます。
　二月十日午後
本郷区曙町十三
平塚明

（1）尾竹一枝　随筆家。明治四十五年初め青鞜社に入社し、紅吉と号した。表紙絵を描き詩文を発表するなど活躍するがいわゆる「吉原登楼」事件の責を負って、同年十月退社した。
（2）「青鞜社第一回公開講演会」（大正二年二月十五日開催）のことか、「青鞜社文芸研究会」の講師依頼のことと推測される。

2　大正2年2月17日（消印も）
府下大井町森、五四四五　阿部次郎様
本郷区曙町十三　平塚明
はがき　ペン

一昨日は御不快の所を御出席[1]下さいましてありがとう
存じます。別に御障りもございませんでしたか、御大事
になさいますやうに。
二月十七日

（1）二月十五日に行われた「青鞜社第一回公開講演会」への出席。阿部次郎は風邪のため、講演を控え出席のみ果たした。

3　大正2年3月23日（消印）

府下大井村字森　酒井氏方　阿部次郎様
青鞜社(1)
往復はがき　ペン

前略御免下さいまし。その後は久しう御無沙汰致しまして誠に申し訳けも御座いません、そのうち御伺ひ致す筈になつて居りましたが何分例の研究会(2)の事と編輯と重なりまして大変忙しう御座いましたので失礼いたして居ります。その研究会もやつとどうにか準備は出来ましたが実はまだ時間割がきまつて居りませんのでまごついて居ります　先生は何曜日が御都合がよろしう御座いませう大凡そお分りになりますなら何卒御知らせ下さいまし、それから昼夜隔日交代となつて居りますので夜は六時から八時半まで昼は九時から十一時迄と云ふ事になつて居ります(3)からどちらかをおきめ下さいまし会場は芝の櫻田本郷町の議員倶楽部の内でございます。〔編注　以下末尾に細字で記入「七日に御出席が願へませうか。」〕

（1）筆跡かららいてうが書いたものと確定できる。（2）「青鞜社文芸研究会」のこと。（3）阿部次郎は「哲学史、文明史、美術史」を担当することになっていたが実現しなかった。

4　大正2年8月7日（9日消印）
府下大井町字五四四五　阿部次郎様
青鞜社(1)
はがき　ペン

暑中御伺ひいたします
其後は大変ご無沙汰いたしました　近い中に御伺ひいたしたいと存じます。
八月七日

（1）筆跡かららいてうが書いたものと確定できる。

5　大正3年1月
下谷区谷中天王寺町三四　阿部次郎様
府下巣鴨町三ノ三　平塚明
はがき　印刷

こんど左記のところで奥村博氏(1)と至つて簡易な共同生活をいたすことになりましたので御通知いたします。
（尤も面会は従前通り社の方でいたします）
大正三年一月
府下巣鴨町三ノ三
平塚明

（1）らいてうは一月十三日奥村博と入籍をしない結婚生活に入った。その際、両親宛に渡された手紙は「独立するに就いて両親に」と題され、『青鞜』第四巻第二号に掲載された。

6　大正11年2月中旬
東京府下中野桐ヶ谷一〇一八　阿部次郎様
栃木県那須郡佐久山町　平塚明
はがき　印刷

年の始めに皆様の御清福を祈り上げます。
私は昨夏以来健康を害し(1)、殆ど仕事に堪へられない状態に居りますので、止むを得ず万事を忍び、将来のために、ここ暫く静養することにいたしました。こんな次第で何もかも思ふに任せませんでどちらへも大変失礼ばかりいたしてしまひました。なほ新婦人協会(2)は私が当分直接の事務から遠ざかりましても、現代表者の奥むめお(3)氏はじめ役員一同が一層の熱誠をもつて働いてゐられますから、事業や運動の上に支障を来すやうな懸念は御座いません。どうぞこの点は御心易く思召し下さいまして、前にも増して御力添へ下い《ママ》ますやうこの際特に御願ひ申上げます。
大正十一年〔斜線で以下抹消「正」〕〔編注　以下傍に手書き「二」〕月(4)中旬
平塚明《ハル》
栃木県那須〔一重線で以下抹消「温泉」〕〔編注　以下手書き「郡佐久山町」〕
一家を右の所へ移しました(5)、〔一重線で以下抹消「奥村も久しくウルチカリアに悩まされて居りますので、ふたりの健康のためにこの地を選びました、併し二ヶ月ほどたちましたら、同県那須郡佐久山町に移ることになつて居ります。」〕序ながら御知らせいたします(6)。

（1）大正十年夏から過労の為に体調をくずしていた。（2）らいてうが市川房枝、奥むめおの協力を得て大正九年に結成した女性運動団体。（3）奥むめお　明治二十八年―平成九年。日本女子大学校家政学部第十三回卒。新婦人協会理事。戦後参議院議員を努め、主婦連合会会長となる。（4）すでに那須郡佐久山町に移った後に投函されているので、「正月中旬」と印刷されていた月を自筆訂正している。（5）じんましんのこと。（6）すでに転居した後の投函なので、付記についてもそのほとんどを消去。

7　明治45年（推定）(1)　5月25日
下谷区桜木町二四　北上俊山氏方　阿部次郎様

本郷曙町一三　平塚明
往復はがき　ペン

誠に勝手を申ますが先日伺ひました事[2]を御知らせ頂きたいのです、印刷所の〔編注　一字つぶし以下傍に記入「方」〕から頻りに催促されますので。実は御宅へ伺つてとも思ひましたが今度は編輯の番に当つて居ますので目下校正其他で外出が出来ません。失礼はあしからず御許しを願ひます。

五月廿〔編注　一字つぶし以下傍に記入「五」〕、朝

（1）阿部次郎がこの宛先に住んでいたのは、明治四十三年十一月から大正元年九月までである。加えて「年譜遺稿」（『阿部次郎全集』第十七巻　角川書店、昭和四十一年）には、明治四十五年四月に、「其頃青鞜社研究会の講師として平塚明子、伊藤野枝、尾竹一枝等の諸氏を知る。」と記されていることから、明治四十五年のものと推測される。（2）不明

【解説】

阿部次郎と平塚らいてうとの交流は、明治四十五（一九一二）年四月、阿部が「青鞜研究会」の講師となったことにはじまる。それは、阿部次郎「年譜遺稿」（『阿部次郎全集』第十七巻　角川書店、昭和四十一年）に明治四十五年四月「其頃青鞜社研究会の講師として平塚明子、伊藤野枝、尾竹一枝等の諸氏を知る。」と記されていることから裏付けられる。ただし、面識はこの時点からであったとはいっても、らいてうについてはいわゆる「煤煙事件」によって、ある程度は知り得ていたはずである。その理解が世間一般のスキャンダラスな報道の域を越えていただろうことは、阿部が漱石門に出入りし小宮豊隆や森田草平とも交流があったことから推測される。明治四十三年から四十五年まで、森田草平宛書簡が未投函を含め三通確認されており、早いものは明治四十三年一月二十六日付の葉書で、かなりくだけた表現が眼をひく。「年譜」（『阿部次郎全集』第十七巻　角川書店、昭和四十一年）によると、その交遊は明治四十二年十一月にさかのぼる。明治四十二年といえば、件の『煤煙』（『朝日新聞』明治四十二年一月一日〜五月十六日）が掲載された年にあたる。

「青鞜研究会」の講師を依頼された頃の阿部は、創作をはじめ批評活動を精力的に展開し、『読売新聞』の客員となったばかりであった。講師への打診は、明治三十九年頃から交友を深めていた生田長江を通じてのものだと推測される。

「青鞜研究会」は、青鞜社創立当時に掲げられた概則第六条の四つの事業のうち第二番目「毎月一回社員の修養及び研究会を開くこと。」のもとに企画されたものである。長らく実現を見なかったが、ようやく『青鞜』第二巻第四号に開催が広報された。それによると日時は、明治四十五年四月五日

から毎週火曜日と金曜日の二回、午後三時より五時までで、場所は「本郷区駒込蓬莱町万年山（勝林寺）」会費は月五十銭で「社員外の婦人にも聴講を許します。」とある。講師は生田長江「モーパッサンの短編」（金曜日）と阿部次郎「ダンテの神曲又はメターリング／トルストイ／エマーソン以上諸大家の書中」（火曜日）と記されている。

書簡７は阿部次郎の住所から明治四十五年五月のものとみられる催促の葉書である。往復葉書であるところを見ると至急に返信を求めたものだが、時期から推し量って研究会の論題であった可能性もあるが定かではない。『青鞜』六月号には、五月号と同じく「ダンテの神曲」で講ずることとなっている。しかしながら、研究会は実現前の目測に反して十人程度しか集まらず、「編輯室より」にはしきりと参加を促す記述がみえる。早くも七月から九月には、阿部の旅行と生田の出京もあり休会。ようやく十月に、今まで火曜日担当であった阿部が水曜日に変更して再開したことが、『青鞜』第二巻第十号の公示によって確認できるものの、それ以後の号からは記載がなく動静は不明である。

書簡１には、尾竹紅吉の行動に対するらいてうの謝辞が述べられている。紅吉は、前年の大正元年十月に青鞜社を退社しているが、直後から変わらず関わりをもっていたことは、『青鞜』第二巻第十二号の「編輯室より」（大正元年十二月）に顔を出すことからも明らかである。依頼の内容に関しては定かではないが、二月十日という日付から「青鞜社第一回公開講演会」に絡んだものであったとみるのが妥当ではなかろうか。

「青鞜社第一回公開講演会」とは、「青鞜研究会」と同じく青鞜社創立当時に掲げられた概則第六条の事業のうちの第三番目「毎月一回大会を開くこと」の実現を図ったものである。大正二年二月一日発行の『青鞜』第三巻第二号に見開きで大々的に告知され、二月十五日（土曜日）十二時半より神田美土代町青年会館において開催。入場料は二十銭で、男子の参加は婦人同伴が条件付けられていた。その内容は、生田長江「新しき女を論ず」、岩野泡鳴「男のする欲求」、馬場孤蝶「婦人のために」、岩野清「思想の独立と経済上の独立」と並び、最後の講演者として阿部次郎の名が見えるが「演題未定」となっている。同号の「編輯室より」には、「講演会のことでらいてうと野枝さんは毎日出歩いてゐますし紅吉は切符やびらのことで思案してゐます」と記されていることから、紅吉が「御無理を申上げたこと」とは、講演会の論題絡みの依頼だった可能性が高いように思われる。「新しい女」バッシングに対し、講演会を何としても成功させたいらいてうの意向もあって、血気盛んな紅吉の行動が促されたと考えれば、研究会で馴染み深い阿部への「無理」は想像に難くない。講演会を告知する同号には、「附録　新らしい女、其他婦人問題に就て」に阿部次郎の「談話の代りに」と題する一文が掲載されている。「新しい女」批判の渦中にあって、「自分の眼にさへ、自分自身の生命が卑しく、醜く、滑稽に見える様になる」危険性を示し、真に「新しい女」として歩む志を喚起するものとなっている。加えて、男性の立場から女性の覚醒が「共鳴と、独立せる人格間の純愛との要求」を満たす可能性があることを述べ、「新しい女」擁護の姿勢が貫かれている。

講演会後の『青鞜』第三巻第三号「編輯室より」によると、阿部は「或る女の話」という題で講演することになっていた。しかし風邪によって実現せず、当日はかろうじて出席のみ果たした。書簡2はそのことに対する見舞いを兼ねた謝辞である。やむをえない事態とはいえ、らいてうをはじめとして青鞜社員の落胆は大きかっただろう。

書簡3は、前述した「青鞜研究会」を拡張する形で構想された「青鞜社文芸研究会」の企画過程に書かれたもので、その状況を伝えるものとして注目されよう。

前年夏の「五色の酒」「吉原登楼」事件に触発されて「新しい女」としてマスコミの批判にさらされていた青鞜社は、会場探しにも苦慮していた。その逆風を何とか乗り越え、研究会開催のあらかたの目途がたった上での葉書である。研究会の具体的な内容は、大正二年（一九一三）年三月の『青鞜』第三巻第三号にはじめて記載された。これは青鞜社の「第二の発展」として「婦人みづからが自分で自分を教育する」方途として企てられたものだった。四月七日開始予定で、研究会の会員は女性限定ではあったが、東雲堂から『青鞜社研究会講義録』の発行を予定しており、男女を問わず募集している。阿部次郎は、「哲学史、文明史、美術史」を担当することになっていた。

『青鞜』第三巻第四号には、場所を青年会館から麹町区内幸町二丁目議員倶楽部内に改めて、四月七日午後六時から開始する旨を広示している。毎日昼夜隔日で入会金は一円、会費は一ヶ月一円と設定された。しかしながら、結果的に会員が集まらず、研究会は中止に追い込まれ実現をみなかった。

書簡4は暑中見舞い、書簡5・6は、いずれもらいてうの近況の変化をごく簡略に伝えるものである。書簡5は、奥村博との事実婚についての報告、書簡6は住所変更の知らせでいずれも印刷されたものである。特に書簡6の投函月は印刷された文面の月から一ヶ月も遅れていることから、『青鞜』無期休刊によって、阿部との関係も形式化していったことがうかがえよう。この推移はらいてうと阿部との繋がりが、あくまで『青鞜』の活動を軸にしていたことを伝えている。

ちなみに、阿部次郎は大正六（一九一七）年から、日本女子大学校で「文学原理論」と「美学」等を講じた。むろんらいてうがその講義を受けることはなかったのだが、まぼろしとなった「青鞜社文芸研究会」の講義が母校の教壇で実現したことは、ある意味で奇しき縁といえるのかもしれない。

網野菊書簡

1　大正9年4月9日（11日消印）

府下中野町桐ヶ谷一〇一六《ママ》　阿部次郎先生

四月九日　麹町区三番町六八　網野菊

封書（洋形）　便箋二枚　ペン

在学中は、いろ〳〵御指導にあづかりまして、まことにありがたう存じました。まったく、四年間の大学生活の中で、先生にお教へをいたゞきました時間が一番たのしく有益であったやうに思はれます。一番最後の文学原理論(1)の時間に、お話をうかゞへるものと楽しみにして居りましたが、遂にうかゞふ事が出来ずにしまって、本当に残念でございました。あの時は、いつも（抹消「一字塗りつぶす」）出席なさらない方達までをお誘ひして、先生をお待ち申し上げたのでございましたが、――。悲しいやうな淋しいやうな気がしてなりませんでした。いつか、また是非お話をおうかゞひいたしたいと存じて居ります。

こゝまで書いて居りますうちに、ふと、先生は今、朝鮮に御旅行中(2)である事を思ひ出しました。朝鮮にも、もう春がまゐりましたでございませう。

心ゆくばかり御愉快な旅をなさいますように、お祈り申上げて居ります。

四月九日　　菊拝

先生

御許に

（1）阿部次郎は、大正六年五月から大正十年二月まで、日本女子大学校で「文学原理論」を担当、また、美学・近現代思想なども講じている。（2）大正九年三月二十六日より五月十日まで、南満州鉄道読書会の依頼により、朝鮮・満州の処々で「人格主義の思潮」を講演。

2　大正9年8月□□日（消印）

東京府下中野町字桐ヶ谷　阿部次郎先生

軽井沢にて　網野菊

はがき（株式会社グリーンホテル発行「遊園地附近千ヶ瀧新瀧ノ景」の絵はがき）　ペン

久しく、御無沙汰申し上げました。御変りもございませんか。

十三日の夜からこちらにまゐって居ります。こちらも大分おあつう〔抹消「一字塗りつぶす」〕ございます。昨日、千ヶ瀧の遊園地[1]へ寮舎の者一同でまゐりました。遊園主の堤氏の夫人[2]が卒業生との事で、大歓待をうけました。遊園地はまだ出来上っては居りませんが、玉突場、水泳場、温泉浴場（四方硝子〔抹消「一字塗りつぶす」〕張）マアケットなどあり、なか〳〵よい所でございます。

（1）堤康次郎（つつみやすじろう）により大正六（一九一七）年十二月に設立。（2）川崎文（かわさきふみ）ジャーナリスト、堤康次郎の第二番目の夫人。

3　大正11年（推定）9月19日

Herrn Zirō Abe, bei Herrn Schwartz, Wolfsbrunnenweg 12, Heidelberg, Deutschland

Via Amerika

K. Amino, 68 Sambancho, Kōjimachi-ku, Tokyo

封書（洋形）便箋四枚　ペン

無事　ハイデルベルヒ[1]に御定住の由、およろこび申上げます。あのゑはがきとお文とによりまして、どんなに静かな古風な落着いた町であらうかなどと、遠く〔抹消「一字塗りつぶす」〕想像いたして居ります。東京は、もう、スッカリ秋になりました。この二三日は（今日は少しむしあついやうでございますが）お涼しい日がつゞいて、毎日、七十二三度でございました。今日は、さっきし方、おひるすぎから雨が降り出して居ります。たしか、九月になってから初めての雨と存じます。

帝劇にはアンナ・パヴロヴ[2]がかゝって居て、毎日、〔抹消「一字塗りつぶす」〕新聞の文芸欄をにぎはして居ります。私はまだまゐりません。新聞のまち〳〵な批評を見ては、どうしようかと考へて居ります。こゝ当分は日和見といふていでございます。併し、結局は行ってみるやうになるといふよりも、されるだらうと存じます。上野では、もう、美術院、二科[3]がはじまって居ります。今日の〔抹消「一字塗りつぶす」〕時事新報に「演説のシーズン」などという字が見えたやうでございます。これは一寸耳あたらしくておかしな感じがいたしました。

先生がおたちになりましてから、もう、かれこれ五月になります。月並の文句のやうでございますが、やはり、感慨にうたれずには居られません。「孝行をしたい時には親はなし」の例にもれず、時々、親不孝者の悔を重ねます。せめては、御帰朝の日までに少しでも成長いたして居りたいと思ひますが、それもとかく、自分自身の小さゝにしばられて思ふやうな勉強も出来ず、仕事も出来ず、どうしたらいゝのか途方にくれ勝ちでございます。この間も例の鵠沼のを取出しまして書き直しをいたしましたが、あんまりだらしがなさすぎるの〔抹消「一字塗りつぶす」〕が眼について、スッカリウンザリしてしまひ、途中で精〔抹消「一字塗りつぶす」〕も根もつきはて、、いゝかげんでやめてしまひました。御洋行前のお忙しい先生に、あんな、下らない、長いものを読んでいたゞいたのかと思ふと、顔が赤くなるやうな気持がいたします。これならば先生に読んでいたゞける、さうハッキリ思へるものが書けたらと思ひます。

この手紙をかきはじめ〔抹消「一字塗りつぶす」〕ます時には降ってゐた雨がもうやんでしまひました。おもての方で飴屋のラッパの音がいたします。ドイツにも飴屋などといふものがあるかしらと、ふっと、考へました。ドイツは気候が日本などよりはズッとわるいとうかゞひました。こんなことは私などが改めて申上げるまでもないことでございますが、どうぞ御自愛専一に願上げます。気のぬけた、ふやけたような手紙になってしまひました。今度は、もっと、何か面白いおたよりが出来るだらうと存じます。

九月十九日　　菊拝

先生

御人々

(1) 阿部次郎は、大正十一年五月十日より、文部省在外研究員として美学研究のためヨーロッパへ渡航。六月以降は、フランスのリヨン、パリを経てドイツに入り、ベルリンに滞在、ハイデルベルクに移る。大正十二年十月十八日に帰朝。

(2) アンナ・パヴロワ（1881～1931）は、二十世紀初頭のロシアのバレリーナ。大正十一年九月に来日、ミハイル・フォーキンが彼女のために振り付けた「瀕死の白鳥」を披露。

(3) 日本美術院、および二科会をさす。

4

大正12年1月9日〔11日麹町消印、2月15日ROMA CENTRO消印〕

Signore Ziro Abe, dall' Ambasciata di Giappone, Roma, Italia

伊太利羅馬　日本大使館気附　阿部次郎先生

Via America

K. Amino, Tokio, Japan

封書〔洋形〕便箋六枚　ペン

千九百二十三年になりまして、もう九日すぎました。今日は久しぶりで夕方から雨が降り出し、つい先し方は、はげしい雷鳴さへ幾度かございました。この冬はどうしたことか、雨も雪も見なかったやうでございます。

早速でございますが、先生におわび申上げねばならぬことがございます。実は、昨年の暮、読売新聞の婦人欄の材料につかまり、二十八日の紙上に其の記事[1]が出ました所、その中に、〔抹消「一字塗りつぶす」〕先生の「推薦を得て百数十枚の小説を或る雑誌に寄せるといふ」云々の言葉がございました。百数十枚の小説とは申上げますまでもなく、いつか先生に御覧願ひました愚作[2]を指すのでございますが、「推薦云々」とは決して口にいたしたおぼえなく、大変に迷惑いたして居ります。たゞ昨年の春頃、ある友人に先生にあの原稿を御覧願ったといふことを話しましたのが、その友人から他の人につたはり、またその人から其の記者の方につたはって居りましたので、其の話が出まして、それにおまけがつきましてあゝいふ記事になったものでございます。が、いかにも私がウソを申したやうでおこがましく、先生にも申しわけなく、〔抹消「一字塗りつぶす」〕訂正願ひを出しました所、「もと〱新聞の記事〔抹消「一字塗りつぶす」〕には山が必要だから、全然さうつくって書くこともあるから云々」と、教へられるやうな、笑はれるやうなことはりをうけました。

はじめから、ヒタことはりにことはってしまへばすむ所を、つい、うか〱とお調子にのって先生のお名前を出すやうになり、それのみか飛んでもない御迷惑をおかけしましたことを、いかにも心苦しく存じて居ります。何卒、あしからず思召し下さいますよう、お願ひ申上げます。

全然ウソらしいウソならば少しも差支へございませんが、本当らしいウソが沢山かゝれますと、全く閉口いたします。先生の「人の噂」のお話なども、今度のことで一層身にしみて思ひ出されました。「何故露文学が好きか[3]」と真向にたづねられて閉口いたし、つい、うか〱と、「英文学、仏文学の方はよく知らないので――、殊にフランスのものは中々読みたいと思ひながら、〔抹消「一字塗りつぶす」〕そのまゝでゐますが、どうも〔抹消「一字塗りつぶす」〕慾が深すぎて――」と申しましたのを、「英文学、仏文学は薄っぺらで――」と、飛んでもない気焔に変ってしまって居りますので。その故、何だか、英文科の先生方やフランス文学にくはしい方々の前に出ますのが気苦労で、さうかと云って一々弁解して歩くわけにも行かず、つく〲新聞にはこりはてました。

もう少し日がたちますと、むしろ滑稽染みて考へられるやうになるのでございませうが、今の所は苦々しい気持がともするとついて出て来て困ります。そのために、一日も早く先生に此の由を申上げ、おわび申さねばならぬと思ひながら、一日のばしにのびてしまった次第でございます。

例によって、なが〳〵とつまらぬことを書きますやうになり、申わけありません。何か日本での変ったことか面白いことを申上げたいといつも存じて居りますが、一向に心がつきませんで困ります。

たゞ、この頃は例のプロレタリア問題に始終おびやかされて居ります。私も、つい先頃までは安閑とした気持で居りました所、しきりに在住吉の丹野さん(4)が、その問題について頭をなやまされ、先日、一寸上京された折にも、しきりに心配されましたので、その節は、「なに、それはあなたが東京をはなれて田舎に居るからだ」と軽く答へて「住吉は田舎ではない」と怒られましたが、丹野さんが退京されるや否や、その心配熱がうつって、この頃はやたらに、そのため神経をなやまされ〔抹消「一字塗りつぶす」〕て居ります。つまりは自分に定見がないからでございませうが――。

伊太利などではいかゞでございませうか? 何ですか、この頃は、やたらに、うづまきの中に居るやうなあはたゞしさと不安を多く感じるやうでございます。

伊太利から、また、ドイツの方へおかへりでございますか?

御機嫌よく、お暮し遊ばしますよう、祈り上げます。

一月九日　　網野菊拝

阿部先生

御人々

雨が雪に変ったさうでございます。どうりで音がしなくなったと思って居りました。

初雪でございます。

（1）『読売新聞』大正十一年十二月二十八日付「よみうり婦人欄」。（2）後年、『若い日』（昭和十七年刊）に収められた「海辺」をさすか。（3）大正十一年四月、早稲田大学露文科の聴講生として入学。（4）丹野てい子（たんのていこ）児童文学者。大正九年三月、日本女子大学校英文学部卒。在学中より鈴木三重吉に師事。

5

昭和4年1月10日〔消印も〕

仙台市土樋町二四〔抹消「一字塗りつぶす」〕五番

地　阿部次郎先生　御人々
一月十日　東京市糀町区三番町六八　網野菊拝
封書　便箋（榛原製15）二枚　毛筆

大変に御無沙汰申上げて居りまして、申訳なく存じます。御父上様御逝去[1]遊ばされました由、〔抹消「一字塗りつぶす」〕少しも存じませず御悔みも申上げませず、失礼仕りました。おゆるしの程、願ひ上げます。さだめし、先生をはじめ皆々様御力落し遊ばされましたことと拝察申上げます。昨年は、何でございますか、私の存じ上げて居ります方々の御家〔抹消「一字塗りつぶす」〕に、あちこち、御不幸がありましたやうで、本当にいやな年だったと存じます。私共では、五月末に、母[2]がなくなり、十一月はじめに、祖父[3]がなくなりました。家事に追はれ、閉口いたしております。

先生にも、本当に永い間、御目にかゝらずに居ります。早や、千枝子[4]様も今年は御十才におなりの筈で、いつぞやお見上げ申上げました折は、たしかお四つ位でしたのに、〔抹消「三、四字塗りつぶす」〕今更ながら日のたつことの早さに、驚くと申しますより、呆然といたしますやうでございます。

奥様にも、すっかり御無沙汰申上げて居りますが、何卒よろしくおつたへ願ひ上げます。

御寒さの折から、皆様、御身御大切に、御風邪めしませぬよう、願ひ上げます。

一月十日　　菊拝
阿部先生
御人々

（1）阿部次郎の父富太郎。昭和三年十一月病死。（2）第三の母汎（ひろ）子。（3）祖父朝吉。（4）阿部次郎の三女（大平）千枝子。

6

昭和5年1月24日（25日消印）
仙台市土樋二四五　阿部次郎先生　御人々
奉天隅田町五　隅田寮内　相原（網野）菊拝　昭和五年一月廿四日記〔編注　表上部に「内地行小包大連で通関を扱ふ」と押印。〕
はがき（奉天城門の絵はがき）　ペン

御無沙汰申上げました。先日は御賀状をたまはりまして、ありがたう存じました。年末から年始にかけまして、少しゴタ〱いたして居りまして、どちらへも御年始の御あいさつも申上げず、失礼仕りました。あしからず御了承の程、願ひます。私は、突然ながら、本月六日結婚[1]いたし、十四日に京都出発、十七日に当地にまゐりました。□□□両三年は、こゝに住まひますことと存じます。奥様、お嬢様方にも、どうぞよろしくおつたへの程願ひ上げます。

(絵はがき面)

こんなあはたゞしいかきやういたしまして、何卒おゆるしの程、願ひ上げます。

(1) 一月、文通相手と結婚、夫の任地へ向かう。自筆年譜には、「早急な結婚と同時に満州奉天へ行く」とだけある。

7　昭和18年4月7日(消印も)
仙台市土樋町二四五　阿部次郎先生　御人々
四月七日　東京都麹町区四番町一番地　網野菊
封書　便箋三枚　ペン
其の後はご無沙汰にうちすぎました。失礼おゆるし願ひ上げます。先生も奥様も御きげんよくおすごしの御ことと存じ上げます。
この度は、拙ない作集[1]お送り申上げましたのに、早速おハガキをたまはりまして、ありがたう存じました。作集にそへて御挨拶申上げたいと存じて居りましたのに、ついく雑用に追はれて延引いたして居りました所へ、おハガキをいただいて了ひまして恐縮いたして居ります。
この頃は、家のことを一人でいたして居りますので、中々、かきものも出来ませず、先日の作集も、三四年前に書きましたものばかりでございます。表紙は、御仰せの通り、外国人くさくなくて、私も気に入って居ります。ほかの本屋さんの話によりますと、紙がわるいために却って面白い味になって居るのださうでございますが、あの絵は、私は好きでございます。原画で見ました時よりは、判になってから却ってよいと存じました。内容はあまりに私小説で、お恥づかしく、およみいただきたくはなかったのでございますが、出版されましたので、ともかく角も送らせていただいた次第でございます。ふだんなまけてばかり居りますので――。そのうち短篇集[2]を送らせて戴きたいと存じて居ります。この方は自分で少したのしみなのでございます。
春とはなりましたが、とかく気候不順でございまして、殊に今日はこちらは雨のせゐか随分お寒うございます。何卒先生をはじめ皆々様、ご自愛の程願ひ上げます。奥様によろしくおつたへ願ひ上げます。

四月七日　網野菊菊《(ママ)》拝

阿部先生

御人々

（1）『妻たち』（東晃社、三月刊）。（2）短編集『雪の山』（昭南書房、八月刊）。

8

昭和18年9月15日（16日消印）
仙台市土樋町　阿部次郎先生　同奥様
栃木県那須湯本小松屋方　網野菊　九月十五日
はがき（那須温泉の絵はがき）ペン

皆様、御きげんいかがでいらっしゃいますか？

先生は、もう、御帰仙〔抹消「一字塗りつぶす」〕の御ことと存じ上げます。私は十日にこちら(1)にまゐりましたが、毎日、雨がちで、退屈して神経衰弱になりさうでもございますが、その代り、勉強は出来ますので、いよ〳〵帰るとなると未練も出てまゐります。十八日頃、帰京の予定で居りますけれど――。松虫草の盛りでございます。昨日も今日も、雨なので、折角のお月見は、ふいでございます。

（絵はがき面）

かねてから那須へは来てみたいと存じて居りましたが、やっと念願を果たしました。お湯は大さうよくきくやうでございます。お天気になったら、展望台に上ってみたいと存じて居ります。

皆様の御健康祈り上げます。

（1）夏リュウマチを病んだため、那須温泉にある小松屋に一週間滞在、「いとこ」などを執筆。

9

昭和22年1月27日（消印も）
仙台市土樋町二四五　阿部次郎先生
一月二七日　東京、小石川区雑司ヶ谷三三、桜楓会アパート　網野菊
封書　便箋二枚　毛筆

その後は大変御ぶさたいたしまして、失礼の段、おゆるし願ひ上げます。

先生も奥様もその後御きげんよくおすごしでいらっしゃいますか？　私は、最近、表記の所(1)に、また〳〵戻ってまゐりました。廿何年もたってからまたこゝの生活いたしますと、何だか、錯覚を起すやうでございます。この度、貧しい作品集出(2)ましたので、内容まことにお恥づかしく存じますけれど、別便にて送らせていただきます。

御身御大切に、皆様御きげんよくおすごしのよう、祈り

上げます。
奥様によろしくおつたへ願ひ上げます。
一月二十七日　　　　　　　　　　網野菊
阿部先生
御人々

（1）一月早々、桜楓会アパートに引っ越す。かつて、大正十年四月より、日本女子大構内に新築された桜楓会女子アパートに住んでいる。（2）『街の子供』（東京出版株式会社、一月刊）。

10　昭和29年7月31日（消印も）
仙台市土樋町二四五　阿部次郎先生　奥様
東京千代田区九段四ノ二　網野菊
はがき（薬師仏頭〈興福寺〉の絵はがき）ペン
皆様お障りなくいらっしゃいますか？　やうやく、夏らしくなりました。一昨日、佃煮少々、お送り申上げました。私は、四五日中に、沓掛へまゐらうと存じて居ります。
皆様、御身御大切に祈り上げます。
七月三一日

【解説】
私が原稿料というものを初めて貰つたのは、阿部先生のおかげに依る。私は女子大卒業後まもなく、「秋」という短編集を自費出版したが、売れなかつたし、版元が倒産したりしたので、勿論、費用は回収出来なかつた。それから直き、某婦人雑誌で女性の短篇小説の懸賞募集をした所、当選させる程の作品が集らなかつたそうで、編集の人が阿部先生に相談に行つた。先生は私に書かせたらいいだろう、と云つて下さつて、私が応募の形で書き、原稿料を貰うことになつたのだ。「蕎麦の花《ママ》」というのが、それである。又、その頃半分自費半分書店持ちで第二の書きおろし作品集を出す話を他からすすめられ、阿部先生に御相談したら、先生は、反対なさつた。「出版社に損をさせたら一生その社に頭があがらぬから、単行本でなしに雑誌に発表するよう、心がけた方がよい」とおつしやるのだつた。それ以来この先生のお言葉を私は忘れることが出来なかつた。
〔「女子大時代の先生」（『阿部次郎全集』「月報」第11号所収、角川書店、昭和三十六年九月）〕
作家網野菊の誕生を考えてみるとき幾人かの大切な人たち

が思い浮かぶが、とりわけ、阿部次郎との出会いは重要な出来事であった。

網野の師弟関係についてはこれまで志賀直哉との関係性にばかり焦点が当てられてきたように思われる。実際、『雪晴れ』（昭和四十八年五月刊）にまとめられる志賀に関する多くの思い出の記を見るだけでも、網野にとって志賀との師弟関係がいかに大切で、その尊崇の念が強いものであったかをうかがい知ることができる。しかしながら、冒頭に掲げた一文に明らかであるように、網野菊を作家として世に送り出したのはまさしく阿部次郎であった。そして、今回翻刻される書簡類で確認することができるが、その師弟関係は終生にわたって続いている。

そもそも阿部次郎との師弟関係は大正六年に遡る。当時、阿部は、日本女子大学校で「文学原理論」、のちには「美学」も講じていた。書簡1には、「四年間の大学生活の中で、先生にお教へをいただいた時間が一番たのしく有益であつた」という言葉があるが、阿部は、網野が専攻した英文学に留まらず、広く西欧文学や哲学への関心、学問への目を開かせてくれた。得てして、網野の文学は私小説の作家としての側面のみで捉えられがちであるが、例えば、『シャーロット・ブロンテ伝』（ギャスケル夫人）、『夢を追う子』（ハドソン）、『小ねずみのピーク』（ビアンキ）、『せむしの小馬』（エルショーフ）、あるいは翻訳短編集『ロシア小説選』やロシア民話集『火の鳥』などの翻訳も数多く手がけた作家であり、このような広範な文学活動も恩師阿部次郎との出会いがあったればこそであろう。網野自身、この恩師との邂逅を次のように回想している。

阿部次郎先生が目白の日本女子大へ教えにおいでになるようになつたのは大正六年四月からで、私が二年生の時だつた。先生の御就任は学生の間に大きなセンセーションを起こした。私の在校時代あんなに学生の人気の焦点となつた先生を他に知らない。阿部先生が羽織袴紺足袋下駄の和服姿で桜の木の多い校庭を歩いておられた姿は私の記憶の中に昨日のように鮮かである。二年生の時には私は先生の時間をとることが出来ず、時々、同級生達と先生の「文学原理論」を盗聴に行つた。文科だけでなしに家政科の人までが盗聴に行つたから先生のお教室は満員だつた。翌年からは天下晴れて先生のお講義を聞くことが出来た。三年生の時は「文学原理論」、四年生の時は「美学」だつた。試験代りの文学小評論に私は「志賀さんのもの」というのを書いたことがある。阿部先生は暖い批評を書き添えて返して下さつた。私は、その頃やつと志賀先生の作品に接し始めて居たのであつた。阿部先生はお講義の中でも志賀先生の作品に対して好意を示された。「美学」には、岩波書店版の阿部先生の「美学」をテキストに使つた。この本には沢山書きこみをしたりしてあつたのに、先頃の戦災で焼失して了つたのは残念だ。本のみならず、戦争前に頂いてあつた先生のお便りも焼けて了つたのである。卒業後、私は松本亦太郎博士の「日本美術史」と共に、阿部次郎先生の「ゲーテ」のお講義を一年間聴講生として拝聴した。実に楽しい時間だつた。（前掲「女子大時代の先生」）

すでに『三太郎の日記』（大正三年）を出されて名声を博していた若き哲学者を前に、女学生たちの向学心に燃える、そしてどこかうきうきする様子が想像されるが、網野の提出した文学小評論に添えられた「暖い批評」や講義の中で示されたという志賀作品に対する「好意」は、作家になることを心密かに志望していた網野を勇気づけ、いっそう志賀への心酔を加速したことであろう。戦前の阿部からの書簡類が戦災で焼失してしまったのは我々にとってもきわめて残念なことではあるが、それでも現存する書簡類からは、網野が自らの作品集を必ず恩師に贈り、おそらく阿部からは左記の戦後の書簡と同様の暖かい批評の添えられた返信が届けられたにちがいない。

御葉書拝見、御変わりがなくて何よりです、先日はロシア小説選をありがたう、今の中学生にあの時分のロシア物を読ませるのは何かにつけて必要と思ひます　広く読まれることを祈ります

過日は当方の卒業生が回想記見たいなものをお願ひした由、御苦労でした、当方小生も妻も無異とは健全だといふ意味でもありません、順当に老い込みつゝあるといふことです、あなたは元気でなければいけません

（昭和二十五年十一月二十二日付はがき）

先日「夢を追う子」を拝受、小学三年生の孫に与へるつもりで二章ばかり拝見しました　まだ小学生にはむずかしいやうです。中学になつてからやるつもりでとつて置きます、

只今一寸気づいてゐることを御参考までに申上ます

―――

一、章の句読（殊にポイントの置き方）にもう一工夫をされたらもつと読易くなると思ひます

一、本文中に出る動植物を挿絵の方で取入れたらと思ひます、無色彩の線画でも子供の興味をひく一助となるでせう

（昭和二十六年七月四日付はがき）

このような、知的なものへの教導ということばかりでない、つねに心細やかな指導を心がける、言わば人格に信を置くような阿部との師弟関係は、大正六年の出会いの日から長い年月にわたって続いていく。書簡10、つまり現存する最後のはがきは、昭和二十九年七月三十一日付のものであるが、この頃すでに阿部は「高血圧による動脈硬化が亢進して一日の大半を病床で過ごすほどの衰弱ぶり」（大平千枝子「阿部日本文化研究所発展の跡を辿って」）であったという。長く病臥にあった阿部次郎が亡くなるのは、昭和三十四年十月二十日のことである。

網野菊は、明治三十三年一月十六日に、亀吉、ふじのの長女として東京麻布に生まれている。父方の祖父朝吉は信州伊那の農家の出身であるが、東京麴町に嫁いでいた姉を頼って明治の初めに上京してきた。父は東京生まれで、数え年十歳のころから奉公に出され、奉公先を転々とした末に紀州徳川家御用達の馬具職の家で修行を積み、馬具製造販売業を営んでいた。母のふじのは信州辰野の生まれであったが、この実母は、菊が赤坂尋常小学校に入学した六歳の時家を出ている。取引先の御用商人の店員と関係し、亀吉によって姦通罪で訴えられて離縁されたためである。周知のように、網野には四人の母が存在する。七歳の時に嫁いできた二番目の母かま、二十三歳の時の第三の母汎子、さらに二十九歳の時には第四の母ができる。自伝的な小説『ゆれる葦』（昭和三十九年八月刊）には、「義母は、かんしゃくをおこした時は、ひどく、言葉が荒くなった。「このあま！」「くたばりぞこない！」「おひきずり！」「居候！」と私をののしる。私は、そのため、本当に自分はわが家のみならず、この世の中でも「居候」なのではないかと思いこむようになって了った。」という一節があるが、網野は、複雑な構成の大家族の中で自らを「居候」のように感じて育っている。そして、実母のいなくなった淋しさから早く新聞小説など読むことをおぼえたのだという。その文才の萌芽はすでに番町小学校時代にあらわれている。

ある時、名文集にあった文を少し書き直しただけの作文を書いた。名文集の中の文の主人公は、お爺さんで、縁側で新聞か何か読んで居たのを、私はお婆さんが裁縫をして居るのに書きかえたのだ。受持の井上という女の先生は、「この眼鏡がキラリと光った……という所など、実によく書けて居ます。もし日本に、将来、女の文学博士が出来るようになったら、きっと、この人は文学博士になれるでしょう。」と、大変なほめようで、クラスのみんなの前で、この作文のことを言った。私は嬉しいと同時に大層心がとがめて仕方なかった。

（「井上わか先生」〔「港」第六号、昭和三十三年〕）

旧師井上わかは、のちに、筑摩書房の井上達三氏の母であることや母校の先輩にあたることもわかり、四十年以上も経ってから再会することになる。『網野菊全集』所収の自筆年譜には、「組の受持ちは井上わか子先生で、作文の力を認められた。」と少し誇らしげに記されている。その後、小学校だけでやめる筈であった網野は、ようやく父の許可を得て、明治四十五年に千代田高等女学校に入学する。入学手続きも何もかも自分でやったという。日本女子大学校への入学は、大正五年、十六歳の時である。入学までの経緯は次のようであった。

三月、千代田高女卒業。のち、約一ヵ月半ほど、富士見町（現在の九段）花街近くの仕立屋に和裁稽古に通う。（略）千代田時代の同級生で級長だった小沢千代子さん（五、六歳年長）が心配して仕立屋まで訪ねて来てくれ、それがきっかけとなって、結局、五月半ばになって日本女子大学校英文科に通学出来るようになった。親たちの心が折れ、当時文学講義録を発行していた劇作家、島村民蔵氏夫妻の親切で、日本女子大家政学部長井上秀子女史の口ききによって英文学部長松浦政泰先生が特に臨時入学試験を受けさせてくれたからである。但し、初めは英文科入学のつもりでなく、国文科に入学するつもりだったのが当時国文科は一時中止になってい（翌年復活）たのである。又、英語力劣等で試験には落第したのを松浦先生の温情で、仮入学の形式で登校を許可されたのである。

（前掲『網野菊全集』「年譜」（講談社、昭和四十五年五月））

同級生には、中条（宮本）百合子、丹野禎子、島村春子（抱月の長女）などがおり、「中条さんは「貧しき人々の群」が九月の中央公論に載ることになり、目白は一学期で退学した。丹野さんは鈴木三重吉門下で、丹野ていの筆名で、既に『ホトトギス』などに作品を発表していた。島村さんは腎臓病のため一年程で退学したが、在学中だけでなく退学後も父上の蔵書をつぎつぎと貸してくれた。この親切は抱月氏の蔵書が早大に納められる迄続いた。」（前掲「年譜」）とある。このような文才に恵まれた同級生たちとの出会いもまた網野の創作意欲を刺激して作家の道を進ませる大きな契機となったであろう。この年には実母との関係をモチーフとする「二月」を脱稿している。大正九年三月に英文学部を卒業した網野は、桜楓会機関紙『家庭週報』編集部に英文係として就職している。正式編集委員になるまで原稿は家庭で書き、編集部へは一週一度だけ顔を出せばよいきまりだったという。新聞の編集の仕事も作家としての網野菊を育んだにちがいない。翌年には、冒頭に掲げた一文にあるとおり、短編集『秋』（奥付の発行年月日では大正九年十二月刊）を自主出版し、さらに、阿部次郎の推薦により、『婦人公論』夏季臨時増刊号に応募の形式で「蕎麦の種子」を発表している。「原稿料というものの貰い初め」（前掲「年譜」）であり、作家網野菊の誕生となる。

次に、書簡の「注」の補足として以下に少し触れておきたい。まず、書簡2は、大正九年八月に軽井沢から投函されたもので、寮舎の者たちと千ヶ瀧の遊園地に行ったことが報告されている。「夏期寮へ行けたことは幸せだったと今でも喜んでいる」（「夏期寮」（『QUEEN』昭和三十六年九月））と回想する網野であるから、その後も軽井沢の千ヶ瀧を何度か訪れている。次の「失敗」（昭和十五年四月）という文章の中で語られるエピソードは、おそらく書簡にある軽井沢滞在時のことと思われる。

学校を出た年の夏、母校の軽井沢の寮へ数日行った。その夏期寮は七月からと八月下旬からとの前後二期に分れて居る夏の学生寮の間に卒業生用に開放される事があるのだった。学生も数人居残っていた。或る日、私は、松尾という国文科の学生と二人でテニスコートの方へ散歩に行った。前年の夏も私は学生として軽井沢に来たのだが、その時一緒だった同級生達は外人の子供に話しかけたりして得意であったのに、会話の下手な私は同級生達を羨しく思い乍ら、そのまねをする事が出来ずに居た。今、松尾さんと散歩に出た時、私は、前年果し得なかった希望を実現させてみたくなった。（中略）松尾さんがそっと私に云った。「網野さん、此の子に話しかけて御覧なさいよ。この子はさっきの子よりも大きいから口がきけるかもしれないわ。」そう云われて初めて私は、さっき私が一生懸命文法を考え考え話しかけた幼児が生後まだ一年たつかたたぬの赤ん坊であった事に気づいた。

きまじめな網野らしいユーモラスな文章である。

書簡4は、大正十二年の初めに認められ、伊太利羅馬日本大使館気付で阿部の許に送られている。阿部は、書簡3で明らかなように、前年の大正十一年五月十日より約一年半にわたり、文部省在外研究員としてヨーロッパに渡航し、書簡の日付のある大正十二年には、スイス、イタリー、エジプト、オーストリー、ドイツ、オランダ、ベルギー、フランス、イギリスなどを周遊している。この書簡では、前年暮れに読賣新聞の「よみうり婦人欄」に取りあげられたことに触れているが、記事が事実に反するものであったことことから、阿部にも迷惑がかかるのではないかと危惧しており、沈痛な内容の詫び状となっている。問題の大正十一年十二月二十八日付の記事というのは大きな写真入りで掲載されたもので、「モデル問題に悩む　年若い閨秀作家　女子大学を卒業して今は早大露文科の聴講生」という見出しが付けられている。書簡には、「「何故露文学が好きか」と真向にたづねられて閉口いたし、つい、うか〳〵と、（略）つく〴〵新聞にはこりはてました。」云々と認めている。その辺りを記事で確認すると、「ロシア文学の方ですか？　英文学や仏文学と云つても深い研究をした訳ではありませんが何だか薄つぺらな気持がするのに引換へてロシア物はみな其一つ〳〵がピッタリと私どもに深く感じられます。」と書かれている。興味深いのは、書簡の後半に「この頃は例のプロレタリア問題に始終おびやかされて居ります。」とあり、女子大の同級であった丹野ていがこの問題に悩まされていることに触れながら、網野自身も自らの文学に揺らぎを覚えていることが吐露されている点であろう。

網野は、新聞記事の見出しにあるように、前年の四月から早稲田大学露文科に聴講生として通っている。一年上級には同じく聴講生として、のちにロシア文学者となる湯浅芳子が学んでいた。湯浅との親交で注目されるのは、同年の九月一日に起きた関東大震災の時、旅行滞在先の福島県下の信夫高湯から一緒に滞在していた湯浅と共に故郷の京都に行くことになったことである。壊滅状態にあった東京への入京が禁止されたことが背景にあるが、この滞京は歌沢寅吉の稽古所に泊めてもらうなどして二十二日まで長期間に及んでいる。特筆すべきは、粟田口にあった志賀直哉の家を探しあてて訪問したことであり、その時「光子」の原稿を持参していることである。後年、網野自身この時のことをふり返って、「私が志賀先生をお訪ねした事は湯浅さんにもびっくりされ、帰京して後、親友の丹野さんからも「見かけによらず、思いきった事をする。」と驚かれたりしたが私は大震災という事がなかったら、そして今生の思い出というような考えがなかったら、中々、先生をお訪ねする勇気は出なかったであろう。」（「震災の年」昭和十七年）と記している。大正十五年七月、この時の縁から志賀の世話により短編集『光子』（新潮社）は刊行されている。

書簡5には、昭和四年一月十日の日付が付されている。阿部次郎は、大正十二年の十月十八日に帰朝し、同月二十七日に東北帝国大学教授に任じられている。翌年三月末には一家をあげて仙台へ移住しているが、書簡の宛名にある「仙台市土樋町二四五番地」へは、大正十四年三月に転居し、住宅の新築にかかっている。この書簡は、阿部の父の逝去を悼む手紙であるが、「先生にも本当に永い間御目にかゝからずに居ります。早や、千枝子様も今年は御十才におなりの筈で」云々とある。阿部次郎の三女千枝子については、前掲の「女子大時代の先生」の中で次のように語られていて興味深い。

先生の中野のお宅には三度程伺つた。先生の外国留学前後である。今、大平夫人となつておられる、末のお嬢さんの千枝子さんが三四歳頃で、先生と客（同級生の丹野、現、野町―ていさんと私）との間にお菓子鉢が置かれている、そのお菓子鉢の前に私達に背を見せて――つまり、もつぱらお菓子鉢に向つて――チョコンとお行儀よく膝をそろえて座つた千枝子さんの姿に、先生も夫人も私達も笑い出さずにいられなかつた。（中略）色白、丸顔の可愛いお嬢ちやんで、その幼な顔やエプロンかけた洋服の童女姿は今なお私の眼にありありと残つているのだが、（中略）近影を見ると、昔の阿部次郎先生――ちようど現在の千枝子さんと同年輩だつた頃の先生――のお顔に実に実によく似ておられるので、感慨を誘われずにおられなかつた。

書簡6は、昭和五年一月二十四日付もので、奉天より出されている。後年、『妻たち』（昭和十八年刊）に書かれることになるが、網野は、この年、「早急な結婚と同時に満州奉天に行く」（前掲「年譜」）ことになる。前年の五月には第四の母を迎える日に自殺未遂をしており、深刻なアイデンティティの危機を抱えていた。結婚した相手は、手紙が寄せられたことがきっかけの見知らぬ青年知識人であった。あわただしく結婚を決めて夫の赴任地である奉天に向かっているが、この結婚生活は、昭和十三年に「離婚」という形で終止符が打たれる。このような経緯であったためか、書簡に結婚の喜びのようなものは読み取れない。

書簡8は、栃木県那須温泉にある小松屋から出されている。阿部は、昭和五年に那須に土地を購入して別荘としているが、書簡の日付のある昭和十八年には、九月十六日から二十九日まで、阿部にとっては最後の滞在をしている。

書簡9は、昭和二十二年一月二十七日付で「東京、小石川区雑司ヶ谷三三、桜楓会アパート　網野菊」とある。書簡中にも、「私は最近表記の所に、また〳〵戻ってまゐりました。」と認められているが、網野は、この年の一月早々に桜楓会アパートに引っ越している。かつて大正十年四月に、新築されたばかりの桜楓会女子アパートに住んでおり、約二七年ぶりの帰館となった。

以上のようにみてくると、「「出版社に損をさせたら一生その社に頭があがらぬから、単行本でなしに雑誌に発表するよう、心がけた方がよい」とおつしやるのだつた。それ以来この先生のお言葉を私は忘れることが出来なかつた。」（前掲「女子大学時代の先生」）と記したように、阿部次郎との師弟関係は、日本女子大学校での出会い以降終生にわたるものであった。暖かく、しかも指南として現実的で具体的であった阿部次郎からの助言や批評は、網野菊の長い作家活動の強い支柱となっていたといえよう。

参考文献

『阿部次郎全集』（角川書店、昭和三十五年十月～四十一年二月）
『網野菊全集』（講談社、昭和四十四年五月）
大平千枝子『父　阿部次郎　愛と死』（角川書店、昭和三十六年八月）
広津桃子『石蕗の花　網野菊さんと私』（講談社、昭和五十六年三月）
長谷川啓「作家案内――網野菊　自己語りとしての文学」（『ゆれる葦』講談社文芸文庫、一九九四年十一月）
沼沢和子「網野菊「憑きもの」解説」（『短編　女性文学　近代続』おうふう、平成十四年九月）
三上公子「網野菊」（『日本女子大学に学んだ文学者たち』翰林書房、平成十六年十一月）ほか

板垣直子書簡

1　大正8年1月12日（13日消印）
東京府下中野桐ヶ谷一〇一八　阿部次郎様
青森県南津軽郡蔵舘丸三旅舘　平山なを　一月十二日
封書　巻紙　毛筆

拝啓　先生には御機嫌うるはしく御越年の御事と拝察いたされ候　私こと丈夫にて消光致しをり候間憚りながら御休心下され度候　私は去月二十六日より当地へまゐり本月十五日朝帰校いたす積もりに御座候　こゝは弘前に近く秋田県界にも近きささやかなる温泉町に御座候　ここには今まで数度まゐり候　ショーペンハウエルは三冊の中上巻だけをよみ申し候　昨年ひもときし折よりも多少理会（ママ）を得うれしく候　先学期先生より御しらせいただきし文学研究会に加入のことを御願ひいたし候へ共何となくこころすゝまず候　そのわけはその会に集らるゝ方々が私に取って有望に思われ〔一文字消「ず」〕ざるために御座候　斯ることを申すことは僭越の到りなりと御叱責をかふむるかと恐れ候へ共。
然し先生が御指導遊ばさるゝが故やっぱり出席致したくは御座候へ共未だに迷いをり候
先生の御宅には余り度々参上いたしその上長時間時間をいただき誠に失礼の到りに御座候へ共　何卒御寛恕下され度候
かへりには又こんぶのやうかんにてもさしあげたく存じ候へ共があんな田舎のものをさしあげて先生の方ではかへって御困りあそばさるゝならんと存ぜられ候　乱筆にて失礼ながら一ふで申し上げ候

早々

一月十二日　平山なを（1）

阿部先生

（1）板垣の旧姓。

2　大正8年（推定）1月26日
府下中野桐ヶ谷一〇一八　阿部次郎様
小石川区高田豊川町女子大学校潜心寮内　平山なを

一月二十六日
封書　巻紙　毛筆

先生の御講義を御伺ひいたしてゐるこの人々[1]の話によりますと先生は御袴を大変短く御着け遊ばされておいでになられるので　たびと御袴との間が一寸五分許り（寸法まで申しました）明いてゐると云ふ事でございます。思へば私共が聴講してゐた折にも多少、短く御召しあそばされておいでになったやうに存ぜられます　それで先生が永遠にその事に御気付きなさならないかもしれぬと存じて恐れながら友達共の御噂を御伝へいたしますかゝる些事を申上ぐる事によって甚だしく御不快を招き以後出入りがならぬと申渡されぬであらふかと打慄ひながら筆をとゞめます。

かしこ

一月二十六日午後
阿部先生　御前

（1）日本女子大学校英文学部生。

3　大正8年（推定）2月25日（消印も）
東京府下中野桐ヶ谷一〇一八　阿部次郎様

はがき　ペン

昨日は誠に有難く御礼申上げ候　突然のことながら高村マチヨさんは昨日午後五時半頃永眠いたし候　二週間許り以前より感冒にかゝり永楽病院[1]に入られたるは数日以前の由にてかくも急にみまかられるとは全く思もよらざりしことに御座候　今朝私も同回生の中に加はりて永楽病院にまゐり安らかに眠ってゐられる御顔をみてかへり申候

二月二十五日
小石川区女子大学校潜心寮　平山なを

（1）雑司ヶ谷の東京帝国大学医学部付属病院小石川分院。

4　大正9年2月1日（消印も）
府下中野桐ヶ谷一〇一八　阿部次郎様
二月一日　小石川区雑司ヶ谷町一二二橘方　平山なを

はがき　ペン

拝啓　三月まで寮に居やうと存じてゐましたが潜心寮の構内に工事で大勢の人夫などの入りこむところから無用心だというので在寮の者一同が相談の結果閉寮するこ

と、致しました　わたしは本日こゝに引移りました　家は音羽町通から永楽病院に至る途中でございます　主人は昨年死去し唯今は未亡人に女中一人でその未亡人は八回の女子大学卒業生〔英文科ではございません〕ださうできのおけないよさそうな人のやうでございます　誠に静かなところで勉強によさゝうに思はれます　私の他に今まで潜心寮にゐたもので□昨年の家政科出身者が居ります。その人のおかげで私は参りました　先生が御つかひ遊ばされなくなった頃ロマンローランのトルストイ論を拝借いたしたいと存じます　乱筆無礼ながら取あへず御報らせいたします〔六字削除〕

5　大正9年3月〔年月推定〕7日
府下中野桐ヶ谷一〇一八　阿部次郎様
七日　府下高田雑司ヶ谷三一〇小林儀一郎方　平山なを
はがき　ペン

前略　ローマンローランのトルストイを山田さんも読みたいと申し〔十五字程度削除〕自宅に持って行きました。先生が御用の時には何時でも御返しいたし又御返却の折には山田さんの方から直接御届けするさうでございます。先生の御許可がありませんので甚だ恐入りますが何卒悪しからず左様御承知下さいませ。
私はまた引越しました。先のところはゐられなくなったからでございます。それは先の未亡人が今度家を売払って故郷の神戸に帰へる事になったからでございます。ここの女主人は英文科二回の卒業生で主人は目下不在の由でございます。場所は丁度学校の裏の寮舎の後の方で至極閑静でございます。〔一一字削除〕先生と遠くはなれたやうな感じがいたします。先生と御会ひして御話を伺ひたくなりました。先生の前ではいつも自由を失ひます。

6　大正9年3月20日〔消印も〕
府下中野桐ヶ谷一〇一八　阿部次郎様
府下高田雑司ヶ谷一三《ママ》〇　小林方　平山なを　三月二十日夜
封書　巻紙　毛筆

拝啓
去る十七日中嶋さん[1]のところに行って愈々御断りをして帰へりました。十五日に手紙で勉強の都合上やめると云っておきましたから十八日に行った時にもその口実を主張したのでございますが　中嶋さんは非常に悲痛な色を浮べて到底座に堪えませんでした　それで遂ゐに私は稽古(2)をやめる理由は結婚を承諾しえない事にある旨を答へました　然しそれでも到底堪えられませんでしたから稽古をやめる事に就いては先生の〔二字削除〕御承知をえてゐると申しました　さうすると中嶋さんは急に先生に対し中嶋さん自身が一切を話さねばならぬと申しました　一切を話す！　中嶋さんと私との交渉には私が未だ先生に御話いたさない事で更に複雑な事があるからでございます　その事と云ふのは私が中嶋さんの烈しい誘惑に敗けたと云ふ事でございます　私はここで徒らに私を弁護しやうとは思ひませんが私は敗けたのであると云ふ事を御承知下さいませ　敗ける事は戦ひを予想します　中嶋さんが私に対して持ってゐられた好意の熱烈さは大変なものであったと思ひます　而して中嶋さんは御自分のその好意の表現を如何しても或特別な形式に表はさずにはおきません　私は敗けました　然しそれは十度の戦に唯一度の割合でございませう　然し敗けた事は敗けた事でございますから如何ても仕方がございません　私は唯自分が敗けることをよぎなくするやうな境遇に〔三字削除〕軽々しく自分をおいた事を私の愚かさに帰する他ございません　私はあらかじめ危険を慮って自ら私を危難に先ち退ける程の聡明を欠いてゐました　勿論この事は求婚を拒絶した後に起った事でございます　私は求婚されたその時に断りました〔十五字程度削除〕私には中嶋さんに愛を殆ど全然と云ってもよい程持たないのに何故意識しつゝ所謂誘惑にまけるに好都合な場合に自分を導いたのでございませう　それは当時の私にふざけ気分と中嶋さんの熱烈さ〔三字削除〕中嶋さんに対する気の毒さ（中嶋さん〔八字削除〕の寂しさうな境遇に対する）□の感情がうごいてゐたからでございました　然し要するに根本に於いて私は唯私を責める念慮他ありません

私は先日先生にこの事に就いて少しも申上げませんでした　尊敬する先生に自分のわるい事を御知らせいたすに堪えませんでした　しかし私は今申上げます　さうして先生から叱っていただいたら満足でございます　もう何も申上げられなくなりました　こゝでは唯先生に対する或感情だけが動いてをります　乱筆失礼ながら

かしこ

二十日夜

なを

阿部先生　御前に

（1）（2）当時板垣は、阿部の勧めを受けてフランス語やドイツ語を個人教授について習っていた。その中で親しくなった男性か。

7　大正9年3月25日（4月5日消印）
府下中野桐ヶ谷一〇一八　阿部次郎様
市外高田雑司ヶ谷字金山三一〇　小林方　平山なを
三月二十五日
封書　巻紙　ペン

拝啓　御手紙を拝受いたしました　感謝と後悔のなみだにくれながら拝読いたしました(1)
此の一週間殆ど何事もなすなく暮してをります。私はいかに苦しまふと自分の馬鹿の報いとして致し方ございませんが　私の愚かの故に此度先生をいかばかり御悲しませいたしたか又御旅行から御帰へり遊ばした折にはいかに御迷惑に御感じ遊ばさるるかと存じますとゐてもたってもゐられない程申訳なく存じます。
或はもう御出立後かとも存じますがこれをかきました
私は先生からあの御叱りを受ける事に何物にもたとへられない満足を感じました。私は以前から自分の心持の一体の弱さを感じてゐましたがこんな罪を犯さうとは思設けませんでした　今はもうこの事に就いて云ふ程野暮でございますから申しません　今後できるだけ注意して暮すやう心懸けます　それができなければ寧ろ自分の生を滅ぼした方がましでございませう。ペンで誠に失礼でございますが何卒御ゆるしたまはりたく恐れながら先生の御旅行の御無恙を祈りあげます
かしこ
三月二十五日　なを
阿部先生　御前
追伸　今度も十日許り国で暮さうと存じてをります。今月二十八日頃帰国しやうかと存じてをります。

（1）書簡7の、恋愛問題に関することと思われる。

8　大正9年11月2日（消印も）
東京府下中野桐ヶ谷一〇一八　阿部次郎様
市外雑司ヶ谷亀原七　永島方　平山なを拝　十一月二日
封書　無地便箋五枚　ペン
拝啓　御はがきを昨日拝見いたしました　上代先生(1)に今伝へて帰へったところでございます。日曜の午前幸ひ何の不都合もないから御伺ひいたすさうでございます、そ

して永沢さんには土曜と話してあるので日曜の午前都合が好いか悪いか今のところ解りませんがもし永沢さんが日曜都合が悪ければ私が一緒に参ゐるやうに約束致しました。永沢さんが行っても私も行って差支ないのでございますが時間を大切がる上代先生は私を同行して私の時間を取るのを気の毒がりますからさう致しました。上代先生は今度御伺ひいたした時は余りながくゐないと申しました　そして追々問題を持ってゆくのだと申しましたそれで上代先生の口振りでは余り早く帰へりさうなので私が「それではお茶も飲まずに御かへりなさいますか」とたづねましたところお茶は飲むと云って笑はれました。

　昨日ステーションで先生に御会ひいたして全く嬉うございました。申しあげましたとほり井の頭にゆくつもりでゐましたが一緒に行った友達も賛成してくれましたので序でに降りて先生の方の電車がくるまで御話を伺ひたいと俄かに降車を思立ったのでございましたが　まご〳〵してゐる間に電車が来てそして去ってしまったので残念でございましたが　それでも先生に御会ひする事ができたので　井の頭へ行って得られるだらうと想像していた楽しみと同量の楽しみが既に与へられたと思ひました。(今日は何となくいろ〳〵の事を書くらしい予感を持ちますが第一のパラグラフ以外は要するに駄弁に過ぎないものでございますから御読み下さいませんでもよろしうございます　たゞ何となくかきたくって筆がはこばれます)　東中野を過ぎて愈々秋色は清く澄んでゐました郊外と申しても〔三字削除〕目白付近ではとても田舎の感じをうける事ができません　車窓から眺めてゐるだけでも自然のエフェクトは感ぜられました　私は此頃漸く少し自然に就いて感ずるやうになりました　即ち自然のうちに全体的にをりますと(局部的に窓□から眺めるのでございませんで)云ふに云はれない一種の温かさが自分の周囲に充ち溢れてゐる事を心に徹して感じます　又自分の心持が柔らかに鎮められ清められます　そして自分の住んでゐる室や家総じて人間界がいかにも雑然騒然してゐるものである事を物新しく意識いたします　自然から温かい抱擁の感じを受ける理由はそれは自然に植物のある故だと思います　即ち植物が生命を持ってゐる故だと思ひます　此生命これこそ自然が人間を精神的に索《ママ》引する最も重い要素だと思います　そして自然に於いては此生命が人間界に於けると異なっていぢける事なく邪になる事なく何□の修飾なく最も自由に自然的に表現せられ貫かれてゐます　この事の故に人は自然によって心持の浄化せられる経験をうるのではないかと思ひます同じ植物でも既に生を失った材木によりて造られた家或は室内にをる時人は自然界に在って受けるいろ〳〵な感じを殆ど絶対と云ってもよい程感ずる事ができません　そこでは生命の欠如の故に唯寂寞無味が支配してゐると感じます

滑稽な論がながくなりました、井の頭のことに移ります　さすがに秋で井の頭の自然は衰へてゐました　自然の衰へたところに云ふまでもなく特殊な情趣はございますが然し私は以前こゝにみたかの豪壮な夏季の自然をより好ましく思ひました　然しあのながい池のまはりを歩をゆるめてめぐる事数知れぬ松の林の間を逍遥する事そしてその間中〔七字削除〕枯れた雑草に又空の高く澄んでゐるのに秋を意識して時のたつのを忘れるのは言葉に尽されぬ喜びでございます　殊に井の頭で持つ一つの美しい連想はスコット[2]の湖上の美人の或場面でございます。あの林の中に〔五字削除〕馬に乗った一人の武士が迷って来ないとも限りません〔三十五字程度削除〕　さうして丁度その時池の一方のしげった大木が岸から□□水面に枝を出してゐるあたりから一艘の小舟に棹さしてうら若いエレン姫が現れて来ないとも限りません　実際此連想が無理ではないと思ひます　そして丁度かのスコット物語りのカトリン湖上から今はあの詩の場面を探しいだす事が難いだらふやうにこゝの池の面もそんな物語りは過去のものと云はぬ許りに水面は舟をやる道なき許り草でおほわれてゐます　林の中も人を迷路にいざなふ雑草の繁茂は跡を絶ってをります

誠にながくなりました　もし御読み下さいましたならば恐縮に存じます　然し実際はもっと〳〵たくさん先生に申し上げたい事がございますが御目に羅（ママ）った時にいたします　自分などにかゝわる御煩はしさは充分想像せられますけれ共

カラマーゾフ兄弟[3]のアナリシスは致すつもりでをります　それで今クライムエンドパニシメントを読んで居ります　後者の主人公の扱方と前者の重要人物の扱方に就いて多少比べて考へてみたいと存じますので、しかしカラマーゾフ兄弟の宿題はながくかゝりそうでございます　それでもよいと御許し下さる事を信じてをります

敬具

十一月一日午後

平山なを

阿部先生

（1）明治四十年日本女子大学校英文学部卒業、七回生。成瀬仁蔵・新渡戸稲造の勧めで米国へ留学。のち、第六代学長に就任。（2）一七七一年、スコットランド生まれ。長編物語詩『湖上の美人』は一八一〇年。のち小説家に転じる。

（3）ロシアのドストエフスキーが一八八〇年に書き上げた小説。

9　大正10年5月3日

市外中野桐ヶ谷一〇一八　阿部次郎様
市外雑司ヶ谷鶴巻三七二　早川方　平山なを　五月三日
封書　縦罫入便箋二枚　ペン

そろそろ眠くなりましたが御手紙を書きたくなりましたから認める事にいたしました。今日本屋に行ったとき、五月号の新小説で村松正俊(1)が先生に就いて乱暴な事を云ってゐるらしいのをちら〳〵瞥見致しましてほんたうにいやに思ひました。先生は村松を直接御らん遊ばした事があるかどうか計りかねますが村松は様子をみただけでも余りい、印象を受けません。唯美主義のオスカーワイルド(2)が曾てグロテスクな様子をしてロンドンの街を歩いたと申しますが村松はその時のオスカーワイルドの出来そこないみたやう〔五字削除〕な印象を与へます。唯にその様子だけでなくその表情だってい、感じを与へません。甘ったるくってもゆるんでゐても　ワイルドの表情の方がまだ自然な気持ちがします。〔四十字程度削除〕それから一体村松が彼の現在の教養と年齢ながらに先輩の人物批評をするなんて驚きました。

それからこれは別な話でございますが　先生がいつか遠藤の事をそれとなく板垣(3)に御たづねして下さると仰しやって下さいましたが若し未だ板垣におたづねしていらっしゃいませんならば全く御たづね下さらなくも宜しうございます。私の考へてゐた招介《ママ》の事が何だか冒険のやうな気がしますので　それから例の友達は此春から音楽学校に更に入学することになりましたから。

大学で講義をきくのは面白く思っておりますが毎日行くので疲れるやうに存じます、帰宅してから勉強する勇気が乏しくなった事を発見いたします。乱筆失礼ながらこれでふでをおきます

かしこ

五月三日夜　平山なを

阿部先生　御前

（1）評論家、翻訳家、詩人。（2）一八五四年アイルランド生まれ。『幸福な王子』等。（3）なをの夫の板垣鷹穂、美術評論家。

10　大正10年9月4日（消印も）
府下中野桐ヶ谷一〇一八　阿部次郎様
小石川区目白日本女子大学校自敬寮　平山なを　九月四日
封書　縦罫便箋四枚　ペン

上代先生に昨日会ひましたところ、上代先生は、先生のところに私と一緒に伺ふ折もう一人連れてゆきたいと申します　それは先月二十九日米国から来た許り〔五字削除〕日本に二三年ゐたいと云ふ希望を持ち上代先生の学校を(1)で、コロンビヤで学士号を取り上代先生の親友で専門はヒューマニズムの学問であり父親が高等学校長母親がブラウニング学者の娘でアメリカ人にしては最も無愛嬌者で日本にあって種々友人に接し日本を知りたいと云ふのが渡来の重大理由の一つだと上代先生から聞いたまゝを失礼ながら無秩序にならべました　尚もう二つ落としましたがその婦人は上代先生より年下で渡来の目的はミショナリーではないが自身の人格をミショナリーの人としても資格があると信じてゐてミショナリーを〔十字削除〕口実（?）として渡来しその為め居をクェカー教の自由なフレンド女学校(2)におくとか伺ひました　今は鎌倉にゐるそうでございます

上代先生は先生に非常に尊敬を持ってゐられるので先生に個人的に御会いするのを大変喜んで居られるやうに思ひます〔十五字程度削除〕それで今度先生にお会ひする時に上代先生は自分の親友（日本に興味を持ってゐると申す）をも伴はふとするのでございませう　その米国婦人は上代先生の特別の親友のやうに伺ってをります〔二字削除〕それで上代先生はその婦人を伴って先生のところに伺ふ前に先生に就いてその婦人に話しておきたいと申し〔四字削除〕そのため私から先生の〔十二字削除〕御著はし遊ばされた哲学の叢書中の二書やニィチェや合本三太郎の日記を借りたいと申しました〔四字削除〕それらの先生の御著書を予め直接その婦人に示しておきたいと申しました　私共がたとへば或人に就いて斯く〳〵の著書があると名前を示されるだけよりもその著書の一二冊だけでも実物を示されると中を読まないでも一層感じが深いものでございますが上代先生も或はそれをやられるのでないかと存じます　斯様にくどく記しまして丁度先生を納得のゆきがたい幼子にひきおろしたやうで誠に相済まなく存じます

先生はアメリカ婦人に御面会遊ばさるゝのを如何思召されるか計られませんが同行する私といたしましては自分たちの先輩でとにかく学校の生活に努力せられてゐられる〔二字削除〕上代先生と先生のところに御伺ひする

のは大変嬉しい事でございます　又上代先生が先生との思想上の交際によっていろいろ啓発せられるかも知れないと想像する事も嬉しい事でございます　上代先生は今度の訪問に就いて殊に米婦人を伴ふ事に就いて予め先生に御ゆるしをえてくれと〔三字削除〕は申しませんでした〔二字削除〕　上代先生は今秋是非先生に御目に羅《ママ》りたいと申してをります

それから御伺ひする期日は今月十五日から二十日までが上代先生もその婦人も丁度好都合ださうでございます

乱筆の上乱文で誠に相済まなく存じます

かしこ

平山なを

九月四日

阿部先生

（1）米国ウェルズ・カレッジ。（2）明治二十年創立の普連土女学校（現・普連土学園）。

11　大正10年（推定）19日（消印　月不明）

市外中野桐ヶ谷一〇一八　阿部次郎様

はがき　ペン

前略

今日鹿子木さん(1)が講義に先ち(2)先生と久保氏(3)のプラトンの訳本に就いて「非常に優れた日本訳」と云はれました「原文に忠実でしかも文章が選錬《ママ》せられてゐる」と云って推賞しました　さゝやかな事ですが先生に御伝へしやうと存じて鹿子木さんの言葉を書きとって来ました、然しその後講義の途中に引用の必要からかの訳本の一節をよんだ後拍車（？）と訳すべき語を鐙と訳してゐると云ひました。その原語のもとの意味は鐙だがこの場合では拍車とすべきだと云ひました　さうして「阿部君や久保君が馬に乗るならぢき解る事だ」と笑ひながら云ひました　序でにこの事も記し添へました　乱筆失礼ながら

平山なを

（1）鹿子木員信（明治十七年～昭和二十四年）哲学者。大アジア主義の思想家。（2）先立ち、か。（3）久保勉（明治十六年～昭和四十七年）。西洋哲学者、プラトンの著作の翻訳・紹介者として著名。

12　大正14年3月（年月推定）

仙台土樋二四五　阿部次郎様

中野一〇一二　板垣なを

絵はがき　Bonn-Universitat　校舎一望写真

仙台の此頃は如何でございませうか。「青葉の城下」や「広瀬川」の名にちなんで考へる仙台は青葉の茂った水の流の豊か〔二字削除〕な都を想像いたします。先生のところは殊に郊外でいらっしゃいませうと存じます。此絵のしゃしんはニイチェのゐたボン大学[1]でございます。大学以外では□□□云はれなくなった沈黙の先生に　今一度ニィチェのツァラツストラをかゝれた当時[2]に御かえり下さいと申すかはりに御はがきを□てあげます。奥様に何卒宜しく

（1）阿部は大正十一〜十二年、文部省在外研究員として渡欧。（2）大正八〜大正十年ころ。

13　昭和3年10月16日（17日消印）

仙台土樋二四五　阿部次郎様

十月十六日夜　東京市外上落合二―五九九　板垣直

絵はがき　日本画婦人像

奥様に何卒宜しく御願ひ申上げます　其後御無沙汰申上げてをります　い丶秋になりました。先生を始め皆々様にはお変わりもいらっしゃらない事と拝察いたします。今日は帝展の招待日で楽しく一日を過してまゐりました。中で茅野様御夫婦[1]におあひいたしました。茅野さんにはいつもおき丶したい事が出る毎に訪ねたいと存じながら、自分の教養の少な過ぎる事を感じてゆきかねていますので、今日そんな話を思いだしたところ行ってもい丶様なお話ですからその内ゆきたいと思ってゐます。昔の様に、御忙しい阿部先生に始終御邪魔申上げた時代の大胆さが寧ろなつかしまれます。

（1）茅野儀太郎（蕭々）・雅子夫妻。

14　昭和10年9月13日（消印も。転送消印15日）

仙台市土樋二四五　（転送先　栃木県新那須第二近光荘）阿部次郎様

東京淀橋区上落合二ノ五九九　板垣直子　（内封筒に　板垣（平山）直子）

封書　四百字詰原稿用紙二枚　ペン

御無沙汰申上げてをりますが、先生にはお元気で御活動の様子を存じあげてをります。

さて今日、突然御手紙をかきましたのは甚だ失礼なお願があってのことでございます。遠慮甚だ申訳ございま

せんが、御本を拝借させていたゞけぬものかと、思案の果にとにかく御手紙をかいてみることにいたしました。御本というのは、他でもありませんが、かつてまだ先生の御世話になってゐました時[1]に、メレヂュコフスキー[2]の「□□芸術家としてのトルストイ及びドストエフスキー」の英訳を先生から拝借してよんだことがございますが、あの本をまだお持ちでございましたら、拝借させていたゞけませぬかとかくはお願ひ申上げました。実は最近読みたい必要が起ったのでございますが、東京で持合せの人を知りませんし、古本の方でも手に入るまいと松村書店からもいはれましたので、拝借に上るわけにも行かぬ遠路乍ら大変失礼と存じながら御願ひいたしてみることに決心いたしました。

まづは失礼乍ら御願まで　　早々

十三日　　板垣直子

阿部先生

追伸

先生に講義を伺った同級生の中で海外へいって居た人々も大抵東京に帰ってきてこの頃つき合ってゐます。ルーブルで先生とお会ひした山田さん[3]の主人は、外務省の文化事業部長になって帰朝し、荻くぼに家をたて、よく私のところへも来ますが、夏前にあった時に先生に御目に羅りたいと申してゐました。シンガポールでお会ひなすった金原花子さん[4]は、子供を中学に入れる準備で、漢に居る主人と別れて来て代々木にゐます。その他かようなこと柄は御興味もございませんでせうが、余白がありましたので一寸かき添へました。

（1）阿部の日本女子大学校出講期間は大正六～十一年。
（2）ロシアの詩人、慶応二～昭和十六年。（3）英文科同級生か。山田の名は書簡5にもみられる。（4）旧姓橋本。国文学部第十九回卒。阿部の大正九年三月七日の日記に「夜女子大学の答案を見る。橋本花子の新生評見るべし」とある（『阿部次郎全集』第十四巻）

15

年月日不明（大正14年以降、昭和14年までの間と推定[1]）

仙台市土樋二四五　阿部次郎様

東京市淀橋区上落合二─五九九　板垣直子

絵はがき　白樺林風景写真

前略　この間御願ひ申上げました本をその後手にいれましたから、拝借させていたゞかないでもよくなりました。右取急ぎ申上げさせていたゞきます。

（1）阿部家の土樋転居が大正十四年、板垣家の上落合在住は昭和十四年（月日不明）までで、同年中の七月以前に代々木に転居している。

16　昭和14年（推定）7月6日（消印も）

仙台市土樋二四五　阿部次郎様

東京都渋谷区代々木初台町六〇六　板垣直子　七月六日

封書　四百字詰原稿用紙二枚　ペン

この間は全く久しぶりに御目にかゝることができまして大変うれしく思ひました。いつか仙台で先生に御目にかゝることができるかも知れないと漫然と考へてゐたことがつゐに実現したことを思ひます。私は母の死後[1]郷里には殆ど帰へりませんので仙台を通ることがございませんでした。先生には昔に変わらぬ御温情で御あひ下さいまして大変うれしく思ひます。現在のやうな落付くことを許るされぬ世の中で、静かな御書斎の御生活をもって御いでになられることは真に御仕合せな御境遇でいらっしゃると存じました。先生におあひしたことを先生から女子大学で講義をきいたいろ〳〵な友人達に伝へようと思ってをります。

翌日の昼間の汽車が十時間かゝると先生から伺ひましたので、予定をくりあげ、夜の午前三時五十分発の急行で出発し、翌日の午前十時半頃上野につきました。新式の大きなきれいな汽車で、朝食も内部で買うことができました。また、お訪ねする日のあることを楽しみにいたしてをります。

七月六日　板垣直子

阿部先生　御机下

（1）母の死亡は昭和九年。

【解説】

板垣直子は、日本の論壇で女性としてはじめて認められた文芸評論家である。豊かな学識に支えられた冷静で緻密なその論評は、書かれた筆致をみる限り、明治生まれの女性のものとは信じがたいほどである。彼女の生涯は小説家たちのようには詳らかにされていない[1]が、恵まれた家庭環境、本人の強い向学心、そして何より指導者たちに恵まれたことが、この稀有な論客を育んだ要因といえよう。ことに阿部次郎へ寄せる板垣の信頼は手放しといえるほどで、阿部の指導を仰ぎ、実力を認められたことがまた板垣の自信を生み、旺盛な活動への原動力となったことは疑いない。

ここに収められたのは、大正八（一九一九）年から昭和十四（一九三九）年ごろの板垣直子が認めた阿部次郎宛書簡、封書九通・はがき四通・絵はがき三通である。書簡について述べる前に、板垣の略歴を、阿部との関連とあわせて確認しておきたい。

一

板垣は明治二十九（一八九六）年十一月十八日、大庄屋を務める平山兼吉の次女として青森県に生まれた。ちなみに阿部も山形出身であり、東北人同士相通ずるものがあったのかもしれない。「決してぜいたくではないが豊かな感じのする地主の家庭」に育ち、「家の事情には気がゝりになつたり心を曇らせることが少しもなかつたから、私の学生時代のすべてを通じて、私は勉強に専心打ち込めた」（「私の批評的生ひ立ち」『文藝』昭和十五年三月）と語る板垣は、学問を志す女性としては、まことに恵まれていたというほかない。おそらく両親にも、娘に学問を許すだけの進歩的な意識が備わっていたのだろう。

県立弘前高等女学校を卒業した板垣は、大正三（一九一四）年日本女子大学校英文科に入学、卒業は同七（一九一八）年で、第十五回生にあたる。英文学部の一年先輩には高良とみが、二年後輩には宮本百合子や網野菊がいた(2)。当時の英文学部は一学年が十名余りであったというから、この錚錚たる面々は板垣に色濃く影響を与えたことだろう。

本人の言葉によれば(3)、板垣が英文学部四年のときに阿部の講義を受講したのが師弟関係のはじまりである。この当時板垣は二十二歳、そして阿部も三十五歳の青年教員であった。したがって、両者の関係には、若者同士の親しみやすさ、兄妹のような慕わしさもあったのではないかと推察される。「こわいおばさん」と自称するエッセイさえあり、またその筆運びの厳しさからは、やや険しげで厳格な内面を思わせもする板垣が、阿部への手紙の中では無邪気な娘らしさを匂わせている。

板垣は卒業後も研究生として同学部に在籍して阿部の指導を受け続けた。「私の批評的生ひ立ち」には、阿部という師に出会った感激が「何といふ豊かな、飛躍の大きい、開かれたる、思想性もあつて、感情も枯れていない世界だつたらう」という言葉で記されている。そんな幸福な学究生活を送っていた板垣に、さらに東京帝国大学で学ぶチャンスがもたらされた。

大正十年頃から、東京帝国大学文学部は、文科入学志望者が減って授業料の減少したのを補うべく、女子聴講生を募集した。資格は専門学校の卒業者に限られていた。東京官立大学が始めて女子に門戸を開放したというので、学問や仕事でたちそうに思われない有閑娘達が、好奇心も手伝って大勢入ってきた。そして、その制度は、まもなく男子の入学者がふえると同時に廃止になり、ほんの数年間つづいたにすぎなかった。

（板垣直子『明治・大正・昭和の女流文学』桜楓社、昭和四十二年六月）

後年の板垣は、この好機を帝国大学の資金難によるものとクールに振り返っているが、そこで出会った深遠な学問の世界は、板垣をより高いレベルへと引き上げていった。桑木厳翼に西洋哲学を、大塚保治に美学をと、当代一流の教授陣に指導を受ける傍ら、板垣は個人的にも早大・日本女子大学校教授であった岸本能武太に英文読解を、外国語学校教授の瀧村立太郎にフランス語を、そして法政大学教授の関口存男にドイツ語を学ぶという英才教育を受け、また中野の阿部邸へも通ってドイツを中心とした西洋文学・文化史の指導を受けていた。

このような努力の結果、当時の板垣は英語はむろんのこと、フランス語やドイツ語をも解し、西洋のあらゆる思想を英訳もしくは原語で、しかも相当量読みこなせる力を身につけていった。近代日本文学における欧米文学の影響を精巧に解き明かす力は、この時期培われたものである。ことに、大塚保治の偏向のない公平な論理は板垣を感嘆させており、評論家としての板垣は、阿部の人格主義よりも、大塚の公平・無色な研究姿勢に影響を受けたようである。蛇足ながら、東京帝国大学進学後の板垣は、日本女子大学校の学問レベルを振り返って不満を抱くようなこともあったようだが、これは時代の限界というものであろう。

今回取り上げられた書簡のほとんどは大正八～十（一九一九～二一）年ごろのものであり、それは板垣の、文字通り最高学府で学ぶ充実した日々を、そしてまた二十代前半の若い女性としての日常をも映し出しており、大正期のインテリ女性の実態を伝える資料としても興味深い。板垣が東京帝国大学第一回聴講生となったのは大正九年、そこで出会った板垣鷹穂と恋愛結婚したのは大正十二年である。

結婚後の板垣について知る資料はきわめて少ないが、『季刊　あおもり草子』（昭和六十年九月）に板垣の次女竹内禮子氏の「母を語る」と題した貴重な文章が残されている。それによれば、板垣家の雰囲気は「西欧風というのか夫婦中心の家庭で、子供のほうは付け足しという感じ」がしたとのこと、また板垣の仕事と家庭の両立については、「それが出来たのは第一に父の理解があったからだと思います。母は父をとても尊敬していましたし、大事にしていました」と語られている。また、『彷書月刊』（平成十九年二月）掲載の「父のこと母のこと。板垣哲子さんに聞く」では、長女哲子氏が「二人はすごく仲がよかったけれど、それぞれのペースで、それぞれ自分の世界を持っていました」と両親を回想している。敬愛しあう研究者同士の、円満な夫婦関係が築かれたことを確認してよかろう[4]。板垣鷹穂もまた、阿部の門下生の一人であった。

一方同時期の阿部は、大正八（一九一九）年に五歳の長男を病気で失うという悲しみを味わいつつも、同九年には芭蕉研究会を主催、十年には『中央公論』（一月）に「人生批評の原理としての人格主義的見地」を発表するなど人格主義を導入した主張を展開、十一年には文部省在外研究員として美学研究のため渡欧し、十二年には東北帝国大学の美学講座の教授に就任、研究者として最も充実した時期に当たっている。板垣と阿部は、それぞれの人生上、きわめて重要な時期に時を重ねた師弟ということができる。

二

それでは、書簡各通を年代順にみてゆきたい。

日付・消印に不明のものが多く、正確な年月順をつけるのは困難だが、手がかりになるのは阿部の住所と、板垣の姓であろう。阿部の仙台移住は大正十三（一九二四）年、土樋に居を構えたのは翌十四年であり、板垣が旧姓の平山を名乗っているのは大正十一（一九二二）年までである。昭和期のものは、板垣家の住所も手がかりとなった。

書簡1の封書は、珍しく文字を入れて念入りに封をし、いくぶん改まった筆運びとなっている。阿部に誘われた文学研究会への参加を断る内容が、板垣を畏まらせているのだろうか。あるいは書簡をやりとりし始めた当初の板垣は、このような文体で書いていたとも思われる。

書簡2は在寮中のものの中でも、ごく早い時期のものと思われる。短いものだが、わざわざ書簡で女子学生の噂話を書き送っているところなど、娘盛りの板垣が、若き「阿部先生」に興味津々であった様子が手に取るように伝わってこよう。阿部の三女大平千枝子氏の著書『阿部次郎とその家族』（東北大学出版会、平成十六年六月）には、板垣の次のような証言が収められている。

先生が目白で講義された時は、まだ非常にお若かつた。そして前にも述べたやうに、全校の人気をわかしてをられた。崇拝する生徒が大勢ゐたし、卒業生で学校で働いてゐた人達や、女の先生方にも崇拝者がゐた。しかし冷静でしつかりしてをられた先生は、実に立派な態度をもつて終始された。そのために、今でも阿部先生は慕はれてゐる。

阿部の袴の丈が短いことは、トレードマークになっていたようだ。千枝子氏は『父　阿部次郎』（東北大学出版会、平成十一年一月）の中でもまた、阿部がたしかに短めの和服を好んで着用していたことを回想し、それが阿部の体温が高かったためであると説明している。同じく在寮中に書かれた書簡3などにも、友人の死の悲しみを書き送らずにはいられないといった、板垣の阿部に対する心の寄せ方が窺える。ちなみに、この永楽病院には、家政学部生であった宮沢賢治の妹トシも、大正七〜八年にスペイン風邪で入院している。『父阿部次郎』には「宮沢賢治と阿部次郎」と題した千枝子氏の講演記録も収められ、娘の目からみた数々の共通点が指摘されており、人の死に纏わるつらいエピソードながら、「日本女子大学校」や「永楽病院」を通じて阿部と賢治が線で結ばれる因縁を感じさせられる。書簡4や5には、当時の女子学生の貞操観念も垣間見られ、住まい探しに卒業生のネットワークが活用されていたこと、それがまた地方出身女子学生の安全を確保していたことなど確認でき、興味深い。

板垣の全十六通の書簡のうち、青春期の彼女の鼓動を最も激しく伝えるものが、書簡6・7である。書簡6は、板垣が一人の青年から熱烈な求婚を受け、思わぬ深刻な問題に身を陥れさせてしまったことの顛末を報告するものである。しかし、二十四歳の板垣は冷静に自分の誤りをみつめ、当時の自分に「ふざけ気分」や相手への哀れみの気持ちがあったために、「誘惑にまける」結果を生んでしまったと振り返っている。大正期の自由恋愛謳歌の気風によるものとみることもできようが、それ以上に、やはり目標に邁進する若い板垣の姿には魅力が溢れていたのであろう。「尊敬する先生に自分のわるい事を御知らせいたすに堪えませんでした」「先生から叱っていただいたら満足でございます」「唯先生に対する或感情だけが動いております」といった言葉からは、板垣がこの失敗を、尊敬する阿部の存在を意識して恥じ、反省していることが読み取れ、そこからの立ち直りは阿部の反応如何に掛っているようにも思われる。

書簡7は、書簡6に応えた阿部の返信に、再度書き送ったものとみられる。不本意な恋愛関係を持ってしまった経緯をすべて打ち明けた板垣は、阿部からの返信を受け取って「御叱りを受ける事に何物にもたとえられない満足を感じ」たといい、「感謝と後悔のなみだにくれた」と述べている。ここには、時代的にみても女性としてなかなかに許されがたいダメージを受けた板垣が、阿部の一通の手紙でそのようなわだかまりを解消され、鋭気を取り戻してゆくさまがありありと読み取れる。既に旅行に出立後とも思われる阿部へ、即刻返信を書き送らせるほど、阿部の手紙は板垣の心に染み入るものだったのであろう。

書簡8には、上代たのの名がみえる。上代は八期も上の先輩にあたるが、板垣が上代を強く意識し、憧れをもっていたであろうことは疑いない。上代は板垣が英文学部三年の時に米国留学から帰国し、時を置かずして英文学部教授に就任、後進の指導にあたった。若くして業績を打ち立ててゆくその姿に、板垣が自分の将来を重ねたこともあった。

> 女子大学を出た年にはまだ帝大が開かれなかつたから、私も人並みにアメリカに行つてどこかの大学に入りたかつた。家に手紙で頼んだが返事も来なかった。その頃アメリカに行つてゐたら、私も帰朝後は母校を教へることになつてゐたかもしれない。
>
> （「私の批評家的生ひ立ち」）

本人も述べているとおり、この手紙の後半はいわゆる無用のおしゃべりから成り、板垣が阿部を、恩師というよりも父か兄、あるいは擬似恋愛の対象として位置づけ、心に浮かぶままをあれこれ語りかけているような甘い雰囲気を感じ取ることが出来る。

書簡9では、冒頭の「眠くなりましたが手紙を書きたくなりましたから認める事にいたしました」という箇所に、板垣の阿部に対する無防備なまでの敬慕の念が読み取れよう。評論でみせる実証的な姿勢の片鱗もなく、雑誌に阿部への批判をみつけて憤慨し、執筆者をけなしてみせるところにも、同様のものが感じられる。書簡11のはがきでは、逆に他の教員が阿部をほめたことを早速報告しており、学生時代の板垣の心が阿部で占められていることがわかる。東京帝国大学聴講生としてスタートを切ったばかりの頃であろうが、9にはまた、わずかながらの弱音も垣間見られ、学問上の一つの壁にぶつかっていたことを思わせる。阿部は板垣にとって、将来の展望がみえにくい不安な研究生活の精神的な支えでもあったのであろう。文中、「板垣」の名がはじめてみえる。

書簡10にも上代の動向が記されているが、これは国際平和運動に携わった初期のものであり、女性史上重要人物である上代の年譜上も貴重な資料となりえよう。当時の上代は国際問題研究会に所属、ジェーン・アダムスとも親交を持つに至り、ライフワークとなる国際平和運動に踏み出したところであった。上代が外国の友人を受け入れ、その人に阿部との交流を持たせようとする上で、板垣は両者の橋渡しの役割を担っているのがわかる。

書簡11の後、四年ほどの時が流れているが、この間に板垣は結婚生活に入り、阿部も渡欧、帰国後は東北に拠点を移している。書簡12で触れている阿部のボン大学滞在とは、大正十一（一九二二）年五月から翌年十月まで、文部省在外研究員として美学研究のためにヨーロッパ各地で学んだ時のことをさし、仙台土樋は、ドイツで阿部が魅了されたハイデルベルクの景観を思わせる地であるという（『阿部次郎とその家族』）。師の最盛期（大正八年四月の『ニィチェのツァラツストラ解釈並びに批評』（新潮社）や大正十年二〜六月連載の「ダンテの『神曲』とニィチェの『ツァラツストラ』」（『新小説』等）を指して「当時に御かえり下さい」と綴る板垣には、阿部の東北移住を惜しむ気持ちがあったのかもしれない。

＊

書簡12は、仙台土樋宛であるところから、大正十四（一九二五）年の阿部の土樋転居後のもの、しかも新天地の住み心地を尋ねるような文面から、転居直後のものであろうことが推測される。

書簡13の絵はがきは、茅野蕭々・雅子夫妻との親交を示すものである。板垣が「いつもおき、したい事がある」という「茅野さん」は蕭々か雅子か、それとも両方なのか。ドイツ文学の専門家である蕭々とも思えるが、板垣はこの後日本文学にも専門を広げてゆくので、歌人でもある雅子との交流もあったことだろう。阿部と茅野夫妻は、日本女子大学校の教員としてのつながりもあったろうが、かつて阿部は人格主義の立場から、平塚らいてう主催の『青鞜』や、そこに参加した「新しい女たち」を明確に支持した。雅子は当初から社員として参加しているから、そんな関わりも考えられよう。

　書簡14は、他の書簡といくぶん時期が離れており、すでに文芸評論家として認知されて以後の板垣の書簡である。必要な文献を懸命に捜し求めたという件には、旺盛に研究活動を進めている様子が窺える。書簡15にも読み取れることだが、阿部の豊富な蔵書は、長く教え子たちに頼りにされていたのであろう。追伸を読むと、かつて書簡5のはがきでやはり阿部所有の文献を借りていた英文科生山田某の名や他の学友の名もみえ、彼女らの子供が中学校に入るほどに成長したことが書かれており、年月の流れを感じさせる。

　書簡16は何か別の所要があって仙台方面に行った際足を伸ばしたものか、阿部に会う目的で訪れたものかは定かでないが、再会を心から喜ぶ板垣の様子が目に浮かぶ。阿部に会ったことを学友である「いろいろな人達」に話したい、と語っていることからは、遠い地へ移っていった阿部を、多くの教え子たちが恋しがっていることを物語っていよう。書簡14や15との間に日中開戦を挟んでいることを考えれば、恩師を思う気持ちもひとしおのものがあろうと察せられる。書簡15・16間の板垣家の転居も、戦火の拡大を考えて邸宅を移築したものとのことである。

三

　これら板垣の阿部宛書簡には、知られざる板垣の素顔が無数に読み取られることだろう。恵まれた環境と才能でストイックに研究生活を送った人、という印象を持たれやすい板垣が、阿部に対しては天真爛漫な面を存分にあらわにしていた。恋愛問題の痕跡を含め、板垣に関する新たな資料がここに提供されたといえるだろう。そしてまた、書簡が伝える板垣の阿部に向けたまなざしは、常に信頼と敬愛に満ちており、阿部の魅力を逆照射してみせる。板垣にとっての阿部は、学問上の目を開き、彼女の能力をより高みへと引き上げてくれた人というにとどまらず、精神的な支えを与えた人であったことも確認できたといえよう。

　二人のやり取りの中には、阿部の講師在任中の日本女子大学校英文学部生の名が頻繁に挙がっていたこともうかがえた。やはり人数の少なかった英文学部には、他学部とは異なる濃密な人間関係があったのだろう。そしておそらく、阿部の指導を受けた教え子の中には、阿部に魅了された第二第三の板垣がおり、阿部との豊かな師弟関係の中で人間を育まれていったことであろう。阿部次郎という人物の、学者として、教員として、そして一人の人間としての計り知れない力量を、若き日の板垣の無邪気な書簡が、あますところなく伝えてくれているのである。

(1) 現在、板垣の経歴を確認できる文献には、青木生子・岩淵宏子編『日本女子大学に学んだ文学者たち』(翰林書房、平成十六年十一月)所収の大本泉「板垣直子」がある。また鈴木貴宇「モダニストと戦争—板垣直子の「事変下」(『板垣鷹穂シンポジウム報告書』(平成十六年一月、板垣鷹穂シンポジウム実行委員会）は、昭和の時代背景と板垣の活躍期・執筆内容との関連を分析したもので、板垣の評論活動に関する本格的な発掘・研究の嚆矢といえよう。本文に引用した『彷書月刊』の当該号も「板垣鷹穂の照準儀」という特集を組んでおり、直子に関する資料も多い。

（2）　板垣は網野とも親しかったが、女子大出身の他の文学者では、尾崎翠との親交が厚かったという。

（3）　板垣直子「こわいおばさん」（『図書新聞』昭和三十三年五月三十一日）による。板垣の自伝的エッセイにはほかにも「わが知識奉仕　知識貧しければ」（『文藝』昭和十三年九月）等があるが、いずれの場でも阿部から受けた学恩への謝辞がみられる。

（4）　板垣は、結婚・出産後からアカデミックな領域で頭角を現してゆくが、ここには夫鷹穂の理解があったばかりでなく、研究者の先達としての積極的な助言や指導もあったという。その影響関係については（1）の鈴木氏の研究に詳しい。

※　本稿執筆にあたり、板垣哲子氏にお話を伺い、ご助言・ご協力をいただくことができ、また竹内禮子氏にも御引合せいただいた。この場を借りて感謝申し上げたい。

湯浅芳子書簡

昭和26年（消印）2月1日（2月□日消印）
仙台市土樋町二四五(1)　阿部次郎様
東京都豊島区雑司谷町二ノ四六八　湯浅芳子(2)　二月一日
封書　用紙不明三枚　ペン

久しく、まことに久しくおめもじの折もなく御無沙汰申上げてをりますが如何お過しでいらっしゃいますか。つい先だって河野与一(3)さまから御近況のはし承り御心配申上げてをります。お目がおよろしくないとか、どんな御具合でいらっしゃいませうか。どうぞ御大切になさいまして一日も早く御快癒のほどおいのり申上げます

さて、まことに唐突でございますがいつぞや御賛成頂きましてつくりました佐藤俊子会(4)、その后中央公論社長逝去(5)のためやら、また私どももつい身辺多事で怠るとなくそのままに相成ましたが来る四月十六日は故人の七周忌(6)に相当いたしますので何卒それまでにせめてお墓なりとたてたく岡田八千代(7)さんなど、相談いたしましてこの度北鎌倉の東慶寺(8)にお墓をつくる段取を目下いたしてをります

幸ひ河出書房から出ております〝現代小説全集〟に故人のものも一部(9)はいりますので取敢ず河出より五千円だけ前借いたしましてそれで墓地だけ求めることに、これは八分通りはきまりました。

石碑その他で二萬円ほどかゝりますが、それはなんとかして文庫から一冊(10)出して貰へればわけなく解決いたすこと、存じ、只今その方も一寸あたりかけてをります。つきまして至急石碑のことを考へ注文いたさねばなりませんのですが、私どもはなるべく自然石のそれもあまり大きないの（ママ）がいいやうに思ひますが如何でございませうか。そして碑の表は佐藤俊子の墓とだけ(11)にいたし、裏に簡単な碑銘を入れてはいかゞかと存じます。ほんたうを申せば故人は田村俊子としての作家時代が記念されるべきであらうと思ひますのですが故人は田村の名を嫌がりましたので(12)やはり碑面は佐藤として、裏の方にそのよしを入れはい（ママ）かゞかと存じます

そして碑面も裏の碑銘も願へたら先生にお願ひ申上げたいのでございますがお目が御不自由で御自身筆をおとり

になれませんやうでしたらせめて碑銘の文章だけはぜひ
〳〵お願ひ申上げたうございます
誰彼といふより一番先生にお願ひすることが故人にもきっとよろこばれると信じます　どうぞ御承諾いたゞきたうございます
仙台までまいって親しくおめじ《ママ》願ひ久々にいろ〳〵御話伺ひたいと存じてをりましたのですが用事で明朝西下いたしますのでそのひまがございませんので（石碑もいそぎますし）取敢ず書中お願ひ申上げる次第でございます
寒さなほきびしい折柄御自愛下さいませ

二月一日　　湯浅芳子

阿部先生

（1）阿部は、大正十二年十月、東北帝国大学に新設された法文学部美学講座の教授に就任し、仙台に移住した。（2）ロシア文学者。湯浅と田村俊子との関わりは、大正四年の春、日本女子大学校入学のため上京してきた湯浅が、彼女にファンレターを送ったことにはじまる。湯浅は、俊子が夫・田村松魚と諍いの絶えない谷中天王寺町の家にたびたび出入りし、彼女が夫と別居した後には、一時共に暮らした。その後、悦との恋愛関係が生じて世間の目を逃れ、移り住んだ俊子の、青山穏田の隠れ家にも出入りを許された数少ない人物である。（3）明治二十九～昭和五十九年。東京帝大哲学科卒。語学の天才でヨーロッパ文化全般にわたる知識と見識の持主として著名。一時、東北帝大においてフランス語、フランス文学を担当。のち岩波書店の顧問となる。（4）湯浅は、昭和二十三年に阿部次郎、岡田八千代、宮本百合子、正宗白鳥ら二十一人に手紙を送り、遺族のない俊子の著作権保存のため、佐藤俊子会をつくること、また中央公論社より全集を刊行し、その収入で俊子の墓をたてることを提案している。（5）嶋中雄作のこと。昭和三年、中央公論社の社長に就任。昭和二十四年一月十七日に逝去。彼の死により、中央公論社から俊子の全集を出版するという、湯浅の計画は、実現不可能となった。（6）俊子は、昭和二十年四月十三日、北京で陶晶孫の晩餐に招かれた帰途で黄包車の上から突如昏倒し、十六日の午前九時、脳溢血で永眠した。（7）小説家、劇作家、劇評家。小山内薫の実妹。俊子が社員となって参加した『青鞜』では、賛助員をつとめた。二人の交際は長年にわたり、当初、佐藤俊子会の事務所は、八千代の家に置かれていた。（8）東慶寺は、弘安八年、北条時宗の妻・覚山尼の創建と伝えられる臨済宗の寺院で、尼寺として栄えた。縁切り寺、駆け込み寺として知られ、女性はここで三年間修行することにより、夫と離縁することができたという。俊子の墓は、同寺の裏山の墓地に建てられた。（9）実際には、墓地の費用は、河出書房より昭和二十七年に刊行された『現代日本小説大系　第十五巻』の印税でまかなわれた。そのなかに、俊子の「木乃伊の口紅」が収録されている。（10）昭和二十七年四月に岩波文庫として出版された『あきらめ・木乃伊の口紅他四編』のこと。（11）その後、自然石の墓石には、岡田八千代の筆で「田村俊子の墓」と彫られ、佐藤俊子会は田村俊子会と改められて再出発する。（12）田村松魚との結婚後（籍は入っていない）、田村姓で執筆し、文壇の寵児となった俊子だが、大正七年、恋愛関係にあった鈴木悦がカナダへ渡航したのち、佐藤俊子の筆名を多く用いるようになる。その後、悦を追ってカナダへ渡った彼女は、悦の死後、昭和十一年に帰国してからも佐藤俊子の名で文壇へ復帰した。それにもかかわらず、メディアは彼女が全盛時代に用いた田村俊子の筆名を載せることが多く、それに対し、俊子は抗議したという。

【解説】

ロシア文学者としてつとに知られている湯浅芳子（明治二十九年十二月七日〜平成二年十月二十四日。京都市生。本名ヨシ）は、大正二（一九一三）年、京都市立高等女学校卒業後、同志社女学校専門部英文予科・日本女子大学校英文学部予科・女子英学塾をいずれも中退し、大正十（一九二一）年、早稲田大学露文科の聴講生となる。詩人の人見東明に雑誌印刷の方法を教わり、南北社・大正日日新聞東京支局・愛国婦人会に勤務して編集の仕事に携わり、戦後も昭和二十二（一九四七）年から一年間、『婦人民主新聞』の編集長を務めた。大正十三（一九二四）年、中條（宮本）百合子を知り、翌年より昭和七（一九三二）年まで生活を共にする。この間、昭和二年から五年まで二人でソビエト遊学の途につく。帰国後は、翻訳の仕事の道が開け、ゴーリキー『幼年時代』『三人の追憶』『人間の誕生』『世の中へ出て』、ツルゲーネフ『処女地』『その前夜』、チェーホフ『妻への手紙』『桜の園』『伯父ワーニャ』『かもめ』『三人姉妹』『中二階のある家・わが生活』、マルシャーク『森は生きている』『幸福はだれにくる』等、多くのロシア文学の訳載・刊行を果たした。筆鋒鋭いエッセイに、『いっぴき狼』（筑摩書房、昭四十一年二月）、『狼いまだ老いず』（筑摩書房、昭四十八年二月）がある。

本書簡は、田村俊子の七回忌に、北鎌倉の東慶寺に墓碑を建立するにあたり、阿部次郎に対して経費や段取りに関して報告する一方、碑銘およびその文章を依頼した書状である。この背景については田村俊子書簡の解説でも記したように、大正七（一九一八）年、俊子がカナダのバンクーバーに渡った恋人鈴木悦の跡を追うための渡航費二百円を、阿部に用立ててもらったという経緯による。湯浅は、前掲『いっぴき狼』の中で、日本女子大学校の友達であったジャーナリスト小橋三四子も「俊子の新しい恋愛とアメリカ行の逃避行には反対だったらしい。（略）彼女のアメリカ行をむしろ激励して旅費の一部を出してくれた阿部次郎氏とくらべると、女はそれほど狭量なものだった」と述べている。

湯浅と俊子の関係については詳しい注がついているので参照されたい。鈴木悦と死別して十八年ぶりに帰国した俊子の、多くの人に借金をして迷惑をかける放縦な生活ぶりに批判的であった湯浅は、昭和十三（一九三八）年十二月、俊子が中央公論社の特派員として上海に行く際に、手紙で「ぜひあなたにだけは話したいことがある」といってきたのを拒絶する。

ところが、ほんの一、二カ月の予定で立った上海行だったが、昭和二十（一九四五）年四月十六日、俊子は北四川路上にて脳溢血で倒れ、帰らぬ人となってしまう。

湯浅は、俊子文学の歴史的な意義を次のように捉えている。

一葉以後女流にめぼしい作家も見当たらないころ、突然かがやきだしたこのおんな星は、ほかのどの星にもみられない独特の光芒を放った、とでも言おうか、その文学は、狭い文壇はもとより広い読書界の注目をひくに十分な、才筆と内容をもっていた。「木乃伊の口紅」「女作者」「春の晩」「魔」その他、ロマンチシズムの香り高い幾つかの名品は永久の保存にたえるものであるし、女の作家が作品のなかで女の自我の自覚を鮮やかに描くということは、樋口一葉も踏み入りえなかった境地だった。

（『いっぴき狼』）

また、人柄についても、「さんざんそういう迷惑をうけながら、今ではそれらのひとが「田村俊子会」をつくり、相寄れば俊子の無軌道ぶりを笑い話にして、故人の憎めない人柄をしのぶのである」（『いっぴき狼』）と書いている。

こうした湯浅の俊子に対する高い評価と友情は、さらに俊子の十七回忌にむけて、東慶寺における文学碑建立と「田村俊子文学賞」の設立となって実を結ぶ。この文学碑の費用は、在カナダの旧知二十九名の醵金をもとに、多くの知友の寄付を加えたものと伝えられている。

書簡II

書簡1〜4、23〜25　鈴木美穂担当
書簡5〜22　橋本のぞみ担当

鈴木悦書簡

1　大正7年6月5日（SUWA-MARU I. J. SEAPOST 消印8日、青山消印28日）
東京府下青山穏田一〇一(1)　佐藤俊様(2)　Madame. T. Sato. Tokyo, Japan.
E. Suzuki. The Continental News, 135 Cordova St. East, Vancouver, B. C.(3)　大正七年六月五日　船内にて投函　鈴木悦
封書　原稿用紙（二百字詰、銀座伊東屋製）　十枚　ペン・鉛筆　六日分を同封

三十日。午後七時半。只今船内での初めての食事をとりました。上等の食堂は凡て、五十人近く。内二十人ばかりが西洋人です。日本人の女も二三人ゐますが見るからに移民の妻君然とした卑しい感じを与へます。私は殆んど食事をとるだけの気力をもちませんでした。全く呆然としてゐます。いたずらにあなたの事ばかりが頭を占めてゐるのです。何も彼も厭はしくなつて直きに食堂を出ました。海と空とが一色に蒼茫として暮れてゆきます。左舷の方に見えるのは房州あたりの火でせう、□□□□として涙ぐましく光つてゐます。

暫らくとは想へ、別れの悲しさは胸を縛りあげるやうです。ですが、その為めに私は自分の魂が此の上もなく清純な愛にのみひたつてゐるのを識つて、悲しみの底から湧きあがる喜びの涙を感じます。あゝ貴い心、美しい情感！　私は永劫に之れを失ふまい。船がもう日本を、あなたの傍を離れやうとするとき、私は実に不快なものを見た。(4)私は一寸の間嫌悪と憤りとに曇らされました、けれどやがて私は夫れをあなたを心に見つめる事によつて払拭しました。—もう此様な事は云ふまい。まことに字にするさへ汚はしい。あなたは何所から私を見てゐて下さいました？

私は、もう横浜の高台が一抹の雲になるまで、船尾の甲板（それが私たちの甲板）の、船尾に一人だけ離れて、グランド□□の辺りを眺めつゞけてゐました。だけど、余りに距離があり、余りに岸が煙つてゐました。それでも私は、其方を見詰めてゐました。船が出ると共に指にした指輪(5)を口唇にあてながら。其所からはあなたの目が、涙を点じた美しい目が同じやうに此方を見詰めてゐるに

違ひないと信じて。
　ほんとに、其侭□□□もなく□□されることを私は固く信じて、それのみを将来の希望にして独の日を慎ましく送ります。何うにでもして、来年の今頃は（おそくも）いらつしやい。来なくてはいけません。あなたと二人だつたら―甲板で、ふとさう思ふと遣瀬もなく悲しくなつてまゐりました。一日毎に此の恋しさと悲しさとが募つてゆく事でせう。本当に来なくてはいけません。少しでも早やく。
　船が漸く揺れ出しました。幅の広い、頭を左右に引き伸べるやうな不快な揺れ方です。躰も、ひどく疲れてまゐりました。気分さへよければ、かうして毎日喫煙室へ出て、あなたへ手紙をかくのを楽しみに（唯一の）します。（私の俊さま）
〈欄外「此の手紙が直ぐ出せないのが腹立たしい。いさちやん[6]にも、おしめさん[7]にも、おみねさん[8]にも宜しく」〉
三十一日。ふとベッドで目を覚すと、もう何うしても眠られなくて、甲板へ出ました。月と、宵の明星との光りが果てもなく海の上を流れてゐます。月は、それほどでもないが宵の明星の大きいこと。私はこんな素晴らしい星を見たことがない。底力をこめたやうなインヂン《（ママ）》の音がしてゐるばかり。船は如何さま頼りありげな様子で進んでゐます。星の方へ、東北の方へ。私の指では、あなたの瞳[9]がそれこそ可愛らしい美しい光りを浮べて、私に話しかけるやうに瞬いてゐます。私は有らゆる純な懐かしさをこめて其所へ口唇をもつて行きます。「少年のやうにおなりなさい。私は少女のやうになります」かうあなたは云はれましたね。私は、その本当に無垢な少年の日にかへりつゝあることを意識して歓びに胸をふるはせました。何んと云ふ□無垢な魂が私の中にも宿つてゐることであらう！あなたの恋人に値する私に、きつと成れるやうに思はれます。（午前三時、デッキ上の喫煙室にて）
　気分はだん〳〵快くなりました。もう船に馴れ初《（ママ）》めたのでせう。昨夜覚えた軽い眩雲《うん（ママ）》は、殆んど私を去つて了ひました。とは云ふもの、かうして椅子に向つてゐると、折々軽微ではあるが目がくら〳〵として来るには来るのです。午前中の半ばと午後の半ばと、即チ一日の半ばはデッキの籐椅子にもたれて、あなたの面影を懐しんでゐました。もう之れでは、此の先きの日に何うなることか。など、考へると、愈々耐えられぬ思ひが湧ひてきます。空をば薄鼠色の雲が走り、波は染みつくやうな深い紺青をたゞへてゐます。朝のうち右弦の彼方に大きな汽船が見えてゐましたが、夫れもやがて波の彼方に消え、間もなく遠洋魚業の船らしい小さな帆船が左弦近くに現はれましたが、人々が珍しさうに指し合つてゐる間に、視界を去つて了ひました。デッキは賑やかです。外人の子供たちや、セーラア《sailer》らしい随分上等でない五六人の酔掃《ママ》ひの外人たちやが何かしら無邪気と云へば無邪気な、馬鹿ふざけをしてゐます。それも困つたものだが、日本人の男たちの妙に因循に卑屈に、お互同士を卑しめ合つてゐるやうな目をしてゐるのも感心出来ません。要するに心を惹かれるやうな人間は一人も見当らないのです。之[10]れは結局私のやうに胸に貴き魂を人知れず掻き抱いてゐるものには好いことであるかも知れません。私は一人ではない二人ですもの。―かう云ふと、直ぐ又寂しさに、懐しさに耐えられなくなつてきます。

　私の部屋の人たちの事を少し申しませう。凡てゞ五人であることに異《ママ》ひはありませんが、其のうちに夫婦ものがあるのは間違ひでした。妻君と子供とは婦人室にゐるのでした。その御亭主と云ふのは五十過ぎで、ひどく温厚な人物、ヴァンクーバアで、もう二十年来商売をやつてゐるのださうです。今一人の、夫れよりも年のいつた人は、ヴァンクーバア郊外七里余の田舎で之れも二十年来漁業をやつてゐるのだと云ふことですが、此の人はなか〳〵頭の固《ママ》りした、割合に智識の広い、見るからに意志的な人物です。私は此の人と一番よく話します。今一人之れも五十過ぎの西国生れの男は、余りよい育ちと、余りよい生活とを之れ迄に持たなかつた人だと云ふことが一目見たゞけで分りますが、さま〴〵な事業をやつた揚句近年漸くシヤトルで相当な商人にまで成上つたと云ふやうなことを話しました。も一人は、私と同年輩位な青年はニューヨルクへ行くのださうですが、此の人は相当な実業教育をもつてゐるらしい。人の好さゝうな顔をしていゐますが、もう今日は殆んど一日ベットにゐ通しで、可成り閉口してゐるやうです。御安心なさい。何所にも―船内到るところ―美しいと云ふやうな者はゐません。たとひゐても私には全くかゝはりのないことです。(あなたは、苦笑するでせうね)

今日正午に仙台沖を通過しましたから、今はもう青森県あたりの沖を通過してゐることになるでせう。明日は北海道から千嶋沖へとだん〳〵北へ迫るわけです。

　あなた、ほんとに来なくてはいけない。此の侭で一ヶ年も二ヶ年もお目にかゝらずにゐるなど云ふことが出来るでせうか。(今は、私の時計では午後五時十分ですが船のは六時十分前です。之れは毎日三十幾分かづゞ進めて行くからなのださうです。空が一気に曇つてまゐりました。」)

今日初めて巻(ママ)で頂いた鰻(11)を食べました。ほんとに美味しい。芝のお母さんは、矢張りあなたのやうに頭の好い方でせう、まるきり私の口に会(ママ)つてゐます。私は、之れを幾日ももたせる為めに令(ママ)の冷蔵庫へ預けやうと思つてゐます。忘れないでお母さんに宜しくお礼を申して下さい。何んなに私か喜んでゐるか。(追加)

三十一日よ、さやうなら。あなたの瞳にキッスしつゝ。

一日。今日は終日殆んどキャビンに居通しました。此の手紙も棚になつた私のベットの上で書くのです。もう千嶋沖へ差しかゝり、位置がひどく北へよつたからでありませう、空には雪もよひの、東京でならば十二月末辺りにでもならねば見られないやうな雲に閉ざゝれてゐます。雨が折々落ち、冷たい風が吹きつけます。海は紺青から何時の間にかタールのやうな黒に変り、船足だけが緑青色に帯をひいたやうに湧き返つてゐます。スモーキングルームでは白人達が一日ぢうトランプをとつてゐます。湿《しめ》つぽい、いやな冬の日の中に進み入りつゝあることを感じます。

今日は初めて、ベットの上でトランプをとりましたか何うしても頭かいらついてきて取れません。三回ばかり試みて、悲しくなつてやめて了ひました。

読書も一時間とは続けられません。頭をつかふと直きに眩暈《うん》(ママ)かしてくるのです。今日は少し荒れてきました、併し、此の巨大な船にとつては、まだ〳〵何でもない、至極穏かな航海と云ふべきです。今日は少し食物のことを云ひませう。朝起ると、六時半頃コーヒーとパンの薄片が出て、七時に朝食、夫れが十一時頃に再びお茶代りのスープとサンドヰッチなどの小片が配られ、十二時に昼の食堂に這入り、それから午後三時には三度びお茶とお菓子が与へられ、午後六時半には夕食となるのです。之れでは、まるで一日食ひつめてゐるやうでせう。実際そんな気がしますが、健康な人にとつて海上は殊に甚しくお腹が空き易い為めと、可成りな無聊と単調との中では、口を慰めるより他に、よりよい慰藉は見付けられないからでせう。私も、三日目の今日などは、少し午後のお茶を楽しみに思ひさへしました。

前に乗客の三分の一を白人としたのは、私の誤りでした。そんな風にあの日は見えたのですが、事実は逆に日本人が三分の一にも足りないと云ふことか分つてきました。

今日はヴァンクーバアの話を大分きかされました。□時禁酒令か出た為めに、何所の隅を探してもお酒と云つては一滴もないさうです。従つて、さうした匂ひの中にひたつてゐる卑しい、憐れな女なども一人もゐなくなつたさうです。御安心なさい。彼所では、いやおうなしに、独者はピューリタンになつてゐると云ふのです。何方だつて私にとつては差支へないことだが、まア出来るだけは周囲の清い方がよい。生活費など随分安値らしい話です。二十ドルか二十五ドル位ゐで結構な室と食とが得られると、話手の老紳士は断言しました。何んだかそれをきゝ乍ら、そこへあなたを迎へることを想像して安らかな気持ちになりました。夕方八時過ぎに無線電信を打ちました。「信ぜよ。海は事なし」と。之れが明日の正午頃にはあなたの手に入るべき筈だと思ふと[12]、ほんとに嬉れしい。それから又淋しい。私は、あなたのこと以外は何にも考へない事にして寝ます。真黒い外では波の裂ける音がしてゐます。（午後十時）

二日。今日は少しく気分が悪い。船は千嶋群嶋の沖からベーリング海峡へと差しかゝつてゐます。終日霧がこめてゐて寒く。そして波が高い。味気なくてベットにのみゐる。今日はトランプがとれたので、あなたは機嫌よくゐることゝ想ひ、それのみたゞ嬉れしい。（午後四時）

三日。霧が晴れて薄い日ざしがデッキを寂しく照してゐます。午前中はベットに居通しました。ウツラ〳〵と眠つては、夢より覚める寂しさ。気分は、いくらか好いが、風か変つて右弦から波が打ちつけるので船は随分不快な動揺してゐます。もう食堂へ出る人は、いつもの半分もありません。やつとベットを離れて此の手紙を書き初めましたが、矢張り少しでも頭を使ふといけない。（あなたの瞳にキッスしなから午後一時半）

四日。今日は少し気分がよいので、午前中はサロンに這入つて、少しばかり読書し、午後はベットの上でトランプをとつたが取れないので、憂鬱になつて寝て了ひました。何事もないか。不吉な不快な日があなたの前に音《ママ》づれてゐるのではないか、などゝ思ひ悩む。もうアリシアン群嶋[13]の沖に差しかゝつてゐます。折々こまかな雨がふり、灰色の雲を透して、薄い日が心の面に染みるやうに寂しく落ちてゐました。波はやゝ低くなつたが、相変らず、ぬら〳〵とした黒さを見せ、歯をむくやうに彼方此方に白い泡沫を立てゝゐます。私は、一日ぢう自分から人に話しかけると云ふことはない。向うから話しかけられゝば返事はするが、向うから直きに止めるやうな元気のない□のです。私たちの路は遠い。それは誠に正しい全き路であるから。（かう云はねばならぬとは、そして之れか事実であるとは、何んと云ふ矛盾した人生であらう。）併し喜びの路であり、希望と従つて生甲斐のある路である。『バンクーバァには幾年ゐなさるか』と、魚業組合長であると云ふ老紳士か尋ねました『二三年？……誰れも初めは其位な予定なのだが長くなりますぜ、あそこは実に陽気な生活の出来る所だから』私は、黙つて笑つてゐました。ひどく嬉れしいやうにもあれば又その反対に悲しいやうにもある。

私は、私以外に一人非常に憂鬱な紳士を見出しました。同じ二等の外人ですが、私たちと同年輩位《ママ》ゐな人で、誰れとも話しをしないばかりか、いつ見ても一人だけ群れを離れて、ヂッと空や海を眺めつゞけてゐます。私は此の人に妙に気を惹かれだしました。話しかけ度いと云ふ気が初めてしたけれど、まだ気おくれがして、たゞ遠くから見てゐるばかりです。

あなたも、かうして私に送る日記を書いてゐるだらうか、今は九時半ですが、そちらでは、まだ日がくれた許りでせう。（ベットの上で私のあなたを限りなく恋ひつゝ。）

（1）田村俊子が悦と恋愛関係に入ってから隠れ住んだ土地。
（2）田村俊子のこと。田村松魚と夫婦（未入籍）時の姓ではなく旧姓の佐藤宛てにしている。（3）大正七年五月三十日、それまで、妻ある身で人妻俊子と同棲生活を送っていた悦は、現状打開策として、朝日新聞社を辞め、バンクーバーの新聞『大陸日報』の招聘に応じて国外への脱出を図った。当初より俊子は後から追ってくることになっていた様である。なお、差出人の住所は『大陸日報』社の所在地。（4）俊子の他、妻ではない、悦が以前に関係を持って同棲していた第三の女性の姿を目にしたのではないか。俊子は悦に宛てた書簡の五月三十日の記述で、見送り時にこの女性とはち合わせしたことに触れている。（5）自分の代わりとして俊子が持たせた指輪のこと。（6）俊子が引き取って世話していた米光関月の遺児、いさ子のこと。（7）俊子の友人・田中のこと。（8）俊子が雇っていた女中。（9）注（5）の指輪を指す。（10）ここで頁が変わるが、欄外には以下の記述がある。「一日の残りの半分のことを書くのを忘れました。それだけの間はベットへ横になつて思ひつかれた躰をうつら〳〵とさせてゐたのです。此の恋しさは一寸想像がつきますまい。」
（11）芝に住む俊子の母が持たせたとれたての鰻のこと。
（12）この電報を俊子は二日朝七時に受け取っている。（13）アリューシャン列島のこと。

2

大正7年6月15日（VANCOUVER. B. C. 消印16日、TOKYO消印7月4日、青山消印4日）
東京府下青山穏田一〇一　佐藤俊様　Madame. T. Sato. Tokyo, Japan.
E. Suzuki. The Continental News, 135 Cordova St.

East, Vancouver, B. C.　15th june 1918.

封書　船客用箋（日本郵船株式会社）一枚　及び原稿用紙（二百字詰）八枚（内六枚表裏）ペン　三日分と花を同封

私は今、たつた一人で（他には誰一人まだ起出してゐません）デッキの所に立つてゐます。海は怖しく厚いガスに掩はれてゐます。太陽が右弦に―それは私には西と思はれる―ガスの中に月のやうに白くか丶つてゐます。船は、ガスの為めに入港することが出来ないで、三時頃から警笛ばかり鳴らしてゐます。彼方此方でそれ〴〵に音の異つた警笛がきこゑてゐますが、船体は一つも見えません。入港が余程おくれました。

寂しさに痛む心をいたはり乍ら、冷く頬にふれる霧を感じ乍ら、私はあなたから最後にもらつた手紙を出して見ました。懐しい手紙、けれど悲しい手紙です。「では、御機嫌よくいつてらつしやい」最初の此の言葉が、私を泣かせます。私は泣いてゐます。「一年のうち」では、いけない、もつと早やくでなくては。（十二日午前五時）

もう十三日になりました。大陸の空は蒼々と晴れ渡り、六月の日が此所では初秋の光りのやうに薄ら冷く降りそ丶がれてゐます。

船をおりて今迄あなたに手紙を書かなかつたことをお許し下さい。でも、心は如何なる瞬間にもあなたを離れてはゐないのですもの。港外遥かな所で検疫をすましてヴィクトリア[1]へおりたのが十一日の正午頃、それから同地の移民館で簡単な身元検べと眼の検査とを受け、夕方は三時間ばかり自動車で、同地の郊外やら公園やらを見物して歩き、その夜十一時の汽船でバンクーバアに向ひ、翌朝即チ昨日の午前七時に到着。領事館やら、その他土地の有力者を訪問し、夜十二時過ぎにやつと自分一人になることが出来ました。私が船から無線電信を打つ筈になつてゐたのを（何うでもい丶のだと私は思つてゐたのに）打たなかつた為め、社長代理の人がヴィクトリア迄迎ひにはきてくれましたが、多分此の船では来ないだらうと云ふので、まだ居室の用意がしてなかつた為め、昨夜は社の近くの貸間（室だけ貸す日本の宿屋と下宿屋とを兼業したやうな家）で、疲れ果てた躰を横へ（ママ）ました。あなたの写真を眺めながら、泌々（ママ）と寂しい夜を半睡半醒の悩しいうちに過ごしたのです。今晩からは[2]社の方に室の用意が出来る筈になつてゐます。

恋しい俊ちやん。―ヴィクトリアは、非常に美しい、豊麗な、そして渋い味ひにみちた町です。私は之れ迄こんな所を想像したこともなけば（ママ）、又考へることも出来ませんでした。外人町と云へば横浜の居留地しか見たことのない人には僕に限らず一寸想像しやうがありません。此所にはアメリカ式の成金味などまるきり見られないのです。もつとも此様な町は大陸の何所にも見出されないと云ふ話ですが。さうでもありませう。市内（人口五六万くらゐか）の家並みもさうですが、殊に商業地を取り囲んで所謂住宅地である郊外の快さは、殆んど云ひ表はしやうもないやうな気がします。幾つもの曲り紆つた入江の水と、常緑の木立をのせた小さな嶋々と、延々として連なる丘の緑と、それらの中に多数の小さな住居と、少数の高大な家とが一面に散在してゐるのです。高村さん(3)の御宅のやうな気持ちのよい素卜な家が幾つとなしに見られます。それらの家が青々とした草地を控へ、或は木立に囲まれ、或は海にのぞんで、それ〳〵静にしとやかに立つてゐる状には全く心を惹かれて了ひました。

それに之れ等の住宅地を縦横に貫く通路の立派さ、もとより塵一つあがる気遣ひはありません。樹木は大抵樅と槲—と云つても日本のそれとは異つてゐます。—とですが、之れ等が自然のまゝに自由に伸びひろがつてゐます。家は何れも、□□□んだ派出やかさをもつた、極めてクラッシックな味ひのもので、自然の風致を少しも傷けないやうに出来てゐるのです。全体として、如何にも、□めやかな落ち着いた、一口に云へばビョルンソン(4)の小説の味ひが漲つてゐます。私はそこでも又絶えずあなたとの生活を考へないではおられませんでした。そして運転手に向つて家賃のことなどをきいたりしました。二十ドル前後なら借りられやうと云つてゐました。あなたが見たら、何んなに気に入るであらう。それこそあなたは有頂点になつて了ふに異ひ《(ママ)》ない。此所ばかりでなく此辺一帯の景色は、事実一度は見ておいていゝものです。此の点では、此所へきたことを悔む気にはなれません。あなたと二人で見る日のあることを考へると、もう耐《(ママ)》らなく嬉れしくなります。花は余り多くはありません。北の国だからでせう、公園には白や赤やの石楠花《しやくなげ》が、もう終りに近い花を開いて居りました。此所に入れたのは、その花の一つの半分です。残りの半分は私のトルストイの花の中にあります。ヴィクトリアから、ヴァンクーバアへ行く汽船の美しさも、到底そちらで想像することは不可能です。善美—と云つても、金ピカ式ではない—を尽した三階建のホテルがその尽動くと思へば、朧ろな輪廓だけは分りませう。郵船会社の船の一等でも、遠く及ばない程度のものです。此所には一等も二等もありません。凡て一等です。ベットは一室に二つで、一つは二人寝になつてゐます。船の出る頃には三日月が見えてゐましたが、やがてそれが落ちると墨のやうな闇が一切を領して了ひました。で、船路沿岸の風光に接することは出来ませんでした。

ヴァンクーバアは、其所を、もつと広くして少し汚くしたやうな所ですが、前には海があり、右には山連が迫り、左と後方とは、樅や杉をのせた高原が広がつてゐて、其所が住宅地になつてゐます。町が大きい（十六七万）だけに、建物など実に高大なのがありますが、何れにしても北国式な静寂な感じを保つてゐるのが嬉れしく思はれます。山には—筑波くらゐな高さですが—雪が白々と輝いてゐます。年中消えないのださうです。昼中は、外を歩くと少し汗ばみますが、そんな時でも光りの底から除《(ママ)》ろに、染みてくる冷さを感じます。まァ、そちらでならば四月始めの気候でせう。私には軽井沢の夏が、記憶のうちに甦つてきます。

自動車の多いことと驚くばかりで、四角などでは電車と自動車とで甚だ危険ですが、何故か東京などのやうな騒々しさを感じません。家は木造で、他の建物と比べて随分見すぼらしいものですが、中は相当にさつぱりとしてゐます。日本人は此の家からは近くに、日本人町を作つてゐますが、無論白人の所など、比較の出来るものではありません。町を歩くと、実にさま〴〵な人間を見ます。もと〴〵植民地のことだからでせう。世界各国の人間が集つてゐます。まだ何所も見ませんが、大学は郊外の可成り町とは遠い所にあります。幸ひ、まだ一人では殆んど歩かないので、赤毛布は演じませんが。何しろ外人どもの言葉が聞きとれないのには屢々閉口しました。ヴァンクーバアへくる船の中で、便所に起きて、自分のキャビンの番号を忘れて了ひ、係りの大男に賢《(ママ)》つくを喰はされたことくらゐです。「君は何番だ？」「何番だか忘れた」「忘れる!?　……ふむ、何故忘れるのだ」「何故だか知らない」「困るぢやないか」「君よりも僕が困る」こんな問答をしました。（午后一時）此所まで書いたら又人が飯を食ひにゆくからと云つて呼びにきました。飯と云へば、日本人町へ行けば、日本で食はれるものは大抵あります。刺身でも酸《(ママ)》のものでも、蕎麦でも。—但し鰻だけはありません。総て腰掛けで食べる仕組みになつてゐますが、何れも縄暖簾を少し上等にしたくらゐなものです。飯を了へると今日も又自働車で町の見物をさせられました。見る所と云つては別にありませんが、公園など、周囲六哩にも渉る広大なもので、それが悉く樅や杉などの大木で、埋つてゐます。自然の太古からの森林に、その侭立派な道をつけたきりで、殆んど少しも人工を加へてないのか何よりも気に入りました。此所は矢張りあなたがゐたら毎日行かないではゐられない所でせう。ヴィクトリアでも、さうですが、此所でも海水浴場が、もう開けてゐて、夏どころか春と云ふよりも、やゝ秋冷を覚えるほどなのに、若い白人の男女が盛んに水をあびてゐるのには、□□が誠驚かされます。郊外の住宅地も、昨日とは別な方向を見ましたが、素晴らしく贅沢な雅致に□□た一廓のあることを発見しました。それらは総て当地の金持連の住居ださうですが、何んとも云へない好い趣致を持つてゐます。テーストフルと云ふ感じを与へます。彼らは日本人などゝ異つて、金を上品に使ふことを知つてゐると云ふことが考へさせられます。全市街の周囲を巡つて帰つてくると、又夕飯です。支那料理へつれてゆかれ、やつと十二時過ぎに一人になりました。十二時過ぎと云つても、ほんとは十一時過ぎなのです。例のイギリスで始められた日光節約(5)が此所でも行はれて、時計は一時間早やくされてあるのです。それに今か一番日の長い時で、七時頃からトワイライトになり、それが十時迄もつゞきます。全く暗くなつて街燈の点るのは十一時です。そして午前三時半頃には、もう明るくなるのです。私の室は三階(6)です。十畳もありませうか、浅い緑の壁は風癲病院を連想させられて厭やですが、ベットは二人寝の新しいのですから見るからに気分がすが〳〵しま

す、(が、日出の瞬間には、もう耐らなく寂しくなつてきます)テーブルも大きくて気持が宜いし、椅子は舟底の立派なのを与へてくれました。之れで、あなたがゐて、花があつて、―さうなれば、云ふ所はないのですが―教会の鐘が彼方此方で鳴りはじめました。独りの此の□の寂しさを何にたとへませう。飯屋と云つても、酒は無論ないし、女もゐません。たゞ飯をくつて茶を飲んで話をするだけです。之れは真に私には好適です。酒など呑むことは厭やですし、あなたでない女などゝ口をきく気には何うしてもなれません。慎重な一人の生活を送るのには、大変都合がよさゝうですから御安心下さい。社の人たちも、思つたより、みんな真面目です。翻訳と切抜とで作る新聞だからでもありませう。さつぱり記者臭くないのが気に入りました。尤も、も一つ加奈陀日報(7)と云ふのがありますが、之れは所謂田舎新聞で、目下其所の社長にうまくないことがあつたとかで盛んに日本人間に排折(ママ)運動が起つてゐます。記者にも卑しい人がゐるやうです。まア、此方でなくて何んなによかつたかと思つてゐます。新聞は凡て夕刊です。白人の新聞も三つありますが一を除く外夕刊ですが、元より日本人経営の新聞など比較にもならない大きなものです。

劇場もまだ行つて見ませんが、なか〳〵立派なのがあ

るさうでして、一流の俳優のが月に多いときは二三度程くるさうです。此の十七日からは、サラ・ベルナール(8)がきて、椿姫の大詰をやると云ふ広告が出てゐます。かうしたのだけは出来るだけ見にゆくつもりです、語学の勉強にもなりますから。此方にも（合衆国からくるのですが）日本のやうな下等な俳優も大分ゐるしそして日本のやうに、さう云ふものにのぼせあがる下等な女や男が大分おると云ふことですが、それらは、みんな三流四流の連中で、勿論芸術家扱ひをされぬばかりでなく知識階級や上流からは、てんで相手にもされないさうです。

私は、もう三日休息して、月曜日から仕事をすることになりました。そのうち落着き次第、会話の教師をとるつもりです。も少し自由にならないと白人の紳士などに会うとき実際惨めですから。此所の大学は四月末から十月迄暑中休暇ださうです。兎に角庶（ママ）二無二勉強して、あなたに会ふ日を楽しむばかりです。あなたも何うぞ勉強なさつて下さい。それから、此所では大阪毎日と報知と中央とが来るだけですから、来月から時事、朝日、読売をとることにしましたが、何れも来月半でなくては来るやうにはなりますまい。お別れしてから、それ迄に出たあなたの感想を切抜いて送つて下さい。読売で又岡田さん(9)が何かあなたに云ひ返へしてはゐませんか。さう云ふ事があるに違ひないと思つてゐますが。

恋しい〳〵私の俊さま。―もう〳〵決してあんな人たちの相手にはならないで下さい。あ、、私はあなたに会ひ度い。あなたのゐない所には、とても永くはゐるに耐えないでせう。快い所も、美しい所も、あなたを別にしては考へつゞけることが出来ません。もう二時半です。疲れて了ひました。けれどベッﾄへ横になるのも寂しい。私の前では、あなたの写真が、『とう〳〵きて了つたのね』と云ふやうにそれは〳〵寂しい顔をしてゐます。では、もう今夜はさやうなら。

十四日。今夜も、もう一時になりました。さつき迄六日くらゐな月が見えてゐましたが、それは私の室のテーブルの左手の窓の下へ落ちてゆきました。後には高い〳〵空に小さな星たちが、指輪(10)の中のあなたの瞳のやうに、懐しげに光つてゐます。今日も好い天気でした。町の人たちに誘はれて今日も又自動車で飛び廻はされたり、いろ〳〵なものを食はされたりしました。或る一部の、主として他の新聞社関系（ママ）にある人たちを除けば、此所にゐる日本人は大抵素卜で、合衆国にゐる人たちとは異ひ（ママ）、人ずれがしてゐないやうです。何所でも一番厭やなのは矢張り新聞記者ですね。記者倶楽部主催で私の歓迎会を催すとか云ふことが、も一つの新聞に出てゐましたので、私は恐れをなしてゐます。明日は土曜日ですが、土曜講演□なものがあるので、それを今書き了つたところです。前にも申した通り夜は十一時にきて、朝か三時半にはくると云ふ始末なので、ひどく生活の調子が狂つた為め、頭と躰とが妙に疲れて了つたのには困りました。私は、さつぱり眠られないのです。何んだか不快な（覚えてはゐないが）夢ばかり見ます。あなたの上に何事もなければよいが。—

此方からの船は、もう二十日でなくては出ません。それ迄の手紙がお手許へつくのは、此の月の末か、来月初めでせう。けれど、月に四五回は船便がありますから、少くとも一周《ママ》に一度の割にはお互いに便りが出来ることになります。もう直き、あなたからの日記がくるに違ひないと夫ればかりを待ちあぐんでゐます。かうも恋しい心に生きてゐる人が他にあるでせうか。私は室にゐるうちは常にあなたの写真を前に置いてゐます。私を慰めてくれる、之れが唯一つのものです。指輪は片時も指を離しはしません。私を励してくれる之れが唯一のものです。

（午前一時）

（1）バンクーバー島南端の地。（2）大陸日報社のこと。（3）高村光太郎・智恵子夫妻。（4）ビヨルンソン　一八三二～一九一〇年。ノルウェーの作家。小説『日向丘の少女』、戯曲『破産』など。（5）サマー・タイムのこと。（6）一階は印刷所、二階は編集室。（7）『加奈太新報』のことか。（8）サラ・ベルナール　一八四五～一九二三年。フランスの女優。悲劇を得意とし、『椿姫』で世界的名声を博した。（9）劇作家岡田八千代のことか。岡田が五月十九日の『読売新聞』に『紙人形』という俊子をモデルにした小説を発表したのに対し、俊子は五月二十六日の同紙上に抗議文「岡田八千代氏に」を発表している。書簡8も参照。（10）書簡1の注（5）参照。

3

大正7年6月17日（VANCOUVER. B. C. 消印17日、TOKYO 消印7月4日、青山消印4日）

東京府下青山穏田一〇一　佐藤俊様　Madame. T. Sato. Tokyo, Japan.

E. Suzuki. Continental News, Cordova St. East, Vancouver, B. C.

封書　用紙不明　二枚（表裏）ペン　二日分を同封

もう十五日になりました。お別れしてからの日のことを考へてゐたらお別れの時の悲しさがも一度新しく胸に迫つてまゐりました。一人でゐることの意識が何んなに深く私を悲しませるか。朝起きるとき目が覚めると共に、何うしても此の悲しみを繰り返さへさないではゐられません。そして、少しの間は全く呆乎して了ひます。周囲の生活が如何にも呑気で、如何にも豊かであればあるほど私だけは、水の中に落ちた石のやうな気がします。

今日は、土曜日なので、町は非常な賑ひです。午前の半日はウツラ〳〵と眠り、午後は少しく読書し、七時頃から一人で町へ出てみました。何所も此所もが、買物がてら散歩に出た男女で押し合ふばかりの混雑です。ヴィクトリア[1]でもさう思つたことですが、此方の婦人は一体にぢみです。そして一人として他の人と同じ服装をしてゐる者は見当りません。十人十色と云ふ言葉がその侭に当てはまります。従つて何れがレーテスト・ファッションなのかさつぱり分りません。（かう云つたつて別に女にばかり目をつけてゐるのではないのですよ）イングリッシュ・ベイ[2]へ行くと此の寒いのに盛んに水浴びをやつてゐます。土地の新聞にも、今が水浴の好季節で、好きなものは（夜）十一時頃までボチャ〳〵やつてゐる、など丶書いてあります。一番困るのは、電車—之れも東京のなどより、ズット大きくて美しい—にのつて、車掌の呼ぶ町の名の聞きとれないことです。それこそ、ちつとも分らない。今日も一人で乗つたところが、別に行く先きに定りがあるわけではないから、窓から外を見ながら、いつまでも乗つてゐたら、ひどく田舎の方の終点へつれてゆかれました。それでも乗つてゐたら、変な顔をして、「何所へ行くのか」ときくから、「何所でもい丶のだ」と答へたら「ふーむ」と云つて、目を円くしてゐました。不思議に用事には困らないものです、此方の云ふことだつて別に困難もなく通じますよ、本屋へ這入つてエマスン[3]の論文集をたづねたか其所には、もう私の読んだものしかないので、スチルネル[4]の「個人主義論」を二冊買つてきました。可成り大部なものです。

之れを読んで、此の中の面白い所をあなたに書きおくるのが又一つの楽しみです。明日は領事館の人たちに誘はれて、キャピラノ[5]と云ふ此の辺りの勝地へ遊びに行きます。日のどん〳〵たつてゆくのは実に嬉しい。それだけで、あなたに近づいてゐるわけなのだから。此の手紙を書いてゐたら、不意に社長代理の人かやつてきて、いろ〳〵写真を見られて了ひました、けれど何んとも云ひませんでしたから、僕も黙つてゐました。無論あなたゞと云ふことは知りません。此の人は、風つきから歩み方まで川村花菱[6]にそつくりな人です。顔は、花菱の顔に草人の眼を入れたのが、それです。然し、彼等よりも、温和しい、それこそ静かな人です。生れは岡山県で、もう十二年も此所の経営をしてゐると云ふことです。早やくあなたの手紙がくるやうに。何も彼もをあなたの生活の総てを知らせて下さい。(午後十一時半)

十七日。昨日は、もう本当に疲れて了ひました。キャピラノはよい所です。路程にして絵葉書(封入)(7)にある所まで三里かそこいらでせう、私たちは自動車でそこからもつと〳〵奥迄行きました。別の絵葉書にある雪のある山の峡迄行つたのです。此の辺りは、それこそ斧鉞の入らない大森林です、何所から何所迄それがつゞいてゐるか見当の全くつかない所です。キャピラノ川が峡を巡り森を縫ふて清冽な水を流してゐます。此様な所にと思ふやうな所に茶屋やホテルがあつて、好適に一日を遊び得る設備がしてあります。日曜日のことですから、自動車は幾台となく集まつてゐました。若い夫婦づれや恋人同士が木立の間や、川原の石を、それこそ楽しげに散歩してゐる状は、私をすつかり憂鬱にして了ひました。私の連れの人たちは、一人は猟銃をたづさへて森に入り、二人は釣ざほを手にして流れを伝つて行きました。私はたつた一人になつたのを幸いに水にのぞんだ木立の下に腰を下ろして、思ふさまあなたを懐しんでゐました。私の思ひのすべては、懐しむと云ふこと以外に云ひ表しやうはありません。私の前をば、清らかな水が浅瀬や石にせかれて、静かな音をたて乍ら急いで歩み去つてゐます。今日は明らかに、木立と水とに落ちて、人影一つ見えぬ山間の生を育んでゐます。小鳥の声が何所からかきこゑ、和毛のやうな蔓草の実が、風のくる度びに群れをなしては水の上の空をさ迷いはじめます。漲り溢れるその緊張が、私の心を弾きはしないで、限りもなく深い寂しさのうちにつれて行くのでした。私の目からは、知らぬ間に涙が流れてゐました。

May our God give us (me and my hearty lover) good fortune, and to best opportunity to see mutually in this year at the latest!

(私たちの神様、私たちに(私と私の心からの恋人とに)好運と、そして後《ママ》くも今年ちうには会はれるやうな最もよき機会とをお与へ下さいますやうに。)

さつき、みんなが食事をした跡に落ちてゐた木片に私はかう書きつけて、心から神に祈りをさゝげながら、夫れを水に投じてやりました。木ぎれは小さな波にもまれながら、下へ〳〵と流れ、まがり角で二三度くる〳〵と、廻つた後に、やがて見えなくなりました。そこで微笑しながら快くよく木片を受けて下さる神のあることを私は想像しないわけにはいきませんでした。

帰つたのは八時でしたが、私はもう何うしやうもないほどに疲れはて、、ベットに躰を投げたのでした。それから今朝の八時過ぎまで、悩しい眠りのうちに過ごしたのです。今日からは仕事をはじめます。仕事と云つても切抜きと翻訳ばかりで作る新聞のことですから、極めて呑気です。外電の翻訳には少し困るでせうが。

封入したのは、木立の下の私の傍に見出した花です、小さな薄桃色の花がたつた二つ、それは〳〵つ、ましく仲よく多くの草葉の間に咲いてゐたのが嬉れしくて、摘みとつてきました。前の花(8)もさうでしたが、かうして、しぼんでは、色も褪せて了ひましたが、でも可愛らしいから、あなたに差しあげます。（あなたの瞳(9)にキッスしながら午前九時半）

只今仕事を了へたところです。朝のうちは雨が降つてゐましたが、もう止みました。けれど空は曇つてゐます。鼠色に濁つた雲の色をみてゐると、もう直ぐにも冬かくるのぢやないかと思はるやうです。私は頭が痛い。躰ぢうが崩れてゆくやうな気倦(ママ)るさを覚えて、まる切り物に興味がもてません。昨日の疲労がまだ躰に残つてゐるのでせう。之れからお湯へ行つて、―日本湯の実に立派(10)なのがある―きて一休みしてから、サラ・ベルナールを見に出掛けます。今夜が初日です。もう其方は暑いでせう。ネルでは少し我慢が出来ないくらゐな日もありませう。単衣をつけた軽いあなたの姿を今年は思い描くだけです。躰を大切になすつて下さい。もう躰が丈夫でありさへすれば、それで総ては好くなるばかりです。（午後四時）

前便と此便とは、十九日出帆のエンプレッス・オブ・ジャパン号であなたの所へゆく筈です、此の船は早やいから此月のうちには横浜へつきませう、お手許へ行くのは来月一日か二日だらう思ひます。お別れしてから恰度一ヶ月目でゆくのですが、とてもさうは思はれない。もう幾年月だか分らない気がする。それだのに本当はまだ一月もた、ないのだと思ふと、全くがつかりして了ひます。

懐しい〳〵俊さま　　あなたの悦

（1）書簡2の注（1）参照。（2）バンクーバーのダウンタウンから程近いビーチ。（3）エマーソン　一八〇三～八二年。アメリカの思想家で詩人。（4）シュティルナー　一八〇六～五六年。ドイツの哲学者。自我の権威を説く徹底的な個人主義から無政府主義に到達した。（5）ノースバンクーバーにある観光地。（6）川村花菱　一八八四～一九五四年。悦とは早大英文科での同期。（7）この絵葉書は現存していない。（8）書簡2の十三日の記述を参照。なお、この書簡

3で悦から俊子に送られた花は残されていない。（9）書簡1の注（5）（9）参照。（10）書簡2の注（8）参照。

4　大正7年6月19日（VANCOUVER. B. C. 消印20日、TOKYO消印7月4日、青山消印4日）
東京府下青山穏田一〇一　佐藤俊子様　Madame. T. Sato. Tokyo, Japan.
E. Suzuki. The Continental Daily News, 135 Cordova St. East, Vancouver, B. C.　六月十九日
封書　用紙不明　一枚（表裏）ペン

懐かしい俊さま。（検閲するのは入国する手紙についてだけになつたと云ふことですが、来て見なければ分りません。(1)）

サラ・ベルナール(2)は最早や想像したほどのことはありませんでした。と云つて勿論ずばぬけてはゐる。が気の毒なことには、声も、得意なエモーショナルなしぐさも一切が水気から遠ざかつてゐます。もつとも出しものも、第一夜のはよくない。

“Du《デュ》 theatre《テアアトル》 au《オウ》 champ《シャンプ》 d'Honneur《ドナアール》”（劇場より戦場へ）と云ふ一幕物で、作者は「戦地に於ける一仏仕官」とだけで隠名になつてゐますが、日露戦争当時の日本のセンチメンタリズムを連想させる甚しい低級な際物でした。此の人などか此の様なものをやること、又はやらねばならぬやうな気分になる所が、考へやうでは面白いと思はれるが、純粋な芸術観賞者にとつては少しも有難くありません。一青年俳優が戦地で砲丸の破片にうたれて大木の根本に気絶する。意識が覚める（此所から始まる）と、傷のことも忘れて、軍旗の心配をはじめる。軍旗を奪れるくらゐなら死ぬ方がよいなど、叫ぶ、同じく負傷した一英国兵がきて、慰める、そこへ同じ坐にゐた一女優が赤十字看護婦となつて来てゐて、来合はせる。それを見ると初めて、意識がはつきりしてきて軍旗を大木のうろに隠しておいたことを思ひ出して歓喜する、旗をふり、祖国万歳を叫んで死ぬる、と云ふのが荒筋です。

此青年俳優を彼女がやるのですが、幕の間ぢう少しも下半身を動かすと云ふことはない（右足かないから(3)）か、上半身の芸で、少しも劇の焦点を動揺させない所は流石だと思はれました。併し全体からして私は一向に感服してゐません。明晩から椿姫の大詰をやりますから、之れをも一度見にゆき度いと思つてゐます。小屋は二千三百人ぐらゐ這入れるさうですが（オルフューム坐と云ふ）帝劇のやうに金ピカでなく、もっとクラッシックな、ひどく落着いた感じをもつてゐます。他にも幾つもありま

すが、之れ等は坐附役者がゐて下らないものをやりつゞけてゐるのです。私は無論行かうなどゝは思ひません。エマスン[4]全集（六巻）の素晴らしく立派なのを発見しました。全部で七弗でしたが、思ひ切つて買つてまゐりました。此の同じ本屋にはなか〳〵好い本があります。之れからは、もう落ち着いて読書さへすればよいのです。あなたを魂で抱き乍ら、エマスンを友だちにもてば此様な幸福なことはないかも知れない。でも寂しい、かうして、写真を前において手紙を書いてゐる時か一番楽しい時です。手紙を書き了へると、もうそのまゝ暗い所へ落ちてゆくやうな寂しさがくるのですもの。昨夜は着いて初めて、トランプをとつてみました、「あなたの所に何事もなく、あなたは静に勉強してゐるか否か」と占ひ乍ら。三度やつてもとれないので、かりかりして、泣き出しさうになつて寝て了ひました。すると夜ぢう悩しい、腹立たしい夢を見つゞけるのです。寂しい顔をしたあなたの立つてゐる姿をまざ〳〵と見たと思つて、一度は刎《ママ》ね起きました。その為めに今日は一日胸が痛んでゐます。でも、あなたの力と愛とを固く信ずることによつて、私は自分を励ますことを忘れはしませんから御安神下さい。

昨夜は土地の有志の人たちか歓迎会をやつて呉れたので、帰へりも遅くなつたのです、如何なる場合にも此処には酒と女とはありません。サイダー（之れはおいしい、）かあるばかりです。あなたもお酒は一切よして下さい。（十九日夜十時）

おみねさんやいさちやん[5]に躰を大切になさいと伝へて下さい。

六月十九日　悦

私の俊さま

（1）「日米間の郵便は検閲される」との情報があったことから。（2）書簡2の注（8）参照。（3）サラ・ベルナールは重傷を負って右脚を切断していたが、義足等を用いて演じ続けていた。（4）書簡3の注（3）参照。エマーソンは俊子の座右の書でもあった。（5）書簡1の注（6）（8）参照。

5

大正7年6月22日午前（VANCOUVER. B. C. 消印23日、TOKIO JAPAN 消印7月14日、青山消印15日）

東京府下青山隠田一〇一　佐藤俊様　Mme.T. Sato. Tokyo, Japan.

E. Suzuki. The continental Daily News, 135 Cordova St. East, Vancouver, B. C.　六月二十二日

封書　用紙不明八枚（表裏）ペン（封筒）、鉛筆

（手紙）三日分を同封

二十日。昨日は加茂丸がヴィクトリアへ着いた筈だから、今日はきつとあなたからの手紙がくるに違ひないと思つてゐたら、（そして夫れを待ちかねて、昨夜は眠ることを急いだの、眠れ〳〵、早やく眠れ、─自分に一生懸命で之れを命じたの、眠りさへすれば、夜は直きにたつんだから、でもちつとも眠れなかつた）思つた通りきました。起きて顔を洗つてゐたら津川さん(1)が持つてきてくれました。二通（三日迄の分）とも一緒に。そして手紙はそれだけなの。それが又何んなにか嬉れしかつた。急いで室へ帰つてきて、ぢつと懐しい表書を見詰めてゐたら、まだ中を見ないうちに、涙がいくらでも出てきました。あけるのが惜しくて暫くはさうしてゐました。懐へ入れて見たり、顔をおしあてゝみたりしながら。─

私が思つてゐた通り、あなたは矢張り躰を悪くしてゐるのね、何んと云ふ美しい人でせう。あなたは、私のあなたは。─でも私はかう思ふ、「きつとあなたは、今にあなたのその強い所を出してくるに違ひない、思つたことは、何うしてもやり通さなくてはゐられない強烈なパツションと意志とを持つた人なんだから。きつとやる。きつとやる。そして佐藤を明らかにして直きにくる(2)。」それか私を一層喜ばせます。此の次ぎに手紙のくるのは、来月に這入つてからでせう。それ迄に私は幾度此の二通を読み返へすことか。もう編輯へゆく時間がきましたから、それを了へてから、も一度読みかへして、胸一杯に湧いてゐる此の懐しさを書き記したいと思ひます。今、朝の十時ですが、あなたの所では二十一日の午前三時です、あなたはまだ眠つてゐませう。此所と其所とは恰度時間が十七時間違ひます。あなたの方がそれだけ早やいのです、ですから、私の所では、一日くはへて七時間ひいたものが、あなたの所の時間になるわけです。あなたの所では、あなたの日から一日ひいて七時間加へたものが私の所の時間になります。（午前十時）

もう一通あるべき筈だのに妙だ、と思つてゐたら何うしたわけか、第一信だけ一便おくれてきました。検閲の為めではありません。検閲はしてありませんでした。

合衆国の方は随分と厳しいやうですか、此所では、もう止めたのでせう。一体日本人の文書を検閲するなどは全然無意味なことですからね。米国みたいふ雑多な人種を国民にもつ所は別ですけれど。それにしても、驚くべき小胆な神経過敏なやり方です。まア、そんな事は何うで

も御勝手になさるがよい。

編輯を了へる迄第一便を懐へ入れてゐて、午後三時に了へると急いでルームへ帰つてきて、前のも一緒にして幾度も〳〵読み返へしました。あなたは、何所迄美しい人だかわからない。十年間恋をしつゞけてきた自分を、私は偉いと思ひました。私の魂をどんなにか可愛く思はないではゐられません。此の恋が今少し早やくあなたに通じてゐたら、私は全く無疵な自分であり得たのにと又してもそんな事が悲しく思はれます。その間本当に私は如何なる場合にも、あなたを忘れてゐたことはない。忘れなくてはならない。忘れなくてはならない、さう自分に教へないではゐられなかつた事は幾度だか知れないけれど。若しも、あなたが、あの朝あゝして下さらなかつたら、私は今でも矢張りあなたを思ひつゞけながら、そしてその事の為めに何んなに比肉（ママ）な人生の否定者になつてゐたか知れない。旅人は清水のあることを知つてゐる、けれど夫れは貧しい旅人には入るだけの勇気をもたせない禁園のうちにある、旅人は渇してゐるのだ。その時此の人は何うするであらう。彼は恐らく田の畔の濁水をも呑まないではゐられないであらう、彼は勿論濁水であることを知つてゐる。そして其の儘では呑まれないことを知つてゐる。彼はハンカチーフか何か自分のもつてゐる最も美しい布片でその水を漉過（ママ）することを忘れないに違いない。かうして彼は、自分の渇をいくらかでもいやすのである。此の場合彼は、清水を全く忘れ得るであらうか。彼の渇はいやしつくされるであらうか。さう考へる事の誤りであるのは云ふまでもない。恰度その反対が事実である。彼の胸は倍加せられたる清水に対する思慕を以て忽ちみたされてくるに違ひない。けれど夫れは所詮果し得られざる望みである。かう考へて、彼は濁水を清めることに力をつくす。か、それも結局無駄の努力であることが明瞭になつたとき、旅人の魂は痛（々）しい呻きをあげて、そこから距るより他はない。かうして彼は何物によつても癒されざる渇をもつてとぼ〳〵とした人生の行路に足をおかなくてはならない。渇の消えるとき彼は痴愚になるであらう、渇のつきざる限り彼は漸次デイスパレート（3）になるであらう。

私は、かう自分を考へるのが可成り十分に適当であることを感じてゐます。旅人の罪は、自己の要求に—真の声に忠実でなかつたことに存する。彼は余りに清水を囲んだ周囲の形骸に敬意を拂いすぎてゐたのだ、臆病であつたのだ。此の事が、彼をあらぬ道へまで落して了つたのである。併し彼は如何なる場合にも清水のことを忘れないに相違ない。デイスパレートになること其の事さへが既にその著しい証拠である。

之れは少しも自分を弁護するやうな卑しさを感じないで云ひ得ることです。そして、それを今あなたに向つて云ひ得るやうな自分になつたことを神に感謝しないではゐられません。あなたを救つたものは、あなたの云ふ通り私であるかも知れない。(さう考へることは私の絶大なる喜びである、西川[4]君は、あなたは実に大きな創作をしたと云つた)が、夫れよりも確かなことは、私があなたによつて救はれたと云ふ事です。

お互ひに甦生―と云ふよりは初めての生を感じ合つて生きると云ふことは何んと云ふ幸福でせう。之れこそ人間に与へられたる幸福の最も真実なもの、最も大きなもの、最も高いものです。私は神に感謝する。

あなたに感謝する。私のあなた、私の美しいあなた、神の与へて下すつたあなた！　あなた以外の何が私に必要であらう。そんな貪欲がかりそめにも私の心をかすめる時があつたら？　神よ用捨なく私に死を与へ給へ。

ほんとに十月にはたゝれるやうにして下さい。十月と云へば、もう四ヶ月しかない。それだと何んなに嬉れしいか。私は、毎日〳〵あなたの魂が、遺憾なき現はれをもつやうに。静に落着いて、熱心に字が生れるやうにと祈りつゞけてゐます。日本に初めての真に美しい人間の声がきかれるに違ひない。その時が私とあなたとの一緒になり得るときなのだ、と生れて初めての熱烈な祈願をつゞけてゐます。私の此の思ひでだけでも、あなたから「書けた」と云ふ便りがくるに相違ない、来月のうちには。あなたの計画はきつと行はれる、私も、出来るだけの金の用意をします。

あなたの手紙を見ると、ほんとにまざ〳〵とあの家と、あの郊外と、青山への路[5]が目の前に浮んでくる。寂しさに、恋しさに、悲しさに一杯になつて涙ぐんでゐるあなたがあり〳〵と見えてきて、慕しさに胸をしぼられる。私も泣く。毎日のやうに朝起るとあなたの写真を見る、それからあの最後の日の手紙を見る。「では御気嫌よくいつてらつしやい」そこだけ見ると、もう耐らなくなつて、涙がいくらでも落ちてくるのです。男のくせに私は何うしてかうなのだらう、と腹立しくさへなるの。でも、あなたの手紙を見たら、悲しいけれど嬉れしくてならない。さうだ、何んとも他に云ひやうがない。嬉れしいのだ、嬉れしいのだ。おしめさん[6]も、いさちやん[7]も、おみねさん[8]も、それから芝のお母さん[9]も、みんないゝ人ですね。不思議なくらゐいゝ人たちですね、あの人たちの為めにも、幸福を祈らないではゐられない。

矢張り、あなたは引越さない方がよい。思い出があなたを煩はしもするが、も一歩進めば、それがあなたをよく刺激し奨励するに違ひないから。それに私自身から云へば、そこにゐるあなたなら全体として何も彼もが思ふと同時に浮んでくるけれど、引越されては、もう解らなくなるからいやなの。本当にいやなの。それこそ寂しくなるに違いないから。そこからたつていらつしやい。黙つて。

もう、梅雨ですね。毎日〳〵じめ〳〵してゐて不快でせう。私は梅雨ときくと、きいたゞけでも欝陶しくなる。此所はまた、所謂ダイヤモンド・ウエザアの時節で、明るい日が、それこそ秋のやうに晴れ〳〵と輝いてゐます。私にはちつとも暑くない、内にゐる間は大抵あのセルと、あの桂井のかたみの羽織[10]と、〔十字程抹消〕袴とをつけてゐるのですが、少しも暑くない、（みんなもう和服などのない人たちばかりだから、「好いでせうね、和服の気《（ママ）》心地は、」なんて羨しがつてゐます。）が、此所に永くゐる人たちは、矢張り夏がきたと云ふ顔をして、暑い〳〵と云ひくらしてゐますよ。そして、もう入江の向うの森林へ仮小舎《キャンプ》を作つたりして所謂 Camping life（Camping など云ふ字はない筈だが）をやりに行きはじめました。私の社の社長代理も今晩から五六哩離れた海岸の森林へ出かけました、汽船でそこから通ふのです。西洋人は、夫婦づれや恋人同士土曜日から日曜の朝へかけて、毛布を二三枚と食糧とをもつて森へゆき、木の枝で露をしのぎ乍ら野営をしてくる、実に自由な、大胆なキャンピングをやつてゐます。彼等の森や木を愛することは、全く美しい感じを与へる。彼等は日本人のやうに遠くから眺めたり、近よつて傷つけたりしないで、直ぐに森や山とお友だちになつて了ふ、彼等が森を歩いてゐるのを見ると、本当にさう云ふ感じがしますよ。

指輪[11]はお湯へ這入りにゆくときの外は始終はめてゐるの。そして編輯しながらでも悲しくなると、あなたの瞳を見てゐるの。さうすると、『辛棒なさいな、今にくるから』かう云つて私を軟かに撫で、呉れるもの、あるやうな気がします。

私は、いろ〳〵な人に紹介されたけれど、誰れの所へも遊びにゆかない。向うからも編輯局へは、ちよい〳〵くるけれど、私のルームへは誰れも来ない。少しけぶたい人だと思つてゐるらしいの。編輯には東京の高商を出た長田君[12]と云ふ東京生れの、私よりも三つ四つふけてゐるらしい人が（もう十年来）一人ゐるきりなの。素敵に英語の達者な人で、教育とは反対に文芸趣味ばかりの人だが、いやなちよこざいな、かぶれ方をしてゐないでよい。永くゐるだけに此方の芝居は殊によく見てゐる、大抵《ママ》な名優はすべて見てゐて、そして可成りたしかな劇的知識をも備へてゐます。温厚な、何所か〔四字程抹消〕超然とした、日本の移民など、はまる切りつき合はない、所謂記者を嫌ふ、面白い人です。（私を知つてゐる青年も四五名ゐて、長田君を通じて一夕話をして貰ひ度いと云つてきました。）けれど私は此の人のルームへもまだ行つたことはない。たつた一人であなたのことを考へてゐる方が私には楽しいのだから。

あなたは此の次ぎは二十七日の船だなんて云つてゐるが、その前に大船《ママ》商船[13]の船が十七日に出ますよ、あなたは、日本郵便《ママ》[14]のをばかり見てゐるのね、困つちまうね。云つてやるたつて、もう十七日は過ぎてゐるのだし、何うか気がついて手紙を出してくれゝばよいけれど、さうでないと私は全くかつかりして了ふ。此所へくる手紙は、ヴイクトリア経由と直接バンクーバァへとの二通りあるの。そして船は大阪商船、日本郵船、それと此所のC、P、R、会社[15]（Canada pacific railway Co.）の三会社のが通つてゐるの。C、P、Rのは、日本の新聞へ広告を出さないけれど、確かまだ二隻（之れはバンクーバァから常にエムプレツス・オブ・ジヤパン昨日出航　エムプレツス・オブ・エシヤ）通つている筈です。之れか一番早やいの。横浜迄十日で行きます。今月は二十六日に私の乗つてきた諏訪丸が帰つてゆきます、此の手紙はそれに出すの。《ママ》）そして、もう多分後は来月になるが、今分つてゐるだけでも七月の分が之れだけあります。

1△五日　加茂丸、2△十六日アラビヤ丸、3△十九日アフリカ丸、4△二十四日伏見丸、

（明二十一日シカゴ丸がヴイクトリアを出ますが、郵便の〆切りがエンプレツスと同じだし、エンが三日も四日も早やくつ（く）から、此の方へはやらない）

こんなに、来月は四つもあるの。その他にC、P、R、の船か二回はあるから、少く（と）も六つはあるわけなの。あなたの方だつて同じぢやないの。本当に困る、あなたは日本郵船しか見ないから。

あなたの手紙を繰り返したり、写真を抱いてみたりしながら此の手紙を、そろ〳〵と書いてゐたら、もう十二時近くになりました、あなたの所では、まだ夕方前です、今時分雨がふつてゐるか、あなたは、勉強につかれて、寂しそうに外を眺めてゐるか。トルストイを見てゐるか。[16]あの花弁はトルストイの日記へ入れました、あなたに送

つた石楠花と一つところへ。之れは、あなたの所に大方の間ゐた本なんだから。あなたも幾度か手にとつたり目を通したり、それどころか、二人で一緒に読んだこともある本だから。

手紙を見たら、余り嬉れしかつたせいか、張りつめてゐた神経が弛んだからか、大変に疲れたの。もうベツトへ行つて読書しなから休みます。あなたの上にも何うぞ、安らかな眠りと休息とがあるやうに。—（あなたの瞳にキツスしつゝ。）

本当に、私を凡てのいやなものから守つて下さい。その深いあなたの愛で、いつまでも〳〵。あなたの悦。

それから、いさちやんに溝なぞに落ちないやう気をつけるやうに云つて下さい(17)。生爪をはがしては大変だ、想像したゞけでも神経がふるへる。溝は下水を流す所であつて、人の足など入れる所ぢやないの。

おみねさんの作つてくれるおつゆがのみ度い。まぐろの刺身かくひ度い。あの室で、あそこで、二人でビールがのみ度い。冷くひやしたのを。僕は日本酒など少しものみ度いとは思はないから、禁酒令には一向驚かないが、喉がかはくとビールかのみ度くなるのには閉口します。ソーダ水とアイスクリームとだけは、素敵においしいのがあるけれど、一人だと飲みにゆく気もしないので、水で我慢して了ふの。水は水道水だが東京のやうに暖くならないからいゝ。何も彼も日本の金に還算《ママ》すれば高くなるが、例へばお湯は月極め一円二十五銭（日本二円五十銭）一回十二銭（二十四銭）西洋風呂一回二十五銭（五十銭）と云ふやうなものですが、それだけ此方の生活が高いのだから（金の値が日本の倍なのだから）、馴れてくると同じことなの。労働者など最も低い所では日当三弗五十仙、少しいゝのは五弗からとりますからね。併し、あいつらは汚くて、そして卑しく金をつかつて了ふから、西洋人に馬鹿にされます。西洋人の生活は実に巧みに、そして快適に行はれてゐます。兎に角彼等は一般に生活方を心得てゐますね。此所でも一人ならルームを一つかつて二十五弗か三十弗あれば生活は出来ませう。（出来ると云つてゐます。）ルームを借りれば、いゝ所があるけれど、余計な金を使ふのはいやだから、此所に我慢してゐるの。あなたのくる迄は。「奥様がくるやうになれば此所にはゐら（つ）しやれないから、そのときは何んとかします」なんて、津川氏か云つてゐました。奥さんと云へば、あなたの事なんだ。津川氏たちが吃驚するだらうと思つておかしくてならない。生活は、あなたの云ふ通りなの。別れてゐて何うしやうたつて駄目なのね、とても。二年も三年もなんて云んだつたら、僕はもう死んぢまうだらう。

あゝ、あなたと二人で、あの家で〔五字程抹消〕、洋羹《(ママ)》がくひ度い。まるで一日ぢう何んにも此所のものは食ひ度くなくなつて了つたの。（寝ようと思つたのに、また之れだけ書いて了つた。こんどこそ、さやうなら。）

〔欄外　船で出した手紙が、もう直き二三日中にはあなたのお手許へ届くでせう。あなたの詩か早やく読み度い。早やく創作をなさいな、ね。五六百枚かけばよいのだから。十月迄には出来るでせう。きっと。〳〵。〕

二十一日。今日起きると直ぐに、又あなたの手紙を読み、それから仕事を了へて帰へるとも一度読かへしたの。いくど読んでも懐しさがへると云ふ事はない。その反対に慕しさ恋しさが爆発しさうになる（とてもかうより云へない）の。あなたは本当に美しい人だ。貴い人だ、しみ〴〵さう思はれてくる。さう思はれることが私にとつて何んなに嬉しい事か。

「心臓が破裂するかも知れない、それでもいゝ」なんて、そりやいけない。ちつともいゝ事はありやしない。「第一信」にあるやうに、躰を大切にして、物を沢山たべて、そして肥らなくちやいけない。魂の光でみちてゐる、生々としたあなたを私はまつてゐる。私もつとめる。恋しくて手紙を書く以外の事は何にもし度くないのだけれど、静坐[18]したり、瞑想したり、読書したりするやうに努める。今はもう勿論自分一個の為めではない。一切は二人の為め、生きる（あなたを除いては之れはない）為めなのだから。

怖しい試練！　私は此の間から、その事を考へてゐる。実際怖しい試練だ。神は人の子を祝福する前に、それをサタンの存分な誘惑の前においたと云ふ。魂に対する神の試練である。苦痛が、此様な大きな苦痛が―ロミオとジユリエツトのそれよりも勝るとも劣らない大きな苦痛が私たちの上におかれてゐることを、私たちは考へなくてはならない。之れはしないでも済むことの出来た苦痛かも知れない、と云ふ風に考へるのは善くないことである。一層大なる幸福の為めに神は今私たち二人を恵みの試練のうちに入れてゐるのではないでせうか。此の絶大な至純な愛のもとにあつて、苦痛か単なる苦痛で了るべきことは決してあり得ない。神は私たちの愛を如何ばかり貴きものに思はれてゐるか知れない。私にはそれが信ぜられる。私たち二人は勇しく此の試練の波をのりきらなくてはならない。ね、さうでせう。（午後四時）

此所迄書いたらば、和歌山県人の代表者と云つたやうな人から晩餐招待がきたので、もうそんな事はすつかり厭やになつたのだけれど、他の人が行くのに行かないわけにもいかず、洋服をきて出かけたの。お客は社の長田君と領事館の野田君と私とでした。

九時にそこを出て、それから北《ノース》バンクーバァ(19)への渡船へ乗りました。何んとも云へず心淋しくてたへられないので、フラ〳〵と乗つて了つたのでした。渡船と云つてもすばらしく大きな汽船なの。そして湖水のやうな入江を三哩近く横切るの。真赤な太陽が港の口の森の上にかゝり、朱を流したやうに黄昏の水を染めてゐました。向う岸へ渡つて、水の傍の小さな草地へ出て、そこに暫らく横になつてゐました。だん〳〵黄昏が深くなつてゆくに従つて、バンクーバァの火が、黄金の簾を下げたやうに水に映りはじめました。何んと云ふ静かな、軟かな、そして瞑想的な光景でせう。私は呆乎と涙ぐんで、水を眺めてゐました。おり〳〵小さなランチが美しい、こまかな燈火をのせて、入江をスラ〳〵と音もなく横切つて行きます。

恋しさが、俄に弾けるやうに胸一杯にひろがり初《（ママ）》めましたの。もう何うしやうもない。私はそつと草に頬をつけて、涙の出るのにまかしてゐました。何事をか祈りながら。―

やがて月が日の落ちたのとは反対の入江の奥の空に出てゐました。十三日か四日の月でせう。オレンヂのやうな香ばしい月です。私は急いで又渡船に乗りました。帰へれば、そこにあなたが待つてゞもゐるやうに。―デツキに立つて振り返へると、昼の間は、スク〳〵と立ち並んだ木立ちを見せてゐる山連が、墨絵のやうな、淡い〳〵波を横（た）へてゐました。

あなた、あなた。恋しい私の俊さま。あなたは何うしてゐるか。矢張り私をこんなに恋ひしたつてゐて下さるであらう。―さう思ふと幸福な、船ぢうで一番幸福な人間は自分であるやうな、誇らかな気持ちが少しの間私を喜ばせました、が直ぐその後では、自分たちほど不幸な、悲しい人間はないやうな侘びしさが押しよせてくるのです。

船は、除《（ママ）》ろに水をかきわけてゐます。

私は、欄によつて、頭を抱いて、ぢつと目をふさいで了ひました。閉ぢた瞼をもれて、いくらでも涙が落ちてきます。あの指輪を口へもつて行つて見たけれど。―

「センチメンタルになつてはいけない、センチメンタルになると云ふ事は、人生に軽いヴエールをかけると云ふことだ、自分の目に霞をおくと云ふことだ、凡ての易つぽい誤りがそこから生れる」

『馬鹿を云へ。此様な場合に泣くことの出来ない奴は、人間の乾物だ。』

私は、一人でこんな風な問答をしてゐました。「矢張りあなたは弱い人ね」あなたからかう云はれるやうで少し恥しかつた。けれど、恥しくてもいゝ、直ぐ傍にゐて、そう云つてくれるのなら。あなたはそんな時、必らず私の頭をぢつとその暖かな胸に抱いてくれるに違ひない。私は、いそいでルームへ帰へりました。そして、服もかへないで、あなたの写真を取り出して、しつかりと顔へ押しあてました。何うぞ私の夢の中へ一晩のこらず出てきてくれるやうにと念じ乍ら。

恋しい俊さま。ほんとに恋しい俊さま。

何うして此様に恋しさが、何所から此様に恋しさが、湧いてくるのか。試練！　少し酷すぎる試練！（十二時）

二十二日。今日も好い天気なの。それこそあなたに甘へつき度くてならないやうな好い天気なの。私が横浜をたつときのやうな天気なの。あの時あなたは消えそうな顔をしてゐました、あの儘も少しゐると、もう私はたまらなくなつて泣いて了つたに違ひない。そして、あの儘船へのるのを止して、二人で何所かへ行つて了つたに違ひない。それが怖くて、あんなに私はお別れを急いだの。よりよき運命を、かうしたときに人は破るものだ、とさう考へて。今の辛さ、悲しさは、それにくらべると余程質がよい。会へぬ悲しさは、会ふ日を待つ辛さなのだから。

昨夜はベツトへ這入つてから、存分に泣いた、泣き寝入りに眠つて了つた、そのせいか、今日は余程頭の具合がよくなつたの。あなたはまだ寝てゐるときだ。あなたの寝顔が目に見えてくる。あなたの寝顔は、ほんとに娘々してゐて可愛い。少し何かに甘へかゝるやうな、そりやァ邪気ない顔をしてあなたは寝てゐますよ。寝顔と云へば、熱海の夜が思ひ出される。あの時私は、さう思つたことを忘れないでゐる。『よい魂をもつた人でなくては、かうした寝顔にはなれない、此の人の意識が此の人を離れるとき、此の人の「本当の人」が、魂が、万遍なく此の人のなかで寛いでゐるのだ。此の人は何うしても私の人だ。私たちは一緒に生きることを予め定められてゐたのだ、今迄の生活の（お互ひの）間違つてゐたことがよくわかる』今は、その邪気ない顔に、私を恋する心が晩春の夜のやうな憂鬱を投げかけてゐることでせう。恋しい人。

井上さん[20]に、さう云つてやつて下さい。「赤光[21]」は red《レツド》

light《ライト》の直訳のやうでいけない、レッドライトと云へば、慥か日本で紅燈と云ふやうに、此方ではお女郎屋のことです。バンクーバァにも二三年前迄 red light district（遊廓）があつたものださうですが、今は何んにも、さうしたものはありません。此所は所謂絃歌のない、清い町です。（午前十時）（あなたの写真か私を見てニコ〳〵笑つてゐますよ。可愛い。可愛い。ほんとに可愛い。）

二十二日（続き）今晩はサラ・ベルナール[22]の椿姫[23]を見に行（つ）てまゐりました。大詰を一幕やるだけで、而かも原作では恋人のデユバルに会ふことなしに、哀切を極めた思慕の情を美しい手紙に書いて、白椿の落ちるやうに此の世を去るのですが、之れでは芝居にならぬからでもありませう、脚本では、デユバルが危篤を知つて、先づ訪ふべき旨を通知し、間もなくやつてきて最後の熱い抱擁をすることになつてゐます。センチメンタルなものではあるが、原作では、兎も角限りない哀恨を読者の胸にのこしてゆくだけの力があります。脚本の与へる力は当低《ママ》それに及ばないが、併し前夜のときとは、見違へるほどの出来ばえでもあるし、〔三、四字程抹消〕除《ママ》ろに観者を痛恨と憐憫の境地へ惹き入れて行くのは流石に豪いと思ひました。殊に私は動（か）されました。それは私自身の心的状態が物思ひと悲しみとに漬《ママ》されてゐた故もあるに違ひない。何よりも快かつたのは、小屋全体に軽兆《ママ》な淫蕩な気分が塵ほどもないことでした。静粛な厳かな空気がしつとりと凡てを領している光景は、私には初めてのものでした。此所迄くると初めて「芸術」の高さと云ふことが考へられる。私は、いろ〳〵な事を考へ乍ら、〔三、四字程抹消〕寂しさの全身を除《ママ》ろに巡るまゝにして、其所から私が初めて此所へ着いたときの、波止場へ出て、月と水とを眺め、それからとぼ〳〵と歩いて帰つてきました。電気をつけるとテーブルの上では、あなたの写真が「寂しかつたは」と云ふやうに私を眺めて微笑してゐました。美しい人、愛しても愛しても足らぬ人！

私は、今日いやなものを見たの。午後編輯を了へてお湯へゆき、その帰へりに、雑誌屋へ立ちよりました。（立ちよつたことが好運であつたか、不幸であつたかそれは何うにでも云へる）文芸雑誌も少しはきてゐますが、何しろ種類か少いしするので、ふと「スコブル」[24]と云ふ宮武外骨[25]と云ふ人のやつてゐる雑誌を手にとりあげてみました。巻頭にのつてゐるのが此所へ封入した此の一篇です。記事の内容は兎も角として、私には取合せが余りに意外なので、少し吃驚しました。羽太君[26]とあなた。―私には意外と云ふより外に云ひ表しやうがない。羽太君と云ふ人が、変態生欲《ママ》の研究家であるばかりでなく、自分でも変態生慾の所有者であると云ふことを人からきいてゐる以外に、私は、あなたの口から、今迄一度もあの人の事をきいたことがない。此所にある羽太君の言葉[27]は(之れだけはまさか嘘ではないでせう)可成りあなたを能く知つてゐることを証してゐる。あなたは羽太君を御存じであつたのですか。そして、たとへ一度でもあの人を訪ねたことかあつたんでせうか。

ふと、夫れで思ひ出したのは、矢張り六月号の「人情倶楽部」にあなたを弁護した一文をよせた人のことです。此の人の文章は、私などが知つてゐるのと殆んど同じ程度にあなたを知つてゐる人でなくては書けないものでした。(之れは、あなたに申しあげたことがありました)誰れだらうと考へたが私には分からなかつた、あなたには確に心当りがあるに相違ない、と思つてゐましたが、羽太君ではないかと云ふやうな気がします。違ふでせうか。

何も彼もを有仰つて、何んな事が書かれても私が驚かないやうにして下さい。三千里外にゐて、あなたをのみ恋する以外に何一つ生きる喜びと力とをもたない私を可愛さうだ、と思つて下さい。私の俊さま、私の心、私の魂である人。

私はいやだつたが、此所におけば何れ誰れかしらの手に渡る、此様なところで、此様なものを人によまれるのは、いやだから、たつた一冊しか来てゐないのを幸ひに、買ひとつてきたのでした。そして私は呆乎としてベツトへ横になりました。やがて何んとも名状することの出来ない寂しい涙か後から後からと湧いてくるのでした。此様な純真に此様に誠実に生きてゐることが、まだ神の主旨に叶はないのであらうか。愛する人、ほんとにあなたも可哀さうな人ですね、私も可哀さうな男だ。一つの生命―それは如何に小くとも決して下らない筈はない―をかけて共に生きつゝあるもの、上に、悪魔は飽く事もなくさま〲な悪戯をしやうとするのか。

いゝえ、私はまけてはならない。之んな力にまけてはならない。たとひあなたの過去に何かあつたつてよい。それは過去のことだ、今の貴さを傷つける力はない筈である。あなたか云つたやうに、それは、ある限りに於て私の愛で洗ひ清めてやらなくてはならない。―かうやつと考へて私はベツトから離れました。その時、長田君か誘ひにきてくれたので、悲しいときは、悲しいまゝに悲しみぬくがよい、と思つてベルナールへ出かけ(た)のでした。

私の俊さま。何んな事があつても、決して卑しいもの、前に立つやうなことをなさらないやうに。それは結局自分を卑しくすることになるのだから。たゞ私にだけ、存分に赤裸に有仰つて下さい。それでよいのです。此の記事かもと、なつて、またさま〴〵な引のばしや、捏造をやられるかも知れない。それに多少でもの種を（全く種のないことは書けない）与へないだけの要慎はなさらなくてはいけません。本当に此の記事は意外でもあり不思議でもあります。何うしても私には分らない。多分の偽りのあることは分る、けれど羽太君とあなたとの間に交りのあつたと云ふことか何うしても不思議なの。

何うにでもして、私は此の不快を斥けます。それでなければ、此所にかうしてゐる意味か分らなくなるのですもの。私は―私たちは、生きなくてはならない。一切を洗ひつくして、全く新しき生に生きなくてはならない。私が此の恋しさに泣くのも、あなたが泣くのもみんなその事の為めですものね。たゞ新しき建設の為めには一切の古きものを破毀しなくて（は）なりません。古いもの、少しでもが残る（秘密をもつことが夫れである）とき、新しき建設は何時かは思ひがけない汚点に穢されなくてはならぬ。それこそは、正に醜き死です。悪魔の勝利です。之れは深く怖れなくてはならない。

死か生か、―その何方かにしか、もう私は行き得ない。私の生活には、此の二つの間にぐらつく途中はないの。死なゝくてはならぬときがあつたら、私はあなたの首をいだいて死にませう。生きる限り（是非とも生きる）私はあなたの手を放さないでせう。あなたの手を放すときがあつたら、その瞬間私は生から死へと急転してゆくのです。「十月には行く、その先きは何うなつてもよい」かう迄私を愛するあなた、その先きは、何うもならない、生きるばかりです。

恋しい人、懐しい人。

封入の写真は二三日前、早稲田の数理科を出た人に誘はれてほんの少しばかり入江の奥の郊外へ行き、そこでその人が（写真道楽）とつたものです。今日焼いて（一枚だけ）もつてきてくれましたから、あなたに送ります。草のぼや〳〵とした今にも夏虫の啼き出しさうな所です。山の上には雪があります。

（第二回目の第一便は午前中に投函しました、みんな二十六日の諏訪丸でゆくはづです、そちらへつくのは十日近くでせう）明日は日曜日だけれど、何も楽しみはありません。午後からでも大学を見に行つて来やうかと思つてゐます。（午前一時）

（1）不明。（2）筆名を、田村松魚と夫婦であった頃の姓・田村から旧姓の佐藤へと変えることを指す。（3）絶望的な、の意。（4）悦の友人・西川勉のこと。（5）書簡1の注（1）参照。（6）書簡1の注（7）参照。（7）書簡1の注（6）参照。（8）書簡1の注（8）参照。（9）当時、芝烏森に住んでいた俊子の母・みねのこと。（10）八月三十一日の悦からの手紙に、「あの女にさへ接近してゐなけりや、恐らく桂井は死な、かつたのだ」とある。（11）書簡1の注（5）参照。（12）長田正平。号は波韵。『大陸日報』の記者で、悦を呼び寄せた山崎寧の右腕の一人であった人物。悦とともに仕事をしていた。（13）大阪商船のこと。明治十七年に開業した汽船会社。日清戦争後、日本郵船に次ぐ会社としての地位を揺るぎないものとし、明治四十年より、北米や南洋、東亜方面の不定期運航を開始。（14）日本郵船か。当時、大阪商船とともに、海外へも航行していた。（15）太平洋鉄道会社。（16）トルストイ　一八二八～一九一〇年。悦は、植竹書院の翻訳部編集長の時代に、その主著『戦争と平和』の英訳からの全訳に取り組み、大正六年に島村抱月との共訳で上・下二冊を刊行した。（17）悦のもとに送られてきた俊子の六月二日の日記（以下、俊子の書簡・日記の引用は、『田村俊子作品集』第三巻（オリジン出版、昭和六十三年五月）に拠る）に、いさ子がどぶへ落ちて生爪をはがし、医者へ行ったことが報告されている。（18）当時、知識人の間では、岡田虎二郎によってはじめられた岡田式静座法が流行していた。（19）バラード入江の北岸にある都市。バンクーバー市の郊外として知られる。（20）湯浅芳子（京都府生。ロシア文学者）のこと。当時、彼女は養家の姓・井上を名乗っていた。（21）湯浅芳子により、大正七年六月に創刊された婦人文芸誌。同人は、中村玉代、中井愛子ら。（22）書簡2の注（8）参照。（23）サラ・ベルナールは、一九一六年九月、七十二歳で渡米し、一年半にわたり巡業する。悦が観たのは、このときのもの。（24）宮武外骨により、大正五～八年まで刊行された月刊誌。（25）宮武外骨　一八六七～一九五五年。香川県生。ジャーナリスト、新聞史研究家。（26）羽太鋭治　医師。変態心理学者。（27）宮武が『人情倶楽部』に寄稿した文章の中で、田村俊子を罪人として論告文を書いたのに対し、羽太は、俊子が宮武を告訴するといっていることを述べ、また、今後はそのようなことを書かないように注意をしたのだという。

6

大正7年6月23日（VANCOUVER. B. C. 消印24日、TOKIO JAPAN 消印7月14日、青山消印15日）

東京府下青山隠田一〇一　佐藤俊子様　Mme.T. Sato. Tokyo, Japan.

E. Suzuki. The continental Daily News, 135 Cordova St. East, Vancouver, B. C.　六月二十三日

封書　用紙不明三枚（うち二枚は表裏）　ペン（封筒）、鉛筆（手紙）　花を同封

二十三日。今日は日曜日なの。そして今午後六時なの。あなたの所では、今時分おみねさん[1]があの台所でお昼の

支度をしてゐる時分です。船の中で投函した手紙が今時分あなたの手許へ着いてゐはしないかと思ふ。分りにくい文字を判じ乍らあなたが何んなにせいて読んでゐるか。私は検閲のあることをきいて、それを非常に不快に感じてゐたが、此所には最早やそれの行はれてゐないことを事実によつて知つて、大変気楽になりました。

今日は、もう何んでもないの。私は、すつかり悪魔に勝つて了つた。たゞあゝした下等な連中が此の度も何かにつけて、あなたを傷つけることをしはしないか、あの記事[2]によつてまた新しい題目を見出して、何かを捏造する機会を作りはしないか、と云ふ事を恐れてゐるだけです。でもあなたにさへ何事もなければ、かまはないけれど、若しあなたが羽太君[3]と相当に親しい交りがあつたとすると、羽太君が自分から出た言葉の為めに、他人に与へた迷惑を痛感するやうな人ならよいが、それでないと、随分不快なことが起りはしないかと思ふの。勿論そんな事も、そのあなたの強い覚悟と愛とが十分に打ち消し得るものではあるが。―

それだけなの。何うぞ何事もあなたの頭を乱すやうな事が起らないやうに。―私は、しつかりと力の限りあなたを抱いてゐます。

何んにしても、あなたが一日も早やく佐藤を明らかにする[4]ことが必要です。之れから書くものは一切佐藤になさらなくてはいけません。新潮へやつた詩[5]は、勿論佐藤となすつたでせうね。私は、あなたが何故もつと早やく第一の感想からして、佐藤を署名しないのか、佐藤を署名することを何故あんなに嫌つたのか、未だに分らない。本当に、もうその必要は、とくからあつたのだけれど。

―

一人では何んにもする気がしない。あなたに手紙を書くことゝ、一人で散歩をすることゝ、そして、あなたのことを考へることゝ、之れ以外には何にもする気がしない、今日は明方になつてやつと眠つて、九時半頃迄寝てゐました。目があくと、もう又、たまらなくなつて、泣けてきさうなので、ひどく自分を叱りつけました。「そんな弱いことで何うするのか。それでもお前は新しい生活の基礎を作りつゝあると云へるか、お前の為めに、二人の生活の為めに、おまえよりも苦しい境涯を忍んで、専心努力してゐる人の事を思ひやるがよい。何をメソ〳〵してゐるのだ。』（マヽ）と。それから私は床の上に起きてから、静かにかう言ひ添へました。『お前は真に愛し得ることを信じなくてはならない、万一、―さうだ万一、恐ろしい悪魔の戯れの為めに、お前のその愛が裏切られたとし

□うで？―それは不幸ではある。が併しお前の愛の真実であつた事にお前は満足を見出すべきである。そして、その最後の冷い死の手を素直に胸に受けるがよい。』

私は、静かに頷きました。自分でも不思議なほどに私の血は穏かに漲るやうな愛をみたして巡つてゐることを感じました。あなたに対する信と愛とが一段の深さを増して私の魂に安らかな安定を与へてくれるやうに思はれました。私は、除ろ《（ママ）》に着物をきかへて、二片ばかりのパンとコーヒーとを口にした後、日記帳を取り出して、（あなたに書く手紙が日記だから、日記帳には、殆ど何も書いてないのだが）あなたを最初に見たときから昨年迄のことを、ほんの筋書きではあるが、原稿紙にすれば、十六七枚くらゐな長さに、正直に、書きつけてみました。かうしてゐると、いろ〳〵な事が思ひ出されて、恋しさに体ぢうか戦くやうな気がしました。そして、之れだけ書くのにも随分骨が折れました。午後二時迄かゝつて、夫れを記し了り、喉がかはいてきたので、食堂へ行つてお茶をのみ、御飯を一杯だけ食べてみました。お腹がすいてゐる筈だのに、まるで食欲がない。（之れは此所へきて以来ずつとさうなのだが、殊に今日はひどい）《（ママ）》自分でも少し変な気がしてルームへ帰へり、少しの間椅子にもたれて目をとぢてゐました。すると、ふと、こんな事が浮んできました。いつか軽井沢へ行つていたとき、あなたが来るはづで、来ないで了ふやうな結果になつたが、あの時、一切が都合よく行つて〔二字抹消〕ゐたら何うなつたらう？

山を歩き、原を歩きするうちに、私は自分を制しきれなくなつて、何も彼もを自白して了つたかも知れない。さうであつたら何うなつたらう？ 今時分は何うなつていたらう？ あの時分でも、私はあなたから今のやうな真実な恋を導き出すことが出来たであらうか？ 私にはある。併し、あなたには？―そんな事はいくら考へたつて分ることぢやない。会はせなかつたのも神の力である。或は恵みである。

日記帳へ書いた一文は、―もう幾度も口で云つたやうな事ばかりだが、―あなたがいらつしたときにお目にかけませう。

それから私は、ひどく疲労を感じてベットへ横になりました。眼をとぢると崩れてゆくやうな、何んとも云ひやうのない、不快な重苦しい眠りが襲つてきて、私を暗いところへ引き入れてゆきます。ふと覚める、また眠る、するうちに頭の中で何かゞくる〳〵と廻る。「之れはいけない、」と私は夫れでもさう思ふだけの力をもつてゐました。「此の不健康な状態はいけない。若しかすると

自分は気が変になるのぢやないか。』《ママ》

私は怖ろしくなつて刎ね起きました。頭がきしむやうに痛むのですけれど、戦をいどむやうな気持ちになつて、洋服をきて、直ぐに外へ飛び出しました。「俺の体は今生れて初め（て）の高い値をもつてゐるのだ、傷つけちやならない。』《ママ》

水際へ行つて、しばらく水を眺めてゐて、それから少し散歩して、お湯へ這入つて、アイスクリーム・ソーダを一杯のんでルームへ帰つてきました。読書しはじめたがいけない。で、又少しの間、あなたの写真を前において、ぢつと夫れを眺めてゐました。「まア、何うしたと云ふの』《ママ》さう云ふやうにあなたは私を見つめて微笑してゐました。もう読書はやめて、此の手紙を書き初《ママ》めたの。

（午後七時了）

もう、おみねさんが御飯の支度をすました時分、あの唐紙を開ける時分なのね。

〔二行抹消〕

今日から、観音様をテーブルの上にのせました。近くに室をかはる筈なので、荷物はまだ、その盡《ママ》にしてあるのだけれど。

一生懸命でおあしを作つてください、私も作る。十月つて、もう直ぐですよ、その時分から此所では、北国らしい暗い冷い日がはじまるのです。それは〳〵消えて了ふやうな、おしこめられたやうな、日がつゞくのだと云ひます。ほんとにあなたかその時分にきてくれると嬉れしい。二人でならば暗い日も春の真昼のやうに明るいことでせう。ストーブの火にあたりながら、たつた二人で読書したり話したり、書いたりする日を思ふと楽しさに胸が踊る。何うぞ、あなたの仕事が出来るやうに。一日も早やく。（何うしても筆をおく気がしないの《ママ》） スタンレーパアク[6]迄行つてきました。一人でずつと歩みつゞけて。森を突切つて水際へ出て、そしてベンチによつて三十分ばかり、トワイライトの中に一つ〳〵ふえてゆくノース・ヴァンクーヴァ[7]の火を眺めてゐました。日曜日のことですから、ランチやモータアが幾つとなく水の上を辷つてゐます、私の傍へも幾組ともなく散歩の人たちがやつてきては、直きに歩み去つて了ひました。此所へくると日本人は一人も見られないのが何よりもよい。外人たちは、それ〳〵に楽しげに腕を組み合つて、語り合ひ乍ら活発に――少し女には活発すぎると思はれるほど―歩いてゐます。

AS Pascal says: there are three kind of people, one kind know nothing and site guielty, and justes quiet are those who know, but there are a middle kind who don't know but believe they do from them comes all the evil in the world.

(from the gournal of Leo Tolstoi)

パスカル[8]が云ふ通り人間には三種類ある。第一種のものは無智であるから黙つてゐる。（第三種のものは）智《ママ》つて而かも夫れと同様に黙つてゐるものがある。が、中間の種類のものは、知つてゐもしないのに知つてると思ひ込んでゐる。世の中の有らゆる害悪はみんな彼等から生ずるのである。

（パスカルは十七世紀のフランスの著名な数学者で、医学者で、哲学者であつた人。）

私は勿論話相手はないので、黙つてベンチによりかゝつてゐました。私の姿が、如何さま憂鬱に思案らしく見えたのでせう、私の顔を覗き込むやうにして、不審さうに私を見てゆく若い夫婦づれなどもありました。

私は何故かう寂しいのか、—と夫れを考へてゐました。ストレンヂヤアであることは、私には寧ろ快くても寂しいと云ふことはない。若しあなたかなかつたら、私は今時分もつと〳〵寂しい所に一人を沈めてゐたかも知れない。それは寂しいであらうが、かうした寂しさではない。その寂しさは、自然ととけ合ふことによつて、快く住し得られる寂しさである。此の、今の私の寂しさは夫れとは全く別なものです。自然を眺むれば、そこにもある。人を見れば其所からもくる。家を、空を、海を、雲を、火を、—凡てのものが私には、云ふべからざる寂しさを与へる。私には初めての、寂しさであることを明白に意識しました。そして夫れは私を少しも悲しませはしないで、反対に大変な喜びを与へてくれたのです。それはあなたがあるからこそ、出てくる寂しさなのですもの。真の、正しい、純な恋をしてゐることの証拠ですもの。若し、之の寂しさが私を去るときがあつたら（あなたがゐないのに）私は生くるに値しないものになつたのである。あなたが有る限り、そして別れてゐる限り、私は此の寂しさと二人で暮さなくてはならない。夫れは真に善いことである。—かう思つたとき、私は自分の内に動いてゐる力を感じることが出来ました。そして私は喜んで帰つてまゐりました。

あなたの写真に挨拶をして、それから久しぶりにトランプをとると、とれました。

私は、自分の魂にお礼を云ひました。「お前はサタンに勝つた。豪い、豪い。」

此の花は公園の池の水際に、星のやうに清らかに撒ばつ

てゐる中から、とつてきました。いくども〱キッスして、封じ込んでおきます。(9)（午後十一時半）

あなたの悦

懐しい俊さま。

（1）書簡1の注（8）参照。（2）羽太鋭次と俊子とのゴシップを書きたてた宮武外骨による記事「田村俊子―羽太鋭治―宮武外骨」（『スコブル』大正七年六月）のこと。（3）羽太鋭治のこと。書簡5の注（26）参照。（4）書簡5の注（2）参照。（5）俊子から送られた六月三日付の日記に「詩を三つお清書して新潮へ送りました」とあるのを受けたもの。「雑草の花」は、大正七年七月の『新潮』に掲載された。（6）バンクーバーのダウンタウンとノース・バンクーバーとの間にある広大な公園。（7）バンクーバーの郊外。（8）パスカル　一六二三～一六六二年。フランスの数学者、物理学者、哲学者。（9）悦と俊子は、互いに度々、花を贈り合っており、この手紙にも花弁が封入されている。

7

大正7年6月24日（VANCOUVER. B. C. 消印25日、TOKIO JAPAN 消印 7月14日、青山消印 15日）

東京府下青山隠田一〇一　佐藤俊子様　Mme.T. Sato. Tokyo, Japan.

E. Suzuki. The continental Daily News, 135 Cordova St. East, Vancouver, B. C.　六月二十四日

封書　用紙不明一枚（表裏）ペン（封筒）、鉛筆（手紙）

二十四日。今日も好い日。明日此所からC・P・R(1)の「モンテーグル」号か出航することをきゝました。諏訪丸のヴィクトリアから出るのは明後日ですが、つくのは一緒でせう。私の手紙は之れとも三本みんなモ号で行くこと、思ひます。

私は何んにも食べ度くないの。何うしたのか何を食べてもまづいの。アイスクリームソーダだけかうまいの。運動が足りないのかと思つて、今日も編輯後郊外を歩き廻つてきましたが、喉かかはくばかりで少しも食欲が出ないの。そして疲労が直きに出てくるの。之れではいけない。お目にかゝる迄にうんと太つておかなくちや。あなたも運動なさいよ。運動しないときつと躰を悪くするから。躰を悪くしちや駄目。躰さへよければ二人でならいつでも、何うなつても幸福でいられるのだから。

あなたのきたときの事を思つて、方々で貸間を見てきました。外人ばかりいる郊外に随分いゝ所があります。あなた、十月くるつもりなら、七月の末には、もう旅行免状をとつておく必要がありますよ。(2)うまくやれば誰れにも分らずにとれませう。漫遊視察と云ふやうなことに

して、それから船だつて二月くらゐ前に申し込んでおかないとなか〳〵室がとれませんよ。室をとつておいたつて、（上州屋へでも申込んで）検疫（二等なら）がすまなければ切符は買へないのだし、それでなくても、乗船の一両日前になつて切符は買へばよいのだから、万一一船おくれたつて、損はしない。旅行免状は六ヶ月有効です。

洋服は此方の方が安いが、他のものはみんな高い。靴など私は、も一足日本で買つてくれればよかつたと思ひます。仕度は簡単でいゝです。たゞ薬はいる、殊に舟の上では胃の薬―消化斉《ママ》は飯毎にのむ必要があります、（之れは十分に用意する必要があります。）

一等だと凡てが実に簡単だから、成るべくはそのつもりにしていらつしゃい。二等以下は金までしらべますよ。五十ドル以上もつてないといけないの。僕は足りなかつたけれど、ごまかして了ひましたが。―

こんな事を書いてると、もう直ぐにもお目にかゝれるやうで嬉れし（い）んだけれども―

船の中では、一等ではボーイに十円、その他食堂のボーイに五円ぐらゐチイツプをやらなくてはなりません。私たちは、一室を全体として、みんなで五円づゝ出してすまして了ひました。一等でも此のせつは一室に三人若しくは四人です、併し婦人は婦人室で男とは別です。食事も室へはこんでくれるし、ボーイも女でした。船は郵船会社(3)のに限ります。

お菓子だの、煙草だのは、十分もつてお乗りなさい。それから梅干も。船のなかでは随分贅沢な食物を出しますが、とても気分が悪くて食へるものぢやありません。お金は二三十円は日本のをもつてゐることが肝腎です。あまつたゞけは船で取りかへてくれますから。たゞ一等のよいのは、検廋《ママ》が簡単なだけで、他には別に変りはないのです。併し、上陸してから移民官などの取扱ひはまるきり違ひます。之れだと少しも侮辱を感じないですみます。

僕は煙草も高いから止めやうかと思つたけれど、それでは余り淋しいから、煙草だけはのみつゞけることにしました。

早やく仕事をなすつて、早やくいらつしゃい。若し容易に来られないやうだつたら、僕はきつと病気になつて了ふに違ひない。（午後九時）

　私の可愛い〳〵、俊ちやん、

あなたの悦

第二回目の手紙は之れで了ります。

第三回目は、来月の五日に出る船です。

此の月末にあなたの手紙がくればよいが。

（1）書簡5の注（15）参照。（2）俊子から送られた六月十日付書簡に十月には渡米したい旨が書かれ、また旅券を取る際の手続きを問うていることを受けてのものか。（3）書簡5の注（14）参照。

8

大正7年7月12日（VANCOUVER. B. C. 消印12日、TOKIO JAPAN 消印8月11日）
東京府下青山隠田一〇一　佐藤俊子様　Mme. T. Sato. Tokio, Japan.
E. Suzuki. The continental Daily News, 135 Cordova St. East, Vancouver, B. C.　七月十二日（一）
封書　用紙不明十二枚（表裏）ペン（封筒）、鉛筆（手紙）　五日分を同封

五日。（此方からの手紙はヴィクトリア発の船でなくてはもつて行かないの）

　あゝ嬉れしい、私が何んなに吃驚するほど嬉しかつたか、とても（あ）なたには想像ができないでせう。いゝ人。いゝ人。恋しい人。私今日手紙が来やうとは全く思はなかつたの。もう八日に入港（ヴィクトリアへ）する予定になつてゐる伏見丸がくる迄は、と悲しく思ひ諦めてゐたのですよ。でも昨晩、四日迄の分の手紙を出して、それからC・P・Rの波頭場《ママ》へ行つてみたの。何うも日本から船がきてゐるらしいので。（そんな気がしたの無暗に）すると、諏訪丸ぐらゐな汽船が一艘そこへ這入つてゐて、荷をあげてゐるの。全体が灰色に塗りつぶしてあつて、船名が分らないから、之れはきつと欧州通ひの船だらうと思つたの。でも念の為めに、矢張りそこへ散歩にきて海を眺めてゐた外人に、「あの船は何所からきたのか」と尋ねたけれど、「多分アウストラリアからだらう」と云つてるだけで、矢張り何も知らないの。それから入江（此所の入江は十五哩も這入つてゐる）の奥へ目をやると、も一艘たしかに這入つて幾時間もたゝないらしい汽船が（之れも七八十頓《ママ》くらゐな）沖にかゝつてゐるの。何うも、それは日本からきた船のやうに思はれてならないから、社へきて尋ねると、そんな筈はない、支那あたりからきたのだらう、と云つてゐるので、も一度がつかりして了つたのでした。で、今朝も、自分のルームで原稿を用意したりして、十時過ぎに下の編輯室へゆくと、誰れもゐない、掃き清められた室内の、私のテーブルの上に、手紙が三通のつてゐるぢやないの。ほんとに吃驚した。抱きしめるやうにして、それを手にとつ

てからも少しの間、全く夢中になつてゐました。可愛い人、可愛い人。私、あなたが、かうしてやつてきてゐたやうな気持になつてたのです。

それから、やつと自分にかへつて、ルームへ大急ぎで帰つてきて、自分のテーブルの上に三通の手紙を並べておいて、ぢつと表書を眺め乍ら、胸の激しい動悸をしづめることに努めてゐました。あゝ、懐しい文字、懐しい手紙。あなたが之れを封じて、表書きをする時の容子か見えてくる、あの机の上で、あそ（こ）へ坐つて、…私は涙をいくらでも落しました。嬉れし涙です。感謝の涙です。此の内には愛がある。一杯に鉢《ママ》切れるやうな愛がある。その他に、何があらう、一切が愛だ。—さう思ふと何うしていゝか分らないやうに泣けてくるの。

封を切るのは編輯の後にしやうと思つたけれど、切《ママ》めては、中の手蹟だけでも見たい気がして、みんな封を切つたの。—と、いけないですね、あなたは。一番大きい封筒の分が、封筒と手紙と密着してゐて、一枚破れて了ひました。でも、読めたからいゝが、封をするとき注意して下さいよ。—

それから、十三日の分の[1]「あなたの幻を私はいま、ぢつと見つめたの…」と云ふ一行だけよんで、もう、すつかり安神《ママ》して、編輯室へ出て行きました。此の手紙は、私が昨日見た後の方の船がもつてきたのでせう、きつとさうだ。だが何所を何う旅してきたか、随分永くかゝつたものね。でも嬉れしい、何しろ嬉れしい。

編輯がすむと、領事か相談し度いことがあるから来てくれと云つてきたので、いま〳〵しい事だと思ひ乍ら領事館へ行つて、六時頃帰つてきたの。何んでもないの。日本人の衛生状態が悪いと云つて、市の衛生局から死亡の統計を示して、改善法を講じてもらひ度いと云つてきたから、日本人会へかける前に先づ相談し度いと云ふのでした。此所には所謂流行病はないが、日本人の中には肺病が可成り多い。そして、空気がしめつてゐるので、肺病には此所は好くないのださうです。おまけに日本人の労働者[2]ときたら、まるで支那人みたいに不潔な生活をして金をためることばかり考へてゐるのだから、耐らない。実際西洋人は親切だ。立退きを命じないのが不思議なくらゐなものですからね。私は、もうそんな事所ぢやないの。そんなものは何うだつていゝ、賎民共など死んだつていゝぢやないか、と思ったけれど、黙つて、新聞で改善運動の応援をする旨を答へておいたの。あんな連中の為めに此の頭をつかふ気はないんですからね。貧乏で、さうしてゐるんならだけれど、金があつて、さうしてゐるんですからね。実に卑しい奴等だ。ぐうたらに金をつかう奴と同じやうにいやな生活をしてゐる。こんな奴等に何を云つたつて、分るものぢやないの。

まア、此様な事は何うでもいゝ。それから私は、ゆつくり〳〵それこそ、一字からでもあなたの呼動（ママ）をのがさないやうに―けれど、胸を踊らせ乍ら読みました。ある所では、思はず笑ひが出るし、ある所では、あなたが暗くなると、それよりも、もつと暗くなつたりしました。けれど嬉しい、何も彼も私のあなたなんだから。そして、矢張り、純真に素直にのみ生きてゐるあなたなんだから。

あなたは、何んていやな、失敬な夢(3)を見るんでせう。本当に失敬だ。傍にゐるんだつたら、何んなにか怒つて、そしてお侘（ママ）びを云はしてやるんだけれど。誰れか他の女と私が寝てゐる所だとか、あのいやな女と寝てゐる所だとか、実際侮辱するものですね、私を、私の愛を、私の魂を。それからあなた自身をも。いつたい何んと云ふ夢です。そして、おまけに、たとひ私か熱烈に愛したのでもいゝ、なんて。あなたは二度目だなんて。全く不礼（ママ）だ。あなたは本当の恋が、熱烈な恋が、人間の一生に二度あり得るものだと思つてゐるの？　思つてゐなければ、此様な事は云へないわけぢやないの？　すると此の考へを押しつめると何う云ふ事になるか、考へて御覧なさい。私は、あなたを何う思はねばならないか。怖しい事ぢやないの。そして、それは間違つてゐることぢやないの。之れは詭弁なの。あなたが、そんなぐうたらな事を思つて云つた言葉でないのはよく分つてゐるのです。あなたにだつて、此様な恋が二回あり得るものですか。いや、恋が二回あり得るものですか。可愛い人、懐しい人、美しい人。何うぞ、もう其様な夢をば見ないで下さい。本当に〳〵厭やな失礼な夢だ。私はね、毎夜夢を見るけれど、そんな失礼な夢は見た事はありませんよ。あんなにも私は苦しんだり悩んだりしたけれど、そんな夢を見たことはありませんね。「あの印象は一生忘れられないものだ」と云ふやうな事を云つてゐるのは、あなた自身の経験から推して云つてゐるの。さうとつていゝの。私自身の経験から云へば、残るのは本当のものだけなの、たつた一つだけなの。本当のものがきたとき、本当でないもの、総ては影を消して行くの。之れが事実なのです。若し、さうでないなら、あなたは、まだ本当のものを得てはゐないのだ。実体だと思つたものは実体ではなくて、同じ影の、一層濃いだけのものであるに違ひない。お考へなさいな。本当に。

それから、「あなたは、きつと遊ぶでせう」とか、「誰れか美しい友だちは出来やしない？」とか、「他の微笑を求めてはいけない」とか。[4] それは姉さんのやうで、お母さんのやうで、慈愛のみちあふれた言葉ではあるが、そして嬉れしくてならないけれど、之れも失敬ですよ、実際。あなたは、私か、遊ぶと思ふ？　美しい友だちか出来ると思ふ？　他の微笑を求めると思ふ？　本当に？　何故私にその必要があるの？　何うして私がそんな気分になれると思ふの？―かう反問し度くなりますね、あなた以外に私が何を求めるの？　あなた以外に私に何か必要なの？　あなた以外に私が何んの喜びを得られるの？　本当に失敬だ。私はあなたの愛の中に生きてゐる。そこでのみ生きてゐられる。私はあなたの愛によつてのみ光明のうちにゐられる。それを離れては私はない。私は存在しない。存在しない生（かう云ふ生のうちに大低《ママ》の人はゐる）のうちに存在してゐられるほど私は結構な暢気者ではあり得ない。之れが事実なの。他の女など、他の女の微笑など、私は微塵も想像したことさへない。それだのに何んと云ふ失敬な人だらう！　それは、あなたの云ふ通り私は弱い。自分でも之れは識つている。然し「弱い途端に自分を上らせる」ほどに弱くはない。少くとも弱くはなくなつてゐる。本当の恋をすると人間は、どんなに弱いものでも、「神にまでの強さ」を持ち得るものです。私は強い。あなたを握つてゐる私は殆ど無限に強い。あなたか強いよりも、もつと強い。―と云ふと、あなたが承知しないから、―あなたと同じやうに強い。「陰鬱は一番怖しい。何故と云ふに、陰鬱はいけないものを求めたがるから。」なの？　あなたは、陰鬱にならない？　陰鬱になつたとき、そのいけないものを求めるの？　さうなの？　私は陰鬱になることはある。と云ふより大低《ママ》陰鬱でゐると云ふ方が事実に近いくらゐかも知れない。併し、私はいけないものを求める気持ちになつたことは一度もない。求めるものは、あなた切りなの。あなたを求めても得られないから、そこで又陰鬱になるの。之れでは全く際限なしに陰鬱になるわけであるが、実事は耐らなくなるから、来るべき光明の日を考へることによつて、其所からのがれて行くのです。あなた、私のあなた、あなたは、本当にお母さんのやうに、姉さんのやうに親切な愛情をもつてゐてくれるのね、だか大れ《ママ》と一緒にお母さんのやうに、姉さんのやうに失礼ですね。それから、も一つ随分失敬なことを云つてゐる。「逢ひ度くないと云ふ手紙かきたら……」[5] とは何事です。「恋か何う変化しゆくか」それか見物だと云はんばかりの言葉は、何事です。土地か変ると人生観か変ると思ふの？　そんな人もゐる。それは本当の人生観をその時迄もたなかつた人のことです。土地が変ると恋愛観か変る人もゐるかも知れない、それは、その時迄真の愛をもたなかつた人のことです。私の事ぢやない。

それからまだある〳〵、「私には此様な誠があるけれど、あなたかそれを拒めば仕方がない、あなたの心次第です」とは、之れも何事です。あなたか持つてゐるだけの誠を私がもつてゐないと思ふの？　何うも実に失敬だ。苟めにも、私があなたの誠を拒む事があるか知れないなどゝ云ふやうな仮定をかまへると云ふ事がありますか。私たちの間では、あなたの誠とか私の誠とか云ふものはなくなつてゐる筈ぢやないの。あなたの誠は、同時に私の誠ぢやないの。誠は一つしきやない、それを何う拒むの？　お馬鹿さんですね。でも、何所迄善い、貴い、美しい人だか知れない。私は何う考へても幸福だ。

あなたは、私の思つてた通り、私のことばかり気にしてゐて下さるのね。健康を、気分を。大丈夫ですよ、少くともあなたのその愛のある限り大丈夫ですよ。私はしつかりしてゐます。あなたを心の内に抱いて、あなたの瞳を眺めて、あなたの写真を眺めて、それだけで寂しく生きてゐます、決して〳〵ぐうたらにはならない。なれない。友だちも作らない。そんなものは、いらない。誰れ一人、私を訪ねてくるものはない。私も訪ねてはいかない。そんな人は一人もゐない。

あなたの詩はいゝ。全くお世辞でなくいゝ。実際「雑草の花」[6]には可成り驚かされた。あの静寂な軟かな、そして力のこと〳〵流れてゐる一篇の味ひは正しく、あなたの初めての本当の芸術です。私のあなたが明ら（か）に出てゐる。実際嬉れしい。あれです、あれこそ本当に育ち行くべき大きなもの、若芽を含んでゐます。も一つの[7]は、あれにくらべると、ずつと大人びてゐていけない。あんなのは、いけない。あなたの—あゝした場合の—姿を想像させる点で、たまらなく懐しく悩しくさせられるけれど。あれは、前のとは比べものにならない。あんなのなら感能《ママ》派の少したつしやな詩人なら作られる。併し「雑草の花」はさうぢやない。あれは真の生にまで目覚めてきた人でなくては、少くともその殺那《ママ》でなくては出来る作ではない。正しい行路の門か開けた！　いく度よんでも、あきない。読むほど、よくなる。あなたが有るかぎりの美しさを負《ママ》びてくる。（誰れかゞ又あれを見て恋をすると困る。ほんとに。）ローラン[8]のジヤンクリストフ[9]は、あなたの云ふ通りな作です、私も全体は読まないが、吉江君[10]と二人で訳して学校の出版部から出すことにしてあつたものですから、少しは原書で読んだことがあります。あなたのもつてゐるその訳[11]は、ひどい誤訳だらけなものです。最初の書き出しからして大間違ひなのですよ。怖しく余太なものです。でも大体の筋には間違ひはないでせうし、アウトラインだけは、それでも分りませう、此方へきたら、二人になつたら、英訳で二人で通読しませう。

山へ行くんですつて？　それもいゝけど、私の知らない所へたつた一人で行くのかと思ふと、何んとなし不安になる。でも、体を悪くしたりしては大変《ママ》だから行つてらつしやい。そして、よい作を早やく書いて下さい。その注文がくるだけ書けたら、それで十分でせう。読売のこと(12)や、ぐうたら女や男のことなど、一さいかま（わ）ないでゐらつしやい。迫害する!?　そんな馬鹿者もゐるかも知れないが、それは何うせ下らない奴等なんだから一切気にかけないで知らぬ顔をしてゐればそれでいゝの。そんなもの何んでもありやしない。あまり固くならないで思ひ切つて自由に筆をおとりなさい。

事時《ママ》の太田(13)と云ふのは、私は知らないが、谷崎君と同窓生です。もとは詩をかいたことか何かあると思ひます。いゝ事を云つてやりましたね。

井上の云ふの(14)も、一応尤もだが、あれはあれでいゝの。あれで、あのぐうたらさんとは一生物を云ふ必要がなくなれば、それだけでもあれを書いた値はある。謙遜は謙遜であるが、正しい事だけは云ふ必要がある。あれなどは殊にさうです。あなたかまる切り云はないことを何うしてあんな風に書いたのか、私には未だに分らない。たゞ分るのはあの女が、世評通りの生活をしてゐたし、又恐らくは今もしてゐると云ふことだけなの。あなたに、それか分らなくてゐたと云ふ事も不思議だが、出来るだけ弁護をしてゐたと云ふことも考へやうによると、可成り変ですね。あれだけ密接な交際があったのだから。富江なんて女もいけない。とても一人前の人間らしい女にはなれないだらう。恐ろしい、なまちやんで、そのくせ与太で。そして甚だ悪い交友のサークルをもつてゐる。女の世界一味の、グウタラ男女の一人です。どうせあんなのは駄目だ。書いたものを見たつて、何所にも覚めた点はない、光はない。あれは要するに伸びない草だ。地面にへばりついた力草のやうにしかならない。（せい〳〵の所が。）此の人の一生で一番いゝ制作は、それが何んなに不出来であつたにしてもその子供でせうね。そして、それだけは、いくらも出来るでせう。〔十六、七字程抹消〕あれなんかより、いさちやんやおみねさん(15)やの方かいくらほど立派だか。

もう、私の手紙は船で出したのは云ふ迄もなく、此所から出したのも第一回分は三四日前に着いたでせうし、第二回も三四日中には届くに違ひないが、あなたは今時分もう山へ行つたのでせうか。さう思ふと、留守へあて、、その人のゐない所へあて、手紙を書くわけだから、妙に頼りない。そしてあなたの行つてゐる所が、まる切り私の知らない所だつたら、あなたと同様に「空気にまで」私は嫉妬を感じなくてはゐられない。だけれど、それがあなたの健康と頭と胸とによきものを与へさへすればよい、とは思ふの。本当に十月にはきて下さい。でないと、何うにか—気違ひか馬鹿にでもなつて了ひさうなの。

もう一篇は、書きあげられたかも知れない。象徴的にとか何んとか、さう云ふテクニツクを考へないで、素直に心のまゝに書いてお行きなさい。でないと、きつと筆が誤る。苦しくなる。深い意味のリアリテイをもたない限り、シンボリツクにもならない。何んでもかまはずお書きなさい。

「あめりかへ行く為めに書いたのだ」と思はれたつて、ちつとも関はないぢやないの？　そんな事を何うして気にするの？[16]　あなたと私とか同じやうに考へてゐるやうに、二人一緒にゐる事にさへなれば、それで凡てはいゝの。何も彼もよくなるの。「生活と恋と芸術と思想」とそれは一つものになるの。解るでせう。恋がなければ生活はない、生活かなければ芸術と思想とはない。私たちにあつては、之れはたつた一つのものなの、私たち同様真の愛に生きるもの、凡てはさうなの。たゞ一つの生活なの。そこから芸術の一切が生れる。恋をすれば芸術は出来ない、など云ふのは、本当は恋をしてゐるのぢやない。遊びをしてゐるのだ。恋は正しい意味で生を甦め、育むところの真の光りなのだから。

恋しい人。私の人。

何うして此うも同じなのだらうと思ふほど、私たちは同じやうに苦しみ、同じやうに喜び、同じやうに気遣ひ合つてゐますね。それは本当に嬉れしい事です。まるきり二人か同じなのだから。あなたも私の手紙をみて、きつとさう思ふでせう。いくら書いても〳〵書き足りないけれど、まだ今度の船迄には二週間もあるのだから、もつと、ゆつくり書き落しのないやうに書くの。

旅行免状をもらふ手続きの事は、前便に書きました。願書の書式は代書人に解らなければ、東京府庁の正面の階段をあがつて、左の廊下を行くと突き当りの右の室が旅行免状取扱所だから、そこで写しを貰ふといゝの。それには書いてないが、別に履歴書を添へる事が必要です。若し不都合かなかつたら、後藤さん[17]に直接会つて頼むと直ぐに下附されます。此方へくるのにも、遊覧の為め行くからと云ふ風な添書を此所の領事当てに（実際はその人にやらないでもよい）もらつてきて、移民官に見せると大変きゝめかあります。領事は浮田と云ふ人。之れさへあれば二等でも大した面倒はない。用件は遊覧かた〲視察と云ふのかよいでせう。上つて了へば、もういつ迄ゐたつていゝのだから、凡て上陸のときの準備なの。ハンケチ、クツ下などは思切つて沢山買つてくる方がよい。此方では、馬鹿に高いから。

何しろ早やく、いらつしやい、早やくね。十月になつたらもう船の中は何んなにか寒いでせう。勿論スチームは通つてゐるが、甲板へ出るのには外套がいりますね。服は一揃だけ相当なのをつくつて、あとは此方でつくる方がよい、高いけれどじやんとしてゐるから。それから上陸のとき百円（五十ドル）もつてゐなくてはいけないの。成るたけ金をもつていらつしやい。私も出来るだけためるけれど。此方へきてからの生活は、心配なし。何うせ貧しいのだが、そんな事はちつともかまはない。上品に清らかにさへ生活して行ければいゝのだから。もう一時過ぎになつたからあとは明日にするの。（あなたの悦）

六日。もう直きまた後の船か這入つてきます、八日には、伏見丸がヴィクトリアへ、アラビヤ丸が此所へ、何れも日本からくるのですから、その何れかにあなたからの便りが乗つてゐるに違ひない。此の月の初めは大変に都合よく行つてゐます。作が進んでゐると云ふ便りを見出し度いと思つてゐます。作の進むことは一切をよくすることですもの。

今日は長田君[18]といろ〲な話をしました。思ひ切つて、「あなたは外国行きの熱にかふ《ママ》れて日本を去つた人ではないでせう、何か悲しい動機があつたんではないか。」と尋ねましたら、非常に〔四字程抹消〕暗い顔をしてゐましたが。とう〲話して了ひました。矢張りラブ・アツフエーヤがあつたのです。ですが先便で私が云つたのはみんな間違ひでした。相手は、あんなグウタラな女ではなくて、河内の某素封家の一人娘であつたさうです、それが一人娘であることの為めに、日本の因習に障げられて結婚することも出来ず、――□□がもう十幾年も昔ですよ―日本を呪つて此の人は海外へ飛び出したのでした。女の人も、それから四ヶ年の間（二十六才になる迄）一人でゐたさうですが、とう〲無理に結婚させられて了つたさうです。長田君の室へはじめて行つて見ましたが、書棚の上にはその人の十七八才ぐらいな時の写真がのつてゐます。如何にも大家の嬢さんらしい、殊に西の方の人らしい古風な、素直な愛らしい顔をしてゐました。長田さんは、それで日本の女と云ふものは、（此の恋かプラトニツクだつたので、）全然知らないさうです。そして今ではもう一生一人でゐるつもりらしい、誰れとも結婚する気もなければ、愛をする気もないと云つてゐます。世の中を馬鹿にして、通つて行つて了ふ人でせう。或る意味では気の毒な人です。もう四十才に近いと云ふことですが、顔からは、若い血と、弾力とがとくに去つてゐます。何も高いものも、光ももたぬ人ですが、一種の寂しい蔭が、此人を旧江戸式な享楽的な傾向から救つてゐます。

何は兎もあれ、それほどに真面目なラブをしたと云ふことが私には、貴く思はれます。此の人は、若し此のラブをしなかつたら、そして東京にゐたら、小山内とか、幹彦[19]とか云ふ類の人になつたことでせう。その点は、矢張りラブに救はれてゐるとも云へる。私がさう云つたら、自分でも、さう思ふと云つてゐました。可成り江戸人式な享楽をもやつてきたと云ふ事でした。深く、押しつめて、自分の魂の声に耳を傾けることの出来ないと云ふ江戸人共通の弱点は今もあります。之れはもう一生此のまゝで行くより外ないと思はれます。昔のあなたに余程似てゐる所がある、併したゞ大きな相違は、あなたが真の生活の為めに苦しんだのに対して、此の人にはその欲求が殆どない所にあります。似た経歴と傾向とをもち乍ら全く別な道を結局歩いてゆく人たちの好い例を此所に見出したやうな気がします。

私のあなたは、いよ〳〵美しい。いよ〳〵貴い。本当にあなたは、よいものをもつてゐて下さいましたね。私は、いくらほど神様にお礼を云つても足りない。

「漁夫と人魚」[20]を有難う。あなたの手紙を暗記したら、之れをよみはじめます。あの「雑草の花」を今日もいくどか読みました。本当に好い詩だ。いくどもキツスしましたよ。

それから、昨夜は、あなたの手紙と寝たの。でも頼りない、ちつとも□れないのだから。

今日、お金を社から先月分として四十弗もらひました。何うしても二十弗は残してゆくつもりです。そして十月迄には何とかして百弗にし度い。あなたがくればルームをルームらしくしなくてはならないから。あなたかきてから、何も彼もよくするの。それ迄は、何もなしでゐるの。此所では一室が一軒だから、それだけはいゝのね。私のあなた。美しいあなた。―ほんとに恋しい。何うしたらいゝのか分らないほど悲しくなるの。あまへたくなるの。人形[21]は、こちらでは、きつと売れるでせう。一個弐ドルほどで売れませう。此所では二弗が二円の感じです。作も書ければつくるの。それが愛から出てゐる限り、何をしてもいゝの。（と云つて、無考へではいけない、無謀な行為は愛から出ても愛を傷つけるから。）材料を沢山もつていらつしやい。

あゝ、いゝ生活がくる、きつとくる。十月には船にのらなくてはいけませんよ。いさちやんなど十分一人前の仕事をし乍ら（此の社にでもある）英語が習へるから、来たかつたら、そして都合か出来たらきてもよいが、まア、若しスポイルされるといけないから、も少しそちらで自分を作りあげる方かいゝかも知れない。此所では今人か少い[22]ので、大変にいゝ金になるの。男なら、少くとも一日三弗半、いゝのは五弗も六弗もとる。それで、足りない。此の社などでも勝手をする人がないので、波頭《ママ》場へ出る人夫夫婦に室を与へて御飯を与へて、そして妻君に勝手をやつて貰つて、給金を（いくらかしらないが、二十ドルぐら（い）でせう）やつてゐるの、それで、大切にして、そつとしておいてる始末なの。日本とはまるで違ふ。社は三階建ですが、ルームが十五六もありませう。私は食堂へも、みんなのすんだ時分でなくてはいきませんから、何んな人かゐるか、さつぱり知りません。おみねさんなどくると、随分お金がとれるが、その代り悪くすると、スポイルされる恐れがある。何しろ女が払底なのだから。生活は労働者ほど実に呑気なものですよ。物価が高いのに一向それが問題にならないのだから驚く。此所では、それか新聞記事になりやうもないのださうです。然し所謂中流階級の人たちは、決して楽ではないでせう。日本ほどぢや勿論ないのだが。日本か恋しくなつて帰つてゆく人も随分あるさうですが、みんな申し合せたやうに、きつと帰つてくると云ひます。

私は、なるたけ西洋人ばかりの所へ行き度いが、それではあなたに不便なことがあるから、少しあなたが町の勝手を心得てからの方かよいかとも思つてゐる。町の名にしても、銀坐とか本町とか云ふやうに、容易に覚えられるものではない。それに何うしても少し英語か話せないといけない。（之れは、そちらで苦しまなくても、此方では直きに覚えられる）

こんな事を云つたつて、まだ直きぢやないのね。私いゝ外人の牧師をさかしてゐるのだけれど、（初等生のなら、近くにおる）まだ見つからないので困つてゐるの。もつとも、そんなに急かなくてもよいのだけれど。――

何しろ早やく来られるやうにして下さいな。私は神様にいのりつゞけてゐます。（夜十二時半　あなたの悦）

七日。今日は日曜日なの。津川さんと領事館の野田君と長田君と四人でボーエン・アイランド[23]（Bowen island）へ行つてきました。入江の外の周囲三四十哩くらゐな大きな嶋です。汽船で一時間半くらゐで行けます。海岸には石が多く、森と湖水とで出来てゐる。気持のよい嶋です。此所でもキャンプ生活か盛んなので、船は込み合ひました。凡そ六七百人から乗つてゐたでせう。日本人は私たちだけでした。私たちは、湖水まで行つて、そこで少しばかりボートへ乗つたり、森の木立の下で遊んだりしました。遊ぶと云つてもつまり、それ〴〵新聞を読んだり、話したりするだけです。私〔五字程抹消〕は大方黙つて木立によりかゝつて目を閉ぢてゐました。かうして、静かな、何んとも云へない美しい自然の中にゐると、一人でゐることが、あまりにはつきりしてきて、従つてあなたの事ばかりが思はれて、何うにも仕方かなくなるのです。此所の波頭場（ママ）へ這入るとき、ふと海につき出た岩壁か私に熱海[24]のことを思ひ出させて了ひました。それから湖水でせう。もうすつかり回想と、連想とに囚へられて、他の事は何一つ考へられないんですよ。

あなたはあの時岩壁の上から下を見ると一緒になつて恐怖に襲はれて私にすがりつきましたね。覚えてゐる？暗い松の枝の間から、打ちよせる波の穂頭が白く見えてゐました。おしめさん[25]と三人。あの時は行く途中で何かあなたは気嫌を悪くして、ツン〳〵してゐたけれど、あの瞬間にそれが直つたことを私は記憶してゐる。まだあなたかぐら〳〵してゐる時でした。「今度で自分の運命はきまる」さう私は下宿を出るときから思つてゐた。従（つ）てあなたの一言一行一挙一動が何んなに鋭敏にされた私の心の目に、こまかく映つてきたことでしたらう。だから、私には、あなたのぐらついてゐる心の姿が、あり〳〵と〔六、七字程抹消〕解つてくるのでした。併し、それを最も鮮やかに知り得たときでも、私はあなたに対して〔三字程抹消〕一層深い愛を感じこそすれ、少しだつて軽蔑や憎しみを感じたことはなかつた。矢張り本当の愛は、人を美しくする、とその時の事を後で思ひ出して、何物かに向つて感謝するやうな気持ちになつたこともあります。「二人で此侭、何所かへ行つて了ふんでなくちや。」とあなたは幾度も云つた、それでなければ、一層遊びにして了はうと確に考へてゐた。が、あなたの愛も強かつた。遊びにするだけの余裕―ぐうたら―も□□せず、かと云つて、綺麗に一人になりきるだけの勇気も出ず、その中間にうろ〳〵してゐたのです。「ぢや、行つて了ひませう」さう私が云つたら、きつとあなたはそれをすることが出来たには違ひない。が夫れは、勇気があるからではなくて、反対に卑怯だつたからなの。その道をとらなかつた私の方が、深くも考へてゐたし、勇気もあつたと思ふ。行つて了へば今かうしてゐるやうな此の辛い寂しさは来なかつたでせう。その代りそれよりも、もつと煩はしいものが明らかにきてゐる。私のとつた道の方がまだ〳〵此様に悲しくてもよかつたと思ふの。あの時、あなたか遊びにして了へば、私はもう無論東京にはゐない。恐らくあの儘東京へは帰へらなかつたに違ひない。併し私はそれでもいつかはあなたがほんとのあなたになつて私の所へくることを疑ひはしなかつた。

〔三字程抹消〕あなたの、出来る限りぐらつかうと努めさへするやうな様子に苦しめられ乍らも私は、「此の人は私の人だ」と信じきつてゐましたものね。―そんな事をまた思ひ返してゐたの。「えらい試練を、今迄にでも経てきてゐる。大きな恋―本当の恋には、本当の大きな苦しみが伴ふものだ、」

それから又、湖のことを考へたの。湖畔での二人の生活を。之れも決して空想ではないやうに思はれる。二人の力で、やりとげやうと思へば、きつと出来る、としか私には思はれない。何うしても日本へかへ（っ）たら、それへ行く。私は東京へ住むことはいやだ。何うしてもいやだ。私の弱い神経には、あんな雑音の都会は所詮、耐えられないことがよく意識される。二人で此所で出来るだけの事をして、そして湖畔へ、寂しい水と森とに這入つてゆく。あなたは、それをいやだとは思はないでせう。東京人が都会を離れるのは苦痛には違ひな（い）けれど。長田君なぞ、今もまだ、都会でなくては住む気にならないと云つてゐる。都会も山の中よりは下町がよい、と云ふのです。此の点へくると私とは根本的に異つてゐる。此の人にはまだ、「大自然の賑やかさ」が解らない。あなたには、夫れか分つてきてゐる、でなければ「雑草の花」のやうな詩は何うしたつて生れ得ないのだから。

恋しい人、懐しい〳〵人。―

昨夜も又あなたの手紙を読んで、そして、あの詩にキツスしました。それから一緒に寝ました。夢を見たの。よく覚えてゐないけど、あなたと大変沢山話をしました。私はあなたの膝に頭をのせてゐるの。あなたは、私の頭髪を撫でたり、頬を撫でたりしなから、それは〳〵嬉れしさうに話すの。何を話したか覚えてゐないが、兎に角非常に愉快なものでした。私は幾度も声をあげて笑ひました。（きつと本当に声を出したでせう）それから朝、浅川さんに起される迄見とうしてゐたの。起されたときにハツとしなかつたら、きつとみんな覚えてゐたのにと残念に思ひます。

ねえ、もう私の過去を思ひ出したり、苦しんだり、あんな事を云つたりするのは止して下さい。私は、もうそんな事など、ちつとも頭にないのに。それからそれをあなたに言はれるのは、実に苦しいの。何んだかもう自分が、あなたに値しない出来損ひみたいな、不具者のやうな気がしてきたりするの。そして口惜しくて〳〵、たまらなくなるの。あなたの愛で、本当に綺麗に洗ひ清めて下さい。それは極めて容易なことなの。私か少しでもあなたを侮辱したやうな疑ひに落ちたのは、私が馬鹿だつたからなの。でもあなたが、余り隠してゐたから悪いの。あれをあの通りに最初から云つて了つてさへ下す（つ）たら、何んでもなかつたのだけれど。—個人的には、ちつとも知らない、手紙をやつたこともない、さう云ひ乍ら、手紙をやつてゐるし、贈物さへしてゐる、ときけば、少し変な気持ちがしてくるのも無理ではないぢやないの。それに井上[26]の手紙に、「あれとの関系《ママ》」など云ふ文字があるし、井上は曖昧なことを云ふし、岩岡の手紙には「勝利は此方にある」と云つたやうなことがあるし。—之れ等の事を総合したら、私かあんなに馬鹿になつたのも、あながち無理ではないぢやないの。既に岩岡か使ひに行つてゐれば、Tと云ふのかあなたゞと云ふことぐらゐ、何所からでも容易に判明する筈ぢやないの。あな（た）から贈物がきたぐらゐなことは当然判明するぢやないの。礼状ぐらゐきたことかありはしないの？　まだあなたは、此様なことを隠してゐはしないの？　もう止めませう、私は此様な事を考へてはならない。あなたの、その貴さと、その美しさ、とその深い大きな愛に包まれてゐればよい。その外の世界を眺めるやうな、覗くやうな卑しい事を決してしてはならない。

私は、あなたの愛を疑はうとしたつて、疑ふことは出来ない。何れほど強く信じてゐるか分らない。だから、あなたの云ふことの一切を信じる。此様にも素直になりきつてゐられる私なの。あなたの前には、まるきりの子供のやうになれる私なの。あとで自分の言葉を訂正するやうな事さへ云つて下さらなければ、私は少しもあんな事で苦しみはしなかつたのです。又将来とても。—一生の間さうでせう。

懐しい人、恋しい人、私の俊さま。

あなたには、まだ弱い所がある。たとへば、時事の記者との問答[27]にしても、「その方か自然だから」は実に□みな、そして正しい表白であるが、その前に「いゝえ、昔から佐藤です。籍が這入つてゐなかつたから」と答へるあたりは可成りまづいし、弱い。もつと正当には、『籍も這入つてゐなかつたし、それに本当は、もう疾くに佐藤に返へるべきはづだつたのです。田村と云つてたのは、文壇上の都合で雅号同様に用ゐてゐたのに過ぎません』、かうも答へるべき筈でした。何故あなたに之れか云ひきれないのか。あなたの内の何が之れをいはせなかつたのか。と私は思ふの。でないと私か、あなたについて、他の人に話したのは、まる切り異つてくる。あなたは、もう疾くから一人でゐたのだ。田村君[28]など文句を云ふ権利もなければ、理由もない、と私は云へる。又さう云ひもしてゐる。そして之れが真理だと信じてゐるのだがあなたの云ふやうだと田村君の小説[29]に或る重大な裏書を与へることになりはしないか。時事の記者との対談のうちで、自然に之れをしはしなかつたか、と私は恐れてゐます。併し之れは私の方からばかり云へることで、あなたには今少しく複雑なものがある。たとひあの小説に事実的証名を（ママ）与へるやうな結果にならうとも、さう迄は云ひきれないものがある、と云ふのならば夫れは致し方のないことである。私の愛にみちた目は、其所へも静かに涙をそゝぐことでせう。

恋しい人、懐しい人。—

たゞ大胆に強く、その今の美しさに溢れたあなたを発表して一日でも早やくきて下さい。何うせさま〴〵なことを云はれるのは解りきつてゐる。が、もう夫れが何んでせう。その為めに万一如何なるものを失ふにしても、それは得られるものに比すれば殆ど云ふに足らないものであるに違ひない。「渡米したさに云々」と云ふやうなことは多く考へるに及ばないことではないの。（夜十二時、悦—あなたの愛してくれる、あなたのたつた一人の。）

八日。午前九時半なの。もう三十分ばかり前に起きたの。昨夜は、初めていやな夢をみた。そして何よりもいやな事には、それを而かも、そのいやな部分だけハツキリと覚えてゐるの。それは最初からいやな夢ではなかつたの。あなたと二人で膝をつき合せるやうに坐つてゐました。何うして話がそこへ行つたのか、私は羽太君のこと[30]をあなたに尋ねたのです。「まア、さうそんな事があつたの、雑誌に出てゐて？」あなたは暗い顔になつて云ひました。「えゝ、出てゐる、あれでみると何うしてもあなたは、かうなつてからも羽太君に会つてゐるか、手紙をやるかなすつたとしか思へないのだが」「いゝえ、そんな事はない。」「でも、あなたは、あの人を知つてゐるのでせう」「…えゝ、そりや昔はよく会つた事があるわ。でもそりや昔のことよ。」あなたはかう答へて顔を真赤にしました。そして何かつゞいて口の内で呟いてゐたがきゝとれませんでした。目がさめると、そのあなたの真赤にして少しうつむいた顔か私の前にあり〳〵と見えてゐるの。朝の六時少し前でした。「之りやいけない、」と私は思つたの。「此様な夢を見ると云ふことがあるか、私は大変悪くなつてゐる、」それからもう床にゐるのが怖しくて起きあがりました。そして窓から顔を出して、朝の冷い、霧をふくんだ空気で頭を冷してゐました。でも駄目なの。目がくら〳〵して、胸に暑い熱があつて。私は悲しさで一杯になり乍ら、又ベツトへ這入りました。そして九時迄自分を責めたり、考へたりしつゞけてゐたの。此様なとき、あなたがゐたら—と思ひました、あなたはきつとベツトの中で私の頭をなでゝかう云つてくれるでせう。『まァ、そんな夢を!?』—そんな馬鹿な夢をみちやいけないわ、さァ、も一ぺん静にお休みなさい。私がしつかりと抱いてゐてあげるから。《ママ》」そして私は母の乳房にすがる子供のやうに、私のそのお乳に自分の顔をあてゝ、も一度素直に眠りに落ちてゆくことでせう。…さう思つたら又涙が出てきて了ひました。

此の恋しさの一端をさへもらす所がない。たゞ一人で日毎夜毎耐え間もなく思ひつめ乍ら、それを此の手紙に書く以外には何所へも、ほんの少しだつてもらす所がない。—此の事が私を如何ほど苦しめるか知れない。私は又此様な事を思つたの。以前の—熱海に行く迄の私なら、あなたから離れゝば、行くだけの一人の路があつた。（一人と云つても結局は胸の奥に抱いた「自分の人」と二人の路ではあるのだが、それは限りもなく寂しい、否定しつくした後に倖に残り得る生の路である）が、もう今の私には、それがなくなつて了つてゐる。二人か、無か。—そこへ固《ママ》りと這入り込んでゐる。—生か死か、それだけになつてゐる。

之れは、私に別なよい意味で涙をつゞけさせました。それは真に生き得るものゝみの到り得る高い生活の一点ですもの。あゝ、私はあなたを愛する、あなたを愛する、こんなにも深くあなたを愛し得る自分を愛する。（十時十分）

編輯をすまして、「漁夫と人魚」を読んで、それからお湯へ行つてきました。「漁夫と人魚」は面白い。一気に読み通して了ひました。之れにはワイルド[31]のヤソ坊主に対する、理智にのみ重きをおく十八世紀啓蒙時代の流れをひいてゐるクリスチヤニチイに対する皮肉と反感とが多分にあるが、夫れは今日も尚ほ力あるほどに正しい。心臓のない—愛のない魂の存在を否定したところは、世の所謂宗教家を前にする場合殊に痛快を感じる。が、反対に魂を離れた愛を仮定した点—つまり魂と愛とを対立させたプロセスは、（たとひ夫れが究極に於ては一致すべきことを予想させるにしても）明らかに彼の誤りである。魂を外にした愛―心臓はなく、心臓を―愛を外にした魂も在り得ない。彼の所謂魂は、此の作では、それが魂である場合と、単なるイゴー（小我）である場合とある。即ち魂が二様の意味をもつてゐる。厳密には破綻のある作品である。あなたは、さうは思はない？ 併し、それらを別にして、高い意味で面白い作であり、且つよい作である。獄中記をかいたワイルドが此の中にはゐる。いゝ方面のワイルドがゐる。

あなたが之れを読め、と云つた気持ちが私にはよく解る、そして夫れが大変に嬉れしい。（此所迄書いたら、長田さんが下のルームから遊びにきたの。随分いろ〳〵な話をきゝました。が、もう明日にするの。二時だから。恋しい〳〵人！）

毎夜よく眠られないので、昨夜は頭がくら〳〵してきて書きつゞけられなかつたの。ゆるして下さい。

九日。

若しも私が漁夫であつたら、あなたは人魚の悲しい終りをとげるであらう。でも漁夫の悲しさは、亡骸と波に溺れる恋の力は、目出度いものである。たゞ私は魂と心臓とを別にしてゐない。私であつたら、―本当に恋をする人は―此の二のものゝ何方かゞ外れるとき最後の呼吸をするのである。

恋しい人、懐しい人、有難う〳〵。ほんとに心から感謝してゐます。あなたを信じる、あなたの愛を信じる。私を信じる、私の愛を信じる。

昨夜は、長田さんと二人で、オルフューム へ「第二タンカレー夫人」（ピネロ）[32]の活写写真を見に行つてきたの。英国の例のサア・ジョーヂ・アレキサンダアの一座です。此の劇は私は見たかつたが一昨年あたり芸術座[33]が演りはしませんでしたか。モーチブの明確でない、浅い社会劇です。下らないものだが、役者はよかつた、殊にアレキサンダーのアウブレェイ（タンカレー）は素晴らしい出来栄えでした。いゝフヒルムです。たゞ夫れだけ。

長田君は、自分か此所へきて十幾年になるが、自分の心の奥にタツチしたのはあなた一人しかない。かう云ふ事は誰れにても（ママ）云へる事ではないし、誰れにでも語るべき事ではない

が、そこを指さゝれたのは吃驚もしたし、嬉れしくもあつたと云つて、安心して話の出来る（かう云ふ人は、此所には一人もゐない みんな俗物ばかりだから）の（を）喜んで、昨夜は、おそくに、恋人の最後の手紙数通―一番終りのは結婚の前夜の―をもつてやつてきたのでした。女の方は、明星[34]などへ歌を投書してゐた人ださ

うです、今から十何年前あたりを回想させるやうな、可成りうまい歌をつくつてゐます。此の人たちと、自分たちとを対照して考へてゐました。そこには明らかに時代の距りがある。そこから此所へと驚くべき魂の生長がある。たゞ同じなのは、何所迄も真面目であつたと云ふ一点です。破るべきものを破ることをし得なかつた、時代の犠牲者たちの若い姿を私はまざ〳〵と見ることが出来ました。

私も、あなたに対して「十年の恋をしてゐる」と打ちあけました。まァ軽率に、と思はれるかも知れないが、そんな心配はない、たゞ私はそれだけ、かう云ふ風に云つたゞけです。そして、此の人は、人の恋を玩みにするやうな、不真面目な男ではない。高いものをもつてもゐないが併し、低いもの、卑しいもの、何んであるかを知つてゐる。此様な所で、此様な人と一緒に仕事をしやうとは思ひませんでした。それから私は、「多分年内にはあなたがくるはづだ」と之れも簡単につけ加へておきました。『それは、い、、早やくくればよいですね。』と心から同情して云つてゐました。

安心なすつて下さい。私には漁夫のもつてゐたやうな、気まぐれな魂もなければ、従つて露ほども物に誘惑を感じると云ふこともありません。あなたで隙間もなく一杯になつてゐるのですもの。ほんとに安心して下さい。もう〳〵私を信じきつて、その安らかな愛で生きて下さい。あなたの作が一日も一時間も早やく出来るやうに！（午前十時半）

恋しい。恋しい。耐らなく恋しい。私の頭は、此の恋しさを、―あなたを、私のあなたを通してゞなくては何物を考へることも、見ることも、きくことも出来ません。だから私は自由です。之れほどの深い自由を感じてゐたことは嘗てない。私の仕事は半ば以上機械的に出来る仕事だから、い、やうなもの、、あなたのは実際苦しいでせう。「何もしないで、行きたい」無論さうでせう。さう出来るのなら、それほどよい事はないの。でも、それはいけない。「私の義務だ」よくさう思ひ返へして下さいました。苦しいけれど、又美しい、快い義務です。世間的に過去を洗ひ清めることでもあり、新しい貴い生活の第一歩をハツキリと形づけることでもあるのですから。何うぞ真一文字に進んで下さい。私の祈りは、あなたの健康の外には、それにばかり向けられてゐます。

十月と云へば、もう直ぐなの。―あと三ヶ月なの。ほんとに少しでも呆乎してはゐられませんよ。十月、十月！

私はその十月の為めに力をつける。

今は此所へ商船会社のアラビヤ丸(35)が這入つてくる筈です、夕方の六時に。戦後はじめて此所へ日本から直接に旅客をつんでくる船です。今後は卸船会社のも這入つてくることになるらしい。さうすると一日早やくあなたからの手紙か見られるから嬉れしい。明朝はきつと郵便が配達されるでせう。尤も今日はヴィクトリアへも伏見丸が入港する筈です。あなたの手紙は何方の船がもつてきてくれるか。—此様に二艘一緒に歩かないで、五日おきか一週間おきぐらゐに歩けばよいのに。此の後はきつと又永くなるでせう。もつともエンプレッス・オブ・ジャパン(36)がもう又帰る時分だが。—

あなたの所へ誰れもいかない？　何一つ煩はしいことは起らない？　何も気にかけないで、真一文字に！　真一文字に！

いさちやんも、おみねさんもたつしやなの。暑くて随分鼻汗か出るでせうね。病気をしないやうに、云つてやつて下さい。此の人たちがゐるので私は余程あなたについて安心が出来るの。何かしら私には不安でならないものがある。それは勿論あなたの愛についてゞはない。他の事で、何か煩ひか起りはしないか、と夫ればかり気になるの。

今日は暗い寂しい日でしたが、とう〳〵雨か降り出しました。冷たい冬のやうな雨です。之れが初めての雨。寂しい、寂しい、恋しい、恋しい。（午後三時半、あなたの悦）

（1）俊子から送られた六月十三日付の書簡の冒頭部分。（2）日本人労働者は、漁業や森林労働、鉄道や鉱山関係の激しい肉体労働に就くことが多かったという。（3）俊子からの六月九日の日記に記された夢の描写を指す。ここでいう女の人とは、悦が俊子との恋愛に入るまえに同棲した女性のことか。（4）前者は六月十三日の、また後者は同月十二日付の俊子日記にある記述。（5）六月十日付の俊子からの書簡に「遭ひたくないなんて返事があつたら、私はその時こそおしまいです」とある。（6）書簡6の注（5）参照。（7）六月十三日付の俊子の日記に記された詩『幻影』のこと。『読売新聞』（大正七年七月七日）に掲載。（8）ロマン・ローラン　一八六六～一九四四年。フランスの作家、評論家。（9）ローランの代表作『Jean-Christophe』（一九〇四～一九一二年）。（10）吉江喬松（長野県生。詩人、フランス文学者。号は孤雁）のこと。彼は、悦と同様、早大の出で、島村抱月の教えを受けた。（11）六月六日付の俊子日記に「三浦つて人のやくです」とある。（12）俊子からの六月八日付の日記に「読売はいやです。私の「友に送る」と云ふ原稿は出さずに、この人のそれを出してゐるのですから」とある。「この人」とは岡田八千代のこと。岡田は俊子をモデルとした小説『紙人形』（『読売新聞』大正七年五月十九日）を発表し、俊子の怒りを買っている。(13) 時事新報の記者・太田桐夫。(14) 六月五日付の俊子日記に、湯浅芳子が、岡田八千代の小説『紙人形』に対する俊子の抗議文「岡田八千代氏に」(『読売新聞』大正七年五月二十六日)への意見を手紙で言ってよこしたことが記されている。(15) 書簡1の注(6)(8) 参照。(16) 俊子は、六月七日付の日記のなかで、米国行きの費用をつくるために作品を書いたとは思われたくない、と述べている。(17) 不明。(18) 書簡5の注(12)参照。(19) 小山内薫、長田幹彦のことか。(20) オスカー・ワイルドの作品。(21) 俊子が、生計をたてるために作っている千代紙人形のこと。(22) 書簡12を参照。(23) バンクーバーのホースシューベイからフェリーで約二十分の小さな島。(24) 大正六年末に、俊子と悦とで江尻・熱海に遊んだこと。(25) 書簡1の注(7)参照。(26) 書簡5の注(20)参照。(27) 俊子が、六月九日付の日記中で報告している時事新報の記者との会話。俊子が旧姓・佐藤で書くことへの記者の質問に答えたもの。(28) 田村松魚のこと。(29)『歩んで来た道』(『やまと新聞』大正七年四月十二日〜七月五日)のことか。(30) 俊子と羽太鋭治とのゴシップ。書簡6を参照。(31) オスカー・ワイルド　一八五六〜一九〇〇年。アイルランド生。作家、劇作家。主著に、戯曲『サロメ』、小説『幸福の王子』など。(32) アーサー・ウィング・ピネロのこと。イギリスの劇作家。『タンカリーの後妻』で知られる。(33) 悦の早稲田大学時代の恩師・島村抱月が、大正三年に興した演劇座で、悦は発起人として名を連ねている。(34) 明治三十四年、与謝野鉄幹ら東京新詩社により創刊された文芸雑誌。(35) 大阪商船のこと。書簡5の注(13)参照。(36) C・P・R会社の船で、バンクーバーから出航する。

9　大正7年7月12日(2)(VANCOUVER. B. C. 消印20日、TOKIO JAPAN 消印不明)

東京府下青山隠田一〇一　佐藤(不明)　Mme.T. Sato. Tokio, Japan.

E. Suzuki. The continental Daily News, 135 Cordova St. East, Vancouver, B. C.　七月十二日(2)

封書　用紙不明七枚(表裏)ペン(封筒)、鉛筆(手紙)　三日分を同封

(第二)

十日。雨が今日も降りつゞけてゐます。晴れてゐる時は秋のやうに爽やかですが、かうして降る雨はしと〳〵として暗く、冷い冬の侘びしさをこめてゐます。心の取りとめもなく寂しさに沈むのを何うしやうもありません。あなたの事ばかり思ひつめてゐます。あまりの懐しさの為めに、却つて悲しくなるのです。今時分あなたの所では、まだ正午前です。或はあなたは、昨夜仕事をおそく迄つゞけて、まだ床の内に居るかも知れない。私は編輯をおへてお湯へ行つてきました。アラビヤ丸はガスの為めにおくれて、午後四時頃に入港したさうです。あなたの手紙をもつてきてくれた事であらうと、それを待ちこがれてゐますが、私の手に入るのは明朝でせう。冬になると海が荒くなりだすから、何うしても十月頃に

おそくも其の月の末には、乗船するやうになさい。船は出来る限り選んで、大きなのがよいですよ。枕が変なので此方のは不快だから、もつていらつしゃる方がよい。成るべくは椅子へおく小坐蒲団も作つてきて下さい。二枚ぐらゐ。あゝ、つまらない。かうして一人でゐると随分つまらない。何か大切なものが躰のうちから抜けてゐることを感じる。きつとあなたの懐に這入つてゐるのでせう。写真のあなたは、大変慎しやかに今日も微笑してゐる。恋しい人、恋しい人。(午後六時)

十一日。とう〳〵昨日は手紙が来ないので、もうがつかりして了つてベツトへ早やくから這入つて読書し乍ら眠つて了つたの。夢と現の間を辿るやうな悩しい一夜でした。そして夢ともなく現ともなくあなたを見通してゐました。時々ハツキリ眼がさめる度びに襲ふてくる寂しさ。―寂しさと云ふよりは、もう苦しさです。手紙が来ないことから、よくない事ばかり考へるの。アラビヤ丸は先月の二十八日の夕方横浜を出てゐるのだから、此の船が一番新しい便りをもたらす筈だのに、…で、今朝は八時前に起きてオフヒスへ行つて見ましたが、朝の一便は来てゐるのに、大阪毎日が二枚(最新二十六日)きてゐるだけなの。もう之れで此の船で何も便りのない事が解ったわけ、も一度がつかりして了ひました。昨日伏見丸がヴィクトリアへ這入つた筈だし、今日はアフリカ丸が同じ港へ這入る筈だから、今日の午後から明日の正午へかけては、きつと便りがあるに違ひない。それを楽しむ事でやつと我慢してゐるの。今日は之れから編輯をはじめる前にアラビヤ丸の事務長に会ひに行つてきます。初めて入港の船だから何か記事にしやうと思ふの。新聞と云つたつて、此所のは、それこそ翻訳と切り抜きりなのですからね。『《(ママ)》(午前九時　あなたの悦)

私は毎朝起きると写真に挨拶するの。「お早やう、いゝ日になりましたねえ、」今朝はさう云つてやつた『今日は私を幸福にしてくれる?』写真は「えゝ、してあげてよ」と、云ふやうに微笑しました。』《(ママ)》

此の船か二十八日に出たと云ふのは間違ひでした。アフリカ、伏見よりも先きに、二十五日に出たことが船長に会つたので、やつと分りました。十時半頃帰つてくると、あなたの手紙が一通(日記)きてゐたので、何んなにか喜びました、飛びあがるほど。けれど中を見ると十八日から二十五日迄しかない。前の日記は十三日で了つてゐるのだから、此の間の五日分がぬけてゐる、まだ別にくるのだらうと思つてゐると、やがて次ぎの便で、雑誌と手紙とがきました。もう忙しいので何れでも読んでゐる閑はないし、編輯後の喜びと楽しみとにルームへ置きに帰へり、でも気になるので、開いてみると、それは手紙だけで日記はない。不思議に思つてさらりよみをすると、読むに従つて私の心は異常な□□を覚えました。（之れは後で云ふ）それから雑誌をひらくとき実に耐らない。何たることでせう。編輯後であつたら、私は、乱れた頭を何う落ちつけやうもなく、入江を越えて北へ〳〵と山の奥へ歩いて行つたかも知れない。それに、之れが今日の最後の手紙であり、且つ此の三通の郵便があなたの出した凡てゞあるらしいのを知ると、今日這入ル《(ママ)》筈のアフリカ丸には頼り《(ママ)》はのつてゐないに違ひない。—それらのことが一緒になつて、私は全く自制力を失ひかけるところでした。か《(ママ)》仕事に対する責任がやつと（之れか人手のある所なら黙つて出てゆく）私を編輯局へかへしました。雑誌をいつもの半分ばかりしておいて、もうとても我慢がならないので、後は長田君に頼んで(1)、ルームへ引かへしたのでした。長田君は不審さうに私の顔を眺めてゐました。「何うかしましたか」「え丶、少し寒いから」「どうもまだ天気がハツキリしませんからね。後はい丶ですよ」長田君は私をいたはるやうに云つて呉れました。それから、日記を丁寧によんで、手紙をも一度くりかへしました。その中には唯愛がある、けれどそれには喜びと悲しみと、云ふべからさる《(ママ)》欝優《ママ》とがおりませ《(ママ)》られてある。私は、もう何うしてよいか解らない。あなたは誰れに当り散らす人もない、と云ふが、私はたつた一人のストレンヂアなのです。此の苦しみや悲しみやを誰れに、又何によつて慰め得ませう。私は、ベツトへ這入つて、呻いてゐました。真暗らな《(ママ)》ものか私の周囲を幾重にも〳〵取りまきはじめてゐる。少時たつと、私の魂はやうやく私を制することに成功しました。「お前か苦しむよりも、もつとお前の恋人は苦しんでゐるのだ。それで少しヒステリツクになつてゐるのだ。一切をお前たちを支配しているものは、何れにしても生一本な深い愛ではないのか。雑誌のこと(2)は、あの人の罪ぢやない、記者が悪いのだ、あの人が特にそれを慮つて、ハツキリと断られなかつたのは、あの人の弱さであるにしても、それを今更ら《(ママ)》とがめてはならない。」と、私は自分に頷きました。又しても涙が溢れてきます。寧ろ泣く事の心安さに、私は枕に顔をつけて、いくらでも涙を流しつゞけてゐました。それで少し気分かおさまつたので、雑誌の感想をよんで、そして夫れを考へてゐるうちに、怖ろしい疲れか私を眠りに襲つて行きました。眠りの中で、私はあなたを見つゞけてゐました。ひどく悲しい夢でした。たゞかう云ふ所だけを覚えてゐる。何所か知らない人の美しい二階の家にあなたがゐて、初めは私と喜ばしげに話をしてゐたのであるが、何うしたわけか、急にあなたは、自転車へ（妙でせう、何うして此様な所へ考がいつたのか分らない）乗つてゐるのです。そして私か夫れをとめてゐるのだけれど、いくら熱心にといてもあなたは笑つてゐて止めない。私はハラ〳〵しなから《ママ》、あなたの自転車の後ろへついて走り乍ら云つてゐるのです、『お止しなさい、と云ふのに、あなたは私の忠告をもつとよくきく人ぢやなかつたの。何故こんなものに乗るのです、そんなに早やく走り度いんですか』『たゞ此の方が同じ足をつかふのでも楽よ。』『さうかも知れないが、自分の足で歩くほどの安らかさも確かさもない、おまけに私も経験があることだが、自転車へ乗つて下りると少しの間自分の足では地が歩けなくなる。』『でも、かまはないは《ママ》。』『何うして、あなたはさうして自分の足を不具にするのですか。』あなたは何んと云つても止めないの。で私は困りはて、、終ひには泣き出しさうになつて、道ばたへ横倒しになつて了つたの。

いやな夢だ。さめたのが六時半、凡そ二時間も眠つたことでせう。頭がどんよりとしてゐて、悲しみのみかルームを一杯にみたしてゐるので、息づまりさうな気持ちになつて、三階の前のベランダ（汚い□□い）（へ）出て往来を眺めました。空は雨のなかつた日のやうに晴れて、明るい軟かな光りが、路をみづ〳〵しく輝かしてゐます。

私は呆乎としていました。

「果して不自然か？」私はさう考へた、「私のかうして来たことは全く無意義なことであつたか？」

かくばかり相慕ふものが別れなくてはならぬと云ふことは本来ならばない筈である。併し私たちのは少しく事情か違つてゐる。別れてゐると云ふ事は、その間にお互ひを清めることである、お互ひがお互ひの為めにのみの新しい生活の礎をすへることである。古い土台の上へ新しい家を建てることは、怖ろしいことである。出来る限りさけねばならぬ事である。二人は苦しい半年かそこいらをその事の為めに用ゐても、決して、（生活の事を思へば、）悔いる筈はないではなからうか。単に私一個から云へば、私は此の苦しさと寂しさとの為めに、如何ばかり深く自分の恋を意識させられたか分らない。自分と生活を共にする恋人の美しさや、貴さや、優しさや、それ等凡て自分にとつて光明とも高き喜びともなるべきものを如何ばかり深く識ることが出来たか分らない。自分の生命が初めて此の恋人によつてのみ生長し、拡大し、高揚することを如何ばかり痛切に感じたか分らない。旅は決して軽蔑すべきものではない。旅は実事に於て人を「真にお、かたの人間にする《ママ》』私たちは旅の中から物を求めてはならない。魂に清らかな洗礼を与へる旅の力を静に受け入れてゐれば、それでよいのである。―私はかう思つた。それから又室へかへつて、あなたの手紙をくりかへした。

あなたは、何故十三日から五日間の日記を呉れないのでせう？　此の事はもう何んにも書く気がしなかつたの？　それならば、その見方を書いて下さればよいのに。―私にはそれだけあなたが消えてゐて、耐らなく寂しい。あなたは、一日でも私に手紙をか丶ないでゐられるの？　私とは異つてゐる。私には、何うしても夫れは出来ない。毎日の単調な、そして遺瀬ない自分の生活を、かうして日毎〳〵あなたに知らせることによつて、僅に私は慰められてゐるのです。あなたは、（世間に対する苦闘は別として）恋人を遠くにやつたその悲しさにゐる人であるが、私は魂を恋人のもとへおいてきた旅人です。此の相違が、遺瀬なさの余りに自棄な気持ちになれる（何んと云ふ悲しい事だ！）人と、遺瀬なさの余りに有らゆる愛慕を筆にのせて自らを窒息から免れさせてゐる人との相違かも知れない。私たちは二人とも苦しいのです、軟かな、けれど永劫を思はせる愛をもつた筆で、自分々々の生活を知らせ合ふことより他に、よい事は今の場合なし得ないのではないか。之れが二人の経経《ママ》を一つにする唯一の道ではないでせうか。恋人！　私の人！

私の第一の手紙は船の内で出したのだから、思ふに二十八日頃あなたの手元へついたのでせう。もつと、早やくついたかと思つてゐたが、大抵の船は十四五日間か丶るのですから。c、p、r[3]の船か一番早やくて十日。それから諏訪丸などが、十二日なのです□□はみんな十五日か丶りませう。此所へ昨日這入つたアラビヤなども十五日はか丶つてゐます。あなたが、待ちくたびれて、躰をさへ悪くしてゐる心が、いたましい、耐らなくいたましい、直ぐにも行つて、熱い抱擁をしたくさへ思ふのだけれど。―

でも、それは、私の罪ぢやない。私か船の内で、何んなにしてゐたか、もうあなたに分つてゐるでせう。そしてあなたは、私への愛に泣いたに違ひない。私か何んなに純真な恋のみで生きてゐるか。それはあなたの想像以上です。独言を云ふやうな手紙を書くのはいやだとか、自棄になるとか、その気持ちはよく分るの。ですが、あなたはも少し我慢をしてもよい。何故と云ふに私が此所について、そしてあなたを恋しかり乍ら手紙を書いてゐるのは明らかな事なのだから。―

あなたの今度の日記は、ずいぶん粗末になつてゐる。「小鳥を買ひに行くの」と書いてあつて、何所へ買ひに行つたのか、買はなかつたのか、買つたのか、それ切りで、きれてゐる所などもある。可成りやりつぱなしな不親切な日記になりましたね。まだやつと一カ月もたゝないのに。―仕方がなしに書くのだ、と云ふやうな所もある。もう〳〵いやで〳〵仕様がないんだけれど、と云ふやう（な）所もある。かうしてゐる私を少しでも（前の手紙を書くときのやうに）察してくれたら、あなたは、此様なデイスペレートな日記や手紙は書かなかつたでせう。之れで、三日たち二日たちしたら？　それを思ふと私は生きてゐる気持ちもしなくなる。一日分一枚四ペーヂの予定だと云ふ日記が、二ペーヂになり一ペーヂになり、恋着の文字が、亡骸のやうに、置き忘られたやうに並べられる時がくるのではないか。いゝ〳〵、私は私の命を此の恋にさゝげつくせばよい。あなたは、「隠遁する前に、何をも彼も恐らくは恋をも」して了ふ、と日記の中で云つてゐる。『して了へる恋』さう云ふ恋があるのか。して了つた後にもあなたは生きて』《（ママ）》て、そして一人で隠遁するのか。私とは余りに甚だしい相違である。そんな生活があるか否か、何よりも恋の中にゐて、それを考へ得るあなたの冷い理性が私には怖ろしい。私は考へつくした、そして静かに熱心に自分の魂の命ずるまゝの恋に生きてゐるのです。私の魂は、「して了へる」恋の存在を否定してゐる。それは所詮恋ではない、愛ではない、と云ふことを、はつきりと私に教へてくれる。私の恋は少くとも、そんな余裕綽々たる、蚕の前におかれた桑の葉のやうな恋でないことを私自らが痛感してゐる。浮かされることもなく、自ら自らを迷はすこともない正しい恋である。あなたは結局、食みつくした後では、一人きりの道を行かうとするのか、さう云ふ時のあることを今から予想して恋をしてゐるのであるか。

此の言葉は、私に、私の生命の終りを暗示させるものです。恋しい人、懐しい人、私は非常な悲しみのうちに沈んでゐます。

創作かもう一篇は書きあげられてゐたかと思つてゐたのに。―私の誠実が足らぬと見える。私の祈りは何んの効もないのであるか。たとひ手紙はつかないにしても、此の祈りが通じない筈はない、此の祈りこそは、あなたに軟かな心の喜びを与へ、明るい前途を考へさせる筈である、と思つてゐたのに！　斯くても尚ほ私は誠実でないのであるか。たつた一つの生命を捧げつくした此の思ひが、それがまだ誠実と云ふのには足らぬものなのであるか。

「あなた、私の事ばかり思つてゐなくてはいやです、きつとです、でないとほんとに私は怒る」そんな優しい可愛らしいことを云はせるその同じ心が、何うして、常につゞき得ないのであらう？

「兎に角、私はあなたを愛するしるしに私の持つてゐる立派なものを上げます。私かどんなにあなたを愛してゐるかと云ふことは、その時にあなたに分る」かうも心から云ふ私の恋人であるのに！　あゝ。

一番私を驚かしたものは、一番おしまひの手紙です。自分が行くのはいやだ帰へれ、と云ふあの手紙です。「若し、あなたが、之れに対して多少でも、意見をもたれるなら、私はあなたの愛を生命観を疑ひます」之れをも一度静に読み返へして下さい。かう云ふ見方で以て見られる場合、その生命観を愛を疑はれない恋人が世界の何所にあらう。此様な残酷な言葉を恋人から貰つた恋人が世界の何所にあるでせう。そして「之れに対して」と云うふその「之れは」は二人の生活問題なのです。二人の生活に関して、何等の考へも、意見も持たないやうな恋人をあなたは待ちきれるのであるか。私の人、恋しい人、あなたは、お母さんから、姉さんから忽ち堕落して、怖しい専横な駄々子になつてゐますね。何んと云ふ言葉なの、一体これは。「あなたは、之れに対して何う思ふか、よく考へて頂戴。ほんとに二人の事なんだから。」さう云ふべき所ではないの？

「真の仕事、―真の生活―それは外を探し廻つたつて得られはしないもの。自分の内にあるのだもの。エマーソン[4]か何かでこれを云つてゐましたね。私はそれを今思ひ出したの、旅か無意味なことを。（ママ）』

エマーソンの言葉はよい、勿論さうである。併し、此の「外」を「旅」に連結させたのは、あなたの軽率である。私の人、何うぞよく考へて下さい。旅をすることは、自分の「外」に何物かを求めて歩くことではない。私たちにあつては、自分の内なるものを、より明確に、より正しく、探し求め、且つ、それによき慈養（ママ）（自然からの）を与へ、悪しき煩雑を遠ざけることに外ならない。「外」と云ふ言葉をもつと精神的、内的にとると共に、「旅」なる言葉を、もつと精神的、内的に考ふべきである。でないと、大変な間違ひになる。ね、さうでせう。「さうだは」と云つて、あなたは笑ひ出さずにはゐられないに違ひない。しかし乍ら二人の生活に対する、あなたの覚悟ほど嬉れしいものはない。休み茶屋を出すのもよい、が、あなたは、少し又熱海の梅林の茶屋に囚はれはしないの。休み茶屋を舞台の上のもの、やうに、風影画の一点にして考へてゐはしないの？　お客か、まるで来ないやうな所には出すのも無意味であるが、お客が、ある季節にでも、どか〳〵くるやうな所も困る。その煩雑を考へてごらんなさい。愚にもつかぬ連中や、いろ〳〵な下等な奴等や、無智で高慢な人間やが、私たちの生活の前に立つことを、あなたは考へたの？　とても私にはたまらない。私は、あなた以外の人とは、殆ど口をきかないでもすむやうな生活かしたいのです。あなたの考へは、余りにロマンチツクではないの？　矢張りあなたは、いろ〳〵人の出入することを、賑やかさを考へるの。わたしは人間によつて与へられる賑やかさには耐え得られない。二人で、寧ろ百姓でもすると云ふ方が、いくらほどよいか。

あなたは、休み茶屋の好い方面をばかり考へて、その実際的方面を考察にいれてゐないと私は思ふ。此の点は、もつと〳〵実際方面からも考へて下さい。

「二人か相擁して貧しく暮らすこと。二人の住む所を見付出しさへすれば」いゝのはあなたの云ふ通りです、けれど、それか休み茶屋にするか否か。詩的生活はよい。勿論私たちの行くべき道です。が、「詩的」かあなたのは、やゝ「空想的」に近くなつてゐることを私は怖れる。現実に深い根をもたない詩的生活は、忽ちに破れて了ふ。恋は破れないでも生活が破れて了ふ。本当にあなたは、私がゐなくなつたら少し何うかしてゐる。私は悲しくてならない。実さい耐らない悲しさに襲はれてゐます。

私たちの生活が、お互ひに別々に奉公してお金をためてそれから生活しやうと云ふやうな人たちのと異ふのも解つてゐます。私たちか此方へきたのは、そんな意味できたのぢやないことは、此の手紙をよんだゞけでも解りますわね。生活の前に先づお金をためる。―さう云ふ風にハツキリ別けて私だつて考へたわけではない。第一お金を商人みたいにためることが私に出来ませうか。生活をし乍らためる事です。之れからの大切な時間を二人が少しでも別々な風に消すのはとても我慢のならない事ですもの。でも、あなたに佐藤になり切つてもらはなくては、何よりも私がつらい[5]。何かと云へば、「田村が」と云ふやうな言葉をふいつと口に出すあな（た）でないだけの生活の新しい礎をつくらなければ。二人だけのものを作らなければ、いやな蔭《ママ》がさしてくる。そして夫れは、あなたの努力次第で三四ヶ月で出来る事ですもの。どうぞ夫れをして下さい。

「之れを早やく書いて渡米するのだと思つたら、書けなくなつた」とあなたは云はれるが、何んと云ふ悲しい事か。さう思つたら、もつと〳〵強くなつて筆が進みはしないの。二人の生活の為めだと思つたら、何んなにか勇気が出るはづではないの。あなたは二人の生活を離れた、あなたの活動―創作―を予想し得るのですか。あなたは、

「私は探究をつゞけて人生の秘奥に達し度い、そして夫れを表現し度い。」と言はれる。此の探究とは何う云ふ意味ですか、レオナルド・ダ・ビンチの、あの探求ですか。トルストイのあの探求ですか。(6)何方でも間違ってゐる。科学的なダビンチの誤りは彼自身の当然な破□によつて明瞭である、宗教的なトルストイの誤りは、「愛する」事をし得ないで、「愛を探究し、説明した」点にある。あなたは愛してゐる。生れて初めての愛に生きてゐる。その愛はあなたを育んでゐる。その愛を通してくるあなたのライフが、あなたの表現すべき唯一の、正しいものです。あなたは、本当に少し私に危険を感じさせます。「私の欲しいのは無限の世界ばかりです。永遠に残さるべきものが欲しいばかりです。」此の言葉も可成り危険です。「そしてあなたは、何所に無限の世界を求め、何所に永遠を残さるべきものを求めるか。―かうあなたは反省したの？　私にあっては「無限の世界」とは、「至純な愛の世界」であり、「永遠に残さるべきもの」とは「その愛の世界を表現したもの」に外ならない。愛の世界とは、とりもなほさず、「永遠を生きる」もの、世界です。私は、名声などついぞ欲しいと思ったことはない。そんなものは欲しがってウヂヤ〳〵してゐる連中にくれてやるがよい。私の欲はもつと大きい。もつと貪婪だ。私は「永遠に残るもの」を考へたことはない、唯私は「永遠を生き度い」ばかりです。「人生を清遊し度い」と云ふ私の意味は、之れなのです。そして之れは、あなたをのみ愛することによつて、あなたにのみ愛されることによつて到り得る境地であることを信じてゐます。私のあなた（に）対する心は、永遠か（生）死か、之れより他にはないのです。「永遠を生きる」そこから自らにして「永遠」を表象する何物かゞ現はれてくるに違ひないが、私は生きる事よりも先きに、表現されたるものを想像することの誤りであり、危険であることを知つてゐる。そんな事は考へないでもよいことである。私はさう思つてゐるの。何うなの？

「雑草の花」(7)かよいのは、此の永遠に生きはじめてゐる人の、明らかな呼吸かあるからなの。他の詩は、今度のでも、みんな、あそこへ、「雑草の花」へ至る迄の階程です。

私の可愛い、美しい俊ちやん。―

そこで、私は、帰へらなくてはならないか、それにもあなたは来なくてはならないか。

此所の生活は、あなたが想像するよりは、遥によい。何故と云ふに、一人で考へる時間が、自分を養ふ時間が十分にあるから。そちらとは全然違つてゐる。一人が一人でゐられる。誰れ一人私の生活を侵すものはない。凡ての人が、それ〴〵さうである。自然は太古のまゝにひかへてゐるし、決して悪い事はない。東京の生活にくらべたら、何れほどいゝか分らない。あなたさへゐれば、もうそれで私たちの生活は活々として動きはじめるのです。あなたがゐない事の為めに、私がしぼんでゐるのです。新聞社の仕事と云つても、そちらのとは全く別です。ちやうどよい運動くらゐなものです。決して悪らつでもなければ詐報もしない。東京のよりは、ずつと紳士的です。（北米のは又違ふ、之れはよくないのか多いらしい。悪い智識階級の日本人か多いから）だから、あなたの心配するやうなことは少しもないの。それは新聞社が私をよくはしないでせう、ですが、決して私を悪くはしない。私は私の心を静に養つて行かれる。それは、あなたの云ふ通り、私は此様な努めをしないでゐたい。が、今少しは仕方がないと思つてゐる。あなたさへ来たら二三年はゐて、二人でそれこそ自由な勤勉な生活をし度いとばかり思ふの。それを楽しみにしてゐたのに！　そんな事を二人で云ひ合つてゐる間には、もう十月がきて了ふ。私は、あなたが決然として、最初の計画通り此方へくるのか今の所は一番よいと考へてゐます。私に勇気がないのではない、あなたの考へが、あまりに空想的に走つたのです。此方へくれば何故詩がなくなると思ふの？　理想郷か何うしてないと思ふの？　あなたは、まる切り此所を北米あたりの荒んだ植民地と同じに考へてゐるが、夫れは大した間違ひです。あなたは、東京に、—日本に—ゐるよりは、もつと穏やかに自分の生活と仕事とが続けられる。二三年さうして二人で貧しいが、決して卑しくない、清らかな生活をつゞけた後で、一緒に日本へ帰へりませう。日本へ帰つてからの二人の生活は、今私か帰つて始めるよりも、よいものになるのは確かです。ね、も一度考へ直して下さい。

何うしても、帰へれと云ふなら、それより外はないのだが、それは余りに残念なの、此の美しい自然の中で少しでも二人でゐたいのに。私は、第一帰へると云つても、旅費がない。社には、さうなれば当然返へさなくてはならない借金が三百五十円ある。（此方にゐれば返へさないでもすむの）旅費か三百円はいるとして、六百五十円の金の出所はない。之れだけためるのには、少くとも十四五ヶ月はかゝる。帰へるとしても、私は来年の秋でなくてはかへられないわけになる。あゝ、私は何うすればよいのか。私は、もう死ぬより外はないやうな暗い気持ちになります。今から一ヶ年は愚か、半年だ（っ）て、私はあなたを見ないではゐられないんだもの。

ね、どうぞ、も一度考へ直して下さい。よく〳〵考へ直して下さい。そして、直ぐに確固たる返事を下さい。と云つても今度の船は二十日過ぎでなくちや出ないのだから、あな（た）から返事かもらへるのは、来月の末か九月の初めになりませう。もう今度こそ少しも動かない、確実な決心を、返事をきかせて下さい。私は、それによつて、いさぎよく自分の身を処することにします。恋しい人、懐しい人、ほんとに限りもなく懐しい人。永久に私の魂であるべき人。何うぞ健康でゐて下さるやうに。――（午前三時）

あなたの瞳と写真に熱いキツスを送り乍ら、永久にあなたの悦

ほんとに、私を信じ、そして考へて下さい。此所へくればあなたは自分の生活を破ると考へるの？　あなたの内によくないも（の）が首をもたげたのではないの？　ほんとにしつかり（し）て下さい。あなたか一日早やくくれば一日だけ早やくよくなる事を考へて下さい。ね、ね。何うしても十月には来なくちやいけない。

十二日。昨夜はちつとも眠られないで、悶々として朝の光りが一杯にさしてくる迄考へつゞけてゐました。おなじことを繰り返へし繰り返し。一番早やく一緒になる道は、矢張りあなたが此方へ来て下さるより他にはない。私は今は頭かすつかり疲れてゐるの、でもかう思はれる。あなたが、空想的な考へに走るのが私には悲しくてならない。此方へくるのをあなたか怖れてゐるのも確に理由はある。併し今の所いくら貧しくても、何んでも、よりよい生活は此方にあると思ひます。何うか、あなたが考へ直して下さればよいが。そちらへ私が行くにしても、又行き得（る）道か考へられたにしても。そのあなたの空想はいけない。物の半面しか見ない、空想生活は決して詩的生活ではないのだから、も少し別な確実な、そしていやな煩ひのない生活の道を考へるのでなければいけない。「之れに対して少しでも意見かあれば、あなたの生命観を、愛を疑ふ」など、ヒステリツクに押しつけて了ふとは何んて云ふ事でせう。「たつた二人」になる事も、今の所は此方で一番よく実現され得ると私は思ふ。恋しい人、懐しい人、あなたは、私を全く窒息させる。私の心臓を破裂させて了ふ。私か傍にゐなくなつた為めに、それから私の手紙が行かないので（もう無論二回目三回目とついてゐるに違ひない）あなたは大変に悪くなつてゐる。それか私には悲しい。あなたの二回目迄の日記や手紙は、あんなによく私に、あなたの生活を知らせ

てゐるのに、今度のは、比べものにもならないほど粗末ななげやりなものになつてゐる。若し、私は一ヶ年半も帰へられないとなつたら、一体何うなるであらう、あなたは？　私は？　想像するさへ胸が絞られる。私には、とても我慢がしきれない、あなたは、もつと〳〵自棄になるであらう。自分で自分を傷つけて了ふかも知れない。（あゝ、此様な事を考へてはいけない。）私は？　私は自殺するか、病死するか、もう此の二つより外はなくなるであらう。あなたか苦しむほどには、私も苦しんでゐる。でも私はデイスパレートにはまだなれない、あなたを、私のあなたを考へ、私のあなたかあなたである限り、なれない。恋しい人。（午前十時）

（1）書簡5の注（12）参照。（2）俊子からの六月二十四日付の日記に、雑誌『新時代』が、「佐藤俊子」の署名を勝手に「田村俊子」として出したことが書かれている。（3）書簡5の注（15）参照。（4）書簡3の注（3）、書簡4の注（4）参照。（5）書簡5の注（2）参照。（6）書簡5の注（16）参照。（7）大正七年七月の『新潮』に掲載された俊子の詩。書簡6の注（5）参照。（8）書簡1の注（5）（9）参照。

10　大正7年7月16日（3）（VANCOUVER. B. C. 消印20日、TOKIO JAPAN 消印8月11日）
東京府下青山隠田一〇一　佐藤俊様　Mme.T. Sato. Tokio, Japan.
E. Suzuki. The continental Daily News, 135 Cordova St. East, Vancouver, B. C.　七月十六日（3）
封書　用紙不明五枚（表裏）ペン（封筒）、鉛筆（手紙）五日分と花を同封

（第三信）

十二日。俊ちやん。恋しい、恋しい。何うしてよいのか解らないほどに恋しい。私は今日は病気になつて了つた。寒気がして、熱がして、目が充血して了つて、頭が濁水で一杯になつてゐるやうに不快なの。何うにか仕事をすましてきて直ぐに寝たが、もうあなたの事ばかり考へられて、―それも取り留もなく―ちつとも頭は休まらないの。あなたのあの手紙[1]を見る迄は、それでも日のたつのが嬉れしかつた。十月と云へば、さう遠い先きではないのだから、とその月のくるのが楽しみであつたのに、たつた一つの希望のやうな慰安であつたのに、それか不意に取り去られて了つたのだもの。私は真暗になつて了つた。あなたは随分残酷だと思ふ。「直ぐに帰つてもよい」つて、何うして直ぐに帰へられるのか。あなたかいつで

も生活の半面しか見ないのは、かうなると全く私を殺して了ふ。あなたは夫れを少しも考へなかつたの？　ねえ、考へなかつたの？　随分ひどいと私は思ふ。そして、あなたが詩的生活の感情方面、空想方面しか考へてゐないのが何うにも危険でたまらない。あなたは、私の姉さんのやうに、お母さんのやうに、私をまもつてくれる強さと大きさとを持ち乍ら、かうなると全然私の半分も考へる力がない。私の方か兄のやうに、父のやうに考へ深くなる。現実を強く深く見詰めないのは、勇気があるのぢやない、軽率なのだ。詩は、有らゆる大なる詩は、凡ての現実の深みからのみ育つものです。

ねえ、俊ちやん。―私は、今はもう此様な事を云ふつもりはないの。ほんとはたゞ恋しい、と云ひ度いだけなのです。あなたは、返事のない独言は、言ひつゞけられないと云つた[2]が、私はかうして毎日〳〵、あなたに話しかけないではゐられない。若し、あなたは帰へれ、と飽く迄も云ひ張つて居り、私には帰へる金がない、と云ふ悲惨な場合か確実に到来したら、私はその時何うなると思ふの？　病気になつたら、あなたは「直ぐに知らせて下さい、何うしてゞも行くから」と云つたことがある。あの言葉は、「あなたか死ぬときは私も死ぬ、一人で生きてはゐない」と云つた言葉と共に、私の心を嬉しさに泣かせるものだが、少しあなたの心は其所から遠くなりはしないの？　私はなくても詩的生活かありさへすればい、のぢやないの？　まさか。私を別にしてあなたに何生活にしろ、生活がある筈はない。

あ、恋しい。だが、あの手紙はすつかり私から張りと力とをぬいて了つた。不可能なことを強いるのだもの。

あゝ、かうして頼りない七月かゆき、八月かゆき、九月かゆくのか。十月も私を嘲笑し乍ら、或は悲しみ乍ら、去つて行くのだらう。十一月かくる。もう冬だ。此所では暗い〳〵、それこそ灰色の雨がつゞく。極北[3]の方から暗い雲か流れてきて、終日私の上を去らうともしない。私は何うして、此の生活に耐え得られやう。病みほうけた神経は、冬のくる迄に私を永劫のベツトへ運ぶかも知れない。まるきり頼りない、先きの知れぬやうな日を、さういつ迄も〳〵送るだけの力は私にはない。恋の得られなかつた昔なら、それも何んでもない、死のくる事、と云ふよりは、死の方へ我れから進んで行けた自分であつた昔なら、寧ろ心あいかも知れない。だか（ママ）今は駄目だ。私は生き度いのだ。此の恋を全きものにし度いのだ。恋つゞけ乍ら、こんなにも烈しく恋ひつゞけながら、幾ヶ月も幾年も当のない日を生き得た人の例をきかない。人は何うでも、私には不可能なことだ。あなたは、手紙が二十五日間つかない事の為めにさへ、そんなにも苦しんで、やけにさへなりかねなくなつてゐるのに、私の此の心が、此の無限の悲痛が解らないの？（午後六時）

私は、も一度あなたの日記を見た。五日間欠けてゐる[4]のか、私を苦しませはするが、それでも、あの日記は嬉れしい。今度のは随分粗末だが、それでも嬉れしい。恋疲れに疲れ果てゝゐるあなたが出てゐるのが、痛々しいか、それでも嬉れしい。（あの手紙はいや。あれはもう見ない）併し、私には嬉れしいものだ。あなたの、生活に対する態度が、きちんと力強く（やゝ神経的であるが）きまつてゐるのが嬉れしい。「□として」は旧姓があるから、[5]もう読まない。あれは私に腹を立た《（ママ）》せる。

西川君は、僕たちの恋愛には、まつたく同情をもつてゐる。それか、その同情があの男に理解をもたせてゐる。今はもう、私のたつた一人の若い友人であると思ふと、そして、それが、あなたの事を心配して、訪ねて行つてくれたのであらうと思ふと、嬉れしい。あの男の云ふ事も面白い。も少し経験して、さうだ、もう五六年もたつたら、今のやうではなく、もつと本当に解つてくるだらう。あの男は、兎に角生長する。

「愛□□」と云ふのは、確か尾瀬哀歌[6]だらうと思ふが、ベラボウに馬鹿なことを云ふ奴だ。あの男か、そんな事を云はうとは思はれないか、何うも変だ。まァ何しろ、そいつは大馬鹿だ。立派な文芸上の作品か他人に迷惑を感じさせてたまるものか。それだけで、その作品は下等なものだ。芸術品ぢやない、三面記事だ。馬鹿は仕方がない、全く仕方がない、「馬鹿につける薬はない。」—あなたのひいたエマソーン[7]の言葉か本当だ。敵は、—馬鹿者は、—もう私たちのゐない、私たちの足あとへ刃を下ろしていゝ気になつてゐるやうなものです。私のあなたは、そんな所からは遥に高い所にゐる。馬鹿でも、いつかは目をあげる時があるだらう。上げる者も出て来やう。そのとき、何んな顔をすることか。

いや、そんな連中の事は、何うだつてよい。虻や、蜂はうならしておけ。私たち人間は歩むのだ。

あなたは、美しくなつてゐる、つて。勿論あなたは美しい、誰れよりも美しい。が、その美しさを私だけか見ることが出来ないのだと思ふと耐らない。あなたは、誰れの為めに美しくしてゐるの？

その美しさを私はいつになつたら見られるのだらう？

あゝ、もう、それを考へると、すつかり駄目になる。私は美しくも何んともない、痩せ細つて行く。腕など自分でも悲しいほど細くなつたやうな気がする。此のまゝ、十月かきたら皮につゝまれた、醜い、哀れな骨はか《ママ》りになるに違ひない。それから？　もういけない、駄目だ。頭かぐら〳〵してきたの。でも、寝ない〳〵、書きつゞけるの。あなたの所謂独語を云ひつゞけるの。恋しさか体ぢうに凝つてゐて、いくら出しても〳〵減らない、何うともならない。恋しいと書いたあとは、また同じやうに「恋しい」で詰まつている。生命の限り之れがつゞくのだらう。手紙かいかなくなつたら、恋しい〳〵と最後の血を絞りきつて死んだものと思つて下さい。

「大人物、えらい人と云ふもの、中に自分もある、その面影がある、[8]」のですつて。そりや当然ですよ。勿論ある。が、そんな事は誇りにはならない、いや誇りにすべき事ではない。大人物にもよる事であるし、又その代表的な中心的な特質にもよるのは勿論だが、（でないと凡ての人間は大人物に共通するとも云へる、そこが大人物の大人物たる所以）ナポレオンでもプラトーでも、シエークスピヤでも、モンテーヌでもエマースンのあげてゐる偉人（最も之れは彼にあつては、ある方面の代表的人物と云ふ意味である）は、エマースン自身より偉くはない。エマースンの所謂偉人の内に自分を見出すと云ふ事は、ちつともその事の為めにあなたを偉くはしない。あなたはあなたでよい。私のそのあなたでよい。だからこそ古来の誰れよりも偉い。誰れ一人あなたの位置に代り得るものはない。私だつてさうだ。もつとも私はあなたとは少し異ふ、私は彼等の内に自分を見出すのではなくて、自分の内に彼等を見出すのであるが、そんな事は何方だつてつまらない。私は私であり、あなたの私であることによつて、豪いし又豪くなり得るのです。解つたの。ねえ？

あゝ、此様な事をいくら云つたつて、つまらない。偉人なんかいらない。そんなものはそんなものを飯の種にする人たちの所へ呉れてやるがいゝ。私のいるのは、私のいのち、私の魂―あなたゞけなの。あなたを外にしては何物もない。たゞ耐えか《ママ》たき暗黒があるばかりです。さうぢやないの？　あなたはさうぢやないの？　あなたは詩的生活と悠久と偉人とが私を外にしても有り得るの？　それかあればいゝの？　それでいゝの？

今日ルームを変へてくれたの。あなたがきてもよいやうに、広い、さつぱりとした、旅人の住むのに恰度ふさはしいやうな。―でも何んだか張り合がなく頼りがない。三階のフロント（前面）で、小さなベランダがあつて、空が見えて、雲が静にかへつたり、星か優しく覗いたりするのだけれど、―もう駄目ね。あなたは此所から此の窓から高い空を見ることはないのだらう。私は何うしたらよいか、全く解らなくなつて了つた。ほんとにあなたは残酷だ。二人一緒になる早路は、あなたかくることではないの　そして此所で二人で勉強して、東京でのやうな不快な煩ひなしに存分にあなたは書けばよいのぢやないの　いけないの？　二人は一日でも早やく一緒にならないと駄目ね、私たちは、―少なくとも私は、精神をも肉体をも思慕と、鬱悶とで消滅させて了ふに違ひない。物を、生活を或る一面からばかり考へないで、多方面から十分に考へて下さい。でも何うしても、その上で帰へれと云ふのなら、もう仕方がない。破滅するか、辛棒し通《(ママ)》うせるか、続けられるだけ、続けて旅費をためてみるの―だがとてもやり切れないのが解つてゐる、之れから先き十幾ヶ月なんて、考へたゞけでも真暗くなる。もう頭が痛くて書きつゞけられないから、あなたの写真をキツスして寝ます。

あなたの悦（午後十一時）

〔五字抹消〕

十三日。あやまらなくちやならないことか出来て了つたの。ね、私の俊ちやん。もう全くあなたか書かなかつたのだときめてゐたら、何うでせう、今日になつて十八日迄の日記と「夢」の手紙とが来たの。〔二字程抹消〕何んだかびつくりして了つた。あなたの予想よりも、ずつとおくれて、先きに出したのか後にきて了つたのだから、すっかり詫《(ママ)》らなくちやならないやうな事になったの。日記についての不平は、もうみんな取消しなの。私の郵便も、私は書き次第に出してゐるから、此様な風になつて行くかも知れない、それがあなたを苦しめやしないかと思ふと心配になる。私は一日だつてあなたに話しかけない日はないのだから、間がぬけたら、きつと船か違つた為めに、後れたのだと思つて下さい。

い、日記〳〵。あなたが何んなに苦しんでゐるか、それか可哀想でたまらないけれど、心臓をしぼる響のみちてゐるやうな愛で一杯になつてゐるのが、私に悲痛の中から湧く喜びと、安らかさとを与へる。あなたは本当に何れほど美しい人か解らない。私は幸福な男だ。此様な貴い愛に生きる男か世界ぢうに幾人あらう。感謝の涙で目がうるほうてきます。

私の前の（二信）手紙[9]は、あなたを又しても苦しめはしないかと思つて心配になつたけれど、もう仕方がない。怒らないで、愛の云はせる凡ての言葉を、静に理解へ運んでください。

恋しい人、恋しい人、今日はもう仕事がすんだの。私は仕事の間でもあなたの事ばかり思ってゐるので、時々変な間違ひをやるの。ヒンデンブルグ[10]が死んだと云ふ電報を翻訳しなから、「こんな連中は幾人死んでもよい」なんて独言を云つてゐたら、まるで小つぽけな記事にして了つたの。それをふつと気がついて、大きく直したりしたの。新聞記者と〔一字抹消〕あなたの悦とがときにこんぐらかるんですね。あなたは、ほんとに変な夢を見る。私は、あなたの夢の通り痩せて黒くなつて髪がのびたけれど、今では又元くらゐな黒さになつたの。でも、あなたの愛がある限り生きてゆくから大丈夫。それよりも私は、あなたの体か心配でならない。あなた本当にしつかりして下さい。いつでも〳〵私はあなたの事ばかりを考へてゐるんだから、他の事など考へる一瞬時もないんだから。欝悶をごまかす事など一つもないし、又あつたつて、そんな方へ頭のみだれるほどな弱さにはゐないのだから。本当に安神(ママ)してよい仕事をして下さい。昨日と一昨日とは、すつかり欝悶に押へられてゐたけれど、今日からは又一生懸命になつて、あなたの健康と、よい仕事とを祈るの。それはあなた一人の仕事ではなくて二人の仕事なのだもの。何うして此の誠実な愛で神を動かして見せる。

子按摩[11]の「来箇子」は面白いのね、とう〳〵独りで吹き出して了つた。全く面白い。「めでたし〳〵」はいゝ、ね。□□の子供を踏みつぶしたのも面白い。何から何迄が子按摩らしい。

おまいりしてゐるの。優しい人。大変にいゝ事です。それか私の心を何んなにか和げてくれる。何んなにか力づけてくれる。もつと、つゞけて下さい。

「好き」と云ふ言葉はいけない。あなたの従来つかつた風な使ひ方は、明らかにいけない。僕のはあれとは意味かハツキリ違ふ。―と云ふと、又あれだ、とあなたは云ふでせう。でも、さうだ。あなたは、「好き」と云ふことゝ、「恋慕」することゝの間に明らかな区別をおかない。あなたにあつては、此の二つが殆んど一緒のものだつた。相手次第で同じ事を云ふのに、「あ（の）人は好きだ」とも云ふし、「あの人に恋してゐる」とも云ふ類です。「恋した」と云はれるのか、いやさに、「好きだつた」と云ふのです。かう云ふずるい言葉の使ひ方はいけない、と云ふの。私は、此の言葉を、あなたのやうに感覚的に用ゐたことはない。勿論今はあなたは、そんな感覚の世界から遥に遠くへきてゐる。か、私は、昔から遠い所にゐる。あなたが其所へ追ついてきたのだ。で、之れから先々は二人で一緒に、それこそ愉快に歩んで行ける。だから、いよ〳〵別れてゐるのが耐らない。

小鳥を買つたの[12]？　買つたとも何んとも書いてないから、

買はなかつたの？　私買つておいてくるつもりだつたけれど、止したの。生きてゐるものは、ひよつとすると死ぬから、さうすると、あなたが又何んなに悲しんだり苦しんだりするか知れないと思つて止したの。いさちやん[13]は、大変でせう。広告取りなんて、あんな小さな無垢なものにさせるのは、余りに酷たらしいが、何うも今の場合仕方がない。体をいためないやうにすること、他人の不礼《（ママ）》などに超然とすべき事を教へておやりなさい。もう梅雨があけて、随分暑くなつたでせうね。たまらないでせうね。此所は呑気なものなの。私はルームへ帰へると私服にきかへるのだが、セルと、おみねさん[14]が仕立直して呉れた、桂井[15]のかたみの羽織とをきてゐて、何うかすると少し寒い。浴衣などもつてきて、何んにもならない。寝巻きだつて寒くてきられはしない。みんなをも一緒に此所へつれてきてあげ度いやうに思ふ。

そのうち私も、何か書いて女学世界[16]へやつて、少しでも稿料をあなたの方へいれるやうにしませう。少しでも、あなたか楽をするやうに。さう思つてはみるのだが、そして、時間は有り余るのだが、あなたの事ばかり考へてゐて、何んにも出来ない。

私はお金をためますよ、二十弗くらゐづゝ。も少したつとあなたがくると定れば、創作もする。書ける事は随分あるの。

今度は船かきつと二十日すぎでなくては出ないから、あなたの所へゆく手紙か又余程間をおくに違ひない。あなたがまた体を悪くしやしないかと思つて気になる。あなたからくるのも、恐らくもう二十五日過ぎでせう。まだ十日は少くとも我慢しなきやならない。

私は、もう毎晩あなたの夢ばかり見てゐる。

殆んど散歩と煙草を買ひにゆくより外は、何所へも出ないから、失策もやらないの。（午後三時　あなたの悦）

少し休むの。

十四日。今日は日曜なの。そして今九時なの。私は今起きて食堂でパン二片とコーヒーを一杯飲んできたところなの。頭が痛くていけない。昨日ね、あなたへの手紙を書いて、そして体と頭の重い疲れを休めてゐると、カナダ新聞の主筆をしてゐる鈴木（私と同じ姓）と云ふ人から電話がかゝつてきて、東京楼（支那料理）へきてくれ相談かあるからと云ふの、何かと思つて行つてみたら、永井柳太郎[17]氏が十五日の朝くるから、その歓迎の相談をしたいと云ふのです。此の人は、真面目な温和しい人だと云ふので此辺では大変な信用なの、永井氏と同年期に早稲田の文科を出た人で、私よりは五年くらゐ前、小川未明[18]君と同期です。私は、何うだってい〵、永井氏など別に歓迎し度くも何んともないのだが、此所では多少の名のある人で、新しくくる人は、それに一番関系《ママ》のある人たちが主になつて歓迎する慣しださうだから、現に自分も御馳走になつたり、見物させて貰つたりしてゐるのだから、僕は御免蒙るとも云へない。おまけに相談の相手は僕一人、向うも一人なんだから仕方がない。で、明明《ママ》波頭場迄向《ママ》ひに行つて、それから、又午後編輯後、自動車で市内の見物をさせて、夕方一緒に飯をたべる、此れだけを二人でする事に定めたの。いやね。本当にいやだ。そんな事で少しでもお金を使ひ度くないんだけれど。—

帰へるにしても、ゐるにしても、今は少しのお金も大切だから。

そして、別れて本屋へよると、其所で何時かの手紙に書いた山本と云ふ青年がゐるの。一緒に少し散歩して、それからスウィートピイをもらつて帰ってきたの。赤に、紫に、白に、淡紅に、栃色と之れだけあります。何れをあなたに送らうか。好い香りがしてゐるけれど— 一人ぢやつまらない。此様なものがあれば、あるほどあなたを思ひ出していけない。苦しくなつて。

でも、恋しい人、私の俊子さん。—何れをあなたに送らうか。本当なら此のフレツシユな赤なんだけれど、可憐らしく私を思ひ慕ふてゐる、その素直な、しほ〱とした姿は、淡紅のもう上品な哀愁だらうと想ふの。だからそれを封じて置きます。今は、それこそよい香りがしてゐますよ。今度は、船の出るのかおそいの。二十三日にアラビヤ丸か出る迄もうありさうもないの。予定ではアフリカ丸が十九日だつたのだけれど、此の節の船の出航は少しも予定か当にならない。それからのは、こんな風になつてゐる。

△二十五日　伏見丸、アフリカ丸、△八月　△一日、モンテイグル、△二日　カナダ丸　△七日、鹿嶋丸　△八月十五日　ヂヤパン　熱田丸　（あなたからきたローズはエマースン論集の恋愛論のなかへ入れておいた。）

之れぢや来月だつて、三回しかないのと同じ事になる。ほんとにいやな航海のしかたをするものだ。

今度の私の第一便は、何うかすると、船の出る迄余り間があるから桑港廻しにでもされたかも知れない、それだと却っておくれるかも知れない。だから二信以下はも少し手許におくの。

あなたがくる事になつたら大阪商船の船の方かよいかも知れない、それだと直接此所へつくのがあるし、一等と三等しかないが、此所の一等はたしか郵船の二等と同値段だと思ひます。何んにしてもくると思定めたら、早やく〳〵旅行免状だけはとつておく必要がありますよ、それに船も契約だけはする（の）がよいの。切符は乗る前日あたりに買へばよいのだから、違約しても差支へない。今日は仕事がないだけ却つて取りとめなく寂しい。みんな市ぢうの人が、それこそ愉快さうに遊びに出てゆくのを見ると耐らないから、ルームにゐるの。そしてあなたの事を思ひつゞけるの。少し読書したり、新聞の原稿をかいたりしませう。

頭かいたいから、もう少し休んでみて、その上で。（午前十時半）

　俊さま。　　永久にあなたの悦

恋しい、恋しい、私の人

あなたの所では、まだ夜明け前。あなたは私の夢をみてゐるの？

可愛らしい寝顔が思ひ浮べられる。

十五日。

昨日は、あれから午後には、すつかり体の具合が悪くなつたから、努めてルームを出て海岸を散歩してきて、長田[19]さんと応接室で少し話をして、それから読書し乍ら寝て了ひました。夢にまざ〳〵とあなたを見た。本当にまざ〳〵と。あなたは何んとも云へない清い顔をしてゐました。あんなに清いあなたの顔を私は初めてみた。清純な、愛にみち溢れた顔でした。懐しい人、恋しい人。—今日も具合か余りよくないのだけれど、—きつと私は神経衰弱なんですね。頭かすつかり疲労してゐるの。—朝七時に起きて、波頭場へ永井氏を迎ひに行きました。きませんでした。馬鹿々々しい。明晩くるんだつて、又電話がきたの。何うだつていゝから、勝手にするがよい、と思ふ。

恋しくてならないので、又しても憂欝になり乍ら新着の東京新聞を見てゐると、虫の記事かありました。松虫や鈴虫や、かんたんや…それか私に去年の今頃を振り返へさせ、いくらでも私をそちらへ引張つて行きます。上野で虫を買ひましたね。小さな美しい籠をあなたはまだ持つてゐたが、もう忘れてゐますか。今年の夏は私がゐないので、虫の事もたゞ思出にしてゐるはか《ママ》りですか。あなたは、あの虫を二人だと云つて、何んなにか可愛か《ママ》つてゐました（つ）け。秋になつて、声がだん〳〵枯れて、そして一匹づゝ前後になつて死んで了ふと、あなたは庭の隅に小さな墓を作りましたね。—

私は、もう今日こそ我慢の出来ないやうな気がしてきたの。あなたが、日記の中へ「何んだか此のまゝ会へないやうな気がする」と云つた風な頼りない一句を書き込んだのを思ひ出し、それからあなたの仕事のことを思ひ出し　すると。耐らない。あなたは、何故あんな馬鹿なことを云ふのです。こんなに相慕ふてゐる二人が、一緒になれない筈はない。いつでも、あな（た）さへくれば直ぐになれる。あなたがくるのには少しの間、二月か三月仕事をしつゞければよい。それだけぢやないの。体を大切にし乍ら、そして会ふことの希望を力にして、仕事をなすつて下さい。私はね、今日は、それを電報に打たうかと思つたのです。かういう風に。―

Write your novel assiduously, I Love your forever.

だけど、一字一弗四十銭《ママ》でおまけに住所氏名迄計算すると云ふのだから何うにもならないの。之れと、あなたの、T,Sato. 101 Aoyama Onden Tokio. を入れると十四字になるの、十九弗六十銭《ママ》になりませう。それぢやおあしかなくなつて了ふ、まア、それもかまはないとしても、大変に心配なことかあるの。

それは、何時か米国で或る男が旅先きから、恋人へあてゝ、電報を打つたところが、I Love your forever. I Leave you forever. と誤電されて了つたゝ《ママ》為めに大変な騒動か持ちあか《ママ》つたと云ふ話かあるのです。それは o と ea とか電報の音では酷似してゐるのだからださうです。幸ひ、此の男の恋人は、気の強い女だつたので、誤伝を確めてから、電信局を相手取つて告訴したと云ふことですが、若し之れか、あなただつたら何うだらう？　それから私だつたら何うだらう？　さう思つて私はふるへて了つた。私たちは死んぢまうかも知れない。それで、私は止めたの。さう迄危険をおかさなくても、今時分は、もう私の手紙か三回もついてゐる頃だから、あなたはせつせと勉強してゐるに違ひない、と思ひ返へしたの。勉強してゐますか、書いてゐますか。あなたも神経衰弱になつて、少し空想に走るやうだから、しつかりしなくちやいけない。詩は大変にいゝ、が、いゝと云はれて、のぼせ上つちやいけない。あなたは従来も可成りそれがあつた、それが危険なのです。その詩は、創作によつて、もつと大きく現はれてくる筈です。ほめる言葉は、けなす言葉よりも注意しなくちやいけません。ほめられていゝ気になると、けなす言葉もきいてくる。つまりは、いゝ気になつたと云ふことが現にその人を高い境地から低い所へ落してゐるのですから。「たゞ、自分は自分をつくせばよい、自分の生活かあればよい」と云ふ確実な、あなたの所謂「平明」[20]な心境にゐなくてはなりません。ほめるとか、けなすとか所詮は実に下らないものです。それか自分にとつて何物をも附け加へるものではない。

その人の真の値、その作の真の値、は之れ等紛々たる毀誉褒貶のうちから生れるものではない。そこからは遥に超然とするを要すること申迄もありません。名誉か欲しい、とは思はないでも「大きなもの、悠久なものか残したい」と云ふことを考へるのか、私に云はすれば、既に邪道である。考へが甚しく相対的になり、外的に堕してゐる。そんなことは何うでもよい。「真の生」に生き度い、「之れ生きたり」と痛感し得る「生」にあり度い、―之れだけの大きな高い、内的な欲望に終始してゐるやうでなくてはいけない。何かを作って自分の名を永久に生かせ度い、と云ふやうな考へは、本当は、卑しい低い考へである。かう云ふ態度は、覚醒前のあなたにあつた態度です。「今に世間を驚かすやうなものを出してやる」此の考へと、それと人生観に於て、創作的態度に於て何れほどの相違かありませう。対外的であり、相対的であり、野心的であることに於て全く同じ事です。之れはいけない。私のゐない事が、たま〳〵あなたを覚醒前にもどらせるのは、耐らない怖しさです。ね、落着いて、よく考へて下さい。私にも野心かある、か《（ママ）》私のはあなたのやうな対外的な小さなものではない、もつと大きな内的な、僭越とも思はれるほどなものですよ。生活を考へなくて、生活の結果若しくは反映を考への対象とするのかいけない。本当に僕はあなたを叱る。いくら欝悶しても、何うしても、かうなつてはいけない。そんなに弱くてはいけない。まるであなたは十六七の娘のやうに美しくて、弱くなつてゐる。それに比べると、僕は、恋しくて泣いたり、もか《（ママ）》いたりするけれど、愛を握つて生きてゆく力は、あなたの幾倍強いか知れない。私は泣いても、しやんとしてゐる。心臓がしやんとしてゐる。いや泣けば泣くほど愛に生きる力が加つてくる。だか《（ママ）》、あなたは？　何うです？　まるで戸惑ひして了つて、デイスパレートになつて、自分の愛を辱しめて了ふぢやないの？　さう云つては少し強すき《（ママ）》るが、まァそれに近くなるとは云へる。私を御覧なさい、此のしつかりしてゐる私を。〔七、八字程抹消〕涙は強い人の目からこそ本当に出てくる。それは兎に角、私たちはかう云ふ状態を永くつゞけてはいけない。何方も余りよくはならない。一つのものを半分に割つて、片われづゝに分けて育てやうとするやうなものだから、本当に育つて行くわけがない。あなたは、私の半分であり、私はあなたの半分であつたのだ、お互ひに随分永いことかゝりましたね、自分の半分を探すのに。―

「自分か豪くなり過ぎて」私から離れて行つてもいけない、と云ふ風な事をもあなたは云つてゐた。馬鹿な事を云つちやいけない。豪くなり過ぎるやうな事があつたら、大変だ。そりや誇大妄想なので、本当はちつとも豪くならないはかり《ママ》か、低い〳〵どん底へ落ちた形だから。そんなことを考へるとお伽噺の材料になりますよ。「昔し〳〵、ある所に一人の女作家かありました。美しい心と物を考へることの出来るよい頭と、美しい顔とをもつてゐました、何も彼も此の人の生れ乍らにもつてゐるもの、凡ては美しい、貴い光りを放つてゐました。か《ママ》、たつた一つ、さうです、たつた一つだけ此の人に欠けた、足りない点がありました。それは此の人の目なのです。それは不思議な目で、—まァ遠視眼とでもいゝませうか、—近いところのものが、遠くの方へ行つて影のやうに拡大して移る（と）、云ふ癖かあるのです。之れか此の人を何ぅかすると熱に浮かされたやうな人にして了ひます、此の人には、たつた一人のそれは〳〵大切な恋人かありました、恋人は…」と云ふ具合に書いてゆくときりかないから、止めるけれど。豪くなり過ぎちやいけない。たゞ豪くおなな《ママ》りなさい。今よりも、もつと〳〵もう生長しさへすればよいのだから。私も生長してゐるから、少しも心配はない。二人か一緒になると大低《ママ》の人は肩下りの格好になるが、私たちはこの心配はない。珍しい稀れな均整をとつた一つの体になるのです、なつてゐるのです。ね、解つた？　早やく一緒になるの、そしたら、もつとよく解るやうに云つてあげる。（またあれだ、と云ふ？）（午後三時）

十六日。恋しい俊ちやん。—もう七月も半ば過ぎて了ひました。毎日か非常に永く思はれるだけに、お別れしてからたつた四十余日にしかならないとは思はれないけれど、一方には又日の行く事の早やさにも驚かれる。私たちの大切な日をかうしてむざ〳〵潰してゆくやうで、口惜しく苛立たしく思はれてなりません。こんな事を永くつゞけちやいけない。私たちは早やく何ぅかして、同じ生活に入らなくちやいけない。それには、矢張りあなたかくる方かいゝと思ふのだが。—それか一番手取り早やくて、そして煩ひかないと思ふのだか《ママ》。—お互ひの生活か此所でこそ全く新しい、自分たちだけの基礎の上にすわると私は思ふの。そこには、よい回想もある変り《ママ》に、不快な連想がそれにまつはつてゐる。出来る限り之れはさけ度いではないの。そちらで二人が生活するのは、今から少くとも四五年の後、若しくは二三年の後でよいと私は思ふ、その方かよいと私は考へる。恋しい人、恋しい人、ほんとに私はあなたによつて呼吸してゐますよ。私の思ひが、少しでもあなたを外れる瞬間と云ふものを持たない。そして私は実際洗ひ清められたやうな、それこそピユーリタンの生活をしてゐます。あなたに会ふ迄之れはいつ迄て《（ママ）》もつゞきます。

今日午後に永井柳太郎氏がきました。一緒に飯をたべて、そしてホテル・バンクーバアへ送り込んでおいてきました。国民の理想とか国家を何うするとか、流石に旧式な学者とは異るけれど、矢張り政治家気取りの大まかな事を云つてゐます。私などのやうに、「個人から国家」へではなく、「国家から個人」へと考へてゆく、かう云ふ人たちの粗笨な頭を私は好かない。第一国家に執するかう云ふ人たちの考へを私は好かない。此の人は、「消極的日本より積極的日本へ」と云ふ題で明後晩講説をする筈ですが、要するに国家意識の強要を説くのであるらしい。此の点は独乙の信奉してゐる国家社会主義思想そのまゝである。此の考へは当然の結論として民族及び国家間の戦闘を予想させる。勇しい花々しいものだが、私は好かない。此の説〔三字程抹消〕故に私は独乙を好かない。が、今の私には何うでもよいから、――と云ふよりは、そんなお題目を称へてはゐられないから、御勝手になさるがよい、としておく。私自らは、自らの生活によつて叫びたい。頭ではなくて、生活で。その時がくる。きつとくる。私たちの上にはそれがくる。

ねえ、あなた来なくちや駄目ですよ。あなたは一人でもい、の。一人で詩的生活かあるの？　あなたの詩的生活と私との関系《（ママ）》は何うなの？　ちやんと統一かついてゐる？

あなたの有らゆる健康を祈ります。

あなたにキツスします

（あなたの悦　午後十一時半）

（1）六月十八日から二十五日までの日記と、同封の手紙。（2）六月三十日付の俊子の日記からは、悦からの手紙が一通も来ないことに焦れる俊子の様子がうかがえる。（3）ユーコン準州、ノースウエスト準州、ヌナブット準州から成るカナダ北部一帯。大自然が残された地域。（4）六月十四日から十八日までの分。翌日、悦のもとに届いた。（5）書簡5の注（4）参照。（6）尾瀬敬止（京都生。ソビエト文化研究家）のこと。号は哀歌。（7）書簡4の注（4）参照。（8）六月二十二日、俊子が日記に、エマーソン『勇壮論』の読後感として書いたもの。（9）五日分の日記が抜けていることを非難し、また俊子の愛や生活に対する考え方に抗議する内容。（10）ヒンデンブルグ　一八四七～一九三四年。ドイツの軍人、政治家。（11）六月十四日付の俊子の日記に記述がある。（12）六月十六日付の俊子の日記に、「あんまり寂しいから小鳥を飼はう」とある。（13）書簡1の注（6）参照。（14）書簡1の注（8）参照。（15）書簡5の注（10）参照。（16）明治三十四年一月、博文館より創刊された女性雑誌。(17) 編輯係として来た人物のこと。(18) 新潟県生。本名は健作。小説家、童話作家。悦とは、ともに早大出身という点でつながりがあった。(19) 書簡5の注 (12) 参照。(20) 六月二十二日付の俊子日記には、「私の態度は誰れに対しても「平明」を失はない。この「平明」で対する—」とある。

11

大正7年7月22日(4)(VANCOUVER. B. C. 消印23日、TOKIO JAPAN 消印8月11日)
東京府下青山隠田一〇一　佐藤俊子様　Mme.T. Sato. Tokio, Japan.
E. Suzuki. The continental Daily News, 135 Cordova St. East, Vancouver, B. C.　七月二十二日(4)
封書　用紙不明九枚（表裏）ペン（封筒）、鉛筆（手紙）　六日分を同封

十七日。今日も、編輯後永井氏(1)をキヤピラノ(2)へ案内したり市内の見物をさせたり、活動写真案内したり—と云ふと大変に私が町の長老のやうにきこえるが、本当は案内の接伴《ママ》と云ふ方がよい—して、十一時に帰つてきたの。もういやだ〱。本当にいやだ。私はこんな大人物と向ひ会つ《ママ》てゐると何か云ひ度くなつていけない。黙つとれ〱、自分にさう命令して自動車の上で目をとぢては《ママ》かりゐると、何かしら云ひかけられる。口を辷らしたが最後、少しは何んとか云つてやり度くなる。云つた後では、云はぬ前よりも気分が悪い。もう十年ばかり誰れにも豪い人には会はないで暮し度い。あなたの微笑と抱擁と書物とだけの中に暮し度い。不快なものや愚な者は踏みにぢつてやれと云ふやうな気持ちは確に私の一面の特質で、そしてそれが私を苦しめ、私を悪くする。あなたの愛のもとでは、すつかり夫れがなくなつてゐたのだけれど、かうして一人で恋ひ悩んでゐることの為めに、今は一層それに苦しめられる。たとひ僅かの間でも心が外に向つて尖るのを意識するのは、全く悲しいことです。尖るところから出るのは、真実の力ではないのだから。私の限りない愛があなたを和め、あなたの魂を育むやうに、あなたの愛が、純真な少女のやうな愛が私を輝かし、あなたの姉のやうな母のやうな抱擁が私の心に平安と、慈みとを与へてくれるやうに。—

恋しい人、恋しい人。

もう恋しくてたまらない。何うすればい〱の?

私はあなたが、私と同じやうに私を恋しく思つてのみゐることを信じて、その点だけは大変に安らかです。何うぞ、あなたも安らかにゐて下さい。そして静かに落着い

て筆を運んで下さい。

英語には I am dying to see you. と云ふ言葉がある。此の dying to see you. が今の私の心を一番よく現はすのです。日本語には、之れにあてはまる言葉が見出せない。感情を表白する言葉があまりにプーアであることを痛切に感じる。此の思ひを一分の隙もない言葉にしてあなたの魂に送り度い、さう思ふともういら〳〵してくるのです。

あなたと会ふとき、私はあなたを見たら何うするだらう。あなたは私を見たら何うするだらう？　私は、それを想像したゞけでも涙かでゝくる。嬉れしさの、感謝の涙です。

だから寂しい。それは今では想像で、想像から覚めると一人なんだもの。写真がゐるだけなんだもの。写真は私を慰めてくれる。だけど、結局写真なんだもの。来週の月曜日あたりには、コンノート氏[3]と一緒にあなたの手紙がくるのですね。もうそれを待ちこがれてゐるの。（あなたの悦）

十八日。今日は又憂鬱が重く私をおさへてきた。何故だかはつきり分らない。たゞあなたがゐない、何時になれば会へるのだか分らない—さう云ふ気持ちがも一度明らかに私をとらへて了つたから、と云ふ以外には何にも理由は分らない。

今時分は、あなたは、私からの第三の手紙[4]をも見たであらう、そして相変らず私の帰国することを主張してゐるであらうか。それだのに私はそれに対する再考を促す手紙をまだ書いたはかり（ママ）だ。之れがあなたの手に入るのは、早やくも来月十二日頃である。そしてその返事がくるのは、来月の末であらう。何うしたつて来月の末にならなくては私の運命は定らない。—何だか暗いものがおつかぶさつてくるのです。たつた一人で書物だけをお友だちにして沈黙の一ヶ年或は二ヶ年を送ると云ふやうな事は、今の私には全く出来ない事だ。と、云つて何うすればよいのか？　何うしやうもない。—かう考へてくると頭が変になつてくるの。いけない、いけない。

永井氏の演説会があつて夕方から其所へ行つて、黙つて、あなたの事と、自分のことゝを悲しく考へつゞけてゐました。十時過ぎに帰つてきてからも、二時間余り。—

今日はいけないの。涙をさへ許さないやうな暗い孤独か私をつかんでゐる。明るい方へは、ちつとも考へか動いてゆかない。喰ひ入るやうな恋しさが、私を黒い渕の内へ押してやる。

此の弱さでは、あなたに悲しい手紙しか書けない。もう

静坐します。そして自分を飽く迄制禦してやる。（あなたの悦、午前一時）

私にしつかりとつかまつてらつしやい。しつかりとね。—さうあなたが云つてくれるやうな気がする。あなたの写真がさう云つて私を□つてくれる。初めて涙が出て来ました。（午前二時、永久に　あなたの悦）

十九日。昨日の手紙を読み返へしてみると、馬鹿に弱々しくて、センチメンタルでいやになるの。で、破つて了はうかと思ひましたが、さうすると昨日の分がなくなるから、いけない。あなたは笑ふかも知れない、或は可哀さうだと思つて（きっとさうだらう）心配するかも知れない、そして夫れがあなたの創作の邪マ《ママ》をするやうなことはないだらうか。夫れだと大変によくないのだけれど、併し有りのまゝの私の経験をつたへるのでなくてはいけない。結局はその方があなたを安らかにする筈である。—なにかといろんな事を考へて、その侭にしておく事にしました。今日もまだ可成り憂鬱なのだか、もう夫れにおさへられるやうな事はない。昨日あんなになつたのは、一つは天気がよくなかつたからかも知れないの。天気が悪くなると、それこそ天地か灰色で埋められて了ふのですからね。空も地も森も有りと有るものが喪にある人の嘆きをあげるのです。今日もまだ曇つてゐるが、そして雨か日光の薄いなかをハラ〳〵と落ちたりしてゐるが、私は一日ぢう悲しい顔をして黙つてゐたゞけなの。ぢつと、あなたに抱きついて、心の目を固くとぢてゐました。

何う云ふものか私は編輯を了へると、ひどく疲れる。午後三時半頃（考へるとあなたが恰度床を出る頃でせう）になると、もうペンを見たり、英字を見たりするのに耐えなくなる。もつとも仕事は恰度了《ママ》へて了つてゐるのだから、いゝやうなもの、、つく〳〵何も彼もがいやになつてくる。何んの為めにこんな事をしてゐるのだ？　たゞ夫れが私にパンを与へてくれるから、と云ふだけなら、それだけで私が此所にかうして生きてゐるのなら、私は寧ろ自殺する。横のものを縦に直すだけに何の意味があるのだ。何も彼もを嘲笑してやり度くなる。勿論自分自身をも。

私は、とき〴〵本当に危険になる。そんな疑問からは、とくに抜け出てゐたのに、此所へきてからは、それが又新《ママ》らな力をもつて首をあげてくるのには実際驚かされる。が、危険のふちから、ぐん〳〵落ちて行く生の否定の内から或る所でぎゆつと私を引き留めて、そして、も一度明るい元の世界へ私をつれてくる力を感じる。救ひを感じる。それはあなたなの。此の場合のあなたは、偏へに暖かな愛の力となつて私に現はれる。私の心は、その時悪夢からのやうに、覚めてくる、そして、双手をあなたの方へ投げかけるのです。

恋しい人、懐しい人、そして私の人。

私があなたを救つた以上に、あなたは私を救つてくれてゐる。その事が、日をふるに従つて、私にはつきりしてくる。鋭く強く感じられる。

私は、ほとんど書物をよむ力さへなくなつたやうな重い疲労を躰ぢうに感じて、編輯から自分のルームへ帰へると、あなたの写真を眺めてからベットへ横になつて、眠りのくるのを待つてゐます。そんな時は、下の方を通る自動車の音や、遠くの電車の響き、汽笛の音なと《ママ》が際立つて耳にたち、頭へいやな刺激を与へて易容《ママ》に眠られません。でも私の頭は何も考へる力がない。たゞぢつとあなたの写真に見入つてゐる。—

そのうちに、うつら〳〵としてくる。夢ともなく現ともなく、あなたの面影を見通してゐる。今日は何うしたのか、〔二字抹消〕ふいつとドアのあく音がしたの。私は、ハッとして刎《ママ》ね起きました。あなたが来て、そこに、ニコ〳〵し乍ら立つてゐる洋装の姿を確に見たと思つたのです。元よりきてゐる筈もないし、ドアもあいてはゐない。私は、もうがつかりして、倒れるやうに横になりました。

「之れは、いけない、大変に俺れはいけなくなつてゐる。」さう自省し乍ら、またうつら〳〵として了ふ。

七時近くに、やつと起きあがつて、そしてお湯へ行き、少し運動しなくてはと思つて、町を突切つて公園の方へ行きましたが、雨がふつてきたので、途中から引返へしてきました。Legends of Vancouver を少し読み、少し静坐してみました。余程気分がよくなりました。

此所へきたつて、私には何一つ楽しみはない。みんな楽しさうにしてゐるのが私には訳けが分らない。私は、あなたを恋しかる《ママ》為めにばかり、此所へきてゐるやうなものですね。

何も変つたことはありませんか。仕事は出来ますか。一篇だけでも書きあげたと云ふあなたの便りを早やくみたい。でも、あなたはよく勉強するからいゝ。のらくらして、悪いおしゃべりをしたりして時を浪費すると云ふ事から全く遠《ママ》つて了つてゐるからいい。苦しみ乍ら、刻々に自分を充実させて行くことが分る。エマーソンは、誰れよりもあなたによいものを自覚させるに違いない、と思つてゐたが、矢張りさうらしい[5]。ドストエーフスキイ[6]

はいゝ。トルストイ[7]よりもいゝ。ドストエフスキイは生活者であったのに反しトルストイは観察者から説教者へ行った人である。そこか両者の根本の相違である。ドストエフスキイからきかれるものは、ドストエフスキイの—従って人間の—心臓の響きである。トルストイからきかれるものは、頭脳の叫びである。彼からは愛が感得せられ、之れからは、愛の要求が逬る。エマーソンには此両者かいみじく結合してゐる。彼は生活者であると同時に、観察者であり、説教者である。私はいつか「エマーソンに関する考察」を書いてみたい。私がもつとよい生活者になつたら、あなたと二人になつたら。

あなたが日記の中で云つてゐる通り、あなたには、その過去に「懺悔すべき何物もない、一層善良に一層美しく、一層真実に生きる事を獲得したゞけ[8]」であるかも知れない。之れかあなたの本当の叫びであり、且つ事実であるかも知れない。併し之の考へは、自分のライフを真実の一面からばかり見たと云ふきらいがありはしないか。真実面からばかりライフを見ると、悪は、善のより少きもの、即チ「一層薄弱な善」と云ふやうな風にもみられてくる、自分が自分のライフを見るとき、かう考へてくるのは明かに危険である。自己弁護の怖ろしい弊害を犯すことになる。「真実への覚醒」の代りに「虚偽の自家許容」がくる。□□してあなたも云つてゐる、「毒を含んだ無邪気な遊戯—それか私の過去を飾つてゐる[9]」と。あなたからは悔恨が全く影を没してゐる。悔恨のなくなるとき、現在の生活は、過去のそれにくらべて、さほどに際立つて有難いものでも、美しいものでもなくなつてきはしないか。毒を含んだ無邪気な遊戯はあなたの過去を汚すことはしないで、それを飾つてゐるのであるか。それから又、あなたの過去には、毒を含んだ「無邪気な遊戯」かあるばかりなのであるか。それならば、あなたの過去の生活は、一向に不快な生活でもなければ、さまでに誤つた生活でもない。その生活をその侭にしてあなたは、そこで生長することを、—あなたの言葉をかりて云へば、より真実ならざる生活から「一層真実な、一層善良な、一層美しい生活」へ進み入ることを何故にしなかつたのであるか。何故にあなたは、自分の過去を葬り去らうとして努力したのであるか。何故にそれを破壊したのであるか。

あなたが、自分の生活をかう云ふ風に実感してきた事は、その次ぎには、「かうしなくても私は一層善くなれたのだつた」と云ふ悔恨が却つて此の生活からこそ、生れてくる時がないであらうか。私は深くそれを怖れてゐます。本当に怖れてゐます。何故と云ふに、それはもう私の努力と愛とが何物にも価ひしなかつたことを、あからさまに証明するものであるから。—

あなたの過去は、別として、私は自分の過去をあなたがあなたの過去を考へるやうには考へ得ない。汚してゐるものこそあれ、従つて痛烈な悔恨こそあれ、苟めにも飾るものなど一つもないことを実に十分に意識してゐる。

それ故にこそ私にはこの愛の生活が何物よりも貴く、何物よりも美しい私の唯一の救ひになつてゐる。歓喜の凡てになつてゐる。私にとつては、「一層よくされたる生」ではなくして、正に「甦生」である。従つて此の恋には、生死の一切が委ねられてあるのである。私が心から、一生にたつた一度の恋愛をしてゐる、と痛感してゐるのも夫れだからこそです。

あなたは、此の恋が、あなたを「一層よくした」と云ふ、それなら他に又「専らにあなたを一層よくする」恋が生じ得ることを予想させるやうに私は思ふ。あなたの言葉からすれば、之れは当然の結論である。あな（た）は、そこに、此の程度にゐるのであるか。十分に自省してみる事が、今のあなたに必要である。「此の恋が、あなたにとつて果して絶対のものであるか否か」自分の心を人情で欺くことなしに、自問自答する事が、今のあなたに特に必要である。

あなたの引用してゐるエマーソンの「その人が正しく目覚めたのは、嘗ても矢張り正しかつたのだ」[10]と云ふのは真実であるが、之れを自己弁護に用ゐると大変な誤りになる。「嘗ても矢張り正しかつた」と云ふのは、その人の過去の生活を掩ひつくす言葉ではない。「嘗ても正しきものを—即チ善い魂を、消滅させずにゐたのだ」と詳細には云ふべきである。之れが此の言葉の意味である。目覚めとは、隠くされてゐた魂の正しき現はれの謂ひに外ならない。現はれたのは、前からあつたからには相違ないが、「在つた」と云ふことは、「支配力をもつてゐた」ことゝは違ふ。即チ、それがその人の生活の中心をなしてゐた事とは別である。ありはしたが眠つてゐたのである。若しくは無茶苦茶に取りあつかはれてゐたのである。さうでないならば、「正しく目覚める」と云ふ言葉が全く意味をなさなくなる。そして人間の真の自覚とは何んの関与もない言葉となる。真際(ママ)経験とは相かゝはる所なき空語となる。

さうは思はない？

何故にあなたは過去の生活を破壊し去つたか、それがあなたにハッキリしない限り、そして又夫れをあなたは、表白することをしない限り、あなたがさうしてゐる事は、そして私と二人になる事は、下らない人の悪語を是認することになるとは思はない？　単なる□□の続きであると考へさせる事になりはしない？　過去を書くのは下らない、とあなたは云ふ。[11] 私は勿論それをお書きなさい、と強ひはしない。併し、「現在」を「過去を破つてきた現在」を書く事は、あなたが若しも私と同様に、「甦生」を感じてゐるのであれば、極めて必要でもあり、且つ表現すべき第一のものである、と私は思ふ。たゞ「一層よくなつたゞけ」と考へられる事があなたに書く事を下らなく思はせるのであらう。それならば、それが事実であるならば、如何にも特にあなたの魂を揺り動かす何物もないわけだから、書くほどの衝動をも感じないのでせう。私とは、余程実感が異つてゐることを私は唯悲しくばかり思つてます。

私はよい。所詮生を燃しての恋である。だが、それをあなたの上に、あからさまに働かせかけた事は、結局あなたの過去の生活を単に破壊したゞけ、と云ふことにしか了りはしないか。あなたの以上の言葉から、私はこんな暗い感じにとらへられてくる。此の点は、もつと〳〵鮮明な実感をあなたからきゝ度い。だつてさうでせう。何うも変だからあなたの言葉が。――

私は、矢張り何うかしてゐるのか知ら？　いやさうぢやない、さうぢやない。此の正しい恋と愛とは、同じやうに正しい恋と愛とを求めてゐる。本当のものを求めてゐる。本当のものでない愛ならば、私とは関ることのなき遊戯である。私のライフは遊戯などしてゐるやうな呑気な暇をもたない。常に瞬刻の後に死をひかへた生であることを私は痛感してゐる。あゝ、恋しい。かう云ふ事を云ふ下から何うしやうもない純正な恋が私の心臓を熱くしてゐるの。今あなたを見ることか出来たら、その次ぎの瞬間に死んでもよい、とそんなに迄思はれるほどなの。あなたは何をしてゐるの？　何を考へてゐるの？　今、此所では十一時半です。あなたの所では、まだ午後の四時前でせう。やっと一日の暑さが少し衰へかけた時分でせう。

あなたは虫を買ひはしない？　此所には虫がゐません。ホタルもゐません。地にやさしい音楽がないやうで、それを思ふと此所は寂しい。だが、如何にも世を逃れた旅人の住居らしい気分は、それだけに却つて深い。

誰れも訪ねていきはしない。あなたは高村さん[12]へはいかないの？　何故いかないの？　誰れをも訪ねる気かしない？

いさちやんや、おみねさん[13]がゐるから、まだあなたはいゝ。僕ときたら、あなたの写真だけ。長田君[14]は、大低（ママ）何所かへ出てゐる。あれから一度も訪ねても行かないし、訪ねても来ない。編輯でも一日に二三度物を云ふきりなの。此の人にはデスペレートなライフを送つた後の陰気が、妙に衰へを与へてゐる。失恋者と、恋をしてゐ（る）者とが、天国と地獄とが、一室にある。不思議な気持ちがしてきます。

　あなたにキツスをします。（あなたの悦）

二十日。今日はね、やつと午後から天候か恢復しました。夏らしい、朗らかな、瑞々した夜がきました。十三日ぐらゐな月かさはやかな光りを私の窓に投げかけてゐます。白い雲が月の下から少しづつ段々に下へ行くほど拡かつて、高い屋根と屋根との間を埋めてゐます。雲のたゝずまひが私に、今夜こそ初めてあなたと二人で見た日本の夏の夜を想ひ起させます。私はかうした夜を何んなに懐しい、遣瀬ない気持ちで、歩いてゐたことでせう。

恋しい私の人。—

あの恋しさが、より新らたな《ママ》、より深い恋しさで私を一杯にしてゐます。二人して歩いた夜のことが一つ〳〵私に甦つてまゐります。苦しい日も多かつた。悩みにとざされつくした日も少くはなかつた。闇と光りとを交互に呑むやうな幾月かゞつゞいたことを忘れ得ない。それらさへも今は決して偏へに苦しい思出ではない。懐しさ、恋しさに軟かに充されて私の前に浮んでくる。優しい〳〵あなたの寝顔を見る迄に私は、苦しげな、矛盾にせめられてゐるらしい。今にも破裂しさうな、或るときは煩はしげにさへ振舞ふあなたを幾度となく見なくてはならなかった。それさへもが今は苦しい旅路の一駒として懐しく思ひ返へされます。本当の自分に統一されつくしたあなたの美しさ。私はあんなに迄美しいものを見た事がない。その美しいものは自分のものである。—かう思ふ私の喜びは、誰一人想像することは出来ないでせう。あゝ、恋しい。あなたさへあれば、私は何んにもいらない。早やく来て下さい。私たちの生活は、此所での方が一層幸福であるに違ひないのだから。此所では私たちは、ほんとに私たちだけで暮していける。二人の生命は何んなに固く相抱き合ふか知れない。旅を軽蔑してはいけない。旅とては、邪なるものを正しくする。有らゆるよきものを一層よきものにする。愛するものゝ愛は、一層の軟かさと深さと、純正とを増してくる。それを外にして何所に生活があらう。何所に詩があらう。

本当にあなたは来る気にならなくてはいけない。もう此月も去る。十月は直ぐです。十月にあなたが来なければ、私は灰色の冬の中で死ぬに違ひない。きつと死んぢまう。

死んでもいゝ？

今日は、編輯を了へてから、マッサアヂをやつて貰ひに行つてきました。で、余程躰の具合がよくなつたけれど、疲労が何うしてもぬけきらない。もう諦めたの。あなたかくる迄は、とうてい駄目だと云ふ事に。此の事で何時迄私の神経と肉躰とか押し通していけるか、それと競争する気になつたの。かうして疲労しつくして了つた果ては、無残な骸骨になるであらうが、何うなつてもいゝ。恋ひつくして了ふわけなんだから。恋で生命を食ひつくして了ふわけなんだから。そんな男も世に一人や二人はあるべきである。なんかと考へてゐます。甘いものが食べたくなつたから、チョコレートを買つて食べたら大変おいしかつたから、あなたにも少したべさせましたよ。写真がニコ〳〵した。（あなたの悦、夜十二時）

何よりも、あなたは「旅の心」を二人の旅の心を貫くは思はないの？　何うして突然あんな手紙[15]を書いたの？でも、あなたが、全く無意義だと云ふのなら仕方がない。私に会ひにくる事だけでも、あなたにとつては決して無意義ではない筈だと思ふのだけれど。—あなたか、私を見殺しに（肉眼には見えないか）するほどの勇敢な女になつたと云ふのなら仕方がない。恋しさに神経を焼き切られる迄、私はあなたを恋し通して見せる。だか、あなたは決して恋人を此の侭にしておかれるやうな勇猛無類な女ではない。矢張りあなたは来る方がよい。本当に来なきやいけない。

もう頭か変になりさうだ。僕は何うするの？

私はこんなにして、まつてゐるのに、あなたは何んと思つてゐるか、何うしてゐるか。ちつとも解らないんだもの。

早やく手紙がくればいゝ。いつたい、あの後はいつ出したの。

ねえ。—

いつと云へば、私の今度の手紙も、前のとは随分間がある。此の便の第一信は、随分前に出したが、事によるとハワイ廻りの方へ廻はされたかも知れない、さうすると此の後の（今日二信、三信を出した）分よりもおそくなるかも知れない。何れにしても、あなたの手にとゞくのは来月十日頃だらう。あなたか又いら〳〵し初め《ママ》なきやい、が。—かう船達が一緒にばかり歩いてゐちや本当に困つて了ふ。アラビヤと伏見とアフリカと三艘二十五日か六日に出るの。いやな奴等だ。もつと離れ〳〵に歩くがいゝ。（あなたの瞳にキッスしながら、夜十二時半

悦）

二十二日。二十九日に出したあなたの日記と手紙と新潮とかきました。幸ひな事に朝の一便で。二便からは配達夫がストライキ（此間から各労働組合がストライキばかりやつてゐる）をはじめたから、もう一便おくれたら大変でした。本当にうれしい、うれしい。あなたが想像してゐるよりも一切のあなたの手紙は私の手に早やく這入つてゐます。もう又後の分も二三日中にきませう。検閲は北米《いゝ》が殆んど無常識に手厳しいので、此所はさうでもありません。私の方からのは何うか知らない（今度のあなたの手紙で分るでせう）が、あなたからのは検閲なしできてゐます。確か戦地へやつたり、戦地からくる分だけであるらしいのです。私も初めてきいたときには、随分不快な思ひがしたが。—

手紙は朝きました。もう編輯にかゝる時刻（十時）でしたから序でに一寸オフヒス《ママ》へ行くと、きてゐたの。之れも意外だつたから、すつかり心が踊りあかつて《ママ》了ひました。いそいで、ルームへ持ち帰つて、何よりも先づ私の手紙かついたか何うかをしらべたの。そしたら二十八日のところに、着いたとあつたので、ホッとして、大切にしまつておいて三時に帰つてきて、読み通したの。

嬉れしい手紙、嬉れしい手紙。私は嬉れしくて泣いて了つた。あなたは、此の手紙で本当のあなたになつてゐる。[16] 最初の手紙を出したときと同じやうな、有らんかぎりの美しい、暖い、よき母と、優しい賢い姉と美しい恋人とを一緒にしたあなたになりきつてゐる。之れかあなたなのだ、私のあなたなのだ。私の憂鬱は跡形もなく溶けて了ひました。あなたの暖かな魂に、私は軟かに穏かに包まれてゐます。幸福です。幸福です。

私の昨日迄の手紙はいけない、いけない所か沢山ある。何うも少し恥しくなつたけれど、—でもあなたは怒りはしないだらうと思ふから、いゝが。何しろ、いけない所はみんな取消し。

今日から初めて、途絶えてゐた二人の文通かまともに始つたと云ふ安らかさがきました。もう勉強が出来る。私は落着いて勉強をはじめる。たゞ〳〵二人の生活を太らせる為めに。—

本当に早やくよい生活を初めませう《ママ》。正しい意味での生活は、大きな芸術です。そこから生れるものが、真の芸術です。無理々々に絞られた汗や、掻きむしつた頭のふけやは、生活の誤謬を証拠だてる険しい路程票のやうなものです。永い間の苦しみが、やつと私たちを其所からよい所あるべき生命の位置へ、神の坐へと導いてくれてゐることを感じます。

ポート・ヘネイの生活（い（つ）か報じましたね）だけが、此所では真の土の生活の貴さを私に教へてゐます。あれはあなたにも見せ度かつた。あなたも私と同じやうに感激したに違ひない。私は、今でも、とき〴〵二人の生活に連関して、あれを思ふ。

あすこに、本当のものがある。自然が人間に喜ばしげに自分の胸を提供してゐることが解る。私たちも、ある時がきたら（何うぞその時の一刻も早やいやうに）何所でゞもよいから、少くともあれに近い生活に入り度いと思つてゐます。少しの畑と、小さな清い家と。それだけあればよい。私は多くは、それと親しむ。あなたは多くは創作をする。或る日の午後は、若しくは或る夜は、全く二人が本と筆とをすてゝ、生活を語り合ふ。そして又或る半日は、二人が一緒に畑に出て土を踏む。—何うしても此所迄いかなくてはいけない。此所三四年のうちに。私たちのお友だちは、十羽前後の鶏と、二三羽の小鳥と、山と水と空とさへあればよい。私は、それには浜名湖か一番よいと思つてゐるけれど、あなたか、もつと外で、も少しあなたの仕事の都合上東京へ近いところがよいと思へば、それでもよい。でも私は、もう東京へは、殆んど出る事なしに一生を送り度いと思つてゐます。あなたは仕事の都合上時に出られる事があつてもよいし、又出なくてはならないでせうが。—東京には決して、よい生活はない。都会は、人間を有らゆる意味に於て堕落させる。

return to your mother-earth、母なる大地に帰へる、と云ふ事は都会人にあつては、本来の意味通り「死ぬ」事であるが、私たちにとつては、「生」に帰へることです。母なる大地と太陽と—あらはに吾れ等を育む所に私等は住まねばならない。人間は、土を遠（ざ）かるに従つて悪に近づく。悪に近づきつゝあるものは、悪を知らない。こんな怖ろしい事がありませうか。

恋しい人、よい人、貴い人。

私は、元気かみち〴〵ています。幸福を感じてゐます。喜んでゐます。

あなたの作か少しも早やく、そして素直に出来あがるやうに。—（午後五時　あなたの悦）

〔欄外—△此方から出る船は、予定通りには行きません。荷物次第で狂ふのですから三日や五日はいつも違ひます。〕

（1）書簡10の注（10）参照。（2）書簡3の注（5）参照。
（3）英国ビクトリア女王の第七子。カナダは、一七六三年に英国領となり、一八六七年、英連邦内の自治領となっている。六月十八日付の俊子日記には、「日本の東京では英国からコンノート殿下がおいでになり、天皇様が東京駅までお迎ひにいらしつたんです」という記述が見られる。（4）大正七年七月十二日から十六日分の日記で、封筒の裏に十六日の日付があるもの。（5）俊子が、よい作品を早く書こうという気持ちになっていることに対して言ったものか。（6）六月十四日付の俊子日記には、「今ドストエフスキーの死人の家を読んでゐるのです。私にこの人のものが一番なつかしい。そして私を慰めてくれる」とある。（7）書簡5の注（16）参照。（8）（9）（10）（11）六月二十二日付の俊子日記にある記述。（12）書簡2の注（3）参照。（13）書簡1の注（8）参照。（14）書簡5の注（12）参照。（15）俊子が、十月の渡米をためらうようになったことをうかがわせる内容か。（16）一刻も早く、悦と二人で住むことを願う内容を指すものと思われる。

12

大正7年7月25日（VANCOUVER. B. C. 消印31日、TOKIO JAPAN 消印8月25日）
東京府下青山隠田一〇一　佐藤俊子様　Mme.T. Sato. Tokio, Japan.
E. Suzuki. The continental Daily News, 135 Cordova St. East, Vancouver, B. C.　七月二十五日
封書　用紙不明四枚（表裏）ペン（封筒）、鉛筆（手紙）　四日分を同封

二十一日。日曜日です。午前中は泣き出しさうな日でしたけれど、午後からは晴れてきました。そして晩夏の高原に見られるやうな、明らかな空と、水々した白い雲とが山連の上にのぞまれました。私は、お湯へ行つたことの外には一足も外へは出ませんでした。ルームにゐ通しました。昨夜よく眠られなかつたので、眼が重くてならないから、社にあつた徳冨さんの[1]「新春」を読み乍ら寝ましたが、少なくとも最初の一文は可成り私を刺激しました。刺激と云ふよりは驚かしたと云ふ方がよい。決して私たちにとつて新しいものでも深いものでもないが、「不如帰」[2]以来まるで此の人を去つてゐた私には一つの発見です。此の人は、決して下らない人ではない。今の文壇の人たちなどよりは、もつと真面目に自分を考へてゐる。そして一切の古いものと苦闘をつゞけてきてゐる。「古いもの」に対する反感と怒りとにみちたものではあるが、何よりもよい事は、正直で、率直なことです。不如帰の読者が読んだら失望するでせう。或は恐怖して、それから腹を立つ《マヽ》かも知れない。此の人には明らかに、此の先きがある。

私は、とう〳〵眠らないで了ひました。

それから起きて、明日の原稿を書きました。今夜中に工場へ廻しておかなくちやならないのです。「旅人手記」

と云ふものを書き初め《（ママ）》たの。之れは又別に書き直して其方の雑誌か新聞へやり度いと思つてゐるものですが、つゞき物を書いてくれと云ふ事ですから、何うも此所の読者〔二字抹消〕では張合ひかない気もする（け）れど、何うだつて書き度い事を書けばよいのだから、書き初め《（ママ）》ました。あなたにあてた（心のうちで）手紙体〔一字抹消〕にしました。今の私には、あなたに宛てゝより外は何んにも書く気がしないのです。二十四ばかり印象記を書きつゞけて見ませう。ね、俊子さん。—

あなたは何うしてるの？　書いてる？　一生懸命に？

もう、僕の事など忘れて了ひかゝりはしない？　怒る？

「旅」と云ふ事を考へてみました。もう一度。

「真の生活は、外を探し廻つたつて得られはしないもの。自分のうちにあるのだもの」とあなたは、エマーソンの言葉をひいてゐる。之れは、「旅」の意味をまるで間違つてとつてゐる。少くとも私たちの旅の意味を。それから、同じ手紙の中のあなた（の）言葉は、又変だ。

『外国に何うして私たちの理想境がありませう。外国に何うして詩人の仕事がありませう』と、かう云つてゐる。之れも「外国」と云ふ事を前の場合の「旅」と同様に誤解してゐる。外的に考へてゐる。

先づ第一に、私たちは、「真の生活」を求める為めに旅に出るのではない、云ひかへれば、旅その物に真の生活があると考へて、旅をするのではない。（旅心のうちには真の生活を育むものがある）同様にして第二に、外国その物に理想境を発見しやうと云ふのでもなく、外国に詩人の仕事を目付け《（ママ）》やうと云ふのでもない。外国にゐる事が、旅の心をそゝる。あらゆるそちらでの煩悩を除く事が又別に、愛の深味を助長する。其所に生活の育みがある。之れ等は、東京にゐては、得られない所のものである。更らに第四に、「既に、自分のうちにある」のであつたら、「外国にゐても詩人の仕事」はあるはづである。生活はある筈である。


（第五信）


二十三日。もう二時なの。何うしてつて、原稿を書いてゐたの。満月に近い月が—日本の初秋、お盆時分を想はせるやうな月が、しつとりと空にかゝつてゐます。さすがに今時分は静かです。二人でゐるんだつたら、そして今時分まで起きてゐるんだつたら、何んな話をすることだらう？

恋しい。恋しい。泣き出しさうに恋しい。

今日はヴィクトリアへ、メキシコ丸と、カシマ丸とか又しても一緒に入港しました。手紙はあした（と云っても今日なのだが、時間からは）手に入りませう。郵便持ちのストライ(3)（キ）は、まだ何時果しがつくか見当かつきませんが、幸ひ日本人の分だけは、日本人町の支局で渡してくれることになつたと云ふ事ですから、まァ安心です。

目がいたい、頭がいたい、でも憂鬱ぢやないの。昨日の手紙を見てから全く元気が出ました。いまに本当によい日がくる、とばかりしか考へられなくなつたからなの。「ある世界」(4)もいゝ、詩だ。が矢張り雑草の花か(5)一層よい。あなたは詩ばかりつくつてゐるのですね。それもいゝ、か、創作をしなくちやいけない。でないと何時迄たつたつて会へりやしない。私は、本当に書き度くなつてゐるけれど、ぢつと我慢してゐる、それは、「新しき村」と云ふのです。頭の中でだけは、出来てゐる。が、書くのは止してゐる。もつと〳〵自然な力を内に感じないうちは書かないでゐ度い。自分では、かう云ひ乍ら、そして、あなたには書けと云ふのは矛盾ですね。でも仕方がない。でないと、会へないんだから。私は書かないでも、自分で出来るだけの準備はして行く。何んとかして十月一杯には百弗ためる。そして、それは凡て、二人の間にしか使はない。あなたが其方で足りなくて困るときがあつたら送る。

いさちやん(6)は、そちらで職業をさがしてゐるの。此方では、人が足りなくて困つてゐるのですに《ママ》ね。御飯を食べて、二十弗以上のサラリイは何んな所でもくれませう。何うも致し方のないものです。

何うでもいゝ、から、早やく仕事をして来て下さい。二人一緒でなくちや、もう何んにも出来なくなる。ぢきに寂しくなつて了つて。

だけど、なか〳〵しつかりはしてゐますよ。

　もう寝るの、頭がいたいから。

　（あなたの事は《ママ》かり思つてゐる　悦）

二十四日。

ねえ、実に癪にさわる。郵便局のストライキは今朝から更らに大袈裟なものになつて、番人の外全部罷業して了つたのです。で、郵便は集配ともいつになれば開始されるか分らないのです。此の手紙も当然二十七日の伏見丸に間に会《ママ》ふ筈なんだけれど、此分では怪しいものです。第四便迄は早やく出してよかつたと思ひます。〔四字程抹消〕あなたからの懐しい手紙が山のやうに積み重ねられた郵便物の中にゐて私の手に這入るのを待つてゐるのだと思ふと実に腹が立つ。で私は、今日は腹立まきれ《ママ》に、「郵便局の閉鎖状態」と云ふ題にて、政府攻撃の論文を書きました。せめてもの腹いせです。実にやり切れない。我慢が出来ない。でも何うも仕方がないの。仕方がないからいよ〳〵癪にさはる。（午後三時半）

私は、あれからお湯へ行つてきて、それから郵便局へ行つて見ました。誰れか局長にでも会つて、手紙を渡して貰ふことは出来ないか、とさう考へて。けど駄目でした。私と恐らくは同じやうな手紙を待つ人たちでせう。多くの若い女と多くの若い男と、それから老夫人たちとが、絶望したやうな顔をして其所此所に呆乎と立つてゐるのでした。小窓々々はピタリと閉められて、局内はヒツソリとしてゐます。それが石造の大建築だけに、寺院でゞもあるかのやうに寂莫としてゐました。今朝の新聞で見た事ですが、或る老夫人は、朝の七時半（此家では夜のくるのがおそいので、従つて七時半と云へば朝まだきの感じです）から一時間も立ちつゞけてゐるが、窓があかない。（此人は、まだ今朝からの局員のストライキを知らないでゐたのです）何うしたのだらうと心配さうに尋ねる。そして、その訳けをきかされると、泣きださんばかりに絶望して、「もう船が出るのだから、私は必らずきてゐる筈の海外にゐる子供からの手紙を見てる」事を出さなくちやならない、若し私の手紙が彼の手紙の返事にならなかつたら、私の子供は何んなに失望するか《（ママ）》』と傍の人に語つてゐたと云ふのです。私はひどく動かされました。商人や会社が腹を立てるのは、寧ろ小気味のよい気持ちがしないではないが、此の夫人のやうなのには全く心から同情しないではゐられない、私自身恰度此の夫人の言葉の中で「子供」を「恋人」に代へたゞけで、全く同様な失望と不安と腹立しさとを感じてゐるのだから。想ふに、此所にうろ〳〵してゐた若い人たちの多くは、私と同じ思ひでゐるのであらう、少なくともその過半はさうに違ひないことがその顔容から想像せられました。私は、もう落胆して、そして、いら〳〵して、何かをうんと踏みつけてやり度いやうな気持ちで帰つてまゐりました。そして寝て了つたの。ほんとに、いけない奴等だ。独乙人よりも余程悪い奴等だ。寝てゐて、うんと悪口を云つてやつたの、『潜航船の、地雷火の、浮流水雷の、鼻曲りの、禿ちよろの、痔持ちの、癪病みめ、貴様たちなんか、早やく飛行機へのつておつこちて了へ。』ねえ、何んと云つたつて、とても云ひ足りないの。「人間の言葉なんて全く高の知れたものだ、」今度は言葉が憎くなつたの、いくら叩きつけても動かない運のやうな気がして、『人間は何万年だか何千年だか生きてゐて、大勢がゝりで、たつた之れだけの言葉しきや作らなかつたのか、いつたい昔の人間たちは、此様（な）腹立しい目に会つたことはないのか。』誠に智恵の足りない連中ばかり揃つてゐたと見える。

ねえ、僕はもう、あなたの手紙を見る迄寝てゐます。いや〳〵、僕はもう何んだつて寝てやる。郵便局の、こん〳〵ちき奴。（あなたの、怒つてる悦、午後十一時）

七月二五日。

今朝は急いで、起きると直ぐ朝刊新聞を見ましたが、ストライキは依然継続されてゐるとあるので、もう本当に腹を立てました。トロン〔二字抹消〕ト(7)にゐる首領から昨夜就業するやうにと云ふ訓電かきてゐると云ふのに、此所の連中はまだ頑強にかまへてゐるのです。本当にいけない連中だ。悪い亡者どもだ。

正午になつて、まだ解決がつかない。市民の怒りも漸く拡大しはじめたやうです。

もう今日ぢうには何んとかなります。一両日中には、あなたの手紙がまゐりませう。

私は待ちつかれて了ひました。其所迄きてゐるのに手にはいらないと云ふ事は、何時くるか知れないのよりも、余程苦しい。

あなたは、病気のことを云ひましたね、私も矢張り夫れを心配してゐました。全くお互ひに離れ〳〵にゐて病気になつたら大変だ。それこそ大変だ。全く体を大切にして下さい。私も十分注意しますから。

明後日出る伏見丸に、ストライキか今晩中に片付いたら間に合ふでせうから、兎に角此の手紙をポストへ入れて置きます。

いくども〳〵あなたにキツスします。（悦）

私の、美しい俊様

いさちやんや、おみねさん(8)や、おしめさん(9)によろしく。

芝のお母さんにもよろしく。

みなさん、お暑い最中は殊にお体を大切になさるやうにつて。

（1）徳冨蘆花のこと。（2）蘆花の代表作にして、明治のベストセラー小説『不如帰』。（3）七月二十二日の悦の日記にある「郵便夫のストライキ」のこと。（4）大正七年七月の『新潮』に掲載された俊子の詩。（5）『ある世界』とともに掲載された俊子の詩で、六月四日付の俊子日記に記されていた。（6）書簡1の注（6）参照。（7）オンタリオ湖の北湖岸に位置するカナダ・オンタリオ州の州都。（8）（9）書簡1の注（7）（8）参照。

13　大正7年8月3日（VANCOUVER. B. C. 消印4

日、TOKIO JAPAN 消印25日）
東京府下青山隠田一〇一　佐藤俊子様　Madame.
T. Sato. Tokio, Japan.
E. Suzuki. The continental News, 135 Cordova St.
East, Vancouver, B. C.　August 3, 1918
封書　用紙不明九枚（うち八枚は表裏）ペン（封筒）、鉛筆（手紙）七日分を同封

第一信

二十六日。昨夜出した第五信[1]を以て、此の月の分の了ひとします。本当ならば明日の船に間に合ふのだけれど、此の分だけは他の連れにはぐれて、来月の分（此の手紙以後）と一緒になることでせう。ストライキ[2]はまだやつてゐます。郵便物が局の室一杯に畜積《ママ》してゐると云ふ事ですから、間違ひが生じなければよいがと心配してゐます。あゝ、本当に（い）けない連中だ。もう、いら〳〵して、すつかり躰の具合が悪くなりさうなのです。よく眠られなくて、頭が重くて、あなたの夢ばかり見つゞけてゐるの。

今日は、夕方から近くの活動写真小屋へ、「バース・オブ・ネーシヨン（国民の誕生）」と云ふ南北戦争を題材にした写真を見に行きました。百何万ドルとかかゝつてゐると云ふ、突方《ママ》もない大袈裟な写真で、プロツトも可成りよく出来てゐるし、歴史的事〔六字程抹消〕実と、ラブ・アツフエヤーとの錯索《ママ》した随分面白いものでしたが、「あなたに見せ度い、一緒に見たい、」と思つてゐるうちに、美しい可愛らしい恋人同士が白い鳩をとらへてキツスするシイーンがきたの。何んだか悲しくなつて、帰つてきました。ゆるして下さい。こんな、いけない事を思ひ出したりして。（眠られないの、眠られないの、
（午前一時半、永久にあなたの悦）

二十七日《ママ》。—
二十八日《ママ》。—
二十九日

恋しい私の人。二日間あなたに手紙を書かなかつたの。何うして？　と思ふでせう。それは、二十七日の夕方出発してヴィクトリアへ行つたからです。そして今朝帰つてきました。コンノート様[3]が日本から来られて、ヴィクトリアに御滞在でしたが、御お送りしてきた日本人船を訪問かでら《ママ》遊びに行つてくれと云ふことでしたから、出かけたのです。昨日の日曜を家にゐて一日ぢうストライキに対して腹を立てゝゐたら、夫れこそ頭が変になつて了ひさうだからと思つて、何んだか動くのかいやなのだけれど行きました。船を訪問した後は半日郊外を歩き廻

つてゐましたが、矢張り駄目。初めて着いた日のことが考へられると、もうかうして一人でゐることが考へられないほどの不合理に思はれたりしてくるのですもの。全く苦しい一日でした。でも、いくらも日かたつてはゐませんね、まだ二ヶ月とはならないのですものね。いやだ〳〵。もう何所でもいゝから、あなたと二人で煩ひなく、静かな清らかにゐられるところへ行き度い。煩ひなく、―と云ふことが私には大変な条件になるの。大低（ママ）な人は、その顔を見たゞけで私には煩はしい。他人との交際がうまくいかないと云ふのも、その為めです。うまく交際する、なんて事は私にはとても出来ない。交際など、まる切りしないですませるものなら、すまし度い。あなたと一緒にさへゐれば、もう書物さへあればいゝの。書物の中からは、随分いゝお友だちが得られる。それで十分です。所が、その第一になくてはならないあなたがゐないのだから、さつぱり書物が私に親しまない。毎日、それより外仕方がないので、読書してゐるけれど、何うも別けへだてがあつていけない。

此の辺の日本人にも、随分卑しい奴がゐる。大低（ママ）はさうだと云つてもよい。が　たゞ有難いことには超然としてゐられるのです。私は誰れともつき合はない。もう、追々さう云ふ変人だと云ふことに相場がきまりかけてきてゐるやうです。長田君[4]がよく私の気持ちをのみ込んでゐて、私を決して、さう云ふ煩はしい方面へかゝはらせないやうにしてくれるので、大変具合がいゝの。安心して下さい。

ねえ、恋しい人。恋しくてたまらない人。

私は今朝暁方に、うつら〳〵した眠りから覚めてデツキへ出ると、小さな可愛らしい軍艦が直ぐに一二丁離れて後をついてくるのを見ました。コンノート様か私と同じ船で此所へ来られたので、それを護衛してきたのだと分りました。つまりは、自分も護衛されてゐたわけだと思ふと、可笑しくなりました。いや全く有難いことですね。あ、それからヴィクトリアの大沢旅館（此所が私の世話をしてくれたところで、大陸[5]のお得意です）で、いゝ事をきゝました。それは船は大阪商船[6]の方か此所の移民官でもてると云ふ事でした。大阪商船の一等は、商船の二等と同値段であるが、取りあつかひは（下りてから移民局での）一等でするさうです。而かも郵船の一等よりは余程いゝのださうです。あなたかくるときは、是非とも之れになさい。さうすれば二百円で一等客として来られるわけですから。いゝですか。

だけど、何か書けたの。もう元気を出して仕事をしてゐるの。何かいやな事が生じて仕事の邪魔をしてはゐないの。（何うぞそんな事のありませんやうに。）

ね、まだ、ストライキをやつてゐるのです。ヴィクトリアでは、昨日から事務員だけは復帰して、general delivery（局で手渡しにすること）を開始したと云ふことですが、此所ではまだです、今晩あたりオタワ(7)から大臣がやつて来るとか云ふことでした。もう二三日で何れにしても解決かつくには違ひないが、今日たまつてゐるだけでも一千万通からの郵便があると云ふのですから、さばきがつくのには二週間ぐらゐかゝりませう。随分たまらない。それでも仕方がないが、紛失などしなきやいゝと思つて無暗に心配してゐるのです。それに、もう明日あたりは、又日本から船が二双《ママ》つゞけて這入つてくる筈ですから、あなたの手紙を一時に沢山うけとれるのは嬉れしいけれど、此の待つてる期間が実際やり切れない。

ナン・ソーニイル(8)と云ふ日本で度々きいてゐた女優が今晩から三日間やってきました。明晩長田君と二人で出かけます。それから渋川玄耳の「三體古事記」(9)を古書でゞもさか《ママ》して買入れて下さいな、〔二字程抹消〕あなたが持つてきて下すつてい丶の。忘れないやうにね。一日留守にしたから、あなたの写真にお詫び（を）云ひました。

（あなたの悦）

三十日。まだストライキ終結の光明が見えない。私はもう本当にまゐつて了つた。またスツカリ陰欝になつて、誰れにも物が云ひ度くなくなつた、すつかり黙り込んでゐるのです。たま〳〵物を云ふと腹が立つてきさうで危険だから。

ナンソオ・ニルの芝居は道具だてばかり仰々しくて、内容の貧弱な、作者の無能を気の毒なほど暴露したものでした。ナンソオ・ニルそれ自身は決して悪くはないが、あんなものを持つてあるくのぢや下らない。題材は随分面白いものなんだけれど。

長田さんなども、所謂芝居通よりはいゝが、矢張り役者を見て、作の出来栄えやら、内容やらを見る力が殆どない。所謂芸を見る側の人であることが分る。江戸人通有の弊が此の人にも、何うかすると露骨に出てくる。何うしやうもないものと見える。私は矢張り「田舎者」だ。あなたからいつか「生《き》野暴」だと云はれたことを覚えてゐるが、そして夫れが如何にも私には適切な評価であると思つたことがあるが、全くさうだ。そして私はその事を悲しまないばかりか喜んでゐる。私は田舎者であつたことを天に感謝する。長田君なども、あの辛い経験をなめなかつたら、本当に呑気な「通人」になつて了つたかも知れない。あの人の反面の真面目さが、あの人を此所で見る人は《(ママ)》かりでなく、所謂江戸人中の最もい丶人の一人にしてゐる。之れを見ても、恋の貴さが解る。—など、途々考へてきたの。

「生野暴」な私は、小説をも詩をも劇をも自分の食物にする。隠者は、之れ等のものに遊山《ゆさん》をしてゐる。

恋しさが、私をまた悲しく苦しめはじめてゐます。あ丶、一切の煩ひを脱し度い、そしてあなたと二人でばかりゐたい。あなたの外の誰れにも口をきかないですませるやうになり度い。

あなたは此のストライキを知らないでゐるでせうね、外電欄にはあるに違ひないが、きつと見落してゐるでせう。何うかさうでないことを望みます。でないと、あなたは私からの手紙が、船がついても行かないので、悶えるかも知れないから。又之れが気になるの。(悦、あなたの愛する夜一時半)

三十一日。とう〱又三十一日がやつてきました。私には此の日の朝の目覚めの寂しかつたことが思ひ起される。初めての海での眠りから覚めるとき、私の心は怖しい寂しさのくる前に可成りうろたへたことなどが思ひ出されます。今朝は寝床で、しばらくそんな事を考へてゐました。懐しさが沸るやうに胸を熱くします。そして又直ぐその後では、寂しさが冷く絡んでまゐります。いつまでも〱かうして恋ひ慕ひながら、一人ぼつちで海外を漂泊して歩く運命なのではないか、—そんな風に思はれてきたりするのです。何んと云ふ痛いことでせう。いけませんね、之れは。此様な事を考へては、いけない。起きてから、あなたの写真にお詫びを云ひました。写真はいつでもニコ〱とつ丶ましく私に笑ひかけてゐる。弱さうな、悲しさうな顔が、恰度今の、一人でゐる間の、私を思ひふける間の、あなたではないか、と思ひます。

懐しい人。恋しい人。

ストライキは今日一杯で片付きました。明日からは、配達が初まり《(ママ)》ます。が、あなたの手紙の手に入るのには、まだ〱少し我慢をしなくてはなりますまい。内地のをさばいた後でなくては、外国のは手をつけないらしいですから。でもやつと胸が少し開けてきました。

夕方からコンノートさんを送つてきた今村と云ふ司令部の中佐を社で招待しましたので、そこへ出ました。海軍の軍人は一体にひらけた頭をもつてゐるものですが、此の人などは特に秀才なのでせう。なか〱物解りのよい人でした。お茶をのんで話をしてゐるのも、坐が乱れないでよいものです。お客は此の人と領事、私の方は私の外に二人。(夜十一時半、あなたの悦)

八月、一《(ママ)》日

今朝から郵便配達が始められました。で、今日一日まつてゐたけれど手紙は来ない。加奈陀丸はヴィクトリア沖で坐礁して、浮揚困難となつてゐます。でも、郵便物はもう一切陸上げされました。それで、ホツとしたものゝ、その前の先月の二十三日にきた鹿嶋丸とメキシコ丸との分さへまだ配達されないのだから、全く今日は一日ぢういら〱して了ひました。そして、あなたの手紙かきてゐないのぢやないか、なんて、短気な事を考へたりしたの。そんな事はありませんね。あなたが一日だって書かずにゐられる筈はない。何んだか、もう一月余りも、あなたから何んにも云はれないやうな気がしてならないから、検べてみると、六月二十九日に出したのか先月二十二日にきてゐて、それが一番最近のになってゐる、日記は二十八日迄の分がきてゐるの。まだ「十日とは、たゝないくらゐなのだから、そんなに怒りなさんな」とでも誰れかに云はれるやうな気持ちかしました。でも、あなたの生活は、もう一ヶ月以上分らないでゐるのだから、その間に何んな事があったか知れない、など〱思ふのです。さう思ふと、もう遣瀬もなく心配になるの。

あなたか病気をして寝てゐやしないか、さうだつたら？　それでなくても、何かいやな事か起りはしないか？　何うにも我慢が出来なくなつてきます。でも、やつとこさ自分をおさへる。あなたは、強くなつてゐる。清く貴くなつてゐる。もう決して、不幸がくるやうな事はない。何も彼もがあなたの前では力弱いものになつて、消えて了ふに違ひない。かう考へるのです。そして喜んで了ふのです。ねえ。

僕は又疲れて困るの。大丈夫だけれど疲れるの。眠られないからでせう。夜二時三時迄床の中で本を見なから《(ママ)》、考へたり、泣き出しさうになつたりしてゐるの。之れではいけないからと毎夜思ふのだけれど、駄目なのです。で、昼間は午後三時頃になると、すつかり疲労して、何をするのもいやになるの。お湯へ行つて、少しいゝ、気持ちになつて帰つてくると、又直きに疲れか帰つてくる。そのくせ、夜原稿を書いてゐる時分になると（八九時頃から）頭がさへてくるのです、そして、もう眠くはなくなる。困つたものです。今日はお湯へ行つたきり何所へも行きませんでした。少し散歩しやうと思つたのだけれど、雨かふつてきたので、止しました。写真と二人きりでおとなしく室にゐました。そして、俊さんと、俊子さんと、俊ちやんと、俊様と俊子さまとでは、何れか一番いゝかなどと考へてゐまか《(ママ)》した。加奈陀丸の坐礁は困つたと思ひます。此の手紙を持つて行つてくれる船が又おくれるのですから。予告では今日出る筈のモンテイクル[10]や十五日に出る筈のジャパン[11]など此所の船は先月日本へ行つたきり、帰つてはきません。此の分だと今年は又船か少なさうで、心配です。たつた十四五日の路程だから汽車でなら、もう乗つて行くのだけれど、少しでも会ひに。(夜十二時、悦)

二日。あゝやつときたの、あなたの手紙が二通、二十八日から七月八日迄の分がきたの。うれしい、うれしい。うれしくて耐らない。それからハガキもきたの。(私の送つてあげた絵ハガキへ書いてよこしたのはいやですね。いかさま、書く時の気持ちが面倒臭いと云ふやうに思はれて、でもまア、そんな事はちょつとした事なの)とう〳〵書き始めましたね、私は夫れを何んなに毎日〳〵祈つてゐたか。あなたが夢中になつて書いてゐる姿が、一心不乱の姿が、思ひ浮べられて心が踊ります。もう之れからは、一図にあなたの健康をさへ祈ればよいやうに思ひます。今度は夫れが心配になります。ひどい暑さのなかでは、実際特に躰がつかれるに違ひない。それを一篇書きあげた後は、あなたはきつと二三日寝るやうな事になるでせう。さう思ふと、ぢつとしてはゐられないほど心配になる。あなたは痩せない痩せないと云ふが、きつと痩せるに違ひない。私などなら暑さだけでも痩せて了ふ。何うぞ、あなたの元気が直ぐに恢復するやうに、そして次ぎの仕事に取りかゝれるやうに。―きつとよいものでせう。よくないものか書ける筈はない。併し、あなたは世間の評判を以て、その作の価値を少しでもはかつてはいけない。たゞあなたは、側目をふらないで、あなたの努力をつゞければよい。いゝものはたゞ極く少数のいゝ人にだけしか解らないものです。文壇的世間などからは、グツト高いところにゐるのだから、其所で吹く風は、私たちの膚にふれる風ではない。自分の躰を引きおろしてはいけません。―此様なことは、あなたには解りきつてゐるのだけれど、解りきつてゐても動かされ易いものだから(評判のいゝにつけ悪いにつけ)云つてみるのです。

教会へ行つたのですか。そして其所でも私の事ばかり思つて、何がなしの涙を流して下すつたんですか[12]。何んと云ふあなたは美しい人でせう。その時のあなたは、神様に一番近いあなたになつてゐたでせう。神様はきつとあなたをばかり見てゐて下すつたに違ひない。そして優しい手をあなたの頭の上にソツと置いてゐられたに違ひない。「私の一番よい子供」さう云ひながら。

あなたは、日記の中で「自由に幸福にくらして下さい」と幾度も云つてゐる。が、一人での生活は、自由でもなければ、幸福でもない。又さう云ふ風にくらしやうもない。「そゝられるもの」もなければ、「感情の動き」やうもない。目に見るもの、耳に入るもの、の一切が、あなたを別にしては何んでもないものであり、あなたを其所へ連関させるのでなしには、考へられない。此所から自由になる？　そんな事が出来るものですか。勿論愛を信じて生きてゐると云ふ意味では全的に自由です。それだけは喜んで下さい。安心して下さい。（夜十二時）

書きあげたと云ふ便りのくるのが待ち遠しい。いくども／＼あなたの瞳[13]にキツスします。

私の俊さま、

あなたの悦

三日。おひる頃後の分の手紙がきました。「鈴木さん、おくさんから永い／＼手紙がまたきましたよ」さう云つて事務の人が持つてき（て）くれました。船毎に同じやうな手紙だけくるので、さう思つてゐるのでせう。嬉れしいことです。他には西川君[14]の葉書と大倉君の手紙と、松本君の手紙とがきました。

三時半にルームへ帰つてきて、（それ迄大切に懐へいれ（て）ゐて）繰り返へし／＼読みました。私は本当にいけない手紙[15]を出したことでした。それはもうその時直きにさう思つたのでした、一緒に行つた筈の手紙も、あの一本の為めに、ろくにあなたの目さへ通らされなかつたのかと思ふと悲しい。それさへずつと読んで下すつたら、あなたの立腹[16]も、今少し別な形に変つたのであらうと思ふの。私は、あなたの純真を少しだつて疑ひはしない、愛を疑ふやうな生やさしい恋をしてはゐない。そのくらゐなら私は死んで了ふ。本当に死んで了ふ。かうして、たゞあなたの写真だけを見乍ら、まるつきりのストレンヂヤアになつてゐると、たゞ愛だけが自分の生命をつないでゐると云ふことが、夫れこそ明確に解ります。そのつなを吾れからきるほどの疑惑にとらはれたとしたら、それは恐らく私の発狂したときでせう。そして此の世の一切にさやうならを告げるときでせう。此様なことは、修辞的にではなくて、実感的に感じられることです。あの手紙は、いけなかつたの。私は少しの疑念をも以ては書いてゐないつもりであつたが、余りの寂しさと恋しさとが、あなたに腹を立たゝ《ママ》せるやうな文句になつて表はれてゐたかも知れない。自分か極端に弱くなつてゐたのです。でも、それはみんな愛からです。愛の外には何んにもない。だけど、許して下さい。私の弱さが、あなたをしば／＼苦しめることを。

折角仕事が出来あがりかけてゐた所を、すつかり邪魔をして了ひましたね。私はそれを思ふと実にたまらなくなる。どうぞ、さう云ふ事のないやうに。此の次ぎの便りでは、完成と元気な愛にみちた声とがきかれるやうに。
―
私は勿論神を信じてゐる。そしてあなたを信じてゐる。愛を信じてゐる。だが、此の寂しさが、とき〲私をいけなくするのです。でも、私はそこから悪魔に乗じられるほど弱くはないから安心してゐて下さい。恋しくて〲たまらなくなると、すねたくなつたり、甘へたくなつたりする。併し、そのあなたはゐないから、それが又ひどく私を圧してきて、二重に私を苦しめる。そこで、手紙の上で、いろ〲な駄々が出るのです。腹を立た《ママ》ないで下さい。「情けない人だ」なんて云はないで下さい。ちつとも『情けない人』でない人だから。大丈夫ですとも。

あなたはね、私か寂しいとか悲しいとか恋とか云へば、そんな事は「私の方が余程余計に経験しつ（く）してゐる」、かう云つて、まるで私を叱るやうにするけれど、変な云ひ方だ。私が、何か自分でだけ珍しいと思ってゐるものを懐から大切さうに出して、「之れを見たことがあるの」とでも云つたのに対して「そんな物捨てるほどある？」と答へるやうな、云ひ方ぢやないの。何も僕は、あなたと競争するつもりで、悲しがつてゐるんぢやない、恋しがつてゐるんぢやない。本当にあなたの云ひ方はいけない。（傍にゐるんだと、もう、之れだけではおさまらない所ですね）私は、あなたの所へいろ〲なよいお友だちか行つて、少しでもあなたの一人でゐる、その寂しさがまぎれることを喜んでゐるけれど、あなたが、そんな云ひ方をすると、私の方でもかう云ひますよ、『あなたはお友だちがあつて結構です、羨しいですね』と、それから、もつと云ひ足してやる、『私などは惨めなものだ、自分の恋人が面白がつてゐるときに、たつた一人で、口を使ふことさへ忘れたやうになつてゐ（る）。』何うなの？ 之れは余りいゝ云ひ方ぢやないやうですね。

（また一騒動）

私は「いやな部分」は、之れ迄の手紙のみならず、此の後の手紙だつて、みんな取り消しにしておく。それで怒つたりなんかすりや、あなたがいけないんだ。『情けない人だ、あなたと云ふ人は』なのだ。之れを忘れないでゐて下さい。

あなたは随分怒つたんですね、とう〲神様や、アウガスチン(17)の所へ迄持ち込ん《ママ》むんだから、そして、私をばかりいけないやうに云つてるけれど、神様だつて、アウガスチン様だつて、変にニヤ〳〵しはしなかった？　あまりかうしたいざこざを持ち込むと、神様はとにかく、アウガスチン様などは、昔心にかへつて、少しぐらゐ妬くかも知れない。気をおつけなさい。

いさちやん(18)はきたつて大丈夫仕事はあるの。そして勉強も出来ませう。無論夜学だけれど、英語ならば出来る。だが心配なことは此所には肺患者の多い（比較的）こと、、それが此所ではなほらないことなの。躰さへ大丈夫なら、つれていらつしゃい。仕事に困るやうな事は決してない。

いさちやんと云へば、あなたが気狂ひになつた夢を見たんですつて、何うもあなたの所ではみんな禄《ママ》でもない夢ばかり見てゐるんですね。しつかりなさい。

指輪(19)が矢張り寂しさうですよ。無論寂しいでせう。あなただつて、随分変なことを書く、少し抜いて見ませうか。

「私を愛することを忘れてはいけない」（七月三日）

「もし、あの人に恋人が出来ましても私はそれを祝福しますつて云ひました」（三月三十日）

「私は想像するわ、きつとあなたは今度はグルーミイなな《ママ》婦人を見付けるでせう、……そして又恋を発見するでせう、〔四字抹消〕でもその婦人か優しくて美しくて、あなたを愛せばいゝわ、そしたら私にも知らして下さい。私もお礼を云ふわ、そしてあなたの幸福を祈るわ、私は尼さんになる（なんだか、もう其所迄きたやうな気がする。そして、あなたか落着いてゐるやうな気がする。どうもそんな気がする。でもさうなら仕方がない、こればかりは何うにもならない。）』（六月二十九日）

「私は仕事にかゝる、必らず。可愛らしい姿をしてあなたをたづねて行くわ、待つてらつしやい。』は踊りあ《ママ》かるほど嬉しいのだが、その後は、『そして、その上で尼さんになるとも何うともするわ』だ。（二十八日）

「you are in my thonght と薄く透かしてあります……もしかあなたか其方へ行つてから、こんな事をして送るやうに婦人がなつたらと思つたら胸かどき〳〵としました、でも仕方がない。そしてあなたもその人かすきなら仕方がない、ゆるして上げるばかりです。そして私はいよ〳〵尼さんになるばかりです』（六月二十八日）

『あなたは何をしてゐるのです、いま。そち《ママ》へ行つて綺麗な人でも見て？　好きなんてあいまいな感覚は人を傷つけるばかりですよ、よござんすか。好きならはつきりと恋をなさい、私はゆるしてあげます。その代り私が尼になることを承知してゐらつしやい』（同上）

まア、一寸このくらゐあるの。此の度の分にだけでも。

私の方から若し此の通りな事を云つたら何うだらう、「あなたと云ふ人は、情けない人だ、自分を侮辱する人だ、愛を侮辱することですよ』《ママ》とまたこつぴどく叱かられることだらう。ほんとに私か何んなに寂しく、苦しく、恋しく暮してゐるか、あなたにはそれか解らないのだ。

「何を呑気なことを云ふんです」と云つてやり度くなる。

（でも、ちつとも怒れるやうなものぢやないけれど。）

「何んだかもうそこまできたやうな気がする、そしてあなたか落着いてるやうな気がする、」なんて、馬鹿々しいにもほどがある。うんと怒つてやらうと思つたつて怒れりやしない。私は女の人なんざア勿論のこと、男とだつて、録《ママ》に話らしい話をすることはないんですよ。よく覚てゐらつしゃい。僕の方のことでは直ぐに「恐しいことだ、私はあなたが恐しい」なんて、途方もなくヒステリツクになって神様やアウガスチン様を引合ひに出すくせに、自分のことは何うしたの？ よくお祈りをしなさい。『何うぞ私が動揺しませんやうに。あの人のことばかり思ひつゞけてゐますやうに』つて。全くたまにかう云ふお祈りもしなくてはいけないでせう。僕などは、まるきり無人嶋に流されたやうなものだから、そして事実それ以外の心境にはゐられないからいゝが、あなたは私とちかつて《ママ》、誘惑の真中にゐるやうなものなんだから、ちよいとでも隙があれば悪魔はすぐに飛び込んでくる。ね、え、別れてゐるのはいけない。早やく来て下さい。「秋迄には仕事を片付けて、それから行くとも何うともゆつくり考へてみる」なんて怖しく気の長いことを云つてちや、僕は何うかなつて了ひますよ。いつたい、ゆつくりつていつまで考へるつもりなの。考へてるうちに今年がたつて了やしない。そんな事してゐると、もうきつと来られないやうなことになる。ね、早やくきて下さい。

（午後六時）

三日に出る船があると云ふから、それに間に合ふやうに出すの。

あなたの悦

此の手紙の何所を見てゞも怒つてはいけない。怒るやうな事は一つもない。真面目にたつた一人の恋人を思ひつめてゐる男の心があるばかりだ。その外の事は一つもない。」かう断つておくの。お互ひに可成り神経衰弱になつてゐるから。

美しい可愛らしい姿をして一日も早やくきて下さい。それがたつた一つの願ひなのです。

僕は、ひどくしつかりしてゐるんだけれど、疲れてゐる。思ひつかれてゐる。可成りひどい脳神経衰弱らしい。どうか僕が馬鹿になつて了はないうちにきて下さい。此のま、で押し通すうちには神経かだん〳〵細くなつて切れるときがくる。きつとくる。その時は、そちらでなら巣鴨(20)だが、此方では、ウエスト・ミンスタァ行きなの。さうなつてからぢや、もうおしまひです。

よい仕事がどん〳〵出来るやうに。あなたのその心が弛まないやうに、神様に祈つてゐます。そして健康を害はないやうに祈つてゐます。一生懸命に。——

（明日は日曜で郵便が動かないから、今日出すの。）

恋しい、恋しい、私の人。

あなたのたつた一人の悦

（1）七月二十三日から二十五日分の悦の日記。（2）七月二十二日の悦の日記にある「郵便夫のストライキ」のこと。（3）書簡11の注（3）参照。（4）書簡5の注（12）参照。（5）悦の勤める大陸日報社のこと。（6）書簡5の注（13）参照。（7）カナダの首都。オンタリオ州東部に位置する地方行政区のひとつ。（8）不明。（9）渋川玄耳『三體古事記』（有楽社、明治四十四年三月）か。（10）C・P・R会社の船・モンテーグル号のこと。（11）C・P・R会社の船であるエムプレッス・オブ・ジャパンのこと。（12）六月三十日付の俊子日記には、小橋三四子の妹が通う旧教の教会・飯倉の聖アンデレ教会に紹介してもらい、そこへ行ったことが記述されている。（13）書簡1の注（5）（9）参照。（14）書簡5の注（4）参照。（15）羽太鋭治との中傷記事への不快感を述べた手紙か。（16）今回来た手紙や日記で、俊子は、羽太との仲を疑う悦への怒りを表明している。（17）アウグスティヌス　三五四～四三〇年。司教、教会博士。主著に、『告白録』『神の国』など。（18）書簡1の注（6）参照。（19）書簡1の注（5）参照。五月三十日付の俊子からの第二信には、「私の指環をあなたは愛してゐらつしやる？　船の中でのあなたの伴侶はあれ一とつでせう」とある。（20）明治十二年に開設された東京府癲狂院が明治十九年に巣鴨へ移転、明治三十二年に、東京府巣鴨病院と改名。

14

大正7年8月4日朝（2）（VANCOUVER. B. C. 消印5日）

東京府下青山隠田一〇一　佐藤俊子様　Mme. T. Sato. Yokohama, Japan.

E. Suzuki. The continental News, 135 Cordova St. East, Vancouver, B. C.　八月四日朝（2）

封書　用紙不明二枚（表裏）ペン（封筒）、鉛筆（手紙）

（第二）

（三日のつゞき）第一信を出して、それから公園まで散歩に行つてベンチにもたれて少しの間頭を休めて来やうと思つて出かけたけれど、ちつとも気がすゝまないし、何んだか、あなたの手紙(1)を思ふと、取り返へしのつかない愚かなことをしたと云ふ気がして、すつかり消気て了つたの。

恋しい人、恋しい人。私は心からお佗び(ママ)をしてゐますよ。ねえ、気嫌(ママ)を直して、元気を出して勉強して下さい。仕事をして下さい。で、私は、もういやになつたから途中で本屋へよつて、いろ〳〵な本を見てゐるうちに、日本では先月辺り発売禁止になつたと云ふトロツキイ(2)の著書があつたから、それを買つて帰つてきたの。そして少しよみかけてみたけれど、やつぱりいけない。頭が全く弱り切つてゐるのです。お湯へ這入つたらと思つて、お湯へ行つてきたが矢張りいけない。悲しくなつて、暗くなつて、大変よくないから、もう寝ます。寝ながらあなたの日記を読み返へします。そして日記に、お佗び(ママ)を云ひながら眠ります。

恋しい人、私の魂であり、生命である人、あなたの心神(ママ)が健かであるやうに。—

此の次ぎの手紙は、きつと六日か七日頃くる筈のエンプレツス・オブ・ジヤパン(3)に乗つてゐるでせう。それを見る迄は、不安でならない。かう離れてゐて、こんなに苦しめ合つてはいけない。それでなくても、離れてゐると云ふ事だけで、苦痛がありすぎるのに。—私がいけなかつたのです。たゞ、私の周囲に気のまぎれるやうなものが少しはありさうに思つてゐるらしいあなたは、いけない。文字通りの孤独しかないのです。何んと云つても、あなたに此の寂しさは解らない。（午後十時、悦）

ち（っ）とも眠られない。駄目。日記を見てゐるともう恋しくて恋しくて、それからいろんな人があなたの所へ、（まるで私の知らない人たちが）何んとか彼とか云つて訪ねて行つたりするのを見ると、少し癪にさはつてくるの。此の僕でさへ、一目ちらりと見る事さへ出来ないのに、—と思ふのです。もう、あんまり人に会ふのをお止しなさい。そのうちには、きつと、あなたの所へ熱烈な恋をよせてくる男が出来る。するとあなたはそれに返事を出す、諭すやうな、姉さんのやうな口調で。きつとだ。そしてそれが始りなの。「あの人は、本当に真面目に私を思つて呉れるんだから」と、あなたは思ふ、—夫れからしば〳〵手紙をよこしたり、会ひにきたりする。可哀さうだなんて、亭(ママ)車場迄送つて行つたりするやうになる。—さうだつたら（もうさうのやうな気がする。私が此所で之れを書いてゐる時分には、少しばかり始りかけてゐはしないか、と思ふの。）直ぐに電報で知らせて下さい。そんな事とも知らずに手紙をかいてゐることを想像してみると耐らない。あなたは、私に同じ場合かはじまつたら、尼になると云ふが、そして私をゆるす、と云ふが、私は宥すとか宥さないとか、そんな事は考へない。たゞはぐれた自分をだけ処分する。自分にとつても世の中が目ざはりであるし、世の中にとつても自分が目ざはりだらうから。—大丈夫？

あなたも寂しいから、だん〳〵いろんな訪問者をうるさがらなくなるのぢやないか、と思ふ。（又怒る？）之れからは、もつとふえるに違ひない。そんな事をしてゐるうちには、仕事は捗取《ママ》らないし、気はちるし、お金は出来なくなるし、つまり、「もう私はいきません、若しあなたか一緒になるつもりだつたら、帰つてらつしやい」なんて云つてくる時がありはしない？（又きつと腹を立つ《ママ》だらう。だけど考へてもい〻事だ）

何しろ、少しでも早やく一緒にならなくちやいけない。私はね、随分目がくぼみましたよ。何うもいけない。だけどあなたかくる迄には、きっと肥る。いよ〳〵行くと云ふあなたの最後の手紙がきたら、その日のうちに一時に肥つて了ふの。そして、ヴィクトリア迄迎ひに行くことを考へると何んとも云へず嬉しい。（大阪商船(4)になさい、之れだと都合によると此所へ直航する）何うしてもいらつしやい。もうさう決心して、少しも動かさないことになさい。（僕は、もう日本へは帰へるときかあつても東京へ行くのは断じていや。）

だけど、あなたが私の為めにばかり、さうして奮つて仕事をしてゐることを思ふと、神様に感謝するばかりなの。何んと云つてつて《ママ》、とても云ひやうないから、黙つて一心不乱に、目をとぢてたゞ頭をふせてゐるより外はないのです。

い〻人、い〻人。本当に美しい人。—

あなたは、ちよい〳〵仕事をしながらでも私を思ふ、こんなに忘れるひまなしに私を思ふかつて云はれるが、私があなたを思はないでゐる瞬間があると思ふの？　電報の翻訳をしてゐる間だつて、まるきり思ひ通しなの、たとへば此の頃激戦をやつてゐる所にね、かう云ふ所があるでせう、Chateau-tiery（シヤトウ・チエーリイ）それから Soisson（ソワツソン）なんて云ふ仏国の都会が。之れがもう毎日出てくるの。その度びにすつかりあなたにとらはれて了つて、頭が仏戦場を想像する代りに隠田(5)を想像するんです。何も彼も一せいに見えてくる。で、まるきり機械のやうに翻訳して了ふのだが、従つて自分では何を書いてやつたか大低《ママ》おぼえてゐないのだか《ママ》、後で見ると別に間違つてもゐないから不思議でせう。

僕の一日は、それこそほんの一行でつきる。『朝九時におき、新聞を見て、新聞の仕事をして、お湯へ行つてきて、少し読書してそれから寝る。此の間ぢう（眠れば夢に）恋人を思ひつゞける、』之れだけなの。誰れ一人訪ねてくるものもなければ、訪ねてゆく人もない。たま〱芝居か活動へ、いゝのがあるときに行く、それがいくらか此の一行を永くするだけなの。松本君は手紙の中で、「修道院へでもやられたやうなものだらう」と云つてゐるが、実に適切な言葉だと思つたの。本当に愛の清らかさが濁りませんやうに。—

私は確に脳神経衰弱ですね、それからあなたは少しヒステリイ。

いつたい、いつになつたら会へるつもりでゐるの？ それをきかして下さい。それを目あてにしてゐないと、恰度空莫たる無限を見つめてゐる人が、狂気するやうに、私もだん〱神経をそぎとられて了ふ。

あなたも、此様に苦しんでゐるのか知ら？（怒つちやいけないの）本当に僕は毎日一度くらゐこう思ふの。いやあの人は、私の人は、私よりも辛いのだ、恋しがり乍ら仕事をしてゐるのだから、それに残暑の時分だし、と思つて、自分を叱つてゐるんだけれど。私、もう寝ますよ。

（十二時、悦）

（1）悦が俊子と羽太鋭治との中傷記事を読んで、二人の仲を疑ったことへの怒りを表明した手紙。（2）トロツキー一八七七〜一九四〇年。政治家、革命家。（3）書簡13の注（11）参照。（4）書簡5の注（13）参照。（5）書簡1の注（1）参照。

15

大正7年8月4日（3）（VANCOUVER. B. C. 消印5日、TOKIO JAPAN 消印29日）

東京府下青山隠田一〇一　佐藤俊子様　Mme.T. Sato. Yokohama, Japan.

E. Suzuki. The continental News, 135 Cordova St. East, Vancouver, B. C.　八月四日（三）

封書　用紙不明一枚（表裏）ペン（封筒）、鉛筆（手紙）

四日、今朝二信を出しておいて、それから、午前中読書をし、午後には港の出口の西バンクーヴァ[1]へ散歩に行き、海岸を歩いたり森を歩いたりして、寂しく帰つてきました。海岸では、興津を思ひ出して、石を海へ投げて見ました。石はあすこでのやうに水を辷りましたけど、急に泣き出し度いほどな寂寥に襲はれて止しました。森の中では、木の根に跪いて、心からお祈りをさゝげました。あなたか《（ママ）》気嫌よくして仕事をつゞけるやうに、健康でゐるやうに、それから私を懐しみつゞけてゐるやうに。—
夫れから古い木の倒れたのに凭れて、一時間ばかり目を閉ぢてゐました。一緒に行つた山本君は、何所か他の方面へ行つて了つてゐませんでしたから、私は、一人で思ふさま、あなたを懐しんでゐました。

「此の作の為めには死んでもよい、あなたの愛に酬いるのだから」と云つた、あのあなたの言葉が喰ひ入るやうな力で私に迫つてきました。あゝ、美しい人、よい人。私は、魂にある限りの力であなたを抱きしめました。そして深い〳〵感謝をさゝげました。

愛は、矢張り広くなり、深くなりしてゆきつゝある事を感じてゐます。争つても怒り合つても、それは何んでもない事です。

静坐[2]をつとめて、体をよくするやうにします。あなたも本当に注意して下さい。いつまでも〳〵私たちは、じやうぶ(ママ)て、若くてゐなくてはなりません。水々した心でゐなくてはなりません。愛にはそれだけの力があるのです。

此所には蛍がゐません、蛙もゐません。小鳥はゐるけれど、泣く虫はゐない。公園などへ行くと、木鼠《りす》が可愛らしい尾をピイと立てゝ、遊んでゐます、そりや随分可愛らしい。よく人に馴れてゐて、つひ近く迄きます。あなたか見たら何んなに喜ぶか分らない。此所の人たちが草木や鳥獣を愛するのは、外目にも実に快い気持ちを与へます。早やく来て下さい。ねえ早やく。

此所では九月の末あたりには、もう霜がきて、霧が深くなつて、雨か降つて雪になつて、それこそ陰鬱な北国の冬がやつてくると云ふ事です。あなたのゐない一人の冬を想像することは、苦しくて耐らない。

もう、作は出来たでせうね。若し私の手紙か邪魔をしたゝめに、出来そこなか(ママ)つたら私は何うしやう？　早やく次ぎのたよりが見度い。気嫌がなほつて、元気づいたあなたのたよりが見度い。発表されたその作が見度い。

私は、矢張り直きに脳がつかれる。頭かいたんでくる、眠られない。だが、私の意志と愛とは、きつと之れを押しふせる。何んにも私を打ちひしぐものはない。安心してゐて下さい。

まだ間に合ふと思ふから、之れを明朝出すの。

私の大切な、たつた一人の恋しい人。

あなたの悦（夜十二時）

あなたの怒つた手紙のよそ〳〵しさつたらない。怒つたつて、あんな風に書くのはよくない。

（1）カナダのブリティッシュコロンビア州に位置する都市。

カナダで有数の高級住宅地。（2）書簡5の注（18）参照。

16　大正7年8月9日（4）（VANCOUVER. B. C. 消印10日、TOKIO JAPAN 消印不明）
東京府下青山隠田一〇一　佐藤俊子様　Mme.T. Sato. Tokio, Japan.
E. Suzuki. The continental News, 135 Cordova St. East, Vancouver, B. C. 9, August, 1918.（4）
封書　用紙不明四枚（表裏）ペン（封筒）、鉛筆
（手紙）
二日分を同封

（第四）

五日。よく晴れた、さはやかな日でした。今朝九時半頃に、あなたへの手紙の第三信目を出しに行つたきりで、今日は、ずつと家にゐ通しました。編輯後は、新年号の計画をして、記事やらカツトやら写真やらを東京へ注文してやりました。もうお正月の仕度をするのだと思ふと、随分慌しい気分になりました。あなたのくる日がハツキリ定りもしないやうな時分に私は、此所で、もう正月のことを考へなくてはならない。―それから今日は、東京の新聞が沢山きました。七月二十日迄の分がきました。何と云ふ船で、何う廻つてきたのか分らない。あなたの手紙が来はしないのか、とまつてゐましたが、きませんでした。此の事は私を可成り寂しくしましたが、併し、二三日後にはエンプレツス・オブ・ジヤパン[1]が這入る筈だから、と思つて慰めました。夕方から、さつき迄新聞を見てゐました。あなたが、「教会へ入籍した」と云ふやうな消息も見ました。入籍と云ふのは間違ひだらうなど、考へました。教会へ行つたと云へば、直ぐに此様な風に伝へる。何うも煩いものだ、人の生活に何等かの形で関捗（ママ）しやうとしたら、その結果その人の生活の純な姿を社会的に汚してゆく。―新聞紙及び新聞記者の恐しい罪悪、と云ふものについて考へました。それは併し、所謂低級なリアリズムの文芸（特に日本の）には殊に多い。此の方は芸術と云ふ抜道を一方にもつてゐるだけに、寧ろ甚だしく卑劣である。そんな文学者や小説家の多いこと、そして夫れが芸術の本質問題と関連して論ぜられることのない、と云ふこと、などが続いて考へられました。それから又、「女作者の□□[2]」とか何んとか云ふ題で、実に乱暴なことを書いてゐる一文をもみました。此の中では、明らかにあなたを侮辱してゐる。が併し、も

う私も一向此の程度のものには腹は立たなくなりました。それは余りに低級な野卑な人間だから。

一体に今の日本の文壇は、此の種の低級か、粗笨か、豪がりか、がカサブタのやうにのさばつてゐる。之れは当然破滅してゆくであらうが、此の中にゐて、あなたが超然として、自分を養ひ、自分を固く握つてゐることを思ふと、如何にも貴い。併し、苦しいことに違ひない。努力のいることに違ひない。低級な野卑な人間どもは、遠くからあなたに反感をあびせかけるか、媚びて近よるか、何方かの道をとる。それを思ふと、蠅のやうに煩い感じがする。

私か此所へきて、此の愛慕に苦しむことも、唯偏へに二人の生活の為めであるが、あなたが、その煩ひの中に刻苦してゐるのも、矢張り二人の生活の為めに過ぎない。私はあなたに何う感謝してよいか分らない気がする。私たちは、一日も早やく一緒にならなくてはいけないことを、つく〴〵と思ひます、そして、矢張りあなたも東京を離れて此所へくる方がよい。完き形に、までの生活の為めに、矢張り東京は離れなくてはならない。有らゆる世間的な地位と名誉とは一旦綺麗に洗ひ去つて了はねばいけない。全然新な二人の生活が始まらなくてはいけない。一切を捨てた所から、一切が始るのである。「もう私はそれを捨てた、そして新しく第一歩を踏み出してゐる」とあなたは云はれるであらう。それはさうだ、さうに違ひないのであるが、そこには、まだ無理がある。不自由がある。適切には「新生活への入口」にゐると云ふべきである。私とてもさうである。

二人の新生活の為めには、一旦何うしても、過去の一切を捨てると共に、還境《ママ》を捨てなくてはいけない。それは単なる手段ではあるが、併し、大切な手段である。釈迦の入山は、それ自身目的ではなくして、手段であつた。然し、実に偉大なる手段であつた、それと同じ意味である。

矢張りあなたのくることは必要です。赤裸々な自由な、貴い魂の外何人ももたないあなたになつてきて下さい。愛にみちた、崇高な、純真なあなたになつてきて下さい。恋しい人。恋しい人。―

私の頭は、今日こそ、健全にかへつてきた。魂がそれこそ微塵汚れのない、濁りのない、透明な、愛にかゞやいてゐます。私は、あなたを思ふと、幸福と歓喜とにみち溢れてゐます。喜んで下さい。

昨夜は、ベツトの上で明方近く迄黙坐してゐました。そして、それから九時近く迄スヤ〳〵と眠りました。此様な事はあなたの懐を離れてから初めてゞす。私は、あなたの懐でのみ安らかに眠ることが出来た。それは恐らく（記憶はないけれど）母の—私の母[3]は、本当に立派な婦人です—懐に抱かれて眠つた三四才頃以来ないこと、従つて私には記憶《ママ》以来ない事なのでした。自分でも不思議なくらゐでした。あなたの軟かな懐に手をおいて目をとぢると、寛大な慈母の懐にゐる子供のやうに、私は眠ることが出来たのでした。あなたを離れた私は、乳房をとられた子供のやうに、泣き叫んでゐたのでした。それから昨夜迄の状態です。昨夜は初めて安眠しました。（恐らくあなたはそれを毎日祈つて下さ（つ）たでせう）あなたの愛の中に安らかに漬ることが出来たからです。

恋しい人、恋しい人。—

私は、矢張りあなたに抱かれてゐます。あなたの懐で眠つてゐます。あなたに、神様に、私は之れを改めて感謝しなくてはなりません。

もう大丈夫。—さう云ふ気がします。

あなたはきつとくる、近いうちにくる。—昨夜は黙坐の間に、神からの啓示のやうに、さう信じて了ひました。

今日は又新年号を考へながら、何んだか頼りない悲しい気がしてきましたが、雑作もなくそれを否定して了ひました。まことに明らかなことすで《ママ》ものね、「自分が一日も早やく会ひ度いやうに、その通りにあの人も自分に会ひ度がつてゐるのではないか、あの人の努力の一切はたゞその為めばかりではないか。《ママ》』

私は、かうして、あなたを待つてゐます。何うぞ一日も早やくきて下さい。美しい上にも美しくなつてきて下さい。暫く私たちは山に這入つたつもりで、此所で暮しませう。そして、もつと〳〵よくならなくてはなりません。日本での生活は、それからのことです。私は何んとしてゞも東京ではすみ度くない。もう一生東京へ足を入れないですませるならすまし度い。併し此の事の為めに、あなたを苦しめはしないでせう。

いさちやんを連れてくるやうでしたら、[4]（体さへ大丈夫なら生活は此所の方が勿論よい。医者に十分検べてお貰ひなさい、）それをも云つてきて下さい。お金も足りない見込みなら、私のためてゐるのを送ります。仕事も前以て適当なのをさがしておきませう。そして三人で二間ばかりのルームをかりてすみませう。私の隣室が空いてるから、少し馴れる迄は此所でもよい。東京の新聞社のことを思って、此所の家を想像すると大間違ひですよ。あんな空気は何所にもありません。そして日本の一軒の家が、一つのルームです。

あなたの瞳[5]にキツスしながら。—

あなたの悦（夜十二時）

私の俊さま。

六日。

私の俊さま。—昨夜はおそく迄読書してゐたので、今日は少し睡眠不足です。此方の新聞に求人のことが出てゐましたので、編輯後にルームへかへつて、アームチエーヤにもたれて読んでゐると、その儘居眠りをして了ひました。居眠りなんて、いつしたことがあるか憶えか《（ママ）》ないくらゐなものです。何のくらゐさうしてゐたか三十分かそこいらでせう。自分にかへると、寂しさがいくらでも私を引き入れて行きました。でも私はしやんとしてゐた。自分でも不思議なくらゐしつかりとして、その寂しさの中に漬つてゐることか出来ました。寂しさは、確かに私の恋を純化し、魂に軟かな潤ひを与へる。私は、此の寂しさの中で、ぢつと、あなたを、恋しいそのあなたの顔を見まもつてゐることが出来る。此の事は、確か私の恋が、あるべき魂の形にまで複《（ママ）》帰したことを語つてゐます。恋の深み—それが測り知られない深潭のやうに私のうちに湛えられてゐます。今こそ私は明らかに「恋に住してゐる」ことを意識します。だけど、その事の為めに寂しさが少くとも減退したのではない、反対に寂しさは深く濃くなつてゐるのです。たゞ愛が私を統一してくれたのです。永い旅の為めに、ストレンヂアである為めに、暖い懐から遠《（ママ）》つた為めに、狼狽へてゐた私の魂が、薫やかな落着きをもつてきたのです。

恋しい人。—

喜んで下さい。私たちは幸福です。二つの魂が隈なく愛に彩られて、一個の有機体となつてゐることをあなたも感じることでせう。生育し、光被する、自然にあるべき恋人同士の位置に正しく私たちは坐つてゐます。神の試練は（あなたはさうでないと云ふが私は矢張り自ら試練を感じてゐた。明らかに私にきたのは試練である。より深く根を張り、より強く繁殖する為めに踏まれる草のやうな。）恐らく、もうその最後の階梯を（少くとも）了へたことを感じます。私は立派な卒業生です。戦ひが終りました。もう生活があるばかりです。

私の体の具合は、日毎によくなり、頭も健全に働きはじめるに違ひない。愛は若葉のやうに輝いてゐます。

私は、少し散歩に出ました。波止場へ行って水と山とを眺めて、暫らく佇んでゐました。それから、あなたのことばかりを考へ乍ら、何も見ないで、寂しさに身を委ねて帰つてまゐりました。そして此の手紙を書いたのです。こんな歌が出来ました。（あなたにまづいと云はれた以来初めてゞす。）矢張りまづいのね、とあなたは云ふかも知れない、が、それだと間違ひだ。本当は、もつとまづくなるとい〻のです。

△北の国カナダは寂し　夏なれど
　風白々と峯をわたれば、
△君と二人住まん日思ふ北の国
　カナダにありて住まん日思ふ。
△此の海の水の彼方に君住めり
　かく思ひつ〻佇む一時。
△八月のカナダ寂しや　青々と
　空晴れ渡り取り止めもなし。

とても本当の気持ちは唄ひきれない。元より、雑草の詩(6)の高きに及ふべき筈のものでない。か(ママ)、併し、勿論たゞの戯れではない。心の響が少しでも伝へられ〻ば、それでい〻の。

恋しい人、恋しい人。—

仕事は進んでゐる？　進んでゐれば私の祈りが届いてゐるわけ、神様が喜んで私の祈りを容れて下さったわけです。私は毎日、幾度となしに、夫れを祈つてゐます。

六日に出る筈であったメキシコ丸も日がのびて、おまけにヴィクトリアへはよらないで、シヤトル(7)からついでに行くかも知れぬと云ふことですから、或は四日迄の手紙（三本）も持つてはいかれないか、と心配してゐます。

さうすると、また随分間がありませう。

あなたからの手紙は、もう直きもらへませう。よいたよりであるやうに、と念じてゐます。

いくども〳〵あなたの瞳にキツスしながら。（夜十時）

　　　　あなたの悦

之れから、又少しでも読書して寝ます。今あなたの所では、昼下がりの暑い盛りですね。あなたは今日も氷を頭にのせて机にむかつておられるか。

（1）書簡13の注（11）参照。（2）不明。（3）悦の母親の名は津《つ》る。（4）書簡1の注（6）参照。六月二十八日付の俊子日記に、「いさちやんをあめりかへ連れて行きたいものだと考へました。何かあなたの方にい〻伝手があつたら考へてやつて下さい」とある。（5）書簡1の注（5）（9）参照。（6）前出の俊子による詩『雑草の花』のこと。（7）シアトル。アメリカ北西部の都市。

17

大正7年8月9日（五）（VANCOUVER. B. C. 消印10日、TOKIO JAPAN 消印不明）

東京府下青山隠田一〇一　佐藤俊様　Mme.T. Sato. Tokio, Japan.

E. Suzuki. The continental News, 135 Cordova St. East, Vancouver, B. C. 9, August, 1918 (5)

封書　用紙不明十枚（表裏）　ペン（封筒）、鉛筆（手紙）　三日分を同封

（第五）

七日。今朝手紙がきました。七月十六日から二十四日迄の分が。いつでも編輯にかゝる前にくるのです。だから私は封だけ切つて、最初の日づけのだけ見るの。そして全体の吉兇《ママ》を判じるのの《ママ》です。『今日はよく書けます、朝から。』と十六日の冒頭にあつたので、もうすつかり嬉しくなつて、懐へ入れて了ひました。そして、さつき迄（午後三時半）それなりにして、仕事をしてゐました。独乙の宰相のホン・ヘルトリングの発表した媾和条件[1]を訳してゐると、なか〳〵虫のいゝ事ばかり並べてゐるので、小憎らしいやうな気持ちがしてきたの。すると、「でも、可愛さうだわ、あの連中も、何んだか弱い所があるぢやないの』《ママ》ふいに懐の中であなたがさう云ふやうな気がしました。「さうだ〳〵、可愛さうだ、結局はみんなか悪くて、みんなが可愛さうなんだ。一人〳〵放してみれば、実際気の毒な人ばかりだ。』《ママ》と私は答へながら、翻訳して了ひました。幸福と喜びとで、私は一杯になつてゐるのです。あなたの手紙は、あなたの予想よりは少しおくれました。が併し此の船は一番速い船だから、大して違ひはしません。私たちのMemorial Days[2]は一昨日でしたね。（私は一昨日か昨日かよく分らなかつた。）一体私は幾日とか云ふやうな日付だとか、誰れだとか云ふやうな人の名前だとか云ふものを覚えてゐない、事実だけを覚えてゐるの。困ることもありますね。）私は、その日から、しやんとした、日光のやうな明らかな自分に帰つてゐますよ。「本当に駄目よ、しつかりしなくちや」なんて云はれるぼくではなくなつた。叱るのは、今度は私の番に廻つてきたらしい。

「めそ蔵様」[3]つて、何んです、失礼な。「あなたの妻」とう〳〵あなたは、かう書きましたね。さうですよ、妻には違ひないが、かう書かれると、新しい刺激がきます。こんな立派な美しい人を妻にもつ―何うも嘘のやうに思はれるの？　乞食からお姫様の婿になるお伽噺のヒーローのやうな気がする。大丈夫かな、お伽噺ぢやないかな、と思ふの。だけど、本当なんだ。本当なんだけれど恥しい。「あなたの妻」すると「私の妻」で逆にしてみると、「あなたの良人」から「私の良人」になる。何うも恥しいですね。まつたく大丈夫かな。併し嬉しい。嬉れしい。それか事実なのだ。おてんとう様のあることか事実であるやうに事実なのだ。ねえ、あゝ、嬉しい。嬉れ

しい。

「神一人の男子を選び、又一人の女子を選びて、そを魂をもて結びたまへり、彼等は〔二字抹消〕後の世に再び生れ出でん。」

そんな句か聖書の中にありはしない？　あなたは聖書ばかり読んでるけれど、何所でも出会しない？　きつと、何所かにある。若しなければ、その聖書は、訂正されなくてはならない。大切な主の言葉の一句を落してゐるのだから。

（聖書と云へば、フランス語の聖書を（新旧両方一冊になったの）西川君[4]にたのんで買ってもらつて、送つて下さい。此所にはないの。もう、羽太□さん[5]の事なんか止した。あなたがブリ〱まだ怒つてゐる所など可笑しいくらゐなものですよ。「信がない」なんて。それはまァ兎に角井上[6]の中学生までが、「そんな信のないことでは仕様がない」つて嘆息したなんて、本当に生意気だ、さう云つてやつて下さい。今度きたら、嘆息だけは余計だつて。

まるで私を「不信なる者」にしてゐるのは、少からず不服ですね。あの手紙は多少穏かな気持ちで読み返せば、そんな筈はないのだ。私がそんな気持でゐなかつたことが、その確実な証拠なのです。少くとも其の点をエンフアサイズすべき理由はない。手紙などは殊に恋人の手紙などは、読んで紙背に徹するのでなくちやいけない。

（叱るのは私の番だ）

そして、「利己を持つとき疑ひか起ります』だつて。何時私が利己をもちました？　利己の己は、今の私たちには、二人を意味してゐるものでなくてはならないでせう。事実さうでせう。私はさうだ。だから私には所謂「利己」はない。

徳田先生をまで煩はさなくてもよかつたのだが、でも、あなたが、あの為めにそんな心遣ひをしたのかと思ふと、嬉れしい。それからお侘（ママ）びをしないぢやいられなくなるの。「肉体をも神様にさゝげて、もう米国へは行かない」など、考へたりしたんですか。神様が吃驚なさるでせうよ。それからあなたは、此様な風に少しでも考へた事を神様にも私にもお侘（ママ）びを云はなくちやならない。神様だつて、いつもあなたの側にばかり立つてゐるんぢやない。私にも味方はしてくれるのですから。ほんとに私は「おめそ」さんだ。だけど「おめそ」さんはちつとも悪かァない。一生の「おめそ」を今のうちに片付けて了つておくのかも知れない。だが、もう「おめそ」とはお別れだ。太陽がかゞやいてきたから、メソ〱してはゐられないの。その代り此の次ぎおめそさんがきたら、それは滅亡の時です。そんな時は、恐らく一生来ないことを信じてゐる。

「めそ蔵」だなんて、甚だ面白くない響きを与へる。あなたの「泣子」はいゝ。だつて本当に泣子なんだから。泣子は可愛い。けれど此の泣子さんは、何うかすると素敵にキツイ人になる。怒ると北条政子（？頼朝の妻君）になり、喜ぶと静御前になる。成りたけ、静御前で始終ゐてもら（い）度いと思ふ。本当にあの女は美しい女だ。本当のあなたは、あの人よりも、もつと美しいのです。〔七字程抹消〕「しづやしづ」つて歌つたのは、あの人でせう。あなたは、いつか、あの女を書くといゝ。きつと、いゝ作が出来る。

「私のめそ蔵様」なんて、書いちやいけません。

「私は何うしていゝのか、神様の意志にまかせます御判断下さい」なんて、何をよち〳〵してゐるんです。何うして女つてへものは、そんなに弱いんでせう。神様にさう頼ると神様にきらはれますよ。事実を云へば、真に神を知るとは「神を生きる」事です。いゝ加減なヤソ坊主や、信者等の下らないのは、神によつて生きる事しか知らないからです。あの連中は、神様と杖とを取り違へてゐる。あなたは、其所からもう一歩進まなくてはいけない。「神を生きる」所まで。生長が其所に始まるのです。此の大自覚から始るのです。私は、もう疾くにそこへ行つてゐるのに。本当ですとも。

とう〳〵病気をしたのですね。さうだらうと思つて、何んなに心配してゐたか。でも、自分で元気をつけて行くから安心なやうなものゝ、本当に注意しなくちやいけませんね。毎晩少しづゝ散歩をなさい、そして寝る前にも少し外の空気を吸つて、頭をおひやしなさい。全く、その家は檐か浅いし、植込みかないから夏はいけないでせう。併し、もう少しの間だから、我まんして仕事をして下さい。此の手紙かあなたの手に入る頃はもう夏も盛りを過ぎる頃でせう。此方では、その時分秋風が山々を渡つてゐるのだと思つて下さい。

ずいぶん名前を書きたてましたね[7]。そして阿部さん[8]一人をのぞく以外に、一人もろくな人はゐない。みんな出来そこないばかりだ。もつとも武羅夫[9]君は、直接知らない人だが。書いたものを見ると、血の巡りの「早やすぎる」と云ふ長所の外には何んにもない、至極簡単な浅い頭の無邪気な人らしい。

あなたを理解してゐる人は、如何さま、□君やその他あなたのあげた人たちであるかも知れない。それはいゝ。

併し私のは、理解そのものではなくて、「愛によって理解か生じてくるんです」と云つてゐるのは、妙な云ひ方ですよ。本当の理解は、愛によってのみ生じてくるものですから。他の人たちのは、理解とか云ふやうな深い所迄這入つてゐる感情ではないかも知れない。何方でもい、か、《(ママ)》たゞ私を此の人たちの（私は此のうちの一人をも尊敬してゐない）引合ひに出すだけは御免下さい。此の程度の生活者たちと同じレヴェルに並べられるのは、ちつとも嬉れしい事ではない。殊に滝田と云ふ人の如き⑽は、全く論外である。あなたは、新聞記者を極度に嫌つてゐるが、新聞記者によつてよりは、あなたは一層多く滝田によつて傷つけられてゐる。所謂ジヤーナリストの典型とも称すべき人は、あの人です。あの人を単に、一雑誌記者としてのみ見てゐるのならばよいが、自分を理解してくれる人として考へるのならば、大間違ひだ。あなたは実際人がよすぎる所がある。あの男などの頭から「利己」を除いたら、後に何が残るか。利己が種々の形になつて表はれてゐるのに過ぎない、ことをあなたは知らうとしない。あの人によつて損はれた事以外に結局あなたは、〔三字程抹消〕何を得てゐるか。要するに、あなたは、もつと正視し《(ママ)》しなくてはいけない。その人を、その人の通りに見なくてはいけない。あの人たちの理解してゐる「あなた」は、そして、あの人たちの同情し、若しくは愛してゐるあなたは、私から見れば、最もいけないあなた、即チ「本当のあなた」でないあなたである。打ち破らなくてはならない、そして一度は、少くとも、破れてゐた過去のあなたである。従つて、私の苦悩は、その過去のあなたが又しても動くことがありはしないかと云ふことにある。あの人たちから見れば、当然現在以後のあなたには全く見当つかないし、何うかすると、失望するかも知れない筈である。たとへば、あなたの一転機を示すべき作が中央公論記者に最も悪作と見られた如きがそのよい一例である。要するに、私の理解し熱愛してゐるあなたは、彼等の関知し得ざるあなたであり、彼等の理解し、若しくは愛してゐるあなたは、私の最も忌むところのあなたである。此の事かあなたに解らない筈はない。あなたの新生は此所にこそあるのではないか。それだのに、あなたは、「私の値なんてものは、あなたには分らないんだからいやになる」と書いてゐる。彼等には解るが、私には解らないと云ふのです。之れでは、又あなたは、昔のあなたに返へりつ、あるのだ。何んと云ふ悲しいことであらう。私とたつた二ヶ月かそこいら別れてゐると、もうあなたはかうなつてゐる。果してあなたは、かう考へてゐるのですか。考へたのですの《(ママ)》か。

あなたは、あなた自身と、そして私とに対する理解を曇らせてゐることを、此の一語で証してゐる。実にたまらない事です。「恐しい」とは、かう云ふ事を云ふのです。極端に云へば、あゝした人たちの理解などは、決して理解と称すべき性質のものではない。人の弱点を喜ぶイージイな、〔二、三字抹消〕卑しい感情である。それを真の理解であるのかの如く考へるのは、驚くべき不明であり、恐るべき陥穽に落ちてゐることである。

過去のあなたの作品に対して、又は過去のあなたに対して同情と同感とをもち賞讃の辞を加える人は、もうそれだけで、正しき理解のない人であることが解る筈だ。あなた自らが夫れを捨てきたではないか。

私のは単なる疑問ではない、貴いあなた、之れ迄世間の何人も知らないでゐたそのあなたを極度に迄純化し、同時に私自らをも純化することによつて、二人の生活を全き形に於て一つの美しい有機体にまで生育せしめんとする、愛の当然の欲望か、あゝ云ふ事柄に関して、あゝ云ふ形で現はれたのに過ぎない。「信がない」などゝ云ふべきことではなくて、此の熱烈な誠実な愛を、その底からくみとるべきものです。『理解が、まごつく』のではない。正しき理解をもつゆゑにこそ、悩み苦しむのです。無理解の責は、私によりも一層多くあなたにある。それか解らぬあなたではない筈です。

あゝしたあぶくみたいな、思想界の青蛙みたいな、連中と一緒にされるのは、私にとつては、侮辱をあびせられるにも等しい。あなたの「人のよさ」「寛大に似たルーズ」が、如何に深いあなたの欠点になつてゐるか、を又しても私に思はせる。そして恐れしめ、悲しましめる。ほめ言葉や、慰め言葉は、其れを受けた殺那《ママ》に、果して自分の何所に向けられてゐるか、を考へなくてはなりません。漫然と夫れに甘えるのは、実に危険なことです。□のおつちよこちよいや、秋声のやうな鼻紙に何が解るか。

彼等などゝ、私の友人、たとへば松本などゝは比較にもならない。□本などは、少なくとも一番貴いものは何んであるかを知つてゐる。西川君だつてさうだ。まるきり物を理解する魂が異つてゐる。あなたの友人のなかでは、阿部さん一人きりだ。然し此の人は、又ずばぬけて豪い所がある。他の此の所にあげてある名前は、恰度人間の屑に附けた正札みたいなものだ。最も謙遜な心で、かう云ひ得る。たゞ武羅夫君だけはよく知らないから除外しておく。が、決して深い頭の人ではない。鋭い、がそれは皮膚にまでしか通じない。と云ふことだけは分つてゐる。それだけで人は大変にいゝらしい。子供らしいのだ。

たゞ夫れだけだ。私はまだ尊敬すべき何物をも此人に見出してゐない。

私は少し腹を立てたのですよ。此の理解不理解の一点では、全く腹を立てたのです。「私の価なんてものはあなたには解らない…」など、、何うして、あなたは云へるのか。本当に、さう思つてゐるのなら、あなたは私を軽蔑すべき筈です。そして、軽蔑の結果が何うなるか。それは云ふ迄の事はない。実際考へるほど、腹か立つてくる。それから泣き度くなつてくる。又あなたは、後かへりをしたのか、と思ふと。―

あなたは、私の傍を離れてゐると、全くいけなくなる。本当にしつかりなさい。恋の経過を考へることは怖しいから考へないやうにすると云ふ、それがそも〳〵いけないのだ。十分に、幾度でも考へてみなくてはいけない事です。闇を知ることは、光りを一層よく明らかにすることであり、光りを知ることは闇を一層際立たせることです。目を閉ぢてゐると闇にも馴れてくる。―此様な怖しいことはない。

もつと〳〵叱りつけてやり度いのだけれど、もう之れくらゐで許してあげます。美しい清らかな、軟かでゐて、そして強い、その「本当のあなた」の心で、読まなくてはいけません。(午後七時)

こゝ迄かいて、それから日本からきた軍艦の楽隊の音楽会へ行つてきたの。(十二時)
音楽をきいてゐなから《ママ》も、あなたのことばかり考へられて、大部分はまるきり一人で何もきかないでゐるのと同じだつたの。
だけど(前から、つづくから、だけど、なのです)あなたは、全く立派な美しい人だ。「理解不理解」では、はからず、弱点を見せて了つてゐるが、あれは弁解の筆が、あんな所迄走つて了つたので、たゞ一瞬時の不明であり、後返へりであるとしか思へないから、もう叱りはしない、お侘《ママ》びを十分になさい。自分自身の魂に対して。
僕の体は大丈夫なの、僕はめそ蔵でも何んでも、あなたのやうに自分の中心に無意識の曇りをかけるやうな弱い男ではない。随分強い意力を底の底にもつてゐて、危険になると、それが怖しい力で私をさゝへてゐる。〔三字程抹消〕私のは、恋が外から私を照らしてゐるのではなくて、私の魂が外へ光りをなげてゐる、それか私の恋なのです。だから体だつて、病気をするほどにはならない。あなたこそ、気をおつけなさい。きつとあなたは痩せたのだ。肥えてゐるけれど腕は細くなつた、なんて、駄目です。余り甚しい無理をしてはいけませんよ。病気になつて了つたら、それこそ大変だから。い、の。

僕も、もう一心不乱に勉強する、よち〳〵して〔三字程抹消〕はゐられない。生活の大工事にか、つてゐるのだから。あなたも安心して輝くやうな心で、努力して下さい。お互ひに二人で勉強してゐるのです。

修道院と云へば、全くさうだ。私もさうだ。あなたは、まだいろ〳〵な友人かきたり、家には、いさちやん[11]や、おみねさん[12]や、い、人ばかりゐるから、僕よりは何のくらゐ賑かであるか知れない。僕は、それこそ文字通りの一人です。誰れも来ない。誰れをも訪はない。話らしい話をするときなど少しもない。だけどその事は少しも苦しくはない。今はもう殊に気楽なのです。「とんな《ママ》に好きな人か出来ても仕方がないから、」とか「慰められるものかあつたら慰めてお貰ひなさい」とか、あなたは、そんなに優しく云つてくれるけれど、そんな要求は私には微塵もおこらない。私を慰めるものは、あなたより外には何んにもないのです。慰藉のないのに苦しむと云ふやうな、一寸想像される、さう云ふ苦しみは私にはない。たゞあなたが傍にゐてくれないのが寂しくて苦しくて、悲しくなることは毎日幾度だか知れないんだけれど。—日記をたん〳〵《ママ》読んで行つて、「又熱が出たの」なんて所へくると、心臓かひやりとする。本当に大切にして下さい体を。それから努力して下さい。無理のやうだけれど、かう続けて云はないではゐられないの。日記をよみ〳〵してゐたら、恋しくて〳〵また泣けさうになつたし、もう二時になつて了つたから、あとはあしたにするの。ね。あなたの所では、まだ夕方です。少しづ、涼しくなつた時分なの。あなたは散歩に出てゐるか、勉強をはじめかけてゐるか。庭に水をまいてゐるか。あなたの所の日から一日ひいて七時間加へたのか私の所の時間なの。たとへば、あなたの所の〔七字程抹消〕(あ)なたの所で六日の午後七時なら、私の所では五日の夜の午前二時になるのです。だからあなたか午前七時に起きるとすると、私はまだ午前二時ですから、丁度眠つた時分です。分つた？　つまり十七時間、あなたの所の方が進んでゐるのです。まる〳〵一昼夜異つてゐるのではない。(夜二時十分)

私のたいせつな、泣子さま。

あなたの強い悦

八日。朝九時に目がさめたら、しよび〳〵と寂しい雨が窓から見える限りの屋根々々をしめらしてゐました。空には灰色の雲が低く垂れて、その切目々々から薄い光りが落ちてゐました。もう此所では秋が除々《ママ》に忍びよつてゐるのです。私は呆乎として、窓に立つてゐました。

今日は、ひどい目に逢ひました。おひるにたべた魚にやられたのでせう。少し編輯にせかれて、外電を夢中になつて翻訳してゐるうちに、常は何んでもない字が解らなくなつたり、平易なはづの句が全く了解されなかつたりしてきたのです。「おや、俺れ《(ママ)》の頭は何うかしたぞ』とさう思ふと一緒に、体が烈しい熱におそはれてゐるのに気がつきました。気がつくと、熱はます〳〵ひどくなつてきます。するうちに目がくら〳〵としてきて、文字か私の前で、いくつもに重なり合ふのです。頭がはぢけさうに痛んできました。でも、人手がないし、もう少しだからと思つて、つとめ〳〵何うにか片付けましたが、もう少しも椅子にかけてゐられませんので、ルームへ帰つてきて鏡を見ると、驚いた。ほんとに驚いた。

私の顔は、まるきり絵にある金持ちよりも赤くなつてゐる。そして目の廻りに少しむくみをさへもつてゐる。腕を見ると、そこも真赤、胸も、体も、—全身が赤い絵具でぬり潰したやうになつてゐるのです。そして体ぢうが燃えるやうに熱くなつてゐる。何うしたのだらう?—さう少しの間、でも原因を考へてみました。と、思ひ浮んだのは、ひる飯の時の魚です。何んだか分らなかつたか多分「さば」らしかつた。さつぱりうまくなかつたのだ。少したべたきりなのだが、あれだ〳〵。「ぢや大したことはない、」

でも、私はまるで熱にうかされさうになるのを、押しこらへ押しこらへ、あの薬袋を出して、宝丹を二十粒ばかり呑みました。そしてベツトへ倒れたのです。しばらくは全く何一つ考へられない、頭は今にも何うにかなつて了ひさうに、熱いドロ〳〵したもので一杯になつてゐる。半睡半醒の状態で、呻きながら、二時間近く夢中で毛布をのけたり、又かぶつたりしてゐたのです。熱くなつたり、かと思ふと、寒くて体ぢうかふるへてきたりするのです。

薬がきいてきたのですね。—此の薬もあなたが買つてきてくれたのです。「船酔には之れか一番い、んですつて」さうあなたが云つたことを覚えてゐる—やがて、私は、さうもがかなくなりました。と、頭が少しづ、物を考へはじめてくる、か《(ママ)》、まだいけない、自分のゐる所が、此所なのだか、東京なのだか、はつきり分らないんです。あなたが直ぐ頭のところにゐてくれたはづだが、と思つて、首をねぢつて頭の上を見ると、夕ぐれのやうな明るみが目の前でぼや〳〵してゐるだけで、何んにもゐない。急に悲しさがこみあげてきて、声をあげて泣き度いやうな気持ちになる。と、直きに何を云つてるのだ、俺れ《(ママ)》は旅先きにゐるんぢやないか、とはつきり思ふ、「いやさうぢやない、今みんながゐた筈だ、」さう思つて、ぢつと耳を傾ける、隣室にいさちやんや、おみねさんがゐたやうな気がするのです。

きつと、呻つてゐる間に夢を見たのでせう。

かうしてゐるうちに、又重いものが上からおつかぶさるやうな感じがして、だん〳〵暗い所へ沈んでゆくのです。『俺れ《ママ》は何所へ行くのかな』私は割合軽い気持ちで、考へてゐました。それで又ウツラ〳〵としたのです。今度、目がさめたときは、もうはつきりしてゐました。雲か窓まで押しよせたやうに暗くなつてゐます。時計を見ると、まだ七時少し過ぎたばかりでした。五時間近く苦しんでゐたのです。電気をつけに起きやうとすると、懐からあなたの手紙が落ちました。いつ懐へ入れたのだか自分では、全く覚えがない。きつと、ベツドへ倒れかゝる時に、机の上から夢中でとつて懐へ入れたものでせう。

私は、起きて電気をつけて、又床へ這入りました。まだ頭がぐら〳〵するのです。体の赤味は大方去り、熱も大変にひいてゐます。床の上で寂しさに、ふるへ乍ら、あなたの手紙を読み返へしました。これか私を何んなに力づけてくれるか分らない。あなたの、此の溢れるやうな愛が、私を暖かに包んで、限りもない慰めを与へてくれる。


かうして、病気をしたつて、誰れ一人見舞ひにきてくれる人さへない。が、それは却つて気楽な気がする。か、もし之れが非常な激烈な病気であつたとしたら？　そして、それで頓〔一字抹消〕死でもしたら？　私の死体は、恐らく明日の午後でなくては誰れも発見しないであらう。編輯の時になつて、初めて見にくるくらゐなものだから。―さう考へると、たまらなく恐しかつた。もう此様な所にかうしてはゐられないやうな気がしたの。だけど、又考へ直したの。さう云ふ事があつたら、それも私に授けられた運命だ。運命に逆つたつて仕方がない。此の美しい手紙を懐に入れて、そして、その人に看護される夢の中で死ねば、それで幸福である。なまなかな見も知らない人たちの看護を受けるよりは、その方かいくらよいか知れない。―それで、すつかり静かな気持ちになりました。そして、尚ほも、あなたの手紙をよみつゞけてゐる間に、再び、眠りに落ちたのです。あなたの夢をばかり見てゐました。夢の中のあなたは、それは〳〵美しい、しほらしい、若々しい顔をしてゐました。私は楽しく、あなたと遊ぶことが出来ました。一時間ばかりで覚めました。ひどく喉がかはくので、起きて食堂へ行つて水をのんできて、それからお湯へ行きました。体が汗で気持ち悪かつたのです。お湯を出ると又喉がかはくので、此度はアイスクリームをのみました。そして帰つてきました。頭はまだふら〳〵するけれど、すつかり大丈夫になりました。

さつそくそれから一寸雑誌屋にもよりました。中外新論八月号がきてゐました。純文学物でないのは、大低《ママ》くるのです。

「独棲」を通読しました。―寂しい〳〵何んとも云へない気がして帰つてきました。

また、旧姓になつてゐる。いやですね。あなた。随分腹を立てたでせう。それから、最初の方の一齣「今迄の生活の連れとはなれてから…」まだ一人の寂しさに馴れない、と云ふ、あの一齣、あれはいやだ。今迄のと云ふから、寂しいと云ふから、私かと思つたら、さうぢやない。私は顔が頬照るほど恥しかつた。自分の事かと思つた事が。―

その生活者とはなれて、まだ、その寂しさに馴れない。

―さうなの？　可愛い〳〵良人にはぐれた未亡人の、「新仏」を前にしての追憶記の一齣みたいですね。

私は首垂れて帰つて〔二字抹消〕きました。

そして、又熱に苦しめられて、ベツトの上で静坐してゐました。いろ〳〵な事が考へられる。―

一人になつたことを、あんな風には書いて欲しくなかつた。いや〳〵、あの一□はないほうがよかつた。之れは私にとつてだけなの。私の我が儘なの。或は利己なの。いけないのですね、私は。（午前一時半）

私の恋しい〳〵人。　　寂しい、あなたの悦

九日。

昨夜は又夜通し熱にくるしめられました。苦しめられ乍ら現のうちにあなたを見つゞけました。あゝ、此の恋しさ、寂しさを何んと云はう。

でも今朝は皮膚の色が元へかへりました。たゞ熱はまだ随分ひどい。頭がくら〳〵する。でも、もう大丈夫。ベツトにゐるのは、いろ〳〵な事を考へて却つて苦しいから起きました。仕事もしませう。喰ひ入るやうな恋しさと、鬱憂と、寂しさと。―だけど私は、まけない、まけない。（午前八時）

大丈夫になりました。健康はす（つ）かり恢復したやうです。仕事も出来ました。たゞ睡眠不足と疲労とを覚えてゐるだけです。

雨が降つてゐます。此所では本当に雨その物が灰色です。冷くて暗いの。

私が寂しさうにしてゐたら、今日は長田さん(13)が少しばか

り話しかけました。「だん〳〵秋になるのですね」私がさう云ふと、「さうですよ、此所では本当に早やいから。も少したつと四時頃には電気をつけるのです。君は一番好いときに来たから之れからが耐らないでせう。僕はきたときが一番暗い十一月だつたから、却つてよいやうです。」と云ひました。それから私は、あなたのくる日の事を思ひました。そして遺瀬もない恋しさに囚はれてゐました。いくら暗くてもよい。あなたさへゐれば。あなたのない明るさは私にはない。十一月から三月頃迄は海が荒れることが多いと云ひますが、併し別に心配はないのです。〔二字程抹消〕波がキヤビンへ打ち込むわけではないのだから。それから今日は幾日ぶりかで笑ひました。日本からきた電報に富山で〔二字程抹消〕妻君たちが暴動[14]をやつたと云ふことがあつたの。すると長田さんが、「あの辺ぢや御亭主は薬売に出てゐていつも留守だから。」と云つたので、とう〳〵噴き出して了つたのです。

あゝ、だけど、あなたはいつくるの？　まるで見当がつかなくなつてゐるぢやない？　無理はないとは思ふけれど、書けなけりや来られないのだし、そして、その書くと云ふ事か《ママ》実際大変なんだから。でも、今のうちに努力し通さうないと、そして来るのでないと、いよ〳〵日かのびるにつれて来られなくなるのぢやないかと思ふ。思ひ立つたことは、或る期間内にやつちまはないと、何うしても何かしら故障が生じて成就しないものですからね。十月には行く、と云ふのが、十月か十一月になつたし、此の次ぎの手紙では、十二月になりはしない？　それから、いつそ海が荒れるから来年の春にしやう、三月か四月に、なんてことになつたら何うしやう。

それから之れから発表するものは、厳格に姓の注意をしないといけませんね。雑誌記者や新聞記者には、まつたく録《ママ》でもないコンコンチキが多いんだから。

此の手紙はいつ行くのか知ら、加奈陀丸がもう出航する時分だつたのに、□□をして了つたから、十八日頃に出るはづのエム・ジヤパン[15]まではないのかも知れない。すると今月中には、あなたの手には入らないのね。随分長くかゝるのだ。いやだ〳〵。あなたの次ぎの手紙だつて、さうだ。今頃日本を出たばかりくらゐだから、二十五日頃でせう。私の手に入るのは。之れもまだ長い事だが、でも此の頃うち、打ちつゞけに何本もきたことを思へば、さう贅沢も云へない気もします。

「さうして、お互ひに寂しがつて、苦しがつてゐる方がいゝ、お互ひの為めだから」なんて、あなたは、えらいよ。全くえらいよ。空元気でも何んでも元気と名づけ得るものを出すだけ大したものだ。

文章倶楽部はきませんよ。いさちやんが読んでゐるんだらう。いさちやんと云へば可愛さうに、その暑さの中を広告取り[16]は実際たまらない。いやな仕事ですからね。恐らく一番いやな仕事でせう。

あなたの原稿は、みんな仕舞つてあります。ですが急にいるとき困りはしない？　一冊の本になるだけになつたら本にしたら何うです。八月の分かきたら、みんなまとめて送り返へしませう、原稿だけを。此後のは、一冊別にお買ひなさい。でないと、急には間に合はないから。

あなたか憂鬱になつた先月の二十四日は、此所では二十三日だが、私は郵便局のストライキ[17]でむし《ママ》〳〵してゐたゞけなの。何事もなし、何事もなし。

いゝものを持つてるつて、何んでせう？　何うも分らない。会ふときの楽しみにしておきませう。

あなたが病気をしないやうに、おとなしくて《ママ》して、慎しくして勉強するやうに。—神よ、神よ。（午後五時）

永久に　あなたの悦
恋しい私の人。

もう、疲れたから、寝るの。寝て読書するの、雨をきゝ乍ら。

（1）一九一八年三月に、ブレストーリトフスクで結ばれたドイツ、オーストリア同盟側と、ソビエトーロシアとの単独講和条約。同年八月には、補完条約が結ばれた。（2）俊子と江尻・熱海で過ごした日々、あるいは、その後の同棲開始日のことか。（3）俊子とのあいだで互いにふざけ合った呼び名。（4）書簡5の注（4）参照。（5）俊子との関係が取沙汰されている羽太鋭治のこと。書簡5を参照。（6）書簡5の注（20）参照。（7）俊子が、七月二十一日の日記中、「私の交際した人の名を列記して見ます」と、幾人もの名を挙げたもの。（8）阿部次郎のこと。悦は知人に対し、阿部に魅力を感じていると語ったという。一方、阿部も自著『三太郎の日記』あるいは『結婚の幸福』を悦宛てに（会社へ）送ったことがある。悦と阿部との間には、編集者と著者との関わりがあったものと思われる。（9）中村武羅夫（編集者、小説家、評論家）のこと。（10）中央公論社の滝田樗陰。（11）書簡1の注（6）参照。（12）書簡1の注（8）参照。（13）書簡5の注（12）参照。（14）大正七年、富山県魚津の女たちに端を発する米騒動。（15）書簡13の注（11）参照。（16）七月二十一日付の俊子日記に、「いさちやんがこの暑いのに汗になつて歩きまわつても一とつも広告が取れなくつて帰つてくる」とあるのを受けたもの。俊子が面倒を見ているいさ子は、六月末ごろから、月給十五円で、小橋三四子に広告取りとして雇われている。（17）六月の俊子宛悦の日記にあるストライキのこと。

18　大正7年8月13日（6）（VANCOUVER. B. C. 消

印13日、TOKIO JAPAN 消印31日）
東京府下青山隠田一〇一　佐藤俊子様　Mme.T. Sato. Tokio, Japan.
E. Suzuki. The continental News, 135 Cordova St. East, Vancouver, B. C. 13 August, 1918.（6）
封書　用紙不明（罫線あり）六枚（表裏）ペン（封筒）、鉛筆（手紙）五日分と花を同封

（第六）

九日つゞき。（あなたか子供のことを云つてゐるのか一番おかしい。何んです、あんな小つぽけな子供のことを[1]。でも、もう何んな事があつても、あなたのくる迄はいかない。又いけもしないし、いく気もない。女などには一切口をきかない。ほんとにきかない。きく気がしない。あなたこそ何んです、やれ感じのいゝ手紙かきた[2]とか何んとか。いやな事だ。もう男と口をきくのはお止しなさい。雑誌記者は仕方がないけれど、〔三字程抹消〕用もないのに遊びにくる奴など追払ひなさい。）

あれから床へ這入つて一眠りしやうと思つたのだけれど眠られない。ほとんど昨夜は眠つてゐないのだけれど、何うしたのか、昨日一日で体の調子がまたくづれて了つたのらしい。疲れ切つてゐるのに、目をとぢてゐると、あなたが見えてくる。頭の中があなたで一杯になるのです。

全く、自分ながら自分の恋愛の強さに驚くほどです。之れが本当の恋愛と云ふものに違ひない、かうあるべき筈だ。―など、思つたりするの。実際何も彼もか最初の経験ですね。お互ひに初めて生活に這入つてゐるのですね。かうした愛を知らない人たちは可哀さうだ、そして、その人たちが恋愛小説を書いたりするのを見るのは、惨めだ。人生を何うの斯うのと云ふのをきくのは滑稽だ。何んだ、まるで人生の表皮を舐めたり、舐つたりしてゐるのぢやないか。そして、人生の味はかうだとか、あゝだとか云つてるやうなものだ。さうは思はない？

ね、私の奥さん、さうでせう。（何うも口調か悪い、何んとかもつと、ピタリと此の心にはまる言葉はないのか知ら。「私の恋しい人」なんて云ふのだけぢや、とても足りないから、「私の奥さん」にしやうかと思つたんだけれど、文字はピタリとはまつても、気持ちがはまらない。そこへ行くと、外国のものはよく感情か言葉にもられてある。My husband,- My dear husband. My wifr, My dear wife.之れを仏蘭西語にすると、もつとよい響がする。

Mon《モン》 mari《マリイ》—Mon《モン》 cher《シエーヤ》 mari《マリイ》. Ma《マ》 femme《フォンム》- Ma《マ》 chere《シエーヤ》 femme《フォンム》. ねえ、いゝでせう。之れの通訳は何うにも見当

らない。もつと之れを略して、「私の可愛い奥さん」と云ふときに、たゞ「マ・シエール」と云ふ。もつと可愛いのには、Ma《マ》 petite《プチツト》 (My little) と云ふ言葉か良人に対しては、Mon《モン》 petit《プチイ》 (モン・プチイ可愛い坊や) と云ふ。いゝ言葉でせう。それから恋にしたつてさうだ。ラブは軽つぽくつていけないが、ラバアもいけないが、仏語はいゝ、ラブをL'amour《ラムール》 と云ひ、L'amant (恋人ラ・マアン) 男から女を云ふ時には L'amaute (ラマント) と云ふ。心臓から出てくる響です。)《(ママ)》)

私の俊さん。—

あなたは、以前奥さんと云はれるのはいやだ、と云つたことがあるが、今度は何うなの。「奥さん」と云はれるのだけれど、きつと。いやな気がする？ 私が云つても？

私は始めつから手紙の上書きにMrsとは書かないでMme (Madame《マダム》) と書いてゐる、ミセスは単に…夫人だけれども、そして「マダム」も同様に用ひられるのではあるが、本来もつと親しい意味があるのです。それはね、マダムは Ma《マ》・dame《ダム》 と云ふ二語が結合した言葉で、My Lady 〔二字程抹消〕に当るわけなの。そして此の言葉 Lady には貴婦人の他に、恋人と云ふ意味があるのです。ですからマダムは大変に新しい意味に用ひられるの。私は何時も「私の恋人、私の妻」と云ふつもりで書いてゐたの。解らなかつたでせう。だから、本当は、あなたが「あなたの妻」「私のハズバンド」（ハスバンドではない。Husband の s は z と同じ）と云ふよりも先きに私の方が、「私の妻」とあなたを、而かも表書きで呼びかけてゐたのでした。

（体はもういゝ。何んて僕の体は健全なんだらう。之れが、あなたゞつたら、死んぢまつたかも知れない。あなたは弱い〳〵泣虫だから。あんなに体がなつたら、一日見たゞけで気絶するに違ひない。食物をお気をつけなさい）

私たちは、全く同じやうな事を考へる、同じやうに悩み、同じやうに喜ぶ。—かうも二人の人間が一つの生活を送ると云ふことか出来るものだらうか。人間と人間とは何故《(ママ)》し信じ合へないか、とあなたは云つてゐるが、驚くべき事は、それではなくて、（少なくとも私たちの場合は）人間と人間とが全然肉も魂も一つのものになつてゐることです。

私はそれをひどく驚く。そしてひどく喜ぶ。神秘！ ほんとの神秘だ。此の神秘は、或る一人の男と、或る一人の女にしか示顕されない神秘です。誰れにでも、又誰れに対してゞもあるのぢやない、男にとつては、運命づけられたる一人の女、女にとつては同様に運命づけられたる一人の男、その間にのみあるものです。その事がはつきり分る。夫れを思へば、私たちは、何んなに大きな歓喜と幸福との中にゐるのだか分らない。

たゞ、かうして、いつ迄も別々になつてゐるのは、何うしても不自然だ、いけない事だ。一日も早やく一緒にならなくちやいけない。あなたの云ふ通り私たちは之れからに違ひない、無論さうだ、本当の仕事か出来るのは五十過ぎてからだ、がその五十と云ふ年齢は二人で親しく培ふのでなくちや、たゞさう云ふ数字が私たちの上に老年をもたらすだけのことになる。此所が大切な点だ。「まだ〳〵いつ迄だつて安心してゐられるわ」ぢやないですよ。そんな呑気なことを云つてるうちに五十は、ぐん〳〵やつてくる。さう思ふと、一刻も、かうして別れてはゐられない気がする。早やく予定だけのものを書いて、それを又本屋へ売つたりして、お金をおつくりなさい。船は大、商(3)のにして一等が二百円、仕度が二百円。四百五十円か五百円あれば、十分だ。多いに越したことはないが、それだけ出来たら、さつさといらつしやい。あなたの好きな（又あなたは此の字を使ってゐる）新潮社で本にしてくれるに違ひないしするから、作らうとしさへすれば、きつと五百や六百の金は出来る。成るたけは私の金は送らない事にするの、又此方へくると何うしてもお小使（ママ）いが当坐は余計にいるから。

さうしなくちやいけない、いけない。そして二人で勉強するのだ。読んだり、書いたり、あなたも二年くらゐは、黙つて読書してゐる方がいゝかも知れない。書き度い時にだけ書くことにするの。貧しくても食ふには困らないから。何うせ、「生ける屍」の主人公が家出の後で恋人とゐた、あの屋根裏式な生活です。何所にゐたつて、何うしてゐたつて、二人で一緒にゐれば、其所には愛がみちる。そして輝く、そして美しさで一杯になる。二三年さうしてゐて、それから最後の生活の場面に乗り出してゆくのです。でも、東京はいやだ。田舎で何うしても半農生活をする。あなたは、きつと厭やとは云はないと思つてゐるの。（之れがいやなら、堕落だ。）いや、それは、もつと先きのことだつた。大切なのは、あなたが一日も早やくくることなの。百才迄生きるとしたつて、もう後七十年はないのだから。実際、「まだ〳〵」なんて、呑気なことを云つてはいられないぢやないの。

早やく、いらつしやーい。

雨がふり通しにふつてゐる。何んと云ふ陰気な雨だらう。夏は少し覗いたばかりで、もう行つて了ふのです。（いくら書いてゐても、もう之れでい丶と云ふ時は来ないの。）

恋しい〳〵、私の俊さま。

あなたの大切な〳〵悦（夜十一時）

十日。《ママ》（土曜日）（第六）

今日は、午後七時近くから天気がよくなりました。と云つても日本の秋の末頃に見られる、あの永雨の間にくる、ちよいとした晴間のやうな感じです。白い雲と灰色の雲とが空に乱れて、太陽の光が彼方此方で飴色に光つたり、乳白に輝いたりする。侘しげにさら〳〵とした水のやうな冷さにみたされてゐます。

編輯をすましてから、その時分迄私は読書してゐました。それから夕飯を一膳だけたべて、お湯へ行つて、海の方迄散歩してきました。途中で、本屋へよつてJesus of Nazarethと云ふ本とルナンのクリスト伝[4]とを買つてきました。ルナンのクリスト伝は有名なもので、クリスト伝中のオーソリティですが、（日本では確か阿部《ママ》能成氏[5]と梁川との全訳が、ずつと昔出た事かあると思ひます）私はまだ読む機会も、見かける機会もなかつたのです。ナザレのシエーサス[6]はエドワード・クロツドと云ふ人の著ですが、何う云ふ人か私は知らない。クリストに関する著書が沢山ある所を見ると、可成り有名な神学者でせう。面白かつたら、あなたに送る。

今は大変に落着いた気持ちで、しと〳〵と胸を流れる恋しさに漂はされてゐます。さうだ。漂はされてゐるのだ。本当に「漂ふ」と云ふ気持ちです。

船は熱田丸が十五日に出るはづです。で、今日第四、第五、と二通投函しました。今月末でなくちや届かないのですね。いやになつちまう。それを思ふと。

之れから、少し読書して、静坐して、そして寝ます。あなたの写真にいくどもキツスをしました。鳳仙花にも、之れにはあなたの唇があたつてゐると思ふと、耐らなく嬉れしい。（夜十時、あなたの悦）

〔欄外―明日は午後からステイブストン[7]へ鮭魚を見物に行つてきます。〕

十一日。

今日は好い天気でした。さながらの《ママ》秋晴れでした。冷々とした微風がふき、空は高く〳〵晴れてゐました。

ステイブストンへ鮭魚を見に行つてきました。漁師はみんな日本人です。今年はあまり漁がないので、昨年の半分くらゐしかゐないと云ひますが、それでも六百《ママ》艘余りのモータァボート（漁船）が午後六時に相図の花火のあがるのをきつかけに渺茫としたフレーザア川(8)の川口に拡がつて一斉に網を入れる光景は可成りな壮観でした。他の商売と同様日曜日は休む規則になってゐますから、夜の漁のこと故、土曜日の朝網をあげたまゝ、日曜の夜迄は、入れることが出来ないのです。で、日曜日の夕方は網入れと様々で、なか〱見物人も多いのです。私は魚者団体の招待に応じて行つたのですから、モーターボートで漁場ぢう見物させてもらひましたが、ひどい不漁でした。一時間近の間に、網にかゝつたのは四五本しか見ませんでした。夜になつてから小学校で花を沢山もらつて帰へりました。スウ井トピーが主ですが、パンヂイや、それから名の知らない野菊のやうなのもあります。封入したのは、スウ井トピイと、それから、つまらない花ですがも一つ名前がいいから、あなたにあげ度いと思つてもつてきたの。

「とこしへ草」と云ふの（赤い菊のやうの）。いゝ名でせう。とこしへ草、とこしへ草、ほんとに嬉れしい名前です。帰つてきたのは、十時でした。帰へりの電車で見たひろい〱黄昏の野の侘びしさ、そして静けさ。私は窓に顔をあて、、〔四字程抹消〕ぢつと野と空とを眺めつゞけてゐました。いろ〱な懐しい思出にそゝられながら。わけても、熱海(9)から帰へつた日のことを、焼きつくやうに懐しく思ひ返へしながら。野には放飼ひの牛や馬が、晩祷をでもあげるやうに、静に頭を垂れて立つてゐました。

恋しい人、恋しい人―私も知らず〱、あなたの健康と、二人の幸福とを黙祷しはじめてゐるのでした。

帰つてルームへ這入ると、余りの空しさに堪えられないので、それに寒気がするので、お湯へ行つてきました。いくどとなく、あなたの写真にキツスをしました。あなたの写真は、あなたの清らかさを実によく表はして行くやうに思はれます。本当に清らかなしほ〱とした、床しい顔をしてゐます。東京にゐるあなたは、何んな顔をしてゐるか。キツクなつたと云はれるが、でも、きつと慎しやかな、心の緊張した、魂の張りを浮べたやうな美しい顔に違ひない。

一日も早やく、会はれるやうに、お祈りをして寝ます。何事もいやな事のないやうに。―（夜十一時半）

あなたの悦

私の俊さま

十二日。よく晴れた日でした。編輯をすました後で、久しぶりに床屋へ行つて、少し伸びすぎた頭髪を刈つてもらひ、それから序に写真をとつてきました。次ぎの船にはお送りすることが出来ませう。あなたも送つて下さい。

それから、ルームへ帰つてきて読書をはじめましたが、何うにも疲れてゐていけないから、六時半頃からベツトへ這入つて今迄（十時半）寝て了ひました。目がさめたから、大変に大事な仕事があつたやうな気がして起きたんですけど、起きて見ると何にも手がつかない。寂しさばかりが胸一杯にひろがつてきて、魂がしきりにあなたを求める。そして夫れが届かない願ひだと判明すると一緒に侘びしく首垂れて行くのです。何んと云ふ弱いことだと自分でも少し腹がたつくらゐです。でも仕方がない。私はもうかう決めてゐるのです―「恋しさや淋しさに無理に抵抗してはゐけない。恋しいまゝに、淋《ママ》びしいまゝに、まかせてゐる方がよい、それが自然だ。」と。実際さうしてゐるとだん〳〵愛慕と寂寥との海の中に漂蕩してゐるやうな気持ちになつてくる。それから非常に謙譲な祈るやうな気分になる。之れは勿論悲しさではない。清らかに清らかに心が澄み渡つて行くのを見ると初めて、あなたの愛に値する、生活に値する、と云ふ自信が出てくるのですから。その反対に今迄は抵抗しやうとしたからいけなかつたの。恋しさの内訌《ママ》した気分は全く自分を暗くする、時には頭を火のやうにする、内生活を滅茶々々にして、まるで病人にして了ふ。こんな悩しい事はないのですものね。

［欄外　あなたは、何んな着物をきてゐるだらう。―ふと今日はそんな事を考へました。之れから読書しやうと思ひましたが、止して静坐をします。（夜十二時）］

寂しさや、恋しさを何かによつて紛らす、など云ふことが出来るものではない。若しそんな事の出来る人があるならば、その人は本当に一人の人を愛してゐない人です。その寂しさ、が愛からきてゐるものである限り人は、それを胡摩《ママ》かすことは出来ない。明らかに出来ない。他の何物かによつて胡摩《ママ》かすと云ふ事は、たとへ一時でも、自分の恋人を他の何物かと交換するのにも等しいのです。そんな事が真に恋をしてゐる者に出来てたまるものですか。たゞ愛の失はれた場合だけロストラブからくる寂しさは、恐らく人を狂的にする、従つて酒色の中へ身を踊らして行くことも出来るに違ひない。何も彼もを、自分自身をも破壊しつくし度いやうな自棄な気分が、それをさせる。私は之れを想像することが出来る。が此の場合でも、自分を胡摩《ママ》化すことにはならない。まぎらす事にはならない。統一を失つた、バランスを失つた生活が、単にもがき苦しむだけの事です。破壊の為めに破壊を喜ぶやうな病的な、悪魔的な精神の活躍です。〔五字程抹消〕此様なのには随分同情が出来る。愛憐の涙を以て見守ることが出来る。が、愛を持ち乍ら、そこからくる寂しさの為めに一時をまぎらすと云ふやうなのには、（若しあつたにしても）同情が出来ない。もつと恋せよ、さうしたら、お前には、そんな余裕はなくなる、と云つてやり度い。それが正しい、そして自然な状態です。自分の恋人以外の女と口をきくことなど、とても出来るものではない。そんな事は想つたゞけでも余りに穢はしい。自分で自分の恋を遊ぶやうな人間は、結局恋の出来ないほどに誠実を欠いた人です。従つて此様な人には、到底真面目な正しいライフを期待することは出来ない。最も卑しむべき種類に属する人です。軽蔑すべき人です。大抵の人は、之れだ。

本当の恋ほど人間を真面目にし、正直にし、正しくするものはない。恋は、有らゆる意味で人間の目覚めです。従つて、恋をしてゐる人の心〔一字抹消〕は清浄と緊白《ママ》とより外には何物をも求めない。極度にデリケートな状態にあるのか事実です。そこに目にはつかないほどの塵垢がかゝつても、全身の神経が一斉におのゝくのは最もな事です。それほどに清らかであり、それほどに緊張してゐるのです。一点の、目にはつかないほどの汚点をゆるすとき、恋は既に汚されてゐるのです。全体の汚点がくるのは瞬く間でせう。怖しい事です。

此の点からしては、私は極めて安らかな位置にゐると云へる。何物も私の心を誘ふものはない。何一つ私の心に不快な圧力を加へるものはない。私自らのあるが儘に在ることが出来る。強迫がない、偽善や、虚偽〔一字抹消〕や、お愛想やから遠く距つてゐられる。まことに自由です。昔の人が、山に入つた心理が、私にはよく解る。煩ひのないと云ふことは何んなにいゝ事であるか。それに、比べると、あなたは可成り辛い位置にある。「ある時に心が傾く」と云ふやうなことを「独棲」[10]の中で云つてゐられたやうであるが、傾斜をもつた心の状態は、随分危険です。私には傾斜や動揺はない。愛の力が十分な統一力をもつて不断に私に望んでゐます。寂しさ、恋しさに囚はれはしても、心が微塵動揺すると云ふことはない。私は、自分を喜んでゐます。そして、あなたの為めに心から祈つてゐます。

恋しい〳〵人。―あなたの手紙のくる日がだん〳〵近づいてきます。もう今時分アラスカ沖へかゝつてゐるでせう。もう十日かしたら大丈夫受取れますね。先きを見ると十日でも随分遠い。私はいくどでも指を折つては数へてみるのです。（私の俊さま。悦）

十三日。只今編輯をすましてルームへ帰つてきたところなの。午後三時半です。あなたの所ではまだ朝の七時ごろでせう。あなたは、昨夜よふかしをして、仕事の労れでまだ眠つてゐるか、それとも、もう起きて庭に水を撒いてゐられるか。何れ雲の白く光つた昼中の暑さを思はせるやうな、夏らしい朝でせう。此所ではもう涼しさよりは何うかすると寒さを覚えます。今日は白い雲が空の大部分をかくしてゐます。それが光るでもなく、輝くでもなく、日光を受けて涙ぐんだやうにぢつとしてゐる。少し長く見詰めてゐると不思議に感傷的な気持ちを誘ひます。

私は矢張り疲労する、まだ此所の生活に生理的に適応してゐないこと、、三時間も四時間もこまかい英字—恰度六号本をよむやうな—を見つゞけてゐること、、そして捕へどころのない恋慕との為めでせう。疲れてくると、妙に侘びしく悲しくなるのが一番いやです。かうした気持ちは、とても恋をもつて外国へ出たものでなくては解らない。普通の若い人たちには、之れが郷愁に—ノスタルジアになるのでせう。私には夫れはない。日本を恋しいとも、故郷を懐しいとも思はない、たゞあなたが恋しい。あなたのある所が懐しい。（と云つても、東京が懐しいのでは無論ない。）

此所にかうしてゐると、日本の生活が如何にゴミ〳〵してゐるか、小さな心の鋭角と鋭角とが如何に小さなことの為めに突き合ひをしてゐ（る）か、夫れ等の浅猿い光景が本当によくわかる。何所にも暢びやかさのない、潤ひのない日本の文壇と云ふものが、ゴミ塚のやう〔三字抹消〕になつて目に映る。あんな中からは決して大きな創作も、大きな心も生れる筈のないことが能く分る。一切が小ざかしい小猿共の芸当だとしか思はれない。あすこでは人を育てることの代りに人を殺して行く、良心と魂との屠殺場だと云ふことが、はつきりと解る。一日も早やく、あなたは此所から脱れなくてはいけない。小さな、若い美しい、本当の芽が虐ひたげられ、玩弄せられて行くばかりだと云ふことか想像せられる。あの空気と地味との中では芽は素直に育つことをさまたげられる。金さへあれば、もう直ぐにも、あなたを来られるやうにするのだが。—それを思ふとたまらない。

あなたの、今其所でする仕事は、過去の破壊だけで沢山だ、それきりでよい。過去に鮮明な打ち切りをつけさへすればよい。之れからの仕事は、正しい生活のプロダクシヨンは、ずつと後に現はれてくるのです。

創作の前に生活がなくてはならない。生活が大切だ、生活の創造が大切だ。「創作の為めの生活」は実に多くの日本の文学者の陥つてゐる驚くべき誤謬です。創作は夫れ自身生活であるべきでない、生活の所産であるべきである。

十五日に熱田丸か出るさうですから、今日之れから之れをだします。前に投函したのもみんな一緒になることでせう。後は又二十日頃にエム・ジヤパン[11]が出ます。

懐しい〳〵俊様　　あなたの悦

（1）七月二十三日付の俊子日記に、「あの白人の女の子を可愛がつて—あれは困るわ」とある。（2）七月二十三日付の俊子日記には、アメリカの不破という若者から感じのよい手紙を貰い、返事を出したということが記されている。（3）書簡5の注（13）参照。（4）ルナン（一八二三〜一八九二年。フランスの思想家、宗教史家）の著書『キリスト教起源史』全七巻（一八六三〜一八八一年）のことか。（5）安倍能成　一八八三〜一九六六年。哲学者、教育者。漱石門下の一人。（6）七月二十七・二十八日付の俊子日記に、「小橋さんが、ギーザスのナザレの生活の絵本を貸してくれました」とあることを受けてか。（7）（8）バンクーバーの南方にあるフレーザー河の河口には、和歌山県三尾村などの漁師が多く移住し、スティブストンという日本漁村をつくっていたという。（9）書簡8の注（24）参照。（10）書簡17参照。（11）書簡13の注（11）参照。

19　大正7年8月15日（6）（VANCOUVER. B. C. 消印16日）

東京府下青山隠田一〇一　佐藤俊様　Mme.T. Sato. Yokohama, Japan.

E. Suzuki. The continental News, 135 Cordova St. East, Vancouver, B. C. 15 August, 1918. (6)

封書　用紙不明（罫線あり）二枚（表裏）ペン（封筒）、鉛筆（手紙）三日分を同封

（写真か出来てきたからお送りします、何んだか異つてゐていやだけれど、まァ送ることにしました。横から写したせいでせう）

（第七）

十三日夜。エム・ジヤパン[1]が出るのは二十日近くと思つてゐたら熱田丸と同じ日ですつて。がつかりして了つた。すると又次ぎの船迄には半月近くある。何んと云ふ意地の悪いことでせう。

今日はね、前の手紙を出してから、お湯へ行つて、それから山本君と云ふ青年と二人で活動写真を見に行つてきました。The Yo□s Country and the women と云ふのです。芸術のものではないけれど、加奈陀の開けかゝる頃の森林生活を背景にしてゐることが興味を惹いたのです。その意味で随分面白いものでした。非常な入りで、七時半頃行つたのに這入れたのは九時半でした。それか

ら今帰つてきたの。

帰つてきたつて、あなたがゐないんだから、本当に頼りない。こんな時は少しの間、いつでもぼんやりして了ふ。玄関へツと出てきて下さつたあなたの、あの優しい、それは〳〵嬉れしさうな顔が浮んでくる。―あなたも寂しいでせうね、帰つてゆく私の足音がないのだから。―

之れから静坐(2)をして寝ます。

いくとも《ママ》〳〵、写真にキツスを送つて、そして健康を祈りなから《ママ》。

恋しい〳〵、俊様　　あなたの悦

十四日。
また雨になりました。午後の少しの晴間を見て私はお湯へ行つてきたの。それからはズツとルームにゐ通しました。沈黙の一日。今日は日本の新聞が先月三十日迄の分が届きました。船か這入つたのですね、何んと云ふ船か誰れにきいても知らない。あなたの手紙か来はしないかと夕方迄待つてゐたが来ない、あなたは此の船の出るのを知らなかつたでせう。無理はないですね、此所でさへ何と云ふ船か分らないくらゐなんだから。此所の教会から夏季講演会の講師に出てくれ、と云つてきたので断つてやりましたが、何うしてもきかない、そのうちにもう掲示広告をして了つたので随分困つてゐます、此様な所で文学上の話をしたつて実際下らないし、又何よりも私はそんなところで話をする気がしないのですから。今日も、も一度、断つてやつたところ、何んでもいゝから、一時間でもいゝから、と云ふので、夫れ以上無下にも断れず、明日から此の月一杯ですから、ずつと終り時分になつてから、何か話すことにしました。
恋しい人、恋しい人。何んにも変つたことはありませんか。何うぞ健全でゐられるやうに。―(夜十時半)
あなたの悦

十五日。

俊さま。―

俊さま―かう叫びかけるのが一番懐しい気持にそつてゐる。―かう永く手紙が来ないと、その間に何んなことがあつたかも知れない、何か不快な不幸な事が、それから病気で悩むやうなことが、あつたかも知れない、現にあるのかも知れない、―と云ふ気がしてくるのです。之ればつかりは何うすることも出来ない、心の生活と愛とを如何に深く信じてゐても、外的な不幸について、全然無感覚になつてゐることは出来ない。自分の愛は何うしても其所迄の焦慮に自分を導いて行く。—

ねえ、何うともないの。元気でゐるの。

今日も雨が降りました。朝などまるで目をとち《ママ》たやうに暗いのです。ビショ〳〵とペーブメントに当る雨の音かします。それを床の中できいてゐると、消えてゆくやうに寂しくなりました。恋しくて、恋しくて、空と知りなか《ママ》ら、夫れをつかまずにはゐられないやうな気持ちになります。

でも、しつかりと自分をつかんでゐます、と云ふよりは、今ではもうひとりでにそつと自分の内へ自分を包んでおくことが出来ます。愛のうちにそつと身をつけておくのです。私は何にも見ない、何にも考へない。たゞ、あなたを見、あなたのことを考へてゐるだけです。一切の自己の心の活動が、此一点から出発して、此の一点へ帰つてくる。

今日も、お湯へ行つたゞけ。少しの読書と、多くの静坐とで送りました。日が—今日やつと気か《ママ》ついたのですが。—大変短くなりました。九時半にはもう暗くなります。懐しい心地になりました。時の歩みが余りにあざやかに映つてきたのですもの。

瞬時も空しく費してはならない、本当に大切な時間なのだから。—と、つく〴〵考へました。私たちの之れからは、実際大切な時間です。側目をしたり、よち〳〵してゐてはならない。二人の生活を隙間なしに魂の息吹きで埋めて行かなくてはならない。

それには、何うして（も）早やく一緒にゐることを考へなくてはいけない。あなたは、さうは思はないの。

ジヤパン号は今日出たけれど、熱田丸は明後日にのびました。私の手紙は何うなつて行つたか、或は最初出した初分《ママ》か熱田丸へ行つてゐるかも知れない。いやみんな熱田丸かも知れない、さうすると余程おそくなる。何うぞ二艘に別れてのせられてゐればよい。と念じてゐます。此の手紙は、まだ間に合ふだらうと思ひますから、明朝投函します。

たつしやでゐて、そしていゝ便りを沢山に下さい。

では、次ぎの船迄さやうなら。

あなたの瞳(3)にキツスしなか《ママ》ら（夜十一時）

あなたの永久の良人

私の俊様

あんまり一時にたまつて手紙が行くので、郵便配達が妬くでせうね。あなたはきまりか悪くはない？—ふとそんな事を考へたらおかしくなつた。

（1）書簡13の注（11）参照。（2）書簡5の注（18）参照。
（3）書簡1の注（5）（9）参照。

20

大正7年8月28日（1）（VANCOUVER. B. C. 消印28日、TOKIO JAPAN 消印9月23日、青山消印9月24日）
東京府下青山隠田一〇一　佐藤俊子様　Mme.T. Sato. Tokio, Japan.
E. Suzuki. The continental News, 135 Cordova St. East, Vancouver, B. C.　28 August, 1918.（1）
封書　用紙不明九枚（表裏）　ペン（封筒）、鉛筆（手紙）　十二日分を同封

（第一信）

十六日。今日は快い日でした。

爽やかな風が一日ぢう吹いてゐました。

今日はお湯へ行つて、その帰りに額縁をかつてきて、西川君（1）から貰つた興福寺の〔二字抹消〕大佛像の〔一字抹消〕写真版をそれに入れて壁にかけました。リンゴとスイミツを買つてきて喰べました。此所では果実がみんな冷い汁を豊富に含んでゐます。「秋」を喰べるやうな、スガ〳〵しい気持がしました。あなたの写真を前において、私はあなたと二人で喰べることを想像しながら食べつゞけました。スウイミツ《（ママ）》を三つ食べて、夕飯はよしました。ちつとも御飯が食べ度くないのです。

昨夜も又眠られなかつたので、そして、いやな夢をみたので―厭やな夢は見たことがなかつたのだが、あなたのが感染したらしい―何うも気分が鬱していけないので、夫れから二時間ばかり寝ました。起きたのは九時過ぎでしたが、十二時迄読書しました。

ねえ、夢をいゝませうか。―実に好かない夢なのです。

私は代々木か新宿の停車場にゐて、電車を乗りかへて、あなたの所へ行かうとしてゐました。だけど、何う云ふわけなのか、何うしても原宿へ行く電車に乗れないのです。アチラのプラ（ツ）トホームへ行くと其所へくるのは飯田町行きであるし、別の方へ行くと又其所へくるのも飯田町行きになるのです。それで彼方へ行つたり、此所へ来たりしてゐるのです。何うしたのかと考へてみるが、何うしても解らない。了ひには、労れ果てゝ、ベンチに腰をかけてゐると、其の前を〔四字程抹消〕あなたが電車の窓から〔三字程抹消〕顔を出して笑ひながら通過して行くのです。ハツと思って立ちあがると、もつと笑ひながらあなたは行きすぎて了ひました。夢中になつて走り出した途端にプ（ラ）ツトホームから線路へ転げ落

ちたので、眼がさめました。実にいやな夢だ。何うして此様な夢を見たのか、—と考へたが、ぢき考へることを止めました。夢を考へるくらゐ愚な事はない、と思つて。あなた《ママ》が房州へ行つたのは、今日あたりですね。真暗な夜を寂しい停車場から手を握り合つて歩いたことが、ありありと浮んできます。涼しい風がふいて、稲の香りがして、蛙が鳴いてゐました。あゝ、懐しい、懐しい。懐しさが私を一杯にしてゐます。あなたも多分思ひ出して、そして私を恋しがつてゐてくれることでせう。何も彼もが記憶に浮んでくる。恋しい人。—私の俊さま。仕事は出来るの。まだ暑さがひどいから本当に大変でせう。病気をしやしない？　私が此様に毎日〳〵祈念してゐるから、それが神意に通じない筈はないと信じてはゐるけれど。それでも、あなたの手紙を見ないと安心が出来ないの。もう三週間もあなたの生活から無智になつてゐるのだし、それから、今度くるのはまだ後少くも一週間たつてからなのだ、と思ふと遣瀬がなくなる。

私の方だつても、さうですね。此の手紙が行くのは、いつの事だらう？　船か出る迄には、まだ何うしても半月近く間があるらしいから、さうすると来月の半ば頃ですね。耐らない事だ、一ヶ月目でなくちや、私の生活かあなたに分らないなんて。私は、いつでも躰を注意して、あなたを思ひつゞけ乍ら、それより外の事は何一つ考へられないで、勉強してゐますから安神《ママ》してゐて下さい。

（あなたの悦。夜一時）

十七日。

お湯へ行つたゞけ。今日もルームに居つゞけました。私はよくお湯へ行くでせう。月定めにしてあるのです。そして殆ど毎晩行きます。私の享楽と云へば、お湯へつかることだけです。お湯へ首まで漬つて、目をとぢてゐると、淡々しい慰藉が全身を巡つてくれます。私はホツとして吐息をします。何故だか解らないが、吐息がされるのです。それはよく吐息をしますよ。仕事をしてゐても、読書をしてゐても、無意識に吐息をするのです。セエーキスピアの「アズ・ユウ・ライク・イツト」[2]に出てくる恋人同士が頻りに森の中で吐息をする、恋は吐息をする事だ、と云ふやうな文句のあつたことを憶ひ出して、微笑することもあります。

今日は、さつき迄かゝつて原稿を書いたの。之れから少し読書して、黙坐して、そして寝ます。昨夜も、それこそいやな夢を見て、それからとう〳〵明方迄眠らないで了ひました。

何うしたんでせう。矢張り頭が疲れてゐるからでせうか。

それとも、あなたに何かあつたのではないか。何うぞ、さう云ふ悲しいことや、苦しいことのないやうに。—

恋しい、恋しい人。

あなたの悦（夜十時）

もう、あなたの手紙を百日も千日もの間見ないでゐるやうな気がする。

十八日。

今日は日曜なのです。薄曇りのしたいやな日です。夕飯をたべてから、公園迄散歩にゆき雨にふられて、びしよぬれになつて帰つてきました。それつきり。何所へも行かず、誰れにも会はず、ルームに居通しました。フランスの近代文学史をしらべたり、黙坐したりして。それから無論あなたの事を思ひつゞける間に、苦しい二人の現在を考へないではゐられませんでした。でも、之れだけ立派な恋を得るのには、此の位ゐな苦痛は、まだしも軽いのかも知れない、とも考へます。

ホツと吐息をしては顔をあげる。すると、其所にあなたの写真がある。ぢつと思ひ耽けつたり、読みつゞけたりしてゐる私を、寂しさうに笑ひながら眺めてゐる。—それから私は、あなたの苦闘を考へる。実際大変だと思ふ。自分などが勝手なことを云つてはいけないのだと、つく〴〵考へる。あなたの書いたものを見ると、古い殼を破つて新しい世界に立つたもの、勇しい叫びの下に何所やら自分で自分に闘つてゐる、自分で自分を押してゐる、押さずにはゐられない、闘はずにはゐられない頼りなさが密《ママ》んでゐる。それは何所からくるか、いろ〳〵な原因が想像せられるけれども、一つは有りつたけに自分を表白し尽くせないことが〔三字程抹消〕原因である。何所かで「言ひわけ」をしなくてはならないからである。一つの大切なものを隠さなくてはならないからである。—私のあることを。

書き度くもないものを、あなたは書かなくてはならないのだ。さう思ふと、全く耐らないほど、あなたが気の毒になる。ほんとに、すまない、と云ふ気がする。今は少くとも此の後幾年間かは、何にも書かないで、黙つて修養してゐることが、あなたにとつても、私にとつても一番よいことであるのに、之れをしてゐることが出来ない。まア私のはよい。機械的にでもやつてゐられる事だから。だが、あなたのは大変だ。少しの休養をすらすることなしに、又しても無理に血を絞るのだから。

僕は、すつかり消気て了ひました。それから又非常に謙遜な気持ちになつて、黙祈しました。「私の大切な、たつた一人の恋人に、たつた一つの魂ひである恋人に、安

眠と健康とを与へ給へ。」（夜十二時）
　俊さま、私の俊さま。

十九日。

晴れた好い日になりました。冷々としてゐます。

日本は大変ですね。お米の暴騰の暴動[3]で。

毎日々々電報が這入つてきます。とう〳〵東京でも始りましたね。始るのが当然でせう。生活のバランスが世界的に崩れてゐるのだから。それはい丶。何んな暴動があつたつて、それが私のあなたを傷けたり苦しめたりするわけぢやないから。併し、お米が高くなつて、生活費が嵩んできたと云ふやうな通信を見ると、妙に、ヒヤツとします。生れて初めての感覚です。それは、それだけづ丶あなたと私との会合を遠くに押してやるやうに思はれるからなの。「之れぢや、たまらない、食べるだけだつて、一通りの苦闘ぢや追付かないぢやないか。』さう胸の内で繰返へします。『実に忌々しいことだ。国に金がふゑた、だから物価か騰貴する、それはまァさうだらう。所で、此の命題の中に一切の実生活上の矛盾か含まれてゐる。「国に」と云つたつて、それは全国民の各自を意味するものぢやない、然るに、「物価の騰貴」は各自の問題である。「ある人に、若しくは或る一部に金がふえた、だから物価が騰貴した』《ママ》と云ふことである。呪はるべきものが、ある人、又は或る一部であるのは当然ぢやないか、金のふえたことの為めに、一般が何の利益を受けてゐるのか。』《ママ》

いくら腹を立て丶も、追付かない、が、追付かないことを思ふと、もつと腹が立つてくるの。何んと思つてゐる？　あなたは？　大丈夫なの？　元気なの？　何しろ早やく手紙が来なくちやいけない。

今日は、お湯へ行つて本屋へよつたら、たま〳〵英語を教へてくれると外国人《ママ》に出会つて、来月五日から、一週二〔一字抹消〕回〔二時間〕つゞ《ママ》会話を教はることにしました。グリーンと云ふ五十前後の男で、外でも英語の教師をしてゐる〔二字程抹消〕（外人の子供に）と云つてゐました。正確な英語を話します。一時間七十五仙《ママ》で、南バンクーバアから私のルームへ出張してきてくれる筈です。自分ではカナデイヤンだと云つてゐましたが、見たところグリークの血が余程あるらしい、何んにしても混血児です。い丶教師が見付（か）らなくて困つてゐた所ですから、暫らく習つてみます。（午後九時）

　恋しい俊さま、　瞳[4]にきつすしつ丶、あなたの悦

二十日。

もう十二時少し過ぎました。お湯へ行つたきりで、何所へも出ないで、今迄原稿を（新聞の）書いてゐたのです。すつかり疲れて了ひました。書いて了ふと疲れと寂しさと、恋しさとか一緒に押しよせてきて、私を何うにもならなくして了ふ。気がつくと、あなたの写真を懐に入れてゐました。暖くなつてゐました。

今日は、あなたが房州から初めての便りを呉れた日です。「海を眺めてばかりゐます…」と云ふハガキを。私は又あれを出して眺めました。

昨夜もよく眠られなかつたので、本当に疲れて了ひました。之れから一時間ばかり黙坐して寝ます。

早やくあなたの便りが見度い。もう船か這入つてくるでせう、一両日中には。あゝ、早やく来ないかなァ。

私の恋しい俊さま。　　　　あなたの悦

二十一日。

矢張り昨夜も眠られない。何うしたのでせう。疲れきつてゐて、そして神経が今にも切れさうに緊張してゐるのです。微動もしないで、張りきつてゐる蜘蛛の糸のやうに自分で自分の神経が見えてくるのです。之れで幾日つゞく事か、と云ふやうな気持ちがしてくる。だん〳〵自分の心身が苛まれて、日毎〳〵、死の方へ近づきつゝあるやうな気持ちがしてくる。さう思ふと胸が妙に痛みつゞけてゐることに気がつく。―

ホツと又熱い吐息が出てくるのです。自分で自分が余りに情なくなつて、私は涙を浮べて起きあがりました。そして又黙坐をつゞけるのです。私の前には、西川君かくれた興福寺の大仏の像がかけてある。私はその前で祈りつゝ、ぢつと坐りつゞけてゐました。やがて、外には白々と侘びしげな冷い朝が訪れはじめ、近くの自動車の車庫から、自動車を出してゐる音などがきこえてまゐりました。

今日は、あなたが那古の観音から「あした帰へります」と云つてよこした日です。それから、その「あした」と云ふ日に、私はあなたに会ふことが出来たか何うかなど、考へてゐました。


編輯をおへてから、自動車で、米国境ひまで四十哩ばかり見物につれて行つて貰ふはづでしたが、雨で駄目になりました。もう晴れた日は、だん〳〵少くなつてゆきます。

夜お湯へ行つて、それから日本人会の□□に行きました。いやなんだけれど、余り外出しないのも具合が悪いし、それに睡眠不足の為め、頭が悲しいことばかり考へたがるので、思ひきつて行つてきました。帰つてきたのは十二時過ぎでした。又少しも眠くない。たゞ寂しさが一杯に冷い水のやうに私の躰ぢうを流れてゐるだけなの。でも私はきつとよくします。（夜一時半）

私の俊さま。

あなたの悦

二十二日。曇。まだ船が這入つたと云ふ知らせが来ない。まだあなたの手紙が来ない。

私は黙つてゐる。石のやうに黙つてゐる。

お湯へ行つて、少し入江の方を歩いてみたけれど、山も水もみんな怖ろしく黙り込んでゐる。目を閉じて、何か辛いことを懸命に我慢してゐるやうに見える。胸か痛くなつたので直きに帰つてきました。そして、あなたの写真にキツスして、それから平和と幸福とを祈り乍ら、静坐しました。

光りよ、お前は何所へ去つたのであるか？

もう町には、夏帽の代りに冬帽が飾りつけられてあるのを発見しました。それか又私の胸を寂しくしました。

雲は一日ぢうヒタリと空を掩ふてゐる。

でも、追はれて、原稿を書きました。ちつとも筆が進まない。たつた五枚か七枚書くのに、四時間余りもかゝつて了ひました。書くことよりは、外の事か思はれる。――あなたの事が思はれる。

躰の疲れが魂にまで及ぶのは、実に情けないことである。

（夜十二時半）

恋しい〳〵人。私の人。

あなたの悦

二十三日。今日はよく晴れました。仕事をすましてから一人で展覧会へ行つてきました。今日あたり香取丸がヴィクトリアへ這入つた筈だから、明日は手紙がくるかも知れない。モンゲーグル[5]も両三日中には此所へ帰へる筈です。長い〳〵待焦れの後で、また一度に沢山手紙かもらへるかと思ふと嬉れしい。なりたけよい事が、沢山に〳〵書いてあればよいと思つてゐます。

俊さま。

展覧会は、町の東の郊外の野の中に十九日から開ら（か）れてゐるのです。野と云つても、その一廓を此所では、ヘスチング・パークと呼んで、公園にしてゐますが、戦争以来は軍隊の屯営所になつてゐます。野産物と犬や、馬や豚などが出陳されてありました。何所も同じで、此所にも、さま〴〵な見世物がきて喧しく囃し立てゝゐました。「世界ぢうで一番大きな人」「獅子使ひの女」「大蛇」それから、旅芸人―旅の踊子、など云ふものが、幾つとなしに天幕を張り、恰度招魂社の祭りのやうな光景を呈してゐました。

農産物のうちの、草花は目の覚めるやうに美しいものでした。絵画もありましたが、云ふに足らないものです。雑沓かいやさに、私は直きに外へ出て一時間ばかり草原に寝てゐました。仰向いてゐれば真青な、滴るやうな空なのに、入江の彼方の山には雲を負び、霧にとざゝれて、墨絵のやうに遠く距つてゐます。もう来年まで、かうして自分の姿をヴエールのうちに隠してゐることでせう。「ウソ」に似た焦茶色の小鳥がもう少しで私の上に留りさうにして、飛んで行きました。かうして見れば、もう草も黄味をもちはじめてゐます。乾草のそれに似た香ひが除《ママ》ろに鼻にしみ、ひえ〳〵とした地の冷さが背に通ふてきます。

私は、ぢつと山の頂の方を眺めたり、それから真上の洗い清めたやうな空〔三字程抹消〕へ瞳を移したりして、いろ〳〵な事を考へてゐました。去年の今頃のこと(6)や、それからだん〳〵秋に入りつゝあつた日のことや、…ずつとお別れして船にのる迄のことを。「ぢや、御無事でいつてらっしゃい』《ママ》この言葉が、ふつと耳元で囁くやうに記憶の表に浮んでくると、私の目は、たはいもなく涙をこぼしてゐました。此様な魂の髄に滲み入る悲しい別れの言葉をきいた人が古来幾人あるであらうか。

それから私は又之れからの日のことを考へました。冬になると、『フオツグ・タウン』と云はれるほどに此所は霧がふかくなる。そして毎日〳〵雨が滴るやうに窓を潤ほしてゐる。その後では又雲になる。—閉ざされた五ヶ月若しくは六ヶ月がつゞくと云ふのです。それは、毎日〳〵空を眺めないではゐられない私には、今から其所へ日の歩みつゝあることが明瞭に感じられます。二人でゐるのならば、それも寧ろ楽しいかも知れない。いや、天候や時候によつて、支配される恐れは全くないと云へる。でも、あなたは、来られるであらうか？　さう考へると何故かしら、来られないやうな気ばかりがしてくる。何がしらかゞあなたの来ることを障げるやうな気がしてくる。—

あなたの居ない所、其所に何があらう。何んの生活があらう。

私は、ひとへに暗くのみある、空しい日を之れから先き幾日送らねばならないか。

私の目からは、もう涙は消えてゐました。想ふに光りさへ消えてゐたでせう。此頃は日に幾度となく痛む胸が、私をひどく息苦しくしてゐましたから。

「たつた一人」そんな風にまで心が淋しく首垂れてゆくのを、しばらく何うしやうもなかつたのです。あなたは、腹を立てるでせう。意気地のなさを歯がゆく思ふでせう。でも許して下さい。此の心境は其所にゐては想像の出来ないものです。「何も彼も、一切のものが自分を去つた。」妄想的に其様な気分に囚はれてゆくのでした。何んだか、あなたが一歩〳〵私から遠ざかつて、そして、もう今時分は過去の一点にだけ私の面影が生きてゐるやうな風に考へられたからです。『一切を得んが為めに、一切を捨てた、そして一切を得た。その瞬間に又一切に捨てられてゐた』こんな事を頭のうちで、自分のでない、別の力が組み立てゝ行くのです。『天と地とが此の頼りどころのない男を黙つて眺めてゐる。』

けれど、私の魂は、いつ迄も私を此様な状態には置きませんでした。やがて、かうした私を歎き悲しみはじめたのです。途に迷つた盲目を引き返へさせるやうに、遮二無二私を引き立てゝくれました。愛は永遠である。本当の愛のみ独り永遠である。何故と云ふに、それは神ものだから。永遠に生きる、とは愛に生きることである。即チ神に生きることである。いや神を生きることである。そして、私は？　私は少くとも、万人に一人しか得られない愛を得てゐる。愛せられてゐる。愛してゐる。

それで、十分ではないか。

お前は忍苦を恐れる。何んと云ふ卑怯なことだ。忍苦のない所に、そも〳〵何等の生活があるか。真実の為めには、愛の為めには、本当の生活の為めには、幾多の真人がその生命をすら奪はれてゐるではないか。愛と真実との生活史は、それらの人々の血潮をのぞいては全然在り得ないものである。

忍苦を怖れてはならない。忍苦と握手しろ。やがて、お前たちの生活の曙であるのだ。

私は、悪夢から覚めたやうに、身ぶるひが出ました。そこで、起きあがつて、静かに服についた草の実を払ひ、日の落ちかゝつた赤い西の空を眺めつゝ、歩みはじめたのでした。

ルームへ帰つたのが八時少し前。それから躰をふいて、少し静坐[7]して、自由思想史を読みました。

あなたの手紙をまつことで一杯になつてゐます。

俊さま。懐しい〳〵私の俊さま。

あなたの健康を祈り乍らベットへ行きます。（夜十二時半　悦）

二十四日

また、ストライキ[8]が始つたの。今度は汽船の船員なの。大平《ママ》洋沿岸通ひの船は全《ママ》今日から通はない。もうヴイクトリア迄手紙がきてゐる筈なのだけれど、船が運《ママ》はないから駄目なの。資本家対労働者の戦ひは、実際痛快だけれど、交通機関だけは実に我慢がならないほど腹が立つ。そして又何んて運か悪いのか、意地が悪いのか、知らないか廻り合せ悪くゆく事だらう。此の前の郵便局のときも、もう一日と云ふ所だつたが、今度もさうなの。もう一日後にしてくれたら、まァ暫らくは、随意に、盛んにやつて貰ひ度いくらゐなものだけれど、今日やられたのは全く腹が立つ。夕方公園迄行つてきました。メチヤ〳〵に歩いたの。不平のもつて行き所がないのだから耐らない。

よく晴れた日でした。並木のアカシヤがだん〳〵黄色くなつてまゐりました。恋しい。恋しい。

もう寝るの。神経かすり切れさうだから。（夜十時半）

私の魂ひである俊さま。　　　　　　あなたの悦

大阪商船(9)か船賃を大分あげました、高い方は船が大きいの。

二十五日。

二十六日。

今朝、あなたの日記がきました。二十五日から五日迄の分。僕は、やつと甦つた。が、又あの日記をよむと胸がいたくなつて了つた。焼きつけるやうな暑さの中で苦しんでゐるあなたの姿が余り惨めすぎるから。本当に堪え切れないに違ひない。全く残酷な戦ひだ。

「之れでは、とても躰がつゞかない』《ママ》と私は思ひました、あなたのことを。でも何うしていゝのか分らない。たゞもう夢中で健康を祈るより外には何うしやうもない。私は毎日〳〵あなたの躰のことばかり心配して、そして其の為めに祈つてゐます。まだ暑い盛りですね。でも夜は、もういくらかづゝ涼しくなつて行くことでせう。此の手紙があなたの手許へつく頃は、きつと秋らしい気分が朝夕のあなたを訪れてゐるに違ひない。それから…その頃は、もう此方へくる仕度が出来るに違ひない、きつと出来るでせう。それを思ふと嬉れしい。もう後二ヶ月の辛棒ですね。二ヶ月くらゐなら、火の中にでも、石の上にでもゐられる。先きが見えてからなら、何んなにでもしてゐられる。苦しさも、愁はしさも、その事の為めには、みんな嬉れしいものになる。

昨日は日曜でしたから、漁船にのせて貰つて、ヴエタニアと云ふ所まで行つてきました。此所の入江を出て、も一つ向うの入江を三十二哩ばかり這入つて行くのです。五千尺、三千尺と云ふやうな山が両側の水際に無数に重り合つてゐて、彼所此所の頂きや、谷間らしい所には雲

がありました。ヴエタムアに（ママ）と云ふ所には銅鉱があるので其所にだけは、百軒くらゐ家が並んでゐますが、外には所々に、サンマー・ハウスが見えてゐるだけなのです。西洋人の若い男女が小さなボートを漕いでゐるのが、時折り眺められました。静かな〳〵、それこそ仙境です。私たちの船は一時間八哩ばかり走るモーターボートでしたが、帰りには、もう日がくれました。夕日の美しさは、神々しいほどでした。私は始終あなたの事ばかり考へてゐました。夕ぐれの小さなデツキの上に立つて、日の落ちてゆくのを何んなに懐しく眺めつゞけてゐたか。帰りついたのは、十一時でした。すつかり風をひいて了つて、頭痛がひどいので、直ぐに寝ました。まだ、頭痛がしてゐるの。でも、手紙がきたから、大変に元気が出来たけれど。かうしてゐても鼻がいたくて、涙が出てくる。—あなたに、買つてもらつた薬を飲みました。

恋しい人、恋しい人。

病気をしないで下さい。そんな風[10]なら旅行券はきつと早やく下りますよ。もう今時分は多分下りてゐるでせう。早やく来て下さい。あなたの云ふ通りそれでなくちや、とても仕事は出来ない。仕事が出来ないばかりぢやなくて、躰をも心もを傷つけて了ふやうになります。あなたは、私の傍にゐなくちや何も出来ない。私はあなたの傍にゐなくちや何にも出来ない。さうです、さうです、あなたは、此所でいくらでも仕事が出来ます。旅行免状が下つたら一日でも早やく船におのりなさい。余り噂が立つと、又うるさい事が出来るから、出来る限り早やい方がよい。あなたの計画がうまく運ぶやうにと念じてゐます。お祈りをします。

他に心が移りはしないかとか、〔二字程抹消〕女のお友だちが出来やしないかとか[11]、何を云つてるの？　そんな気持ちでゐられると思つてゐるの。私は女などに、あなたを外にして、口をきく気には何うしてもなれない。上野山君に私は同情しないではゐられない[12]。よく、上野山君はそれで生きてゐられることだ。死ぬよりも辛いことであらうと思ふ。本当に恋し合つてゐる人の何方かゞ先きへ死ぬと云ふことは、人生に於ける恐らく最大悲惨事ですね。

あなたが変つた、と云ふのは嬉れしい。私が此方へ来てから、一層よくなつたのですね。つまり一層ピユリフワイされたのですね。純化し、統一されつくしたのですね。それが当然のことであるが、併しさうきくと全く嬉れしくてならない。早やく顔を見せて下さい。早や〳〵。高村さん[13]へ行つたんですね。私行く方がよいと思ってゐた。あの人には会はないが、立派な人だと私は思ってゐる。訪問しないできたのを残念に思つてゐます。

あな（た）は、写真を送ると云つて、封入するのを忘れましたね。今のが欲しいんだけれど、直きにくるのなら、それまで我慢します。

何うしても来られなかつたら、少くとも半永久的にはゐられさうな田舎を選んでお引越しなさい。私は其所へ帰つてゆく。いよ〳〵あなたが来られないとなつたら、私は、何んとでもして、成るだけ早やく帰つてゆく。直ぐに代りの人をさがしはじめる。此の上此の惨らしさに耐えると云ふことは、自分たちを苛み殺すと云ふ事だ。

二人の苦しみかたが全く同じなのは、驚いてしまふくらゐだが、併しそれは又嬉れしいことでもある。何うしても二人が一緒になるのでなければ、生きるに堪えないことが明らかに分る。

私だつて、恰度一ヶ月目にあなたの生活の模様を知ることが出来るのです。之れは実に頼りない。之れが二人を何れほど多く苦しめるか分らない。私の憂鬱も、あなたの憂鬱もみんな夫れからくるのです。

今度一緒になつたら、もう〳〵死ぬ迄ちつとだつて分れ《（ママ）》ない。無論ノー、私はあなたのものだ、そしてあなたはわたしのものだ。

私頭がいたいの。私のは風邪だと云ふことがハッキリ分つてゐるから大丈夫だけれど、あなたのは心配ですね。咳が出るなんて。いゝや、何だつて、一緒にさへなりや、直ぐに治つて了ふから。早やく電報がくればいゝ。もう、手紙を書かないで、あなたの船を待つやうになり度い。―僕は少し寝ます。あなたの日記を読返しながら、少し休みます。（午後三時半、悦）

二十七日。

昨日、おそく迄書いて寝たきり、もう起られなくなつて了つたの。でも、今朝は少しばかり起きて仕事をしかけたけれど、何うしても続けられないので、長田さんにお願ひして寝ませ《（ママ）》てもらひました。熱が少しも下らないで、躰がふら〳〵するし、そして頭が噛まれるやうに痛くなるのですもの。あなたの日記をよんでは、ウツラ〳〵とし、又覚めては読みつゞける。―

あなたの日記は、香取丸で出したやうに書いてあるが、モンテイーグルできたのらしい。モンテイーグルには手紙を出すと書いてあるが、それは来ない。香取丸の郵便物は昨日みんなきたらしいが、私の所へは何んにも来ない。新聞など十日の日までのがきてゐる。

あなたは何うしたのだらう？　病気がひどくなつて、もうあれつきり何にも書けなかつたのぢやないか。それかまだ悪くてゐたら？　…あゝ、頭が何うかなりさうだ。

また、熱が烈しくなりましたから、寝ます。でも、明日迄には何うしたつて治して了ふ。此の上病気に迄苦しめられたのぢや、全く生命が萎えて了ふに違ひない。私は、まけない、私はまけない。此の生活を完成しなくてはならないのだから。—

もう、夜の八時です。夕ぐれ近い薄い日射しが前の建物に流れてゐます。

　私の俊さま。　　悦

二十八日。

今日は起きて仕事をしました。やつとの事で。まだいけない。がもう大丈夫。だん〳〵な（お）るのが分るから。マニラ丸が昨日ヴィクトリアへ着いて、新聞が（十二日迄の分）きました。あなたの手紙は来ない。あなたは病気をしてゐるのぢやないか。それが私を苦しめる。それとも私の手紙が届かないのか。恰度あの頃は郵便のストライキ（六月末）のあつた時だけれども、二十二三日頃迄の分は伏見、アラビヤ、アフリカ、の三船のうち、何れかゞ持つて行つてくれたに違ひない。

私は、さつぱり頭がきかなくなつてゐる。熱の為めなの。あなたの暑さに苦しめられて病んでゐる手紙を見るから私が病んでゐる。—実に我慢がならないほどいら〳〵してくる。あなたの寂しいことか本当によく分る。私もたゑ《ママ》られない。

明日は賀茂丸が入港する筈であるが、それにもあなたの手紙がなかつたら、私は何うなることだらう。

此の手紙は今日投函しておきます。併し船の出るのは、来月五六日頃でせう。あなたの手元へ行くのは、来月十七八日頃か。何んと云ふ頼りないことだらう。（午後四時半）

　恋しい人。恋しい人。　悦

（1）書簡5の注（4）参照。（2）シェークスピアの『お気に召すまま』。日本での初演は、明治四十年。（3）書簡17の注（14）参照。（4）書簡1の注（5）（9）参照。（5）書簡13の注（10）参照。（6）大正六年の末頃、俊子と二人で江尻や熱海で過ごしたこと、あるいは、その後に二人で住み始めた頃のこと。（7）書簡5の注（18）参照。（8）汽船のストライキ。（9）書簡5の注（13）参照。（10）俊子から悦へ送られた日記から、俊子が七月二十九日から八月一日にかけて、旅行券を申し込むための手続きを行っていることがわかる。（11）七月三十一日や八月四日の俊子からの日記に、そのような内容の記述がある。（12）上野山清貢　一八九〇〜一九六〇年。北海道生。洋画家。ここでいう「同情」とは、上野山が妻で作家の素木しづを大正七年一月に病で亡くしたことに対していったもの。（13）高村光太郎・智恵子夫妻。

21

大正7年9月1日（2）（VANCOUVER. B. C. 消印2日、TOKIO JAPAN 消印23日、青山消印24日）
東京府下青山隠田一〇一　佐藤俊様　Mme. T. Sato. Tokio, Japan.
E. Suzuki. The continental News, 135 Cordova St. East, Vancouver, B. C. September 1, 1918.（2）
封書　用紙不明十一枚（表裏）ペン（封筒）、鉛筆（手紙）五日分を同封

第二信

二十八日、つづき。

あれから寝たの。でも、ちつとも眠られない。熱が可成りひどいので、ウツラ〳〵としてくるけれども、自分で呻吟するのに吃驚して目を覚まして了ふ。本を読もうとしてもよめない。あなたの事ばかりが考へられる。もう旅行券が下つたらうかと考へる。或は病気をしてゐるのぢやないか、と思ふ。喜びと不安とがごつちやになつて私を滅茶々々にする。あれはいけない、あなたのあのやりつぱなしはいけない。雑誌を送つたと云つて送らなかつたり、手紙を書くと云つておいて書かなかつたり、—来ないところを見るとさうに違ひない。—あのやりつぱなしは実によくない。かうして一ヶ月目でなくては消息も分らないほどになつてゐると、さうした一寸と（ママ）したことが非常に神経を痛めさせる。心配をさせる。之れを、あなたが想像しないのか私には不思議でならない。私にも、さうした欠点があるかも知れないが、お互ひに、もつとお互ひ同士をこまかく恂り合ふのが当然だと思ふ。—かう思つたら、あなたの感情のこまかいくせに、何所にかやりつぱなしの点があるのを腹立しくさへ感じてきたのです。会つたときは、何うしても之れは、よく云はなくちやいけない。此の一点が、さま〴〵な誤解を惹き起させ[1]（世間に）てゐた本源であるのだが、まだ、それがある。それは何故さうなのか。考へてみてよい事だ。

もつと、怒つてやらうと思つて、起きたのだけれど、駄目。とても怒れなど出来るものぢやない。あの美しい愛と、あの純な心とを思ふと、此のくらゐな苦痛は、私か黙つて忍ぶのが当然だと云ふ気がしてくる。

だが心配だ。病気になつて寝つゞけてゐるのぢやないかと思ふと、もう何うしてよいのか解らなくなるの。健全

でゐて下さい、健全でゐて下さい。

躰が又火のやうに熱くなつてきました。もう頭がもや〱して書きつゞけられない。あゝ、恋しい、恋しい。

此所では、誰一人私のことなど気遣つてくれる人もない。その事が却つて私に気楽なのは不思議なくらゐだ。黙つて、病気と戦ひ、不安と戦ひしながら、焼くやうに恋してゐる。—

本当に、あなた何うしてゐるの？　賀茂丸には手紙を出したでせうね。（夜十一時半）

私の俊さま。　悦

二十九日。もう直ぐに九月になる。いくらかづゝあなたの所でも涼しくなつて行くでせう。早やく涼しくなつてあなたの躰の元気が恢複《ママ》するやうに。—

痩せた、とあつた。無論やせたでせう。あの苦悩で痩せないと云ふ事はない。だが、痩せると云ふことはいけない事だ。涼風が又あなたの肉に前よりも透明な美しさを加へてくれるに違ひない。

清らかに、美しく、—それが私たちの一切の理想です。清らかに美しい人が、清らかに美しく生活してゐる。—此の境地にさへ私たちは這入ればよい。私たちの将来か生む芸術は、清らかな美しさが、清水のやうに其の底を流れるものでなくてはならない。二人はそこへ行くのです。その点になると、矢張り芭蕉(2)は東西古今随一の芸術家だ。

私は今日も起きて仕事をしました。が、まだ午後には熱が出てきていけない。同じ対照《ママ》を三十分と見詰めてゐられない。頭かぼや〱としてくるのです。だが、だん〱快くなることが解る。私の意志が明らかに病を制してゐる。

あなたが、いよ〱渡米すると云つたら、井上(3)が泣いたんですか。いさちやんか泣いたんですか(4)。いさちやんが一番可愛さうだ。井上は泣いたつて、生活に困るのではないが、いさちやんは之れから修養しなくてはならず、同時にあなたがゐなくなれば又別に食べることをも考へなくちやならない。よい芽を素直に育てゝやる力のないのは本当に口惜しい。此方へくれば、働き乍ら勉強が出来るのであるが、それには健康の心配がある。—此の辺のことをよく思料した上で来たがつてゐたら連れていらつしやい。此の方は旅行券が却々面倒臭ひかも知れないが、あなたの随行（大袈裟だが）と云ふやうなことにしたら、下るでせう。

旅券が下りたら、本当にあなたは早やくたゝなくてはいけませんよ。世間の噂になると、きつとさま〲な煩ひことが生じる。だまつて、さつさとお立ちなさい。地方へ旅行したと云ふ事にして、数日前に東京を去るとよい。今日は、すつかり外は晴れてゐます。私は喉がかはいて耐らないから、さっき洋服に着代へ、スイミツを買ひに行つてきました。之れだけは一人は全く困る。頭がふら〲して歩むのはいやだし、外へ出るのはよくないのだけれど、誰れとて頼む人もない。もう寝ます、あなたの写真に慰められるから。（午後五時半、あなたの悦）

三十日。まだ熱が取れない。でも仕事をしてゐたらおひる頃あなたの手紙がきました。二通。一通の方はモンデイグル(5)に出したと書いてある方であるが、矢張り局の消印は八月十四日になってゐる。何うしたのだらう？―併しまァそんな事は何んでもない。もうきたんだから、そして、私を甦らせて呉れたんだから。いよ〲来るのね、嬉れしい。嬉れしい。見る物の一切にお礼を云ひ度いやうな気持ちです。もう後一ヶ月たてば、大丈夫会はれるんだ。とう〲幸福がやってくる。

だが、あなたはひどく私を叱つてゐますね(6)。そのくせ、私の手紙のつかない前、殊に「八日九日、十日」とある部分、日記をつけるのさへ厭やになつたとある部分などは、実に病的以上に病的な文字で埋つてゐる。お互ひにお互ひのゐる境地、たつた一人で恋ひ侘びてばかりゐる心が、さま〲な陰影を自分から作り出してゐるほどに、それほどに一本気な寂しい境地を想ひやることを忘れて、文字づらで怒り合つてゐる。少くともあなたのはそれが多い。あなたは私に誤解々々と云ふが、その誤解は同様に少くともより以上にあなたにもある。まあ、直く(ママ)に会へるのだから、そのときすつかり解ることだし、いち〲十分に云へることだけれど、少しばかり云はないではゐられない所がありますよ。

「あなた以外に私にとつて…(7)」の一句が大変あなたを怒らせてゐる。あんまり厭味だと云つてゐる。それはさうだらうと私も思ふ、離れた心から、文字だけを読む人には。かう云ふ文句は、そのうちにもられてゐる筆者の心を前後の文字と合せて汲みとるのでなければ、全く厭味どころではなくなる。が、私のあゝ云つた言葉は、その気持ちは、「離れて見る」あなたを予想してゐたはづがない。云ひやうもない恋慕の苦しさを、あの一句にも盛り込めたつもりである。それよりも私は、あなたの厭味だと云ふ、その離れた心が寂しい。「貪欲か掠めたら、掠めたまゝになつたらいゝのです、そ〔二字程抹消〕んなことを神さまに誓ふと云ふことはありません。〔七字程抹消〕あなたが、たとへ然うした貪欲を持つたところで、神さま決してあなたに死をお与へにはなりませんから安心してゐらつしやい。」之れが、恋人から恋人に云へる言葉であらうか。あなたは、此の言葉の中に、怖ろしく冷やかに尖つたもの、あることを感じないでせうか。〔三字抹消〕前の私の、あの一句が、よしんば空虚な厭味な言葉に過ぎないとしたところで、その答へが、之れであることは、それ以上に残酷性を負《（ママ）》びたものではないでせうか。之れが愛の言葉でせうか。此の言葉の何所に愛があるでせう。反対に愛を手ひどく踏みつけてゐるではないか。一点の虚偽もなく、有らん限りの恋しさを、たま〳〵描く表現したことの為めに受くる刑罰としては余りに惨めである、何うして、あなたは、そんな風にとつたのであらう？　之れは、針をふくんだ烈しい罵倒ではありませんか。それからその次ぎには、「恐らくあなたは、やつぱり外にも恋を夢想してゐらつしゃる〔五字程抹消〕のでせう。』《（ママ）》〔五字程抹消〕と云つてゐる。一体何んと云ふ言葉です。私と云ふ男が、さう云ふ男であるから、と云ふのですか、それとも、私の手紙にそんなことを想像させる点があると云ふのですか。私の此の心が、かうしてゐる毎日の心が、何うしてあなたには、そんな風に映るのであらう。何うして、そんな風に想像されるのであらう。病みつかれた今は、こんな言葉は、特に私を狂はせて了ふ。

私は、も少し真面目な男です。それから、もう少し生命かけの恋の出来る男です。そして夫れをしてゐるのです。最初の最後の恋を。

私の今迄の手紙が、あなたに此様なことを想はせたのだとすれば、私はもう一生筆をすてる。初めての躰一杯になつてゐる誠実と恋愛とを以て、飾りなしに告白した手紙さへもが、その相手の、同じやうに恋してゐてくれる恋人にさへ、他のことは兎に角、誠実を疑はせると云ふのなら、もう私は駄目だ。筆をすてます。たゞ黙つて生きる、（あなたの有る限り。）《（ママ）》人生の否定を叱りつけてゐられるが、か、る頃合に極端な懐疑に陥らないやうな人があるのなら、そんなものは人間ではない。少くとも清浄な、まつすぐな精神と魂との所有者ではない。

もう、私は悲しさで一杯になつてゐる。此様なひどい言葉はないぢやありませんか。

熱がして、頭がくら〳〵するから、休みます、もう、早やくきて下さい。それより他には何うしやうもない。お互ひに此様な烈しい誤解が起きるのでは、実に恐ろしい。怒り合うのもよいとして、罵倒に近い言葉を吐きつけるのは耐らないではないの。私は、少し寝ます。（午後五

時半）

以上大ひ《ママ》に腹を立て、記す。

寝てゐて、いろ〳〵に考へたの。文字面をつかまへて怒り合ふのは本当にいけない。私もいけない。あなたもいけない。それにあなたはひどく我が強い、「たゞ喰る為めにだけ働くと考へてもいゝくらゐに生を愛して下さい』《ママ》と云ふやうに自分の哲学は〔七、八字程抹消〕大変に謙遜なものになつてゐながら実際の感情はいつもさうあるのではない。随分思ひ切つて我が強い。要するに修養が足りない。私だつてさうだけれども。お互ひがお互ひに対しては、特にもつと〳〵謙遜にならなくちやいけない。本当にさう思ふ。

あなたの哲学は、私のもつてゐる哲学と殆ど同じものであるが、まだ〳〵非常に足りない。あなたの神様は、あなたから遠い所にあつて、あなたは之れに奉仕してゐる。そこに大きな破綻がある。例へば「お寺へ這入つて、自分の生活を一と筋に神の道へ向けて了ひ度い」と云はれるのなどが夫れです。では、二人が二人の恋を完成させること、即チ二人の生活は、「神への生活」ではないのですか。恋の生活は、あなたを完成させるものではなくて、反対に破壊するものなの？　そんな不自然な生活が神の道であつてたまるものですか。本当の愛に生きることが直ちに神を生きることです。神の意志の、いや神それ自身を完成することです。神とは何んであるか、あなた即チ人間とは何んであるか。神と人間との関系《ママ》如何、と云ふことを根本本《ママ》的に考へなければ、下らないヤソ坊主の、説教や、不合理な不自然な禁欲生活者の哲学と何んにも変りはないことになる。神に仕へんとして神を汚してゐる中世紀以来たへたことのない愚劣な低能な宗教家や牧師と撰ぶところがなくなつてくる。そんな所に決して真人の生活はない。本当の意味の清い、自然な、従つて神の意に叶へる生活は断じてない。そのくせ、あなたは、私を叱る場合には非常に豪いことを云つてゐる。「自然のまゝに生きていけばいゝのです、木が茂ると同じに―』《ママ》さうなの。本当にさうなの。で此の事から前のお寺へ這入る云々と云ふ生活状態が生れてきますか。

私は、簡単に云へる。「私は此の恋があるから生きて行ける。生きて行くと云ふことは、愛して行く、と云ふことです。』《ママ》かう云へる。それだけなの。そして愛は―本当の恋は、―神のものです。同時に真人のものです。そして光りです、生を育むものです。若し愛がなくなつたら、それは恰度日光を阻ぎられた木のやうなものです、枯死するより外はないでせう。恋愛の生活を捨て、神へ走る、など云ふことは、恰度（光）を消して明るくする、と云ふやうなものです。太陽から逃げながら太陽へ走ると云ふやうな錯誤です。「私は人生の終りにある人間」だとか何んとか　何を云つてゐるの。私たちの人生は之れからぢやないの。まだ二人とも生れたばかりぢやないの。

自分こそ、怖ろしく病的になつてゐるくせに、私を病的だの、軽薄だのと云つて怒る（の）だから驚いちまう。でも、あの「ひどい罵倒」以後はあなたが愛で物を云つてゐるからい丶。あなたのするやうに、いけない文句をひろへば、随分あるけれど、もう、そんなことはしない。そんな事は何うでもよい。全体が強い愛の心で動いてゐる限り、言葉尻りをつかまへるやうな卑少な心になれるものではない。

名誉とか何んとか―まだあなたは、そんな事を云つてゐる。私にそんな物の疑念があるかのやうに云つてゐる。下らないことは気にかけないで下さい。生の否定を感じるやうにたま〳〵なるのは、無論病的なの。恋しさが、即座につぐなはれない為めに、従つて余りの恋しさの為めに、そして、それがいつ報ひられるか分らないやうな気持ちがする（手紙が来なかつたりして）為めに、一時的に生じてくる欝憂なのです。分りきつてゐるぢやないの。御自分だつて、さうぢやないか。寺へ這入り度いの何んのと云ふのが、夫れぢやありませんか。そして私を叱るときには、『これさへ体得して了へば私たちは自由に明らかに生きて行くことが出来る筈です。私は既に体得してゐます』だと。その体得者が、どうして明らかでなくなつたりするの。私を叱らない場合には？

かうして、書いてると、私だつてさうだ、と云ふことか明白になつてきて、おかしくなって了つた。

本当は二人とも一人〳〵ではとても居られないから、此様なことを云ひ合ふのだ。離れてゐるからなのだ。一緒にさへなれば、たゞ愛だけになる。あなたは此のあなたの手紙を、此所へ来てから私の傍でよく御覧なさい。とても恥しくて読めるものぢやないだらうと思ふの。もつとも私だつて、さうなのだ。と思ふと又おかしくなつた。もう、い丶、もうい丶。あなたかくるんだから。無論来られる。早やく後藤さん(8)に頼む方がい丶。そうすればその日にでも免状(9)はもらへる。来月のうちには来られる（ママ）ますね。一日でも早やい方がい丶。

〔一字程抹消〕ことによると、此の手紙は、あなたのたつた後へ行くかも知れない。困つたことだが、それでもよい。誰れか、受取人をつくつておいてくるだらうから。船の上から、つく二三日前に無線電信をうつて下さい。

之れは、そんなに高くないから。

手紙は、朝日[10]の人たちから三本（ハカキ（ママ））きたきり。郷里[11]からはまるきり来ないの。自分でも不思議なくらゐ誰れも何んとも云つて来ない。気楽でいゝ。私も出さない。新潮も割合にケチですね。〔四字程抹消〕五百円くらゐは出しさうなものなのに。でも二百円でもいゝ。それが土台になるから。力になるから。


私の日記はありたけのことが書いてありますよ。私それこそ外出しませんからね。此所の人たちは驚いてゐますよ。ルームにばつかりゐるつて。それからお湯へよく行くつて。それだけなんだから、「恋しい」とだけで一日か一杯になつてゐます。だから外に書くことはないの。おやきでも書かなけりや。

何うも此所の風は悪性でいけない。もつとも恋病と風邪と併発してゐるからかも知れないのですけれど。

少しづゝ木の葉が黄ばむできました。此所の紅葉は素敵ださうです。いゝ松茸が出ると云ひます。二人で秋の山を歩けさうですね。嬉れしくつて耐らない。

もう冷えて、頭がチク〳〵してきたから寝ます。

無事に一切が運びますやうに。――（夜十時半）

私の俊さま　　悦

本は成りたけみんな持つていらつしゃい。薬を忘れてはいけませんよ。それから私の頼んでやつたことも。

あなたときたら、本当にひとりで威張り返つてゐる。そして僕を何うしても泣虫にして了はう（と）してゐる。自分だつて、大メソぢやないか。泣いてばつかり―ではなかつた、時に怒るから―ゐるぢやないか。何うなの。私はメソ〳〵はしないつて？　愚痴は云はないつて？

僕だつて愚痴なんか云ひやしない。悲しいことを悲しいと云ふだけですよ。あなたを一人で此所へおいて御覧なさい。泣子やメソ子[12]ぢやおさまりはしない。もう今時分は骨と皮と、それから針のやうな神経とだけになつて、死にかゝつてゐるでせう。私だからこそ、まだしも悲しむ力をもつてゐるのです。あなたがそんなに威張るのは、それだけでも実は私より弱い証拠ですよ。

いゝ生活をしませう。つゝましやかな、清らかな、愛と信とで一杯になつた生活を。（以上追伸）

三十一日。今日も好く晴れた、秋らしく冴えた日でした。非常に元気が出てきました。あなたがくるのだと思ふと、もうすつかり心が軽快に輝いてくるのです。

もうあなたは今日あたりは一切の運びをつけて了つたかしら。あとのこともきつとうまく行つたに違ひない。何も彼も都合よく行くに相違ない。昨日あたり出た船に、その事を書いた手紙がのつてゐるとすると、十日には私の手に這入る。そして、その船は私をのせてきた諏訪丸なのです。全く延㐂《(マヽ)》がよい。

今日は夕方から洋服屋へ行つて少し服を買つてきました。もうあれでは寒くていけないから。社から借金したの。洋服は矢張り黒いのにしました。四十弗でした。随分高い。此れだけ出して了ふと、後が寂しいから借りることにしたのです。すつかり躰に合せて作り直して今夜ちう《(マヽ)》にはもつてくると云つてゐました。今では、もう四十弗が四十円の感じになつてゐるけれど、初めは何も彼もが高くばかり感じられて困りました。

困ると云へば、全く日本は大変(13)ですね。お米が一円で二升買へないとは実にひどい。あなたの負担を思ふと、何にも云へない気がする。

矢張りあなたは、僕より少し豪いやうだ。僕ときたら何うしてかう、ぐうたらなんだか。精神も弱い、肉体も弱い、従つて生活力が全く弱い。こんな事ぢや、一生あなたを苦しませるかも知れない。しつかりしやう、本当にしつかりしやう。何しろ疲労さへしなけりや、之れだつて宜い加減な仕事は出来るし、相当に頭脳も働くのだけれど、何故か私は直きに疲労してくる。何う云ふわけでせう。何所かにひどい欠陥があるのぢやないでせうか。だが、きつと強くなって見せる。

あなたは隅へかゞみ込んだやうな生活はいけないと云つたが、内的になら勿論いけない。外的になら必らずしもさうでない。私が田舎へ這入り度がるのに対して云つたのなら、あなたの考へが間違ってゐる。私は虚偽と人為とばかりで出来てゐる都会と云ふものから、少しでも遠く離れてゐたい。そして此の事は、生活をかゞみ込ませることではなくて、生活を有るがまゝに育むことであり、正しい生を生きんとする欲念の阻害を除くことです。騒がしさと賑やかとの区別の分る人には十分理解されることです。之れは、云ふ迄もなく、あなたの心でもある、と思つてゐます。

今日は、夫れから洋服屋から帰つてきてから、電車で郊外へ行つて、郊外の日没を眺め乍ら、しばらく歩き廻つて又電車で帰つてきました。もう、何を見ても希望ばかりが私の心に快い影を投じる。山の上には真白な雲が雪をかさねたやうに、ムク／＼と連り、夕映をあびて或る所は黄金のやうに、或る所は燦のやうに輝いてゐました。風の少しもない、木立の影の冷い、滲み入るやうに静か《（ママ）》に夕暮れでした。

あなたの健康と、一切の運びがうまく行くやうにと云ふこと、、それから二人の将来の幸福とを黙禱しながら、近頃にない穏かな心地で歩いてゐました。

今夜は之れから独歩の(14)「欺かざるの記」を読みます。社の若い人（男□□人）から、かりたのです。田山さんの「Dの詩集」(15)と云ふ文章世界の小説をよんだら、（実に田山さん流に浅薄なものだが）又独歩が懐しくなりました。あの田山さんの小説に出てくるn夫人と云ふのは、新宿の中村屋のおかみだが、あれは可成りよくかけてゐる。打ち見たところ、あゝ云ふ何かしら自分が持つてゐるやうに見せかけ実に厭やな浅劣な女です。萎びた肉です。いろ〳〵なものを読んではゐるが、何にも本当に解つてゐる事はないのです。桂井があの女を、一廉の頭のある女のやうに云つたりして、イブセン(16)などの講議《（ママ）》をしてやつてゐたことを思ふと、あんな素晴らしい男にも、確にあゝした実際上の盲目があつた、と思ひます。あの女にさへ接近してゐなけりや、恐らく桂井(17)は死なゝかつたのだ。それを思ふと今でも癪にさはつてくる。口惜しくてならないのです。僕をも、いくども彼所へ連れて行かうとしたが、僕は一目見て、もうあの毒の花の素枯れかゝつたやうな悪性を感じて了つた、ことを憶えてゐる。そして行かな（か）つた、行かなかつたばかりでなく、桂井にも、あの女のことをよくは云はなかつたのだが、流石に「交るな」とは云へなかつた。あゝ、そんな事は何うでもよい。もう去つて了つた事ですもの。それよりも私はよかつた。本当にあなたに救はれたのですね。「生」のなかへ連れてきて貰つたのですね。お互ひに私たちはよかつた。あしたからは、もう九月ですね。あなたの所ではもう今は八月になつてゐるのですね。

恋しい、恋しい、俊さま。　　あなたの悦

九月。

一日。—日曜。

今日もいゝ日。此の頃は秋日和かつゞいてゐます。

おひるから、社の若い連中二人と東の方の郊外へ散歩に行つて、今帰つてきました。メチヤクチヤに野原を横切つたり、しまひにはまるで路のない森林へ迷ひ込んで、やつとこさ入江の奥の岸へ出ました。ずいぶんくたびれました。併し、こんな快い疲労を覚えるのは初めてゞす。お蔭で今夜は眠られさうです。

あなたと二人で歩く日のことを考へ、それから幾年か後に日本で送る田園生活の日のことを想像しました。よくなつて行かれると云ふことが、ハツキリとわかります。

他の木たちとは離れて、黙つてスク〳〵と伸びて行く木を見ることが出来ます。稚木が彼等の周囲に密生してゐるのにも拘らず。こんなのを眺めるのはまことに快い気持ちのするものです。

或る路の行止りでは、私たちは木の根にもたれて長いこと果てしのないやうな森林の爽やかな空気を享楽してゐました。栗鼠が大きな木の幹をスル〳〵と上つたり下りたりして、自由な自分の世界を喜んでゐました。

長田さん(18)は、あなたの心配するやうな、そんな軽薄な人ではありません。私とお互ひに理解が出来るけれど、テーストの主潮が異つてゐる。あの人は都会の賑やかさがすき、派出やかさがすき、爛熟がすき、私は山がすき、田園がすき、若さがすきするのだから、散歩はお互ひに右と左とに別れるのです。あの人は、よいデイレツタントです。決して軽薄な人ではない。まア、以前のあなたに似てゐると云へば一番近い。爛熟した江戸文明の空気の中で育つた人には、何所か深く通じる点のあることを発見します。真面目であるが、感能《ママ》の喜び以上の喜び—魂の生活には大して目の覚めてゐない人です。幸福も悲しみも感能《(ママ)》で終つて行ける人です。

あの人の豊富だと思つてゐる内生活が私には貧しく頼りなく見える。

新しい芸術はよい、が併し、その為めに江戸時代からの古い伝統ある芸術の衰微は耐らない、と考へてゐる人です。此所が私と異つてゐる。私は古いものでも、日本の江戸芸術などは一間の生活を毒してはしても《(ママ)》、決して高くするものではない、新しい芸術の勃興によつて、夫れの亡びてゆくことは極めて自然であり、当然であり、又望ましいことであると考へてゐるのです。新しい葉の出る為めに、古い葉は自ら落ちなくてはならない』《(ママ)》

あゝ云ふデイレツタントは、その文字の示してゐる通り、芸術よりは、寧ろ秀れた芸に遊ぶ人であり、私などは藝術に生きんとするものです。理解はあるが、根底に大変な異ひがある。芝居を見ても、あの人の批判と私の批判とでは、まるきり対象が違つてゐる。

あなたは、私をデカダンだと云ふが、私のは所謂デカダンではない、享楽を追ふやて《(ママ)》疲労し、その疲労をさへも享楽するデカダンではない。あなたが嘗つてあつたやうなデカダンとは種類の異つたものです。フランスのリアリズムと露西亜のそれとの異ひがある。

「真面目にいくらでも恋をする人だ」と云ふ、あなたの批判も、おやきに過ぎない。真面目な恋—本当の恋がし度いと云ふ霊魂的欲求があつたことは事実だ。そしてそれによつてゞなくは「本当の生」は得られないと考へてゐたことも事実だ。そして、その欲念の全く絶望的なものであることを意識して、其所からデイスパレートリに放埒にな〔三字程抹消〕りかけて、なり切れないで、別な、たつた一人の偏した霊の道へ這入らうと思念してゐたことも事実だ。併し、真面目に幾度でも恋をしたことはない。一度でもそれか出来れば、とくに私はもつと〱幸福な人間になつてゐる。

要するに、私たちは二人とも、あるべき当然の位置におかれなかつたことから、今日迄もがいてゐたのです。悲惨だつたのです。でも、早やく目がさめてよかつた。之れからです。之れからの私私《ママ》たちは、少しでも無駄な時間を送つてはならない。充ち溢れた一瞬を積み重ねて行かなくてはなりません。そして、それか出来ます。

昨夜は「欺かざるの記」(19)を久しぶりて《ママ》読みました。矢張り独歩は豪い。夏目さんと並び称せられたこともあるが、夏目さんなど、比較になるものではない。二十四五才頃の日記（明治二十七年頃）でもが、既に大自然の生活、―魂の生活を認めて、驚異してゐる。全く驚嘆すべきものを発見します。彼を真実に理解し得る人は今日だつて、恐らく幾人もない。彼は嶄然として明治大正(20)の文学界に聳えてゐることが、いよ〱よく解る。一葉が紫式部以後の第一人者である如く、彼は正しく芭蕉以後の第一人者です。

一葉以後の第一人者はあなたであるが、さう云はれてゐるし、確にさうであるが、今後のあなたは式部以後のあなた、いや、「初めての人」にならなくてはならない。又きつと、なれる。で、私は？　私は独歩をもつと深く完成し度い。実に遙かな道である。行けても行けなくても、其方へ向つて歩いて行くこと以外には私たちの道はない。又それは、たとひ夫れだけでも非常に有意味なことです。あなたがくると云ふので、すつかり健康になつて行けるのは嬉れしい。今日も之れから、独歩を読みます。（あなたの悦、夜八時半）

（1）これまでの手紙（日記）の中に記されているような、羽太とのスキャンダルや、筆名を旧姓に変えることをめぐっての田村松魚との関わりについての憶測。（2）松尾芭蕉。（3）書簡5の注（20）参照。（4）八月二日・三日の俊子日記に記されている。「いさちゃん」については、書簡1の注（6）参照。（5）書簡13の注（10）参照。（6）悦が羽太のことなどで、俊子を疑うような手紙を送ったため。（7）「あなた以外に私に取つて何が必要だらう。もしも然うした貪欲が自分の心を掠めるなら神よ死をたまへ」という一節。（8）前出の人物。俊子からの八月十三日の日記には、後藤さんに会って頼むつもりであること、そうしなければ、二月かかることが書かれている。（9）旅行免状のこと。（10）朝日新聞社。悦は、『朝日新聞』の社会部記者であった。(11) 愛知県老津村。(12) 前出の手紙から、俊子との間で互いをめそ蔵、泣子などと呼んでいた。書簡17を参照。(13) 書簡17の注(14) 参照。(14) 国木田独歩。(15) 田山花袋の小説。大正七年八月、『文章世界』に掲載。(16) イプセン　一八二八年～一九〇六年。(17) 前出の名。桂井当之助か。(18) 書簡5の注(12) 参照。(19) 夏目漱石。(20) 樋口一葉。

22

22　大正7年9月4日（VANCOUVER. B. C. 消印4日、TOKIO JAPAN 消印23日、青山消印24日）

東京府下青山隠田一〇一　佐藤俊様　Mme.T. Sato. Tokio, Japan.

E. Suzuki. The continental News, 135 Cordova St. East, Vancouver, B. C.

封書　用紙不明二枚（表裏）ペン（封筒）、鉛筆（手紙）三日分を同封

二日。今日は快い日。もう、あなたの仕度が旅の―余程出来た時分ぢやないか、など丶考へる。きつとさうだらうと思ふ、そして此所へ来て初めての伸び〳〵した気持ちになつてゐます。

今日は、お湯へ行つて、それから波止場へ行つて、釣りをしてみたが駄目。ドンコと云ふ髯のないナマヅみたいな魚と大きなカニ、とか丶つただけ、そしてカニに釣針をとられて了ひました。二つとも漁師の捨てるやつなのです。それで日がくれたから帰つてきました。いろ〳〵な喜ばしい空想ばかりしてゐました。

今日もあなたの手紙をよみ返へしてみました。随分云ひ度いことがあるが、やめるの。それはお互ひにお互ひがそばにゐない事の為めに云つてゐることばかりだから。満たされない不満や不平を文字の蔭から云ひ合つてゐるに過ぎないのだから。之れはみんな一緒にさへなれば、ケロリとすることなの。

たとへば、あなたの「肯定の悲しみ」でも。恋愛以上の愛でも、あれだけのものではない。此所で私か又それを云ふと、素直でない文字か出てくる。もう何うせ直きにあなたがくるのだからそれ迄云はない。来てから、あの手紙を見乍ら云ふことにするの。手紙では腹を立て合はずにゐられない事が、一緒にゐての上だと、笑はずにはゐられない事になる。それが素直で正しい事なの。

「あなたはかうだ」

「いや、だつて、あなただつてかうちや《(ママ)》ないか」

かうした風な云ひ合ひは全くいけない。それでは反省になるべきものが、相手をいぢめ怒らすものにしかならな

い。感情の浪費になり、心をとがらせる。もう今後は一切、殊に一緒になつたら、之れを止めなくちやいけない。深い〳〵愛―そこからばかり何も彼もが出て来なくちやいけない。
今時分は又私の手紙か着いた時分であらうが、又あなたを怒らせはしないか、と今ではそれが心配になる。怒らないで下さい。怒らないで下さい。私ももう怒らない。怒ることは確に自分たちを悪くする。
私、何んとかつて、可愛らしい草花を買つてきました。之れが咲いてる間にあなたがくるやうになど、考へ乍ら。鉢植になつてゐるの。二十五銭なの。社の近くで。一輪だけ入れておきます。
もう本当に、メチヤ〳〵に恋しい。たつしやで早やくきて下さい。ヴイクトリアへ迎へにゆく日がきたら、私は何んなに踊りたつだらう。
あなたの瞳(1)と写真とにキツスします。(夜十時)
あなたの悦
私の俊さま

三日、四日。好い日。晴れた日。

昨日は、仕事をすましてから活動写真へ行きました。一人きりで。イブセン(2)の「人形の家」がきてゐたのです。一向に感心しませんでした。何んとかつてノラになる女優は有名なのださうですが、何しろ、かう云ふ科白劇を活動にしては見られません。

つまらない気持ちがして帰つてきたら、其所へオツシヨンホールへ行つてゐた小林君(私の写真をとつてくれた人)が帰つてきたと云つて、やつてきておそく迄話して帰へりました。一ヶ月百三十弗くれるけれど、とてもあんな労働は出来ないと云つてゐました。そして、其の製紙場の規模の大きい事や、人間が毎日のやうに機械にふれて、死んだり、負傷したりすることなどを語つてゐました。之れは此の辺の工場で到る処生じてゐる事実です。人間の発明した機械が逆に人間を殺す、殺しつゝある、と云ふことも可成り考へてみてよいことでせう。まア、之んな事は何うでもよいとして。あなたもう仕度は出来たの。何も彼もうまく行きましたか。無論うまく行つたでせうね。

今日は、また小林君がきて、二人で公園まで散歩してきました。途中で飛行機の落ちるのを見ました。のつてゐた人は、負傷したゞけで助かつたと云ふことでした。

小林君と云ふ人は、それはそゝつかしい人で、トンチンカンで、本当に笑へるやうなことばかりします。今日も歩いて〔二、三字程抹消〕ゐるうちに、往来で女のピンを拾つて、「馬《ママ》も歩けば棒にあたると云ふが僕はピンに当つた」なんて、得意さうに云つたりしてゐました。早やく来てくれなくちや、もう骨と皮にばかりになりさうです。本当にすつかり痩せて了つた。あなたも痩せたでせうね。船の上で又きつと痩せませう。しつかりしてゐて、気は強いけれど、いくら強くても、船には叶はないだらうと心配してゐます。余り海が荒れないうちに来られるやうに、そして、穏かに〳〵航海がつゞくやうにと念じてゐます。もう、かう思つたつて、ちつとも気の早やいことはないでせう。

十日には、あなたの手紙かつくはづです。それには、もう具体的にいろ〳〵と書いてあることゝ思つて、待ちかねてゐます。

此の手紙は明日のモンチーグル[3]に出します、まだ間に合ふでせう。（午後七時）

悦

私の俊様

（1）書簡1の注（5）（9）参照。（2）書簡21の注（16）参照。（3）書簡13の注（10）参照。

23　大正7年9月7日（VANCOUVER. B. C. 消印8日）

東京府下青山穏田一〇一　佐藤俊様　Mme. T. Sato. Tokio, Japan.

E. Suzuki. The Continental News, 135 Cordova St. East, Vancouver, B. C. September. 7, 1918.

封書　用紙不明　四枚（表裏）ペン　三日分を同封

（第一信）

五日。今日も晴れ。何所へも行かなかつた。今日も小林君かきたけれど、もう今日は御免蒙つたの。昨夜は八時頃から又小林君がきて、一緒に活動へ行かう、僕は直きに東部へ行くんだからなんて云ふから、とう〳〵パンテーヂと云ふ劇場へスペイン・ダンスを見に行つたの。此所では日本人を軽蔑して、まるで四階みたいに高い所でなくちやいれないの。山の上からのやうで、さつぱり、よく分らなかつたが、でもゴヤの描いた十八世紀頃の踊子のタイプを見せてくれたゞけが、興味がありました。一時間ばかりで出てきたの。そして私はルームへ帰つてきて、読書しました。あなたがゐないのでは、何も彼もがつまらない。読書してもつまらない。しみ〴〵話すことが出来ないのだから。私は、もうあなたの事ばかり考へてゐるので、一日〳〵が、掠めるやうに私の傍を通つて行きます。今日は、日曜日に出す附録シベリアの地図へつける為めに、シベリアの事を今迄かいてゐたの。「雪の国シベリア」(1)と云ふ題で、なか〱いゝものですよ。此んな所のチンプンカンな読者に見せるのは惜しいものです。まつたく。もう一時、頭がいたくなつたから、あなたの写真にお休みなさい、を云つて寝ます。あなたの所ではやつと日がくれて、少し涼しくなつた頃ですね。あなたは、きつと庭へ出て水をまいてゐるでせう。それともくれてゆく空を眺めながら、私のことを考へてゐてくれるかしら。近く会へることを考へて、喜んでゐるかしら。きつと此のうちの一つ―いや、みんなに違ひない。〔二行程抹消〕ねえ、さうでせう。さうぢやない?誰れかお友だちがきて話してゐるの。井上(2)の中学生がきてゐるの?井上と云へば、おしめさん(3)を思ひ出すが、おしめさんは何うしたの。ちつともあなたのとこへ行かないぢやないの?何か衝突でもしたのぢやない?だつて、あんまり行かなさ過ぎるもの。私が此方へきてから、たつた一度しきや、あなたの所へ行つてゐないぢやありませんか。あんなに能くきてゐた人が。

まア、そんなのは何うでもよい。何かの奇蹟が起つて、東京と此所とかヒタリとくつかないかなア。袋をつまむやうに、東京と此所とに指をあて、キュッとつまむ人はないかなァ。僕は何んなに感謝するだらう。此様のことを空想したりしてゐます。馬鹿ですね。(夜一時)

私の、俊さま。　　　　あなたの悦

六日。

今日あなたの十八日迄の手紙(4)がきました。私は何んなにいそいで夫れを開けたか。きつともう予定の進行が報じてあると思つた。そして読みはじめる前に、目をとぢて、之れが本当によい便りであるやうにと念じました。よい便りではあるが、苦しい〱、何んとも云へない悲痛な感じを与へられました。あなたが何んなに苦しんでゐるか、あなたの愛が、何んなに深いか、底の知れないやうな感じがします。感謝どころか、あなたに余り気の毒なやうな気さへしてお詫びが云ひ度くなるほどです。みんな私が苦しめてゐるやうで。でも嬉れしい、嬉れしい。私は何んなに幸福だか知れない。

もうそれでウマク行つたでせう。高村さんは本当にいゝ方ですね。最初からあの方に相談をして、一切の手筈を定めると、そんなに苦悩しなくてもすんだでせう。それは、さうと、さう云ふ時には、おしめさんが落着いてゐて、何かの相談相手にはよいのに、一体どうしたの。あの人は井上なんかよりずつと大人だし、ずつと仕事が出来る。おしめさんはまだあなたのさうしてゐることをすら知らないでゐるのぢやない？　黙つてゐちやいけませんよ。あの人には。疲労しはて、帰つてくればお米がない、なんて何うした苦しさだらう。私もかうして、ぢつとしてはゐられない気がします。

恋の為めだ、愛の為めだ、と云つて、あなたが夢中になつて疲れた躰を動かすのが、私に烈火のやうな熱を与へる。本当にしつかりして、落着いて、手落ちのないやうに、そして体を台なしにしないやうにして下さい。もう高村さんがあゝ迄云つて呉れる以上きつと、うまく行くに間違ない。もう此の次ぎの便りでは、それが—喜びが伝へられること、思つてゐます。

此の愛がある。此の力がある。私等は之れで質のよい生活を創造し得ない筈はありません。私には将来が輝いて見えます。

いさちやん(5)は可愛さうに。あんな仕事が若い娘などに出来るものですか。つるに(6)会ふも会はないもない。あれは若い娘のやれる仕事ではないのです。此方へ来られたら、何うにかなるのだが。—それでは、とてもいさちやんの免状はとれないでせう。あなたがきたらそして私たちの生活が落着いたら、此方から呼びよせてやりませう。それだと訳けはなく免状がとられるのです。だが、それは移民になるから、あなたのはさうはし度くないのです。さうしなくても大丈夫出来ると私は信じてゐたから。

今日も晴れでした。秋の日がつゞきます。午後五時頃、いつか云つた外国人がやつてきました。温和しい、ニコ〳〵した人です。来週から教授にきてくれると云ひました。火曜日と金曜日の午後七時半から一時間ばかりで。それから此の人（グリーンさんと云ふ）が帰へると間もなく、日本人の教会（立派なのがある）の赤川さんと云ふ牧師から電話がきて、外人を紹介するから来ないか、と云ふことでしたから、行きました。此所では英語夜学校があるのですが、其所へ好意で教へに出てゐる五十余りのお婆さんに紹介してくれました。七時半から学校が始まるから、その前に三十分間会話の稽古をしてやると云ふのです。それは水曜日と金曜日と云ふことにして帰へりました。名は何んとかいつたか、忘れて了ひました。日本語も出来ます。多分日本にゐた人でせう。之れで来週からは殆んど毎晩会話のお稽古です。

手紙は、他に勢多君からと大阪にゐる商科出の友人からと二枚絵葉書がきました。大阪の友人はこま〴〵と暴動を報じ、勢多は、東京へ帰へり度くないか、なんて云つてよこしました。

二人でゐたら、二人でゐたら、それこそ何んなに楽しい、深味のある毎日が私たちの上にくるか。高村さんの云ふ通りです、『よくはなつても、決して悪くなりやうはない』。何かとうるさい事が生じかけてゐますね、あなたに忠告を試みる、さう云ふ人が、きつと出てくるであらうと私は想像してゐました。それは、それだけでは、とても終りますまい。まだ〳〵何等からの形で迫つてくるものがあるに相違ない。私はただ備つた、あなたの純一な愛と、その力とを信じてゐます。

私の此の強い愛が、あなたの、その悩みを癒し得るやうに。—（夜十時）

あなたの悦

私の俊さま

七日。今日は土曜日なの。そして昨日のやうに晴れてゐます。少しも雲のない空から、妙に哀つぽつい光が落ちてゐます。今仕事を了へてルームへ帰つてきて、掃除したところですが、（午後三時）あなたの所では、まだ朝ですね。今日も矢張り残暑が厳しいことでせう。私は、あなたのあの苦しみを考へ〳〵寝てゐたら、昨夜は苦しい夢ばかりを見つゞけて、その故か今日は頭がいたみ通してゐます。此の次ぎの十二三日頃につく筈の手紙か、矢張りあなたの苦しみをのみ語るものであつたら何うしやう?といや、それどころか、いよ〳〵あなたが来られない、となつたら何うしやう?—そんな風な事が考へられるのです。そのくせ、その時は?—となると、もう考へつゞけてゐられない。余り苦しい問題だから。でも、そんな事はありませんね、きつと来られますね。大丈夫ですね。さうだ、無論大丈夫に違ひない。私は矢張り疲れる。私の頭は、直きに何うしやうもないやうに疲れてくる。それもさうだらう、と思ふのです。もう約三ヶ月間思ひつゞけ、悩みつゞけてゐたやうなものだから、そして、一日だつて、一時間だつて、恋しさに囚はれないでゐたときはないのだから。あなたは寂しさに馴れる、と云はれたが、私には夫れはない。日毎に寂しさが鬱積するやうに思はれる。よくも、かうして生きて行かれるものだ、と夫れを不思議に思ふくらゐです。だけど、本当にあなたも今は辛らいでせう。東京にゐるに堪えないのは当然ですね。実際いやなのに相違ない。それで、若しも来られないやうな事になつたら、あなたは何うします? あゝ、そんな事は想像するのさへも怖しい。私は早やくも来年の今頃でなくては帰へられないであらう。その間満一ヶ年、あなたは何うして暮らすか、私は何うして毎日を送るのか。

そしてその間には、もつと〳〵、いやな事が起つてくるに相違ない。—あゝ。私は何んだつて、此様な事を云ふのか。あなたは来られる、きつと来られる。此の月の末には船に乗られるに相違ない。二人の生活に入るのぢやないか。

十日にマニラ丸が出ます。明日は日曜日ですから、今晩之れを出しておきます。それから次ぎは十三日にカモ丸が出る筈です。之れがあなたの手許へつくのは今月末ですが、手紙はもうこれで（十三日ので）了りにし度い。さう云ふ風に一切が都合よく運ぶやうにと祈つてゐます。胃の薬を貯へて乗船することを忘れてはいけませんよ。そして、夫れを飯の度びにのむのです。

　喜ばしい輝かしい十月の日のくるやうに。—

悦

私の懐かしい、恋しい俊さま

（1）九月十一日に掲載。ロシア革命による国内混乱の拡大するロシアを悼んだエッセイ。（2）書簡5の注（20）参照。（3）書簡1の注（7）参照。（4）七月下旬から八月上旬にかけての日記を含んだ手紙（日付の詳細不明）と考えられる（「俊子日記」「俊子書簡」（『田村俊子作品集』三巻、オリジン出版、昭和六十三年五月）に所収）。そこでは、渡航に関して、高村光太郎に相談して励まされたこと、しかし高村宅には田村松魚が出入りしていること、また、俊子が出発を決めたと知り、「いさちやん」や「井上」が大泣きしたことなどが記されている。書簡21の二十九日の記述も参照。（5）書簡1の注（6）参照。（6）山原鶴《たづ》のことか。熱心なファンであった鶴より、面会を求める手紙がきたことが俊子の日記の六月二十二日、二十八日の記述に見られる。この日記は六月二十五日、二十九日付で手紙とともに悦に送られている。俊子は鶴と面会し、交流がその後続いた。

24

大正7年9月12日（VANCOUVER. B. C. 消印12日、TOKYO消印10月2日、青山消印3日）

東京府下青山穏田一〇一　佐藤俊様　Mme. T. Sato. Tokio, Japan.

E. Suzuki. 135 Cordova St. East, Vancouver, B. C.

封書　用紙不明　三枚（表裏）ペン　四日分を同封

八日。今日は日曜日。午前中は霧が一杯でしたけれど、午後からは晴れました。又此前の日曜日のやうに、工場の青年二人（中村君と梅月君）[1]とおにぎりを持つて、北バンクーバアの奥のシーモア・クリーキと云ふ所へ遠足しました。さア路程は何《ど》のくらゐあるか、何んでも十五哩ぐらゐは、往復で歩いたでせう。すつかり疲れて帰つてきました。此所は又大変によい所です。美しい川が峡谷を流れてゐて、両側には、大森林が続き、その向うには、惨しく焼けたゞれた大木をのせた山が連つてゐます。私は永いこと河原の石の上に寝て、あなたの事ばかり□ふほどに思ひつゞけてゐました。若い人たちは、森へ這入つたり、河原をつたつたりして、思ひ〳〵の方向で遊んでゐました。寂しく、静に愛と悩みとを□えて行く自分の心のうちに、私はあなたを眺めつゞけてゐました。何も彼もがうまく運んでゐるか、あなたは疲れきつて了ひま《(ママ)》しないか、悪い邪魔があなたを傷けはしないか、—そんな事ばかり、思つてゐると、—もう何うともしやうがなくなつて、たゞ祈つてゐました。あらゆる意味に於ける健康と幸福とを。

小さな、山がらみたいな鳥が私の直ぐ近くの岸の森を鳴きながら伝つて行きました。山を奥へ、奥へと。

　帰へりには、私は妙に沈鬱にとざゝれては、黙り込んで了ひました。若い人たちが何かと私に尋ねたり、話しかけたりしますのに、私はトンチンカンな答へをしたりしたやうでした。

「野の百合を見よ！」[2]あの、キリストの一句が何う云ふものか、ふいつと頭に浮んできて、やがて消えて行つたことを憶えてゐます。

疲れたと云つても、肉躰の疲労は、いつもの疲労と異つて、大変にヘルシイな快さを感じさせます。あなたがゐたら？　あなたがゐたら？……

もう直き来ますね。今月末には立つてらつしやるでせう。直ぐですね。嬉れしい〳〵。

　英語の下読みをしながら、寝ます。（午後七時半）

　私の俊様　　　悦

九日、十日、昨日も今日も晴れでした。昨日は夜おそく迄（十二時過ぎ迄）社の津川君と話し込んだのです、私の室で。あなたがきてからのことを（あなたと名は云はないが）いろ〳〵相談したのです。他に家をもつ方がよいのだけれど、直き冬になつて出歩きも出来にくゝ、なるしするから、此の冬の間だけは、此所にゐてくれと云ひました。隣室か恰度明《(ママ)》いてるから、（此の室とドアで続いてる）其所を食事室にして、簡単な準備をしてくれることになりました。いよ〳〵あなたが乗船することになつたら、直ぐに用意させます。他の室とは全く離れてゐるから、夫れだけは都合がよい。

夫れから編緝のことで、話はいろ〳〵まるきり滅茶な注文らしいことを云つたりしてゐましたが、何も彼もさうだ〳〵と返事をしておきました。此様なお馬鹿さんたちと真面目な話をしたつて、とても分りはしないから、いつでも、かうして放つておくのです。此所では只二三年二人で休養しながら勉強すればよいのですから。それに真正直に説いてやつたりすれば、結局腹が立つだけが落ちですからね。小犬の相手にでもなるやうな気持ちで相手になるのです。もう決して馬鹿と喧嘩はしなくなりましたよ。それから今日は、初めてグリーンさんか授業をしてくれました(3)。大変に人のよい愚直な感じのする人です。僕の教方に満足したかと云ふから、「非常に満足した」と答へたら、大喜びに喜んでゐました。なか〳〵正確な英語を語るけれど、数学か何か専問《ママ》にやつたらしく、文章を妙に文法的にやかましく批評します。面白い人です。此所の日本人との話より気持ちがいくらよいか知れない。

それはさうと、十二日に諏訪丸は這入るの。もう来られることに定つたでせうね。本当に大丈《ママ》でせうね。でも、若し駄目だつたら、私が先便で云つたやうに何所か田舎へ半永住的の住ひをお決めなさいよ、いさちやん(4)と二人でゞも。それからいさちやんは、まだ一緒には連れて来ない方がよい。之れは後のことになさい。

私、あなたがくると思ふと大変気が楽になりました。もう、若し来られなければ、何とかして今年ぢうには―おそくも来春三月迄には、帰国します。もう一人でゐるのは何所でゞもいやです。一人だと、とても陰鬱になつて、何も彼も癪にさわる。

ねえ、恋しいの。恋しさにばかり囚はれてゐるので、頭が少し、ボンヤリしてきたやうですよ。昨日も今日も何所へも行きませんでした。(夜十二時)

あなたの悦

私の俊様

まだ、大変に暑い？

十一日。朝は九時頃迄霧が深く降りてゐるやうになりました。暁方の夢うつゝのうちに、入江を出入する船の警笛がきこえてまゐります。それが侘びしげな、悲しげな何んとも云へない感情を誘ふのです。いろ〳〵なことを思ひながら、私の意識は自分でも知らぬ間に覚めてゐます。それから、ベッドを出る、此の気持ちは一寸書き現しがたいものです。

今日は夕方教会の、(先週紹介してもらった)例の先生の所へ行きましたが、演説会があるとかで休みらしいので、其侭誰れにも会はないで帰つてきました。その途中で山本君と云ふ青年に会つて二人で、活動写真を見て、(下らないものだが、雪州(5)と云ふ日本人と、その妻の貞奴の姪とかに当る女とが出てゐるものでした)九時半頃其所を出て、夫れから南京料理で飯を食つて、さつき帰つてきました。何んだか、呆乎してゐます。あなたの此所にゐないのが、何うにも不合理な不思議なやうな気がするのです。頭が少し変ですね。

諏訪丸は明日入港の予定だつたのが、五日おくれて横浜を出たから、十四五日頃になると云ふことです。少し、がつかりしたが、おくれただけ、それだけ新しい便りがきけるとも思つて、慰めてゐます、併し、おくれたことをあなたは知らないでゐたかもしれない。それだとつまらないのね。

カモ丸も出帆がおくれて、恰度諏訪丸と入りちがひくらゐに出るらしい。明日が郵便の〆切りですから之れを明朝出しておきます。

さア、此の次ぎは?もう、又少し間があるでせう。併し、あなたの便りが、「何日に出発するから」、もう手紙を出すなと云ふのであつたら何んなに嬉れしいであらう。

妙に頭が、呆乎してゐる、あなたの顔だけが暗い中に焦点のやうに光つてゐて、何一つ船のことが考へられない。外のこと、云ふよりは、「恋しさ」があるだけで何にも考へられない。

ねえ、大丈夫? 何も彼も大丈夫? うまく運んだの? 大丈夫でせうね、それからあなたの躰は何うなの?病みはしないまた?私は毎夜〳〵寝る前にあなたの躰の為めに黙禱してゐます。躰さへよければ、一切がよくなるのですから。

ぢや、もう休みますよ。(夜十二時)

あなたの悦

私の俊さま

(1)梅月高市のこと。後に悦の後継者となる。(2)『新約聖書』「マタイ」六章 (3)英会話の教授に関しての経緯は書簡20の十九日と23の六日の記述を参照。(4)書簡1注(6)参照。(5)早川雪洲 一八九一~一九七三。一九一〇年に渡米し、国際的に活躍した映画俳優。

25 大正7年9月17日(VANCOUVER. B. C. 消印17日、TOKYO 消印10月6日)

東京府下青山穏田一〇一 佐藤俊様 Mme. T. Sato. Tokio, Japan.

E. Suzuki. 135 Cordova St. East, Vancouver, B. C.

封書 用紙不明 三枚(表裏) ペン 五日分を同封

十二日。晴。今日は、朝のうちに、あなたへの手紙を出してきて、夫れから編緝をすましてから、靴を買つてきたの。九ドルしました。東京から穿いてきたのは、糸がきれて横合から水が這入るやうになつたの。此の方は修繕にやりました。此所で出来た靴の方が余程穿きよい。それから序でにお湯へ行つて、帰へりにアイスクリームを喰べてきました。

何んだか、幾夜も徹夜した後のやうな、睡むたくて睡れないやうな厭やな[1]疲れを感じてゐます。でも、明日はまたグリーンさんかくるから、下準備をしておくの、之れから。

もう九月も、やく半分たちましたね。あなたがくるのはいつになるか、来月の今頃は来られるでせうね。さうすると、もう一ヶ月だ。それだと何んなに嬉れしいか。私は今何んとも云へない気がしてゐる。嬉しいやうな、不安なやうな、何かしら凡てが空頼みのやうな。―早やくあなたの手紙が来なくてはいけない、それだけが私を慰めてくれる、殊に今度のは、自分の運命を決めてくれるやうな気さへしてゐる。早やく〳〵きて下さい。（夜八時半）

私の俊さま　　悦

十三日。晴れ。それは〳〵秋らしい爽やかな日でした。今日はなか〳〵忙しかつたの。午後七時から教会へ行つて例の英人であることを唯一に誇りにしてゐるやうなお婆さん、『名前はDeoolf（デオルフと云ふのでせう）』に四十分ばかり教はつて帰ってくると、グリーンさんがきて、待つてゐたの。グリーンさんは九時半頃迄ゐて帰へりました。来週からは、日本人の教会の夜学校へ教へに出るから、土曜日の夜だけにして二時つゞけることにしてくれないか、と云ふから、宜いですとも、と答へると、大喜びでした。此の人は、いよ〳〵愚直な人で、そして愚直なものが何所でゞも生活の下積にあるやうに、下積みになつてゐるのだと云ふことを感じる。教へることはデオルフ婆さんの方がずつと上手だ、発音は純英国のそれだと云つて御自慢なだけに、殊にうまい。その代りなか〳〵きゝとれない。私と一緒に先日あたりきた高商出の男が教はつてゐるが、（之れと二人だけなの）妙にこぢれた孤児院か継母の手でゞも育つたやうな男で、いやだから私は殆んど物を云はないことにしてゐます。之れはまた非常に出来ない。まるきり中学生のやうにプーアです。明日の夜諏訪丸か入港すると云ふ報らせがありました。明後日は、日曜で配達もないから、あなたの手紙のくるのは月曜日です、さう思ふと妙にそは〳〵して血が踊りはじめます。何うか好い便りであるやうに、本当にいゝたよりでせうねえ。（夜十一時）

恋しい〳〵俊さま　　悦

十四日。晴。何うしてゐるの？　もう仕度してゐるの？病気をしてるんぢやないでせうね。まだ日本は暑いんだから心配でならない。船は少しおくれて、明朝入港すると云ふ知らせがきました。明後日は何れにしてもあなたの手紙が見られる。—明日が目をとぢてる間に飛び去つて了へばい丶。

私は、午後七時に、晩餐会へ出ました。それは、私と一緒頃に早大の文科を出た人で、此の国の奥の方で労働してゐた人が五年振りで帰国するから—と云ふ司会者からの通知でしたから、労働してゐた、と云ふこと丶、私と一緒頃に出たと云ふこと丶にひかれて行つてみました。私は一緒に卒業した人の名前だつていくらも知つてはゐないのだから、或ひは一緒かも知れない、なんて思つたの、所が一緒ではなくて　本間君の同級生でした。つまらなかつたの。出ない方がよかつたと思った。たゞ、此の人が、みんなにさうして貰ふのを一向有難いとも思はないやうに、黙つて、むつちりしてゐるのが気になりました。「みんなに黙つて行つて了ふつもりだつたんだが」なんて、云つてゐました。妙に高慢ちきな所のあるのも、何んだか私には横から見てゐて面白かつた。が、矢張り私は□□してゐる方がよかつたと思つてゐます。会と云ふものは、いつでも下らないものだから、之れからは不儀理《ママ》をしても止し度いと考へてゐます。それから帰へりに日本人会の書記をしてゐる匹田君と云ふ若い人と二人でグローブ・シヤターへ活動を見に行つてきました。オバー・ザ・トップと云ふ戦争物でした。随分驚くくらゐ大仕掛けなものなの。此様な写真には必らず、吾々（米人）は何の為めに戦つてゐるか、戦はなくてはならないか、と云ふ疑問に答へると共に、それを観物《ママ》の胸に刻みつけやうとしてゐる努力の伴つてゐるのが面白く快く感じられます。

liberty, humanity, freedom, democracy, と云ふやうな文字がモットーとしてあげられてゐる。観物《ママ》はなか〳〵熱心に、或は昂奮して拍手してゐます。

此様なこと、もう書かないでも、会つて話が出来るんだとい丶。本当に　さうだとい丶。それも明後日の手紙で分るでせう。何んだか運命の分岐点が近づきつ丶あるやうな気がします。（夜十一時）

　私のたつた一人の人　俊様　　　　あなたの悦

十五日。日曜日。午後に郊外の墓地へ遊びに行たゞけ、あとは家にゐ通しました。工場の青年たちにいろ〳〵な話をしてきかせたり、畜（ママ）音機で義太夫をきいたりして。十六日。今日もいゝ日。いゝ日どころか素敵な記念日です、何故と云つて、あなたのいよ〳〵来ると云ふ手紙がきた(2)のだから。踊りあがつて喜びました。もう直き、―本当に直きに会へますね。嬉れしい〳〵。それで私は今日は、その事を長田さん(3)に話して住居のことを相談したの。日本人街にゐるのは、厭やに違ひないから、もつと海に近い辺の、西洋人の家に間借りをして、日本人とは全く距つた生活をした方がよからう、と云ふやうな意見を述べられました。私ももと〳〵一人ででもさうしたかつたのだから、いろ〳〵さう運ぶやうに助力をたのんでおきました。も一度津川君に話し直して、さう云ふことに是非し度いと思つてゐます。多分あなたのくる迄には、私は他へ移転ししてゐることでせう。

お金は、恰度そのくらゐあるけれど、此の郵便で送つたのでは、（二十八日にあなたかくれば）間に合はないし、電報為替では、高くてたまらないよしておきますよ。船の中では、いくらも金はいりません、たゞボーイ連にやる心付けだけです。ヴィクトリア(4)迄は私が迎ひに行きますから。（うまくすると、アラビヤ丸なら此所へ直航するかも知れないが――）大丈夫。たゞ船の上から、此方へつく両三日前に至極簡単に電報を打つて下さい。之れは忘れないで。

明後日シカゴ丸が出るのです、そして此の手紙はそれに出すのですが、今日が〆切りですから、之れだけにしておきます。此の手紙も或は行き違ひになるでせう。何しろ嬉れしい〳〵。本当に最高な、純な生活をはじめるのです。侮辱する奴等には、勝手に侮辱させておけばよい。『時』が自ら一切を淘汰してくれる。善いもの、強いものだけが、結局生きて行くのです。一時的な現象や、一時的の昂奮などにかまつてゐてはならない。ね、それだけです。二人で生きて行くのです。（午後三時半）

悦

俊様

（1）悦の英会話の先生。英会話の教授に関しての経緯は書簡20、23、24を参照。（2）八月末と推定される手紙（「俊子書簡」十五番（『田村俊子作品集』三巻、オリジン出版、昭和六十三年五月）所収）を指すと考えられる。そこには九月二十八日か十月初めにカナダへ船で発つとの記述がある。実際には十月十一日午後、メキシコ丸で横浜を発った。（3）書簡5の注（12）参照。（4）書簡2の注（1）参照。

〈付記〉俊子日記・俊子書簡の引用は、『田村俊子作品集』第三巻（オリジン出版、昭和六十三年五月）に拠った。

【解説】

Ⅱ部は、鈴木悦が田村俊子に宛てた膨大な書簡を収録している。鈴木悦（明治十九年十月十七日〜昭和八年九月十一日。愛知県老津村生。）は、新聞記者・雑誌編集者・小説家・翻訳家、さらにカナダにおける日本人労働者の労働条件改善運動の指導者として著名であり、最晩年は上智大学新聞学科・明治大学新聞学科の講師もしている。田村俊子が事実婚の夫田村松魚と別れた後、カナダで正式に結婚した相手である。

これらの手紙が、何故本書に収録されたかについては、Ⅰ部の田村俊子書簡・湯浅芳子書簡の解説で記したように、俊子がカナダへの渡航費を阿部次郎に用立ててもらったことと深い関わりを持つ。鈴木悦・田村俊子が亡くなった第二次世界大戦後、俊子の墓や文学碑建立に尽力したロシア文学者湯浅芳子が、生前並々ならぬ迷惑をかけた阿部次郎への感謝と詫びの意を込めて贈ったといわれている。

悦の閲歴などは後述するが、二人が知り合った当初彼には妻子がいて、俊子にも事実婚の夫がいたため、二人の恋愛は日本では成就させることが難しく、大正七（一九一八）年五月三十日、悦はカナダの日刊新聞『大陸日報』からの主筆としての招聘に応じ、バンクーバーへ渡った。遅れて俊子は同年十月十一日に横浜を出航し、十月二十六日にヴィクトリアへ着く。爾来、悦は昭和七（一九三二）年まで、俊子は昭和十一（一九三六）年まで、主にカナダで過ごすことになる。

本書には、二人が日本とカナダに別れていた間の大正七年五月三十日から同年九月十六日までの悦書簡が収録されている。百十日間のうちおよそ八十八日分（日付がなかったり、同じ日に便を改めて二通出したりしているので、正確な数の確定は難しいが、手紙が書かれた日数を計算した）という膨大なもので、ほぼ毎日書かれている日記のような書簡である。『田村俊子作品集』第3巻（オリジン出版センター、昭和六十三・五）には、この間の俊子の悦宛書簡と日記は収録されていて、従来、悦の俊子宛書簡は現存していないとされてきた。俊子と悦の研究が本格化した頃、すでに悦書簡は阿部次郎に贈呈されていたため、これまで陽の目をみることができなかったわけである。しかし、前掲『田村俊子作品集』第3巻の瀬戸内寂聴による解説にも、「悦の几帳面な性格から、俊子の手紙はすべて大切に保管しておいたが、俊子はカナダへ出発の際、悦の手紙を捨てるか忘れるかしてしまったのだろう。」とあるように、俊子はすぐれたフェミニズム作家であったが、金銭にだらしがないことは有名であり、そのため恋人からの手紙も保存していなかったのではないかと思われてきた節がある。今回、阿部家のご厚意により悦書簡を収録・翻刻することができ、田村俊子研究に資すること大であるばかりでなく、俊子の面目も一新されたといえよう。

一　悦がカナダへ立つまで

鈴木悦の閲歴および俊子との関係について、瀬戸内晴美『田村俊子』（文藝春秋新社、昭和三十六・四）、工藤美代子／スーザン・フィリップス『晩香坡《ヴァンクーヴァー》の愛――田村俊子と鈴木悦』（ドメス出版、昭和五十七・七）、田村紀雄『鈴木悦――日本とカナダを結んだジャーナリスト』（リブロポート、平成四・十二）が詳しい。それらを参照しながら、本書収録書簡に辿り着くまでの悦の足跡および俊子との関係性、さらに悦・俊子・阿部次郎という三者の関わりを確認しておきたい。

鈴木悦は、東京外語大学仏文科と早稲田大学英文科を卒業後、明治四十三（一九一〇）年、萬朝報社に入社する。同郷の彦坂かねとは、大学在学中の明治四十（一九〇七）年に結婚をしている。萬朝報社に入社直後から、「家なき人」（明治四十四・八）、「解放」（明治四十四・十二）、「休戦」（明治四十五・五）、「幻影」（明治四十五・七）、「わかれ」（大正元・十二）、「伊勢へ」（大正二・十）、「旅人」（大正三・一）等の小説を、『早稲田文学』に次々と発表し始める。初の書評「四月文壇の印象」（『早稲田文学』大正二・五）には、正宗白鳥、森田草平、鈴木三重吉の作品をさしおいて、俊子の代表作「木乃伊の口紅」評を冒頭に載せていて注目される。

なま温い風が吹きまくつて、ともすると頭が気懶く萎へていくやうな日であつた。そのせいか、俊子さんの長い『木乃伊の口紅』を読み了るのに可成りの努力が必要であつた。時々面白くなる心持が何時の間にかたるんでは、嘗て一度読んだもののおさらいをしてゐるやうな気がする時もあつた。（略）

此作品から得た興味の中心を求めれば、古い女の世界から一足ぬけ出してゐる所のある一種の新しい女みのるさんの放埓な血潮……

全面肯定ではないが、「木乃伊の口紅」の新しさを指摘しており、明治四十四（一九一一）年九月に『青鞜』が創刊されて「新しい女」バッシングが始まった時代だけに、好意的なまなざしは特筆に値しよう。悦はまた、「一〇月文壇の印象」（『早稲田文学』大正二・十）でも俊子の「憂鬱な匂ひ」評をトップに据えており、当時の文壇中で俊子にもっとも注目していたことがわかる。

大正二（一九一三）年十月、ズーダーマン『死の歌』の翻訳を海外文芸社から刊行した悦は、同三（一九一四）年には萬朝報社を退社、植竹書院に翻訳部主任として入社する。植竹書院刊行の『文明叢書』全五十四巻には、俊子の『山吹の花』（大正三・十）、『あきらめ』（大正四・三）が収録されており、二人は編集者と著者という関係で、まず面識を得たようである。大正三（一九一四）年八月の『中央公論』が「田村俊子論」という特集を組んでいて、当時夫であった田村松魚が、俊子の交遊関係について次のように書いている。

俊子氏は交遊嫌ひである。交際といふやうな繁累をとても上手にするやうなマメな人ではない。併し交遊は（同じ意味かもしれないが、此の方は自然的な交情を意味する）狭い方ではないやうだ。さうして同性よりは異性の方に余計親しみを持つた人が多いやうである。その人々は凡て芸術家の範疇を出てゐない。

　一寸と私丈けで思ひだした処で、読売社の徳田、上司、正宗の三氏、小山内氏、森田氏、阿部（次郎）氏、小宮氏、相馬氏、楠山氏及び鈴木（悦）氏等はいづれも俊子氏の先輩なり、親友なりであるやうだ。その外に俊子氏を訪ねて来る人は可なり多い。

（傍線引用者）


　I部収録の阿部次郎宛俊子書簡は、この特集への執筆を依頼したものである。阿部次郎は執筆していないが、当時俊子は、阿部次郎とも悦とも交流があったことがわかる。一方悦もこの頃、阿部次郎から『三太郎の日記』か『結婚の生活』かを贈呈されているようで、彼は知人に、「阿部次郎にすごく魅力を感じている、と語っており、仕事を通じて知り合ったこの思想家に一目置いていた」（田村紀雄前掲書）そうである。阿部次郎もまた、悦に自著を贈っていることから、彼を編集者として評価していただろうことが推測される。四年後に阿部次郎が、悦のもとに向かう俊子の渡航費を用立てたのは、こうした信頼関係が背後にあったからこそであろう。後に触れるが、今回翻刻された悦書簡にも、阿部次郎を高く評価する文言を見出すことができる。

　さらに悦は、植竹書院を退社し、大正五（一九一六）年、雑誌『洪水以後』の編集者時代を経て、同六（一九一七）年、朝日新聞社会部の記者となる。この年には、トルストイ『戦争と平和』全訳二巻本を目黒書店から出版した。恩師島村抱月との共訳となっているが、これは販売上の戦略で、実質的には悦ひとりで成し遂げた仕事といわれている。また、大正六年五月号の『新潮』の特集「田村俊子氏の印象」に、徳田秋声、森田草平、岡田八千代、近松秋江と並んで、悦も「軟らかで艶つぽい」という一文を載せている。

　俊子さんは、写真で見るのと、直接お目にかゝるのとでは大変に感じの異ふひとである。之れは必らずしも俊子さんの場合に限らないことであるが、此の人のやうに夫れの著しいのは珍しいと思ふ。元より写真であるのだから、その人以外のものが写つてゐるわけはない。実物を見てゐても何うかすると、如何にも写真に似てゐると思はれる時はある。
　が、全体としての感じは、写真よりズツと軟らかで、そして何所やら艶つぽい。（略）
　私は、あの人のことを思ふと大抵の場合イプセンの一人（ヘツダ？）を連想する。それは、マグダやノラのやうに或る境遇を経、ある経歴を踏み、或る事件に遭遇した後に初めて自我に目覚めた、若しくは目覚めさせられた女性ではない。寧ろ生まれながらの近代人である。
　俊子さんはさう云ふ風な女性だ。他の多くの女性——男性も勿論——のやうに明治末期の開放的思潮の影響によつて、漸く自覚したたぐひの人ではない。夫れはたゞ此の人の性格に滋養を与へて、より明確な形をとらせたと云ふまでゝある。時代思潮の上から見て、俊子さんは一個の自然児とも云ふべき人である。（略）
　従つて、作品を通して見た俊子さんと、実際に見る俊子さんとの間には、その写真と実物とに於けるやうな著しい相違は見出されない。一貫して『一人の俊子さん』である。（略）（断つて置くが、私は最近一ヶ年あまりの間、俊子さんにお目にかゝらないし、その消息も殆んど知らない）

　今日、フェミニズム文学の先駆と評される俊子文学と、俊子その人が「一貫して」いるとみる悦のこの俊子評は、彼の女性観の新しさを感じさせる。この前後から二人が恋仲になっていったことは、悦に送った次の俊子日記（大正七年六月一日付）によって明らかである。当時俊子は、田村松魚とは別居状態になっており、大正五年末から翌年早春まで、湯浅芳子と同居していたと伝えられている。

　大掃除で思ひ出したのは去年の春の大掃除の日にあの人を全く自分のものにした事――ほんとに「自分ものにしたい。」斯う云ふ気持がその前の晩から動いてゐて、とう〳〵あの朝私は大掃除の手伝ひに来てくれたあの人に私のあつい心を見せてしまつた。

大正六（一九一七）年春、俊子の方から告白し恋愛関係におちたことがわかる。しかし、後述するが、今回収録の悦書簡によると、それよりずっと以前から悦は恋愛感情を抱いていたようである。俊子日記（大正七年七月二十三日付）はまた、肉体的に結ばれたのは、大正六年八月五日だと追想している。その後、二人が同棲したのは、大正六年暮れから同七（一九一八）年五月三十日の悦出航の日までの半年ほどであったと伝えられている。最初は高輪、やがて三田の功運町、さらに青山隠田に隠れ住んだ。なお、悦には妻かねとの間に四人の男児がいたが、妻子は主として郷里老津村で過ごしていたらしい。それは子供たちが病弱であったゆえらしいが、大正七年一月三十一日までに四児とも早逝してしまっている。田村紀雄前掲書は、このことも悦にカナダ行きを決心させた要因のひとつだろうと推察している。以上が、悦がカナダに旅立つまでの軌跡である。

二　悦書簡の概要

　本書に収録した悦の書簡は、次の通りである。俊子が入手するまでにかかった日数を推察するために、悦が投函のために記載した日付と、日本での最後の消印を記した。先述の百十日中八十八日分という数は、書簡番号が異なっていても、同じ日付のものは一日分として数えている。また、日付けがなくても、日にちが明らかなものは補った。

書簡1　大正7年6月5日付（青山消印6月28日）
五月三十日・五月三十一日・六月一日・六月二日・六月三日・六月四日（六日分同封）

書簡2　大正7年6月15日付（青山消印7月4日）
六月十二日・六月十三日・六月十四日（三日分・花同封）

書簡3　大正7年6月17日付（青山消印7月4日）
六月十五日・六月十七日（二日分同封）

書簡4　大正7年6月19日付（青山消印7月4日）
六月十九日（一日分）

書簡5　大正7年6月22日付（青山消印7月15日）
六月二十日・六月二十一日・六月二十二日（三日分同封）

書簡6　大正7年6月23日付（青山消印7月15日）
六月二十三日（一日分・花同封）

書簡7　大正7年6月24日付（青山消印7月15日）
六月二十四日（一日分）

書簡8　大正7年7月12日付（TOKIO JAPAN消印8月11日）
七月五日・七月六日・七月七日・七月八日・七月九日（五日分同封）

書簡9　大正7年7月12日付（TOKIO JAPAN消印不明）
七月十日・七月十一日・七月十二日（三日分同封）

書簡10　大正7年7月16日付（TOKIO JAPAN消印8月11日）
七月十二日・七月十三日・七月十四日・七月十五日・七月十六日（五日分・花同封）

書簡11　大正7年7月22日付（TOKIO JAPAN消印8月11日）
七月十七日・七月十八日・七月十九日・七月二十日・七月二十一日（日付なし）・七月二十二日（六日分同封）

書簡12　大正7年7月25日付（TOKIO JAPAN消印8月25日）
七月二十一日・七月二十三日・七月二十四日・七月二十五日（四日分同封）

書簡13　大正7年8月3日付（TOKIO JAPAN消印8月25日）
七月二十六日・七月二十九日・七月三十日・七月三十一日・八月一日・八月二日・八月三日（七日分同封）

書簡14　大正7年8月4日朝（2）
八月三日（一日分）

書簡15　大正7年8月4日（3）（TOKIO JAPAN消印8月29日）
八月四日（一日分）

書簡16　大正7年8月9日（4）（TOKIO JAPAN消印不明）
八月五日・八月六日（二日分同封）

書簡17　大正7年8月9日（五）（TOKIO JAPAN消印不明）
八月七日・八月八日・八月九日（三日分同封）

書簡18　大正7年8月13日（6）（TOKIO JAPAN消印8月31日）
八月九日・八月十日・八月十一日・八月十二日・八月十三日（五日分・花同封）

書簡19　大正7年8月15日（6）
八月十三日・八月十四日・八月十五日（三日分同封）

書簡20　大正7年8月28日（1）（青山消印9月24日）
八月十六日・八月十七日・八月十八日・八月十九日・八月二十日・八月二十一日・八月二十二日・八月二十三日・八月二十四日・八月二十六日・八月二十七日・八月二十八日（十二日分同封）

書簡21　大正7年9月1日（2）（青山消印9月24日）
八月二十八日・八月二十九日・八月三十日・八月三十一日・九月一日（五日分同封）

書簡22　大正7年9月4日（青山消印9月24日）
九月二日・九月三日・九月四日（三日分同封）

書簡23　大正7年9月7日
九月五日・九月六日・九月七日（三日分同封）

書簡24　大正7年9月12日（青山消印10月3日）
九月八日・九月九日・九月十日・九月十一日（四日分同封）

書簡25　大正7年9月17日（TOKYO消印10月6日）
九月十二・九月十三日・九月十四日・九月十五日・九月十六日（五日分同封）

以上の書簡内容は、①俊子との関係性や彼女をめぐる問題、②文学・思想・芝居・活動写真などの文化的な事柄、③バンクーバーでの生活や自然、④仕事や同僚への言及、⑤日本人に関する感想の五つに分けることができる。そのうち全体のほぼ七、八割を占めているのが①の俊子に関わる事柄で、その多くは思慕の念や二人の関係性についてであり、その意味では純度の高い恋文と捉えてよいと思われる。俊子書簡も花を同封していたようだが、悦書簡にも押し花（と思われるが、あるいは生花かもしれない）が封入されていて、ロマンチックな情緒が漂っていることも象徴的だろう。次に多いのが②の文化的な事柄で、③④⑤は極めて少ない。④の仕事に関する記述は、同僚の紹介や評価がもっぱらで、『大陸日報』主筆としての仕事への言及は稀である。

以下、紙幅の関係で、膨大な悦書簡全体に言及することは難しいので、書簡内容の大半を占めており、かつ俊子日記や書簡を参照しなければ全体像がわかりにくい俊子との関係性を中心に見てゆきたい。

三　悦にとっての俊子

まず俊子への思いについてだが、恋しさ・慕わしさを繰り返し訴えている。例えば「慕しさ恋しさが爆発しさうになる(とてもかうより云へない)の。あなたは本当に美しい人だ。貴い人だ、しみ〴〵さう思はれてくる。さう思はれることが私にとつて何んなに嬉しい事か。」(書簡5・六月二十一日付)とか、「あなた、あなた、恋しい私の俊さま。あなたは何うしてゐるか。矢張り私をこんなに恋ひしたつてゐて下さるであらう、(略)/閉ぢた瞼をもれて、いくらでも涙が落ちてきます。あの指輪(俊子が自分の身代りにと持たせた指輪—筆者注)を口へもつて行つて見たけれど。—」(同)などの恋情表現は枚挙に暇がない。

恋の回想では、先述した俊子の悦への恋情告白に関して、「若しも、あなたが、あの朝あゝして下さらなかつたら、私は今でも矢張りあなたを思ひつゞけながら、そしてその事の為めに何んなに此肉《ママ》な人生の否定者になつてゐたか知れない」(書簡5・六月二十日付)と感謝している。なぜなら、「あなたは、何所迄美しい人だかわからない。十年間恋をしつゞけてきた自分を、私は偉いと思ひました。」(同)と、十年間俊子を恋し続けていたということを、おそらく以前にも告白しているであろうが改めてしている。しかし、俊子の文学的出発が明治四十四(一九一一)年の「あきらめ」であることを想起すると、この時点までで七年しか経っておらず、正確な歳月でないことは明らかだろう。一時の燃え上がりではなく長い間慕ってきたということを誇張したいのだと思われる。また、「いつか軽井沢へ行つていたとき、あなたが来るはづで、来ないで了ふやうな結果になつたが、あの時、一切が都合よく行つて[二字末梢]ゐたら何うなつたらう?/山を歩き、原を歩きするうちに、私は自分を制しきれなくなつて、何も彼もを自白して了つたかも知れない。さうであつたら何うなつたらう? 今時分は何うなつていたらう? あの時分でも、私はあなたから今のやうな真実な恋を導き出すことが出来たであらうか? 私にはある。併し、あなたには?—そんな事はいくら考へたつて分ることぢやない。会はせなかつたのも神の力である。或は恵みである。」(書簡6・六月二十三日付)と、俊子の告白以前にも悦が告白したかもしれない機会があったのに結果的に失われたことを、「神の力」「或は恵み」と回想している。俊子には共に暮らしていた夫田村松魚がいたので、その時点では機が熟していなかったということであろう。

悦はまた、二人の恋を次のように表現している。「あなたを救つたものは、あなたの云ふ通り私であるかも知れない。(さう考へることは私の絶大なる喜びである、西川君は、あなたは実に大きな創作をしたと云つた)が、夫れよりも確かなことは、私があなたによつて救はれたと云ふ事です。/お互いに甦生—と云ふよりは初めての生を感じ合つて生きると云ふことは何と云ふ幸福でせう。之れこそ人間に与へられたる幸福の最も真実なもの、最も大きなもの、最も高いものです。私は神に感謝する。」（書簡5・六月二十日付）と述べたり、「一生にたつた一度の恋愛」（書簡11・七月十九日付）と位置づけたり、「本当の恋ほど人間を真面目にし、正直にし、正しくするものはない。恋は、有らゆる意味で人間の目覚めです。」（書簡18・八月十二日付）と評価したりしている。二人はこの恋が成立する以前に、ともに別の異性との結婚（俊子は事実婚だが）を経、さらに悦は妻とは別の女性とも同棲していたことがあり、その女性は悦のカナダへの出航時にも見送りに来ていて俊子と鉢合わせをしている。それだけに、この恋こそ「一生にたつた一度の恋愛」と、二人の過去によって現在の恋が汚されないよう心配りをし、「甦生—と云ふより初めての生を感じ合つて生きると云ふこと」と位置づけ、「人間に与へられたる幸福の最も真実なもの、最も大きなもの、最も高いもの」と最大の幸せを得たことを強調し、姦通罪が厳然と存在した時代だけに、決して不真面目な関係ではなく人間的成長を促す関係であると主張している。

　悦にとっての俊子は、「最初の手紙を出したときと同じやうな、有らんかぎりの美しい、暖い、よき母と、優しい賢い姉と美しい恋人とを一緒にしたあなたになりきつてゐる。」（書簡11・七月二十二日付）とあるように、母・姉・恋人という多義的存在、あるいは全人的存在であったといってよいかもしれない。俊子は悦より二歳年上であり、大正初期の文壇の寵児でもあったので、単なる「美しい恋人」であるだけでなく、「暖い、よき母」と「優しい賢い姉」という側面も見出していて、そうした多面性を好ましいと受け止めていたようである。男尊女卑の大正期には、きわめて新しい女性観といえよう。ちなみに妻のかねも、悦より一歳年上であった。他方、悦は、「あなたは、私の半分であり、私はあなたの半分であつたのだ」（書簡10・七月十五日付）と、二人の結びつきを、必然性に導かれた運命的な関係とも捉えている。また、「あなたの寝顔は、ほんとに娘々してゐて可愛い。少し何かに甘へか丶るやうな、そりやァ邪気ない顔をしてあなたは寝てゐますよ。寝顔と云へば、熱海の夜が思ひ出される。あの時私は、さう思つたことを忘れないでゐる。『よい魂をもつた人でなくては、かうした寝顔にはなれない、（略）此の人は何うしても私の人だ。私たちは一緒に生きることを予め定められてゐたのだ、今迄の生活の（お互ひの）間違つてゐたことがよくわかる』今は、その邪気ない顔に、私を恋する心が晩春の夜のやうな憂鬱を投げかけてゐることでせう。恋しい人。」（書簡5・六月二十二日付）と、「よい魂」の人だけがもつことのできる可愛い「寝顔」の俊子を賛美し、「今迄の生活」が「間違つてゐた」二人は宿命的に結ばれたと強調している。

　そんな俊子と別れて暮さなければならない状況を、「二年も三年もなんて云んだつたら、僕はもう死んぢまうだらう。」（書簡5・六月二十日付）と嘆き、このことを「試練」と何度も表現している。「怖しい試練!（略）魂に対する神の試練である。苦痛が、此様な大きな苦痛が―ロミオとジユリエツトのそれよりも勝るとも劣らない大きな苦痛が私たちの上におかれてゐることを、私たちは考へなくてはならない。」（書簡5・六月二十一日付）とか、「少し酷すぎる試練!」（同）とも書いている。他方、「愛は永遠である。本当の愛のみ独り永遠である。（略）永遠に生きる、とは愛に生きることである。（略）／忍苦を怖れてはならない。忍苦と握手しろ。やがて、お前たちの生活の曙であるのだ。」（書簡20・八月二十三日付）と書きつけて、この困難をともに乗り越えなければならないと互いを励ましている。

悦にとっての俊子は、生涯にただ一度の恋の相手という表現から至極の存在であり、母・姉・恋人のすべての要素を兼ね備えた理想の女性でもあり、宿命的に結ばれた二人は試練を乗り越えて永遠の愛に生きなければならないと思い定めていたようである。だが、十四年後の昭和七（一九三二）年、悦は自身の健康問題と実家の事情から、俊子をバンクーバーに残して一時帰国した折、不幸な写真結婚をした日本人女性を伴い、俊子には内密に日本で同棲していたことが、今日では知られている。カナダでの十年を越える歳月は、この時点では予測のつかなかった展開をみせていったのだろう。

四　俊子をめぐるスキャンダルと渡加問題

続いて、俊子の渡加問題についてみてみよう。悦の出発時に、確実な約束はできていなかったようで、第一便（書簡1・五月三十日付）には、「来年の今頃は（おそくも）いらつしやい。来なくてはいけません。」とあるが、書簡5（六月二十日付）では、「ほんとに十月にはた、れるやうにして下さい。（略）私も、出来るだけの金の用意をします。」に変わっている。書簡6（六月二十三日付）にも「一生懸命でおあしを作つてください。私も作る。」と書き、書簡7（六月二十四日付）では、旅券の件、船の予約、渡航に関する注意等を書き送っている。しかし、俊子の渡加がいよいよ十月と本決まりになったのは、二人の思慕の念の高まりからだけではなく、俊子をめぐるスキャンダルが背景に絡んでおり、この問題が俊子の渡加を一気に促進させたようである。

それは、悦がバンクーバーの「雑誌屋」で、宮武外骨刊行の雑誌『スコブル』（大正七年六月）に、「性慾学者兼生殖器病専門医として著名なドクトル羽太鋭治」と俊子がただならぬ関係にあるかのような記事を見つけたことによる。悦は、「私はいやだつたが、此所におけば何れ誰れかしらの手に渡る、此様なところで、此様なものを人によまれるのは、いやだから、たつた一冊しか来てゐないのを幸ひに、買ひとつてきたのでした。（略）たとひあなたの過去に何かあつたつてよい。それは過去のことだ、今の貴さを傷つける力はない筈である。あなたか《ママ》云つたやうに、それは、ある限りに於て私の愛で洗ひ清めてやらなくてはならない。（略）たゞ私にだけ、存分に赤裸に有仰つて下さい。」（書簡5・六月二十二日付）と、俊子を疑ったことに始まる。その記事とは、次のような内容であった。

會て『ポケツト新聞』に田村俊子が頻々羽太氏方へ出入する由を記して、俊子は生殖器病に罹つて居るらしいと記し、又其後の同紙上には、俊子が毎日羽太氏方へ出入するのは、療病の為めでない事が知れた、それは同人を尾行した『中央新聞』の記者某の談によると、俊子は羽太氏方で着物を着更へて出た、同氏方に衣類を預けてあるやうだから、只の関係ではないらしいと云ふのであつた、然しワタシは俊子が生殖番《ママ》病に罹つて居たものとも信じない、又俊子が往訪の時に着て居なかつたコートを帰りには着て出たと云ふが如き話を全然の作り事とも思はなかつた、或は俊子が何か研究上の事で羽太氏に師事して居るのかも知れないなど、疑雲のまゝで過ごして居たのである、ところが右の忠告に接したワタシは、亭主に置去を宣言して家出した後、其行方不明とされて居た俊子の消息を羽太氏が知つて居られるので、其関係の浅からぬのを諒し得たのであるが、疑雲は疑雲として今尚残つて居る（略）

たしかに悦ならずとも穏やかならぬ気持ちになるような内容である。悦は、翌日の手紙で、「今日は、もう何でもないの。私は、すつかり悪魔に勝っ《ママ》て了つた。たゞあゝした下等な連中が此の度も何かにつけて、あなたを傷つけることをしはしないか、あの記事によつてまた新しい題目を見出して、何かを捏造する機会を作りはしないか、と云ふ事を恐れてゐるだけです。でもあなたにさへ何事もなければ、かまはないけれど、若しあなたが羽太君と相当に親しい交りがあつたとすると、羽太君が自分から出た言葉の為めに、他人に与へた迷惑を痛感するやうな人ならよいが、それでないと、随分不快なことが起りはしないかと思ふの。」（書簡6・六月二十三日付）と、「悪魔」、すなわち嫉妬心に打ち勝ったといいながら、羽太と「相当に親しい交わりがあつた」のではないかと疑心暗鬼を募らせていたことが明らかである。さらに同書簡では、このスキャンダルに対する疑心や嫉妬心を、後述する俊子の姓の問題、具体的には田村姓から佐藤姓に変更する要求へと転化させている。

何んにしても、あなたが一日も早やく佐藤を明らかにすることが必要です。之れから書くものは一切佐藤になさらなくてはいけません。新潮へやつた詩は、勿論佐藤となすつたでせうね。私は、あなたが何故もつと早やく第一の感想からして、佐藤を署名しないのか、未だに分らない。本当に、もうその必要は、とくからあつたのだけれど。

このスキャンダルは悦を大いに悩ませ、書簡8（七月八日付）では、「昨夜は、初めていやな夢をみた。」とあり、俊子が羽太と「…え、、そりや昔はよく会つた事があるわ。でもそりや昔のことよ。」と言い、顔を真っ赤にする夢を見たと書き送っている。これに対し、俊子は失望と怒りを覚えながらも、自身の気持ちを静める努力をし、冷静に羽太との関係を説明して悦の疑心払拭に努めていることが、七月（推定）十五日付書簡から窺える。

愛する人！　静にしてゐらつしやい。あなたの恋人はあなたが想像するよりも純良な生活にゐたのです。あなたが思ふよりも高い心を持してゐたのです。（略）／私は決して心を動かしません。私は実はあの一通の為に他のを読む事がいやになり、暫らく止して考へてゐました。私は怒つたのです。あなたへ対して。「なさけない人だ。」と思つたのです。けれども（もう少しでいやな手紙を出して了ふところでした）、私は神さまに祈りました。そうしたら大変気分が和ぎました。それからオウガスチンの慚悔《（ママ）》録を少しよみました。（読んだところですけれど）そうしたら猶和らぎました。（略）／恋人！　私の愛する人！　あなたはもつと心を落着けなくてはいけない。もし私の傍にゐるのであつたら、恐らくあなたはあの記事を本当にはなさらないでせう。そうして却つて私の怒りをあなたが和らげるでせう。離れてゐる為に然う云ふ疑いを持つなら、それは余りに私たちの間に信がなさすぎます。／羽太と云ふ人は徳田さん（徳田秋声―筆者注）の友達で、読売に関係した時分徳田さんや上司さんや正宗さんと帝劇へ行つた時に丁度その人が来てゐたので徳田さんが廊下で紹介しました。私はその時羽太と云ふ人が何か医学の事で徳田さんやら私たちに頻りに論じるやうに話してゐたのを覚えてゐます。それだけです、後にも前にも。年賀状一とつ貰つた事もありません。（略）／この事であなたのなすつたあの苦悶は非常に見苦しいと思ひました。そうして私をも侮辱した事になつてゐます。あなたはあの記事を読まれた時「又しても悪魔があの人をいぢめる可哀想に」とお思ひになる筈でしたが。（略）／何卒愛を信じて下さい。神を信じて下さい。決して自分を苦しめる事はなくなります。愛のむくひは、私を唯安めてくれます。どんな時も。

七月十六日付日記には、「夜る井上が来ました（略）スコブルの話をしました。「そんな信のない事では仕様がない」つて嘆息しました。そして私も「仕様がない」と呟きました。（略）〈徳田さんへ手紙を出しておきました。兎に角。羽太と云ふ人はあの人の友人ですから。〉」とあり、当時養家の井上姓を名乗っていた湯浅芳子に事の次第を打ち明けて相談する一方、羽太を紹介した徳田秋声に手紙を出し、記事の事実無根性を証明してもらおうとしている。また七月十七日付日記では、「私はもう行くのは止そうかと考へてゐるんです（略）

——肉体をも神さまに捧げて。／こんな事聞いたら悲しくなつたでせう。い、気味だわ。／行かずにゐて上げやうか。いつまでも。」と自分を疑う悦への怒りを露わにし、「私のは泣子ですが、あなたはめそ蔵です。めそ蔵は泣子よりも弱いのですよ。」と、中傷に翻弄される自分たち二人を「泣子」と「めそ蔵」と自嘲している。さらに七月十八日付日記では、「恋愛のかなしい事を——あんな事にさへ信の持てないやうな恋愛の暗い一点を——あんまりなさけない。そうしてあんまり厭はしすぎる。—然う思つて——ほんとに私はこの肉体を封じて了ひたい。あんな事にさへこの大切な恋人を疑ぐる人だ。そうして侮辱する人だ——然う思つたら私は全く世の中がいやになりましたから。」と失望感を率直に述べている。

　しかしながら悦の苦悶を放置してもおけないと思ったのか、七月二十一日付日記では、「あなたは駄目だわ、あんな事に動かされたりしてほんとにいやになるわね。念の為、私の交際した人の名を列記して見ます。」と、付き合いのあった人物の名前と関係性を列記している。挙げられた名前は、徳田秋声、正宗白鳥、上司小剣、小山内薫、小宮豊隆、楠山正雄、岩野泡鳴、長田幹彦、吉井勇、吉井秀雄、後藤末雄、安成二郎、阿部次郎、森田草平、赤木桁平、鈴木三重吉、水野葉舟等だが、いずれも仕事上の関係者で、俊子自身「斯うして見るとほんとに寥々としてゐる」と人間関係の貧しさを振り返り、「外には逢へば挨拶する人は殆んど無数です。あちこちで紹介されてゐますから。羽太なんて人はこの無数の内へ入る人です。顔なんかまるで覚えてゐない。古い事ですからね。」と羽太との関係にも言及している。七月二十四日付日記には徳田秋声から届いた返信を同封して「私と羽太と云ふ人の間について確実な証明（後日の）になると思つたので入れておきます。」と誤解を解く努力を続けている。

　こうした俊子の書簡・日記を受け取った悦は書簡14（八月三日付）で、「あなたの手紙を思ふと、取り返へしのつかない愚かなことをしたと云ふ気がして、すつかり消気て了つたの。／恋しい人、恋しい人。私は心からお侘《ママ》びをしてゐますよ。ねえ、気嫌《ママ》を直して、元気を出して勉強して下さい、仕事をして下さい。（略）／そして日記に、お侘《ママ》びを云ひながら眠ります。」と詫び、「かう離れてゐて、こんなに苦しめ合つてはいけない。それでなくても、離れてゐると云ふ事だけで、苦痛がありすぎるのに。—私がいけなかつたのです。たゞ、私の周囲に気のまぎれるやうなものが少しはありさうに思つてゐるらしいあなたは、いけない。文字通りの孤独しかないのです。何んと云つても、あなたに此の寂しさは解らない。（略）私は確に能神経衰弱ですね。それからあなたは少しヒステリイ。」と自分の孤独な環境が疑う心を抱かせたと釈明している。また同日に出した書簡15（八月四日付）では、「早やく来て下さい。ねえ早やく。／此所では九月の末あたりには、もう霜がきて、霧が深くなつて、雨か《ママ》降つて雪になつて、それこそ陰鬱な北国の冬がやつてくると云ふ事です。あなたのゐない一人の冬を想像することは、苦しくて耐らない。（略）／あなたの怒つた手紙のよそ〳〵しさつたらない。怒つたつて、あんな風に書くのはよくない。」と俊子の渡加を促し、彼女の怒りに弱々しく抗議している。悦が俊子を信頼できなかった己の不明を恥じ後悔の念を抱いたことは、同じ日に便を改めて二通出していることが証していよう。

俊子の奮闘は功を奏し、書簡17（八月七日付）では、「「めそ蔵様」つて、何んです、失礼な。「あなたの妻」とう〳〵あなたは、かう書きましたね。さうですよ、妻には違ひないが、かう書かれると、新しい刺激がきます。こんな立派な美しい人を妻にもつ—何うも嘘のやうに思はれるの？　乞食からお姫様の婿になるお伽噺のヒーローのやうな気がする。（略）ねえ、あ、、嬉しい。嬉しい。」と書き送る。悦を感激させた文言は、七月二十四日付俊子日記の末尾に書かれた「あなたの俊そして／あなたの妻」を指している。また同書簡には他に、「徳田先生をまで煩はさなくてもよかつたのだが、でも、あなたが、あの為にそんなに心遣ひをしたのかと思ふと、嬉しい。それからお侘《（ママ）》びをしないぢやいられなくなるの。」と俊子の努力に感謝をしている。

交遊関係者として挙げた名前に対しては、「ずいぶん名前を書きたてましたね。そして阿部さん一人をのぞく以外に、一人もろくな人はゐない。みんな出来そこないばかりだ。（略）／あなたの友人のなかでは、阿部さん一人きりだ。然し此の人は、又ずばぬけて豪い所がある。他の此の所にあげてある名前は、恰度人間の屑に附けた正札みたいなものだ。」と、阿部次郎を絶賛し、他を「人間の屑」とまで罵倒している。この直後に、阿部次郎は俊子の渡加費用として二百円を用立てることになったことを想起すると、やはり三者は、見えない信頼の糸で結ばれていたようである。

ところで、この二百円は、俊子の全渡加費用にとってどの程度の割合を占めていたのだろうか。書簡13（七月二十九日付）によると、「大阪商船の一等は、商船の二等と同値段であるが、取りあつかひは（下りてから移民局での）一等でするさうです。而かも郵船の一等よりは余程い、のださうです。あなたか《（ママ）》くるときは、是非とも之れになさい。さうすれば二百円で一等客として来られるわけですから。」とある。また、書簡18（八月九日付）には、「船は大、商のにして一等が二百円、支度が二百円。四百五十円か五百円あれば、十分だ。」と書かれている。俊子が乗船したメキシコ丸の実際の経費はわからないが、いずれにしても船賃のほぼ全額相当分を出してもらったとみてよいだろう。やはり二人にとって阿部次郎は、生涯の大恩人であるに相違ない。

このようなやりとりの中、七月二十五日付俊子日記には、「私は決心したの。どんなにしても何うしても十一月か十月にか行きます。九月にでも。私は旅行免状の届けをするの。直ぐに。そして明日写真を半分にしてもらふの。／離れてゐては、とても駄目。ちつとも出来ないの。／感情があんまり多すぎて、私はちつともまとめる事が出来ないわ。そして直ぐに書いてる最中あなたの事ばかり思つてゐるんですもの。

／ほんとに逢ひたいわ──逢ひたい、逢ひたい、あゝ──／私の病気は全く恋わづらひだと思ふの。（略）」と、原稿料で渡航費用を稼ぐことは半ば諦め、ともかくも渡加する決心をしたことが書かれている。この後俊子は、一心不乱に渡航準備に打ち込む。七月二十九日に戸籍謄本や渡航の書類を手配。八月三日には、湯浅芳子と易を見てもらい、易者から遠方へは来月か遅くとも十月初めには行かれると告げられる。八月十四日付日記では、「ほんとに何うしてもお金が出来ないやうな運命なら、殺人をしたつてお金を拵へて出て行く──」、「もう何うしてもいけなけりや三等でゝも行くわ。」と逸り焦る気持ちを極端なまでに表現している。十五日・十六日付日記によると、府庁へ「旅券下附願い」の件で出頭、資産証明の必要なことを言い渡され、その足で外務大臣に面会を求めに行くが実現できない。十七日・十八日付日記には、外務省へ資産証明の件で相談に行き、その後高村光太郎宅を訪れ、「万難を排しても行かなければいけない」と励まされたとある。八月十九日・二十日・二十一日・二十二日付日記には、府庁で資産証明が通ったこと、二十三日・二十四日付日記では、旅券が無事下りて、「下がつて見ると、ほんとにふしぎ。そして何だか私は気が抜けたやうなの。」と安堵した気持ちを伝えている。

こうして俊子を誹謗中傷したスキャンダル事件は、かえって二人の再会を加速させた側面がある。この事件を契機に二人はともに、別れているのは良くないと痛感するようになり、俊子は前述の行動を取ることになる。二人の日記や書簡は酷似し、また強く呼応もしており、悦は書簡20（八月二十六日付）に、「二人の苦しみかたが全く同じなのは、驚いてしまふくらゐだが、併しそれは又嬉しいことでもある。何うしても二人が一緒になるのでなければ、生きるに堪えないことが明らかに分る。（略）／今度一緒になつたら、もう〳〵死ぬまでちつとだつて分《ママ》れない。」と書いている。

悦はまた、異性問題だけでなく、俊子の文面のいちいちに過敏に反応し反論や詰問をしているが、それについても書簡21（八月三十日付）で、「文字面をつかまへて怒り合うのは本当にいけない。私もいけない。あなたもいけない。」、「本当は二人とも一人〳〵ではとても居られないから、此様なことを云ひ合ふのだ。離れてゐるからなのだ。」と、とかく軋みがちな二人の関係を反省する。書簡21（九月一日付）では、「要するに、私たちは二人とも、あるべき当然の位置におかれなかつたことから、今日迄もがいてゐたのです。悲惨だつたのです。でも、早やく目がさめてよかつた。之れからです。之れからの私私《ママ》たちは、少しでも無駄な時間を送つてはならない。充ち溢れた一瞬を積み重ねて行かなくてはなりません。そして、それか《ママ》出来ます。」とあり、俊子の渡加決定が悦に与えた喜びと期待の大きさが伝わってくる。

五　俊子文学への評価と姓をめぐる問題

悦の俊子文学への評価は、二人が実際に出会う前から高かったことを既に述べたが、書簡中には逆に、俊子の文学的世界と齟齬をきたすような悦の文学観が垣間見られる。また、前述した俊子の姓の問題だが、姓とは単なる符号ではなく仕事と密接に関わっている事柄であることから、この二つの問題を合わせて考えてみたい。まず、悦の文学観を示す書簡21（九月一日付）からみてみよう。

昨夜は「欺かざるの記」を久しぶりて《（ママ）》読みました。矢張り独歩は豪い。夏目さんと並び称せられたこともあるが、夏目さんなど、比較になるものではない。二十四五才頃の日記（明治二十七年頃）でもが、既に大自然の生活、─魂の生活を認めて、驚異してゐる。全く驚嘆すべきものを発見します。彼を真実に理解し得る人は今日だつて、恐らく幾人もない。彼は嶄然として明治大正の文学界に聳えてゐることが、いよ〳〵よく解る。一葉が紫式部以後の第一人者である如く、彼は正しく芭蕉以後の第一人者です。／一葉以後の第一人者はあなたであるが、さう云はれてゐるし、確にさうであるが、今後のあなたは式部以後のあなた、いや、「初めての人」にならなくてはならない。又きつと、なれる。で、私は？　私は独歩をもつと深く完成し度い。実に遙かな道である。行けても行けなくても、其方へ向つて歩いて行くこと以外には私たちの道はない。又それは、たとひ夫れだけでも非常に有意味なことです。あなたがくると云ふので、すつかり健康になつて行けるのは嬉しい。今日も之れから、独歩を読みます。

俊子を「一葉以後の第一人者」どころではなく、「式部以後のあなた」でもなく、「初めての人」にならなくてはならない、と評価し期待している。俊子は今日でこそフェミニズム文学の先駆者と評されるようになったが、当時は、男女の愛欲を描く情痴作家と位置づけられていた。俊子は悦に愛されただけなく、もっとも優れた理解者を得たといってよいだろうか。しかしながら、悦は同時に自身の、「芭蕉以後の第一人者」と評価する国木田独歩を「もつと深く完成し度い」という自負心を吐露している。さらに、それらの目標を「私たちの道」と位置づけていることから、ここでは、ともに高い文学的達成をめざそうという理想を語っていると解釈すべきだろう。

当時の悦は、俊子文学をどのように評価していたのだろうか。書簡中では、「雑草の花」（『新潮』大正七年七月）という詩を繰り返し誉めているので、同詩を引用してみよう。

雑草に咲きし花。
花弁は、
赤子の爪を四分せしよりも猶小さく、
蕋はあまりに微にて、
目にもとまらず。

この花は白き色をよそほひ、
匂やかなる唇をもちて、
小さく、小さく、
微に、微に、
青き茎の上に俯向きて咲く。

この小さきものに整のへる美あり。
この小さきものに尽されたる色彩あり。
しかして、
与へられたるいのちは、
静に健かにその呼吸を広き野に吐く。

六月の朝風に、
もろ〳〵の雑草の葉はそよげど、
花は、
齊然と形を乱さず、
一と本の茎に、
可憐に自分を守る。
つゝましき心かな。

日に霑ひ
雨に打たれつゝ。
この小さき花は、
かくして美しく咲きし瞬間を、
つゝましく全ふするなり。

悦はこの詩について、書簡8（七月五日付）で次のように評している。

あなたの詩はいゝ。全くお世辞でなくいゝ。実際「雑草の花」には可成り驚かされた。あの静寂な軟かな、そして力のこと〳〵流れてゐる一篇の味ひは正しく、あなたの初めての本当の芸術です。私のあなたが明らかに出《（ママ）》てゐる。実際嬉しい。あれです、あれこそ本当に育ち行くべき大きなもの、若芽を含んでゐます。も一つのは、あれにくらべると、ずつと大人びてゐていけない。あんなのは、いけない。あなたの—あゝした場合の—姿を想像させる点で、たまらなく懐しく悩しくさせられるけれど。あれは、前のとは比べものにならない。あんなのなら感能《（ママ）》派の少したつしやな詩人なら作られる。併し「雑想の花」はさうぢやない。あれは真の生にまで目覚めてきた人でなくては、少くともその殺那《（ママ）》でなくては出来る作ではない。正しい行路の門か《（ママ）》開けた！　いく度よんでも、あきない。読むほど、よくなる。あなたが有るかぎりの美しさを負《（ママ）》びてくる。

では、「いけない」と否定された「も一つ」の詩、「幻影」（『読売新聞』大正七年七月七日）も引用してみる。

恋人を焦らすやうに、
我が子を焦らしてゐる母親の声。

小児は
柔らかな魂を錐に刺されたやうに泣き、
小さい心を破られるやうに悶える。

母親の粘液質な笑ひ。
母親の甘い揶揄ひ。
母親の媚めかしき慳貪。
母親の自我と、
小児の自我が、
この梅雨期の曇つた空の下で、
お互の血と肉の挑みをもつて乱雑する。

小児がかたことと追ひ縋る。
母親がからころと逃げて行く。

垣根の外のこの偶事が
女の昼寝の目覚めへ、
外空の白い光りと共に愁ひを流し込む。
忘れたる一とつの馴染みごゝろと、
古き官能の嗜欲とを、
ふと、女はそこに思ひ起したれば——

打消したる響きが、
鈍《どん》な心臓の絃線を微に打ち、
封鎖した幻影がよみがへる。

たゞ一人仰臥のまゝ、
女は残されたる愁ひの中に
何時までも白き光りを見つめる。
彼れ等の足音が消え去りし後も、
まだ。

俊子の文学的方法は、五感に訴える身体的表現に優れた特色があるとされている。そうした観点からみると、「幻影」の方に小説に通じる特徴がみられるが、悦は、「あなたの—あゝした場合の—姿を想像させる点で、たまらなく懐しく悩しくさせられるけれど。あれは、前のとは比べものにならない。あんなのなら感能《(ママ)》派の少したつしやな詩人なら作られる」と、その官能性ゆえに否定している。それに比し「雑草の花」は、「あなたの初めての本当の芸術」と位置づけ、「あれは真の生にまで目覚めて来た人でなくては、少くともその殺那《(ママ)》でなくては出来る作ではない。正しい行路の門か《(ママ)》開けた！」と絶賛している。この評価は、悦が俊子の代表作の悉くを、「真の生に目覚めて」おらず「正しい行路」ではなかった、と見做していることに繋がるだろう。

瀬戸内晴美前掲書では、「雑草の花」について、「「詩」について俊子は、相当じぶんで自信があったらしく、じぶんを天性の詩人だと思っていたようである。書きさえすればその詩は売れ（一篇一円五十銭位）、反響もあったようだけれど、今読むと、古くさいし、観念的で小説の魅力の半分もない。」と評しており、悦の見解とは対照的である。

　悦はまた、書簡21（八月二十九日付）に、次のような文学的理想を述べている。

> 清らかに、美しく、―それが私たちの一切の理想です。清らかに美しい人が、清らかに美しく生活してゐる。―此の境地にさへ私たちは這入ればよい。私たちの将来か《（ママ）》生む芸術は、清らかな美しさが、清水のやうに其の底を流れるものでなくてはならない。二人はそこへ行くのです。その点になると、矢張り芭蕉は東西古今随一の芸術家だ。

　こうした「境地」とは、俊子文学の世界とは異質といってもよいのではないだろうか。両者の文学観の齟齬は、二人の書簡からも窺われる。俊子は、六月二十二日付日記で次のように書いている。

> 私は創作はいやで仕方がない。殊に私は過去なんか書き度くない。私は過去に慚悔《（ママ）》すべきものを一とつも持たない。私が一層善良に一層美しく、一層真実に生きると云ふ事を獲得しただけです（現在に）。そうして其れはこの愛によつてだわ。そんな事創作にしたつて下らない。今の私はもつと高いものを望んでゐる、自分の芸術の上に――それを私は表現したい。豊富に。然し其のあとで、私は又書く時があるでせう。過去を。

これに対し悦は、書簡11（七月十九日付）で反論している。

> 過去を書くのは下らない、とあなたは云ふ。私は勿論それをお書きなさい、と強ひはしない。併し、「現在」を「過去を破つてきた現在」を書く事は、あなたが若しも私と同様に、「甦生」を感じてゐるのであれば、極めて必要でもあり、且つ表現すべき第一のものである、と私は思ふ。たゞ「一層よくなつたゞけ」と考へられる事があなたに書く事を下らなく思はせるのであらう。それならば、それが事実であるならば、如何にも特にあなたの魂を揺り動かす何物もないわけだから、書くほどの衝動をも感じないのでせう。私とは、余程実感が異つてゐることを私は唯悲しくばかり思つてます。

　俊子は、愛に満ち足りている現在を書くことは「下らない」と考え、悦は、そのことを書くことこそ「必要」と考えている。ともに「甦生」した二人の「清らかに、美しい」現在を書くことを要求しているといってよいだろう。翻って、俊子の代表作の多くは、父権制下の対関係に光をあて、男性中心の結婚制度のしくみをも鋭く剔抉した点で、今日、フェミニズム文学の先駆と評価されていることを想起すると、俊子のこの思考や主張は肯けよう。この頃の俊子はスランプ状態だったと言われているが、渡加後も文学的達成がみられなかったのは、こうした悦の文学観や要求に少なからず関係があるのではないだろうか。

　次に、姓の問題をみてみよう。スキャンダル事件の折も悦は、誹謗中傷を受けないために筆名を佐藤にする必要があると力説していたが、彼は二人が離れた当初から姓の問題には拘りを持っている。書簡5（六月二十日付）に、「佐藤を明らかにして直きにくる。」と筆名を田村から佐藤に変えてカナダへ来ることを望んでいる。書簡8（七月七日付）では、『時事新報』の記者との問答で「『籍も這入つてゐなかつたし、それに本当は、もう疾くに佐藤姓に返へるべきはづだつたのです。田村と云つてたのは、文壇上の都合で雅号同様に用ゐてゐたのに過ぎません』かうも答へるべき筈でした、何故あなたに之れ《(ママ)》か云ひきれないのか。あなたの内の何が之をいはせなかつたのか。」と責めている。書簡17（八月九日付）でも、「之れから発表するものは、厳格に姓の注意をしないといけませんね。雑誌記者や新聞記者には、まつたく録《(ママ)》でもないコンコンチキが多いんだから。」と注意をしている。悦は、田村姓が前夫田村松魚を連想させるがゆえに、これほどの拘りを見せているのだろうが、姓の問題には、社会的文化的性差のもたらすジェンダーの問題が孕まれていることはいうまでもない。

　これに対して俊子は、当時の署名を悦の要求通り佐藤姓にしている。にも拘らず、編集者が勝手に田村姓に変えることがあったらしく、「新時代の田村姓だつて然うだ。あれはあなたも一所になつて新時代の記者を怒らなければならないんだわ。何うしても雑誌の方では田村俊子にしてしまつて困るの。然うしなければ人が分らないからつて云ふんです。無理もありませんけれどね。売つた名と初めての名との相違で、こんな連中が困るのは――新潮でさへ、やつぱり広告は田村ですものね。で、こんな事を神経にさわらせてゐたら、あなたはほんとに其れこそお考へにならなけりやならないわ。私の過去が一々あなたに付き纏ふ事になるんですもの。」（八月八日・九日・十日・十三日付日記）と、自分を責める悦の不当性を指摘しつつ、姓のもつ職業的意味について穏やかに語り、宥めている。ここからは、自身の仕事上の姓に拘る側面がほとんど見られず、愛する悦の気持ちにのみ添おうとする姿勢が痛いほど伝わってくる。しかし、四章で取り上げた悦書簡6（六月二十三日付）中の、「あなたが何故もつと早やく第一の感想からして、佐藤を署名しないのか、佐藤を署名することを何故あんなに嫌つたのか、未だに分らない。」という文章を思い起こせば、俊子の内面や深層では、実は深刻な葛藤があっただろうことは容易に推測されよう。

　この点に関連して、日本では数少ない女性思想家と目される平塚らいてうと、戦時下でも非転向を貫き通したプロレタリア作家宮本百合子の場合が想起される。らいてうは、女性差別の婚姻制度に反旗を翻して事実婚を貫いていたが、戦時下の昭和十六年、息子が専門を生かす技術将校の幹部候補生になるために両親の正式な婚姻が必要であったことから、節を屈して籍を入れる。しかし、筆名は平塚姓を生涯貫いた。百合子は再婚した夫宮本顕治から筆名も宮本に変えることを要求された時、「貴方は御自分の姓名を愛し、誇りをもっていらっしゃるでしょう。業績との結合で、女にそれがないとだけ云えるでしょうか。妻以前のものの力が十分の自立力をもち、確固としていてこそはじめて、比類なき妻であり得ると信じています、良人にしても。私たちは、少くともそういう一対として生きているのではないでしょうか。」（昭和十二年二月十七日付書簡。新日本出版社版『宮本百合子全集』第十九巻、昭和五十四・二）と答えている。しかしプロレタリア文学運動が瓦解し、日中戦争に突入した昭和十二（一九三七）年の秋、筆名を中條から宮本に変え、獄中非転向の政治犯の妻を名のることにより、不屈な抵抗の姿勢を示した。

　白熱した恋の渦中にいた俊子は、恋人の執拗な願いを無下にもできず、また、争いを避けたいがために妥協をしたと思われるが、いずれにしても、先にみた悦の文学観と姓への拘りの根底をなすジェンダーの問題は、この後のカナダでの二人の生活に陰に陽に影を落としたにちがいない。俊子渡加から四年後の大正十一（一九二二）年十月三十一日付の湯浅芳子宛俊子書簡（『田村俊子全集』第2巻、オリジン出版センター、昭和六十三・九）は、それを如実に物語っている。

　鈴木は相変らずで、私たちの愛の上には何の変化もありません——が私は男との同棲生活は日本へ帰つたら其れ以後御免蒙るつもりです。（略）嘗ての私は同棲者の異性とさん〴〵喧嘩をしたものだが、現在の私はこの異性に対して殆ど沈黙してゐる。これは、私の境遇の変化と思想の転化とが斯うさせてゐるので、今時に異性に対する私の批評は一層深刻となり、厘毛も許す事の出来ない一事を見出してゐる。私は結局男性と戦ふやうな人間に出来てゐる。（略）私一個の上に芽を出した問題は全婦人への参考として解決しなくちやならない責任を感じてゐます。

　しかしながら、翌年の大正十二（一九二三）年三月九日、俊子は悦と正式に結婚している。前年に悦が前妻かねとの離婚問題に決着したことから婚姻が可能となったのだが、前掲『晩香坡《ヴァンクーヴァー》の愛』は、二人には対外的必要性があったのだとする。この頃、アメリカの移民法が厳しくなりはじめ、独身女性の単身入国はほとんど不可能といわれていた。俊子は二人の共通の友人である『新世界新聞』副社長の山県太郎一の招聘を受け、入籍直後に自分の可能性を試すためにサンフランシスコへ行っており、旅券獲得のために籍を入れる必要性があったと指摘している。一方悦も、『大陸日報』に連載した戯曲「悪魔と其の弟子」で訴訟を起こされ、「他人の妻を寝取り、自分の妻子を路頭に迷わせた。」と書かれたことから、正式に結婚する必要性が生じたらしい。正式結婚は、本書収録の灼熱の恋の結実だけではなかったようである。

六　俊子にとっての悦

以上、悦書簡から窺われる俊子と悦の関係性について言及してきたが、最後に、当時の俊子にとって悦はどのような存在だったのかを、これまで触れなかった彼の文化的側面や自然観、日本人観などを通して考えてみたい。

書簡からは、余暇には芝居の観劇や活動写真の観賞を楽しみ、東西の文学や思想に親しむ知的な生活ぶりが伝わってくる。俊子にとって悦は、恋人としてだけでなく、ともに語る相手としてふさわしい存在であったと思われる。演劇は、フランスの女優サラ・ベルナールがバンクーバーに来て演じた“Du《デュ》 theatre《テアトル》 au《オウ》 champ《シャンプ》 d'《ド》 Honneur《ナアール》（劇場より戦場へ）”（書簡4・六月十九日付）、「椿姫」（書簡5・六月二十二日付）や、ナンソオ・ニル（[ナン・ソーニイルかもしれないが不明]書簡13・七月三十日付）という女優の演じた芝居を観、映画では、社会劇「第二タンカレー夫人」（書簡8・七月九日付）や「バース・オブ・ネーション（国民の誕生）」（書簡13・七月二十六日付）、「人形の家」（書簡22・九月三日付）などを観て、感想を書いている。出発期に作家と同時に女優をめざした俊子にとって、きわめて興味深い話題であっただろう。

読書関係では、七ドルもする『エマスン全集』全六巻を、四十ドルの月給のなかから購入（書簡4・六月十九日付）している。俊子も座右の書にしていたことから、二人の間で解釈などをめぐるやりとりが見られる。ラルフ・ワルド・エマーソン（一八〇三〜一八八二）は、アメリカの思想家・哲学者・作家・詩人・エッセイストで、ピューリタニズムとドイツ理想主義の流れをくみ、超絶主義（超越主義）を唱えた。代表作には、「自然論」「エッセイ集」「偉人論」などがある。俊子がエマーソンに親しんでいたのは、当時日本でエマーソンが流行っていただけでなく、悦の影響もあるだろうことは、六月二十二日付俊子日記から窺われる。

> エマーソンには全くまゐつてしまふわ。時々読むのです。もう大概よんだけれども、今日は報償論をよんだの。（略）ほんとにこの人は、まるで私の生活を披露して、「何したものでせう」つて泣いたり愚痴を云つたりした事に対して一々、明示し、指摘し、反駁し、教諭し、慰安し、ゆるしてくれるやうなあんばいに、私一人にだけ対して長々と説法をしてくれるやうです。そして其の内にあなたがちやんと住んでゐる。私が一々エマーソンの言ふところに感心したり合点々《（ママ）》てしたりしてゐると、そばからあなたが「僕の云ふ通りさ」と云つてゐるのです

よ。其れで、まあエマーソンに感心したものを大部分あなたにもおすそわけするの。

他には、スチルネル「個人主義論」（書簡3・六月十五日付）、ルナンのクリスト伝と"Jesus of Nazareth"（書簡18・八月十日付）や、日本では発禁になっていたトロツキーの著書（書簡14・八月三日付）も購入している。話題にしている文学・思想関係を挙げると、パスカル（書簡6・六月二十三日付）、ドストエフスキーやトルストイ（書簡11・七月十九日付）、ロマン・ローラン「ジャン・クリストフ」（書簡8・七月五日付）、前述した国木田独歩「欺かざるの記」、徳冨蘆花「新春」（書簡12・七月十二日付）などである。俊子も勉強家の悦に、日本からオスカー・ワイルドの「漁夫と人魚」（今日では「漁師とその魂」という題で知られている）を送っている（書簡8・七月六日付）。

このように文学や思想に造詣の深い悦なので、岡田八千代が「紙人形」（『読売新聞』大正七年五月十九日）で俊子をモデルにしたと思しき人物を貶めたことをめぐって、次のように書き送ったことは、傷つけられた俊子の心を慰め癒したと思われる。

あなたかまる《(ママ)》切り云はないことを何うしてあんな風に書いたのか、私には未だに分らない。たゞ分るのはあの女が、世評通りの生活をしてゐたし、又恐らくは今もしてゐると云ふことだけなの。あなたに、それか《(ママ)》分らなくてゐたと云ふ事も不思議だが、出来るだけ弁護をしてゐたと云ふことも考へやうによると、可成り変ですね。あれだけ密接な交際があつたのだから。／（略）どうせあんなのは駄目だ。書いたものを見たつて、何所にも覚めた点はない。光はない。あれは要するに伸びない草だ。地面にへばりついた力草のやうにしかならない。

（書簡8・七月五日付）

次に、悦の自然観をみてみよう。バンクーバーの自然、ことに公園と花は気に入っていたようだ。手紙には、「東京はいやだ。田舎で何うしても半農生活をする。」（書簡18・八月九日付）と度々書いており、田園生活への憧れを次のように記している。

ポート・ヘネイの生活（略）だけが、此所では真の土の生活の貴さを私に教へてゐます。（略）少しの畑と、小さな清い家と。それだけあればよい。私は多くは、それと親しむ。あなたは多くは創作をする。或る日の午後は、若しくは或る夜は、全く二人が本と筆とをすて丶、生活を語り合ふ。そして又或る半日は、二人が一緒に畑に出て土を踏む。―何うしても此所迄いかなくてはいけない。此所三四年のうちに。（略）都会は、人間を有らゆる意味に於て堕落させる。（書簡11・七月二十二日付）

ここには、おそらくエマーソンの影響があると思われ、五章でふれた書簡で、漱石よりも、自然愛と反都会主義の独歩を評価していた理由が自ずと明らかになろう。

この後悦は、大正十三（一九二四）年、『大陸日報』を退社し、『日刊民衆』社を設立して、白人社会で差別を受けている日本人労働者の労働条件改善運動に立ち上がる。悦は、前述した昭和七（一九三二）年に帰国し、その翌年、盲腸炎の手術を受けて死去するが、この労働運動で苦楽を共にした仲間たちは、悦の死後数十年にわたって「鈴木会」を運営し、その教えを守り続けたと田村紀雄前掲書は伝えている。俊子も、労働組合婦人部が設立されると、婦人部のリーダーとして目覚ましい活動をし、悦の帰国後、すべての仕事が自身の肩にかかることを予測したかのように、実際運動に身を投じたという。これも人種偏見と闘った悦の正義感やヒューマニズムへの共感・共鳴があってのことだろう。

最晩年の俊子は、昭和十三（一九三八）年、日中戦争下の中国に渡り、昭和十七（一九四二）年、中国女性の社会的地位向上のための雑誌『女聲』を創刊するが、これもカナダでの社会運動の経験が生きているにちがいない。こうして見てくると、悦との関係はやがて、前述の湯浅芳子宛書簡に書いたような負の側面も出てくるのだが、他方、それまで発揮されていなかった俊子の社会性が発現される契機となったことを忘れてはなるまい。

ところで、本書収録の悦書簡には、日本人労働者への批判、例えば、「あいつらは汚くて、そして卑しく金をつかつて了ふから、西洋人に馬鹿にされます。」（書簡5・六月二十日付）、「日本人の労働者ときたら、まるで支那人みたいに不潔な生活をして金をためることばかり考へてゐるのだから、耐らない。」（書簡8・七月五日付）などと書かれていて驚かされる。こうした見方がどのような経緯を経て労働運動に繋がっていったのか興味深い。大正七年から十三年までの六年間に、悦が日本人労働者観を大きく変え、急速に左傾化したことが窺われる。

このように悦には、先にみたピューリタニズム的文学観や姓をめぐるジェンダー問題で、俊子の深層に蟠る不協和音を感じざるをえないが、少なくとも本書収録書簡の多くからは、嫉妬深いが、純粋で潔癖で理想主義的なロマンチストの像が鮮やかに浮かび上がってくる。俊子への熱烈な手紙の文体もフェミニスティックで格調高く、前述した『スコブル』の捏造記事などと比べれば、その知的な近代性は大正期の日本の男性のなかで際立っていたのではないだろうか。

本書収録鈴木悦書簡は、俊子と悦の生々しく息詰まるような灼熱の恋の様相を、悦の側からも浮き彫りにすることを可能にし、恋の進展状況、俊子渡加前後の事情も詳らかにしている。波瀾万丈の人生を送った田村俊子の、もっとも純粋で情熱的な愛に輝いた一時期を証して余りある貴重な書簡類である。今後の鈴木悦研究はむろんのこと、俊子研究の促進に寄与できることを念じたい。

人名索引

◉凡例

1、本文中の人名を採録した。ただし、グラビア、書簡や葉書の宛名と差出人、執筆者紹介欄の人名は、省略した。
2、書籍・書簡・場所などに冠する人名は、省略した。
3、文学作品中の登場人物名は、省略した。
4、名には可能な限り姓氏を付した。
5、同一人物で類似呼称のあるものは、一般に通じる呼称を採録し、他の呼称を（　）で付記した。
6、姓氏を付した場合や、同一人物が異なる姓氏で出てくる場合には、矢印（→）で参照項目を示した。

【あ】

【い】

執筆者紹介（あいうえお順）

青木生子（あおき・たかこ）一九二〇年生、日本女子大学名誉教授・元学長。『日本抒情詩論』（弘文堂）、『日本古代文芸における恋愛』（同）、『万葉挽歌論』（塙書房）、『茅野雅子―その歌と生涯』（明治書院）ほか『著作集全十二巻』（おうふう）に収録。同補巻一『萬葉にみる女・男』。『いまを生きる成瀬仁蔵―女子教育のパイオニア』（講談社）、『知られざる教育者高瀬兼介―生涯教育の先駆者』（おうふう）、『万葉集一～五』（共著、新潮日本古典集成）ほか。

岩淵宏子（いわぶち・ひろこ）一九四五年生、日本女子大学教授。『宮本百合子』（翰林書房）、『フェミニズム批評への招待』（共編著、學藝書林）、『宮本百合子の時空』（共編著、翰林書房）、『はじめて学ぶ日本女性文学史［近現代編］』（共編著、ミネルヴァ書房）、『編年体　近代現代女性文学史』（共編集、至文堂）ほか。

小幡明子（おばた・あきこ）東北大学附属図書館北青葉山分館管理係長・（日本女子大学家政学部家政理工学科卒業）

小林美恵子（こばやし・みえこ）一九六四年生、カリタス女子短期大学常勤講師。『昭和十年代の佐多稲子』（双文社出版）、「『人間失格』の女たち」（『国文学　解釈と鑑賞』第七二巻二号）、「桐野夏生『ＯＵＴ』にみる〈金〉と〈渇き〉の果て」（『社会文学』第28号）ほか。

白石美鈴（しらいし・みすず）一九四八年生、日本女子大学助手。『今昔物語集地名索引』（共編著、笠間書院）、「連歌文芸の展開」（『日本の文学とことば』共著、東京堂出版）、「今昔物語集巻二二第八話及び世継物語第五六話の生成」（『国文目白』第二三号）ほか。

菅井かをる（すがい・かをる）杉並学院高校非常勤講師。「『或る女』論―表象としての田川夫人」（『日本女子大学大学院文学研究科紀要』第6号）、『ジェンダーで読む　愛・性・家族』（共著、東京堂出版）、『明治女性文学論』（共著、翰林書房）ほか。

鈴木美穂（すずき・みほ）一九七五年生、日本女子大学助教。「小林秀雄『近代絵画』論―〈ルノアール〉の成立をめぐって―」（『昭和文学研究』第55集）、「小林秀雄『近代絵画』論―〈ゴッホ〉と〈ゴーガン〉の成立をめぐって―」（『文学・語学』第186号）、『日本女子大学に学んだ文学者たち』（共著、翰林書房）ほか。

橋本のぞみ（はしもと・のぞみ）一九七二年生、日本女子大学他非常勤講師。『論集樋口一葉Ⅳ』（共著、おうふう）、『明治女性文学論』（共著、翰林書房）、「樋口一葉とジェンダー」（『国文学　解釈と鑑賞』第六八巻五号）、「『うもれ木』にみる〈国民〉の実態」（『社会文学』第15号）ほか。

原田夏子（はらだ・なつこ）一九二一生、元共栄学園短大教授。著書に『回想　東北帝国大学―戦中戦後の文科の学生の記』（東北大学出版会）、『古典和歌散策』（北炎短歌会）。歌集に『小女』『朝市』（短歌新聞社）、『生くる日』（砂子屋書房）。『東北帝国大学女子学生の記録―昭和十八年十月に入学して―』（共著、晩夏会）ほか。

溝部優実子（みぞべ・ゆみこ）一九六五年生、日本女子大学他非常勤講師。『迷羊のゆくえ―漱石と近代』（共著、翰林書房）、『明治女性文学論』（共著、翰林書房）、「『第七官界彷徨』」（『国文目白』第三六号）、「蜃気楼」（『芥川龍之介　旅とふるさと』至文堂）、「百合子と出版社」（『国文学　解釈と鑑賞』第七一巻四号）ほか。

渡部麻実（わたなべ・まみ）一九七四年生、天理大学専任講師。『流動するテクスト　堀辰雄』（翰林書房）、「堀辰雄〈プルーストに関するノート〉」（『昭和文学研究』第44集）、「科学で芸術する『死の素描』」（『国語と国文学』第87巻5号）ほか。

日本女子大学叢書 5

阿部次郎をめぐる手紙

発行日	2010年 9 月 30 日 初版第一刷
編　者	青木生子 原田夏子 岩淵宏子
発行人	今井 肇
発行所	翰林書房
	〒101-0051 東京都千代田区神田神保町 1-14 電 話 (03) 3294-0588 FAX (03) 3294-0278 http://www.kanrin.co.jp Eメール● Kanrin@niffy.cpm
印刷・製本	シ ナ ノ

落丁・乱丁本はお取替えいたします

ISBN978-4-87737-305-4